CIP-Kurztitelaufnahme der Deutschen Bibliothek

Lill, Rudolf:
Geschichte Italiens vom 16. Jahrhundert bis zu den
Anfängen des Faschismus / Rudolf Lill. —
Darmstadt: Wissenschaftliche Buchgesellschaft, 1980.
ISBN 3-534-06746-0

1 2 3 4 5

wb Bestellnummer 6746-0

© 1980 by Wissenschaftliche Buchgesellschaft, Darmstadt
Satz: Maschinensetzerei Janß, Pfungstadt
Druck und Einband: Wissenschaftliche Buchgesellschaft, Darmstadt
Printed in Germany
Schrift: Linotype Garamond, 9/11

ISBN 3-534-06746-0

RUDOLF LILL

Geschichte Italiens
vom 16. Jahrhundert bis zu den Anfängen des Faschismus

1980

WISSENSCHAFTLICHE BUCHGESELLSCHAFT

DARMSTADT

Rudolf Lill

Geschichte Italiens
vom 16. Jahrhundert bis zu den Anfängen
des Faschismus

INHALTSVERZEICHNIS

Vorwort IX

I. Zur Einführung 1
Perspektiven und Grundkonstellationen 1
Italiens „Dekadenz" 7
Wirtschaftliche Regression — Spanische Herrschaft —
Gegenreformation — Barock 7

II. Das 18. Jahrhundert. Neue Kräfte und Tendenzen . . . 31
Von der spanischen Herrschaft zur Vorrangstellung
Österreichs. Erbfolgekriege und neues Gleichgewicht . 31
Aufklärung und aufgeklärte Reformpolitik 37
Spätbarock und Klassizismus 56

III. Die Zeit der Französischen Revolution und Napoleons
(1796—1814) 62
Zur Signatur der Epoche 62
Italiens Situation um 1790. Erste Auswirkungen der Revolution 63
Bonapartes Siege und deren erste Konsolidierung (1796/98) 67
Die Reaktion des Jahres 1799 74
Das napoleonische Italien 78
Klassizismus und Antikenstudium 88

IV. Risorgimento und Nationalstaat 91
Risorgimento und liberaler Einheitsstaat 91
Die Neuordnung Italiens durch den Wiener Kongreß . . 92
Restaurative Innenpolitik 96
Die ersten Aufstände (1820/21) und deren Niederwerfung 101
Die Julirevolution (1830) 107
Mazzini und die Anfänge seiner Bewegung 111

Die Anfänge der Moderati — Liberaler Katholizismus — Gioberti und sein neoguelfisches Programm 117
Die Revolution von 1848. 124
Die wirtschaftliche und soziale Entwicklung von 1815 bis zur nationalen Einigung 141
   Die einzelnen Staaten 144
      Das lombardo-venetianische Königreich 144
      Piemont-Sardinien 148
      Toskana 150
      Der Kirchenstaat. 152
      Neapel — Sizilien 153
Reaktion und Stagnation im Jahrzehnt nach 1849 . . . 157
Piemonts Aufstieg unter Cavour 160
Die italienische „Revolution". Vom Krieg gegen Österreich (1859) zur Konstituierung des Königreichs Italien (1861). 168
Innere Probleme im neuen Nationalstaat 180
Der Abschluß der nationalen Einigung durch den Erwerb Venetiens (1866) und Roms (1870) 187
Die wirtschaftliche Entwicklung in den ersten beiden Jahrzehnten nach der Einigung 196
Letzte Jahre und Sturz der «Destra storica» (1876). Eine Zwischenbilanz ihres Einigungswerkes 199

V. Integrationsprobleme — Industrialisierung — Imperialismus 204
Das erste Jahrzehnt der Linken 204
Die Erweiterung der politischen Basis 208
«Trasformismo» 210
Der Dreibund 212
Schutzzoll — Agrarkrise — Anfänge der Schwerindustrie 217
Die Ära Crispi (1887—1896). 222
   Autoritarismus — Imperialismus — Innere Reformen . 222
   Die Opposition der Sozialisten und der Katholiken . . 230
1896—1902: Ein Intervall der Gegensätze 234
   Annäherung an Frankreich — Reaktionäre Krisenstrategie und deren Scheitern — Demokratisierungsversuche: Die Anfänge Giolittis 234

Die Ära Giolitti (1903—1914) 243
  Integrationspolitik und deren Grenzen 243
  Außenpolitik zwischen den Fronten — Die Eroberung
  Libyens 250
  Die liberale Kultur und neue Gegenkräfte: Nationalismus, Futurismus, Irredentismus 253
  Giolittis Ablösung 258

VI. Der Erste Weltkrieg 261
  Die Regierung Salandra-Sonnino und Italiens Kriegseintritt 261
  Verlauf und Ergebnisse des Krieges: Die Schlußkrise des
  liberalen Staates 275

Anhang: Staaten und Dynastien 299

Auswahlbibliographie 309

Personenregister 329

Orts- und Sachregister 340

Karten 353

VORWORT

Dieses Buch sollte ursprünglich in der Reihe der ›Grundzüge‹ erscheinen, eine entsprechend knappe Darstellung der gesamten neueren Geschichte Italiens bieten und damit an Werner Goez' vorzüglichen Überblick über Italien in Mittelalter und Renaissance anschließen. Mehrere Überlegungen haben aber zu Veränderungen dieses Planes geführt, die einerseits ein Mehr, andererseits ein Weniger bedeuten. Von Anfang an war nämlich nicht an eine Beschränkung auf die politische Geschichte gedacht, die gleichwohl den Kern des Buches bilden sollte. Vielmehr schwebte mir vor, die in der ohnehin spärlichen deutschsprachigen Literatur meist vernachlässigten sozialen und wirtschaftlichen Entwicklungen und daneben auch kulturelle Strömungen wenigstens insoweit mitzubehandeln, als sie direkt auf die Politik gewirkt haben oder von ihr beeinflußt gewesen sind. Dies führte zu erheblichen Erweiterungen, die zur Anlage der ›Grundzüge‹ schlecht paßten. Zudem haben die Jahre der Niederschrift eine vielfältige Steigerung und Ausweitung des deutschen Interesses an Italien erlebt, welche sowohl durch Italiens Krise im letzten Jahrzehnt wie durch die fortschreitende europäische Integration motiviert sind und ebenfalls größere Ausführlichkeit zu rechtfertigen oder zu fordern scheinen. Dies um so mehr, als Italiens politische Kultur und soziale Struktur, auch seine partielle Rückständigkeit im Vergleich zu Mitteleuropa keineswegs nur auf Entwicklungen der neuesten Zeit beruhen. Wer Italien auch nur einigermaßen verstehen will, muß weit zurückgreifen.

Nach dem Aufweis von Grundkonstellationen beginnt daher die Darstellung mit einer sehr gedrängten Schilderung der politischen und wirtschaftlichen Dekadenz Italiens seit der Mitte des 16. Jahrhunderts sowie der dazu eigentümlich kontrastierenden, auf ganz Europa wirkenden kulturellen Leistungen. Das eigentliche Thema bilden dann die Versuche modernisierender Eliten, das an den Rand des Kontinents zurückgefallene Land wieder voll in die europäischen Entwicklungen einzugliedern: die Reformen des aufgeklärten Absolutismus und die der französischen Zeit, die Konsolidierung einer wirtschaftlich wie politisch aktiven Oberschicht aus Adeligen und Bürgern, sodann das von ihr getragene Risorgimento und die nationale Einigung, die Gestaltung des liberalen Einheitsstaates sowie die unzureichend gebliebenen Versuche, seine soziale Basis zu erweitern und die Massen zu integrieren. Auf diesem Hintergrund werden abschließend der Erste Weltkrieg und die dadurch ausgelöste akute Staatskrise behandelt, in der der Faschismus zur Macht gelangt ist.

Es geht also darum, die Geschichte von mehr als zwei Jahrhunderten zu erzählen; die Distanz zur Beurteilung historischer Ereignisse ergibt sich schließlich weithin aus der Kenntnis dessen, was vorher war und was nachher kam. Da das Buch sich mehr an diejenigen wendet, die sich für Italiens Geschichte interessieren, als an die, welche sie bereits kennen, habe ich mich bemüht, möglichst viel an gesicherten Fakten zu bringen und Forschungsdiskussionen nur dort einzuführen, wo das zum Verständnis des Zusammenhanges unerläßlich schien. Um den Text nicht allzusehr zu belasten, wurden die meisten solcher Hinweise wie auch inhaltliche Exkurse in Anmerkungen verwiesen. Diese enthalten gelegentlich auch Angaben über sehr spezielle Literatur, während die allgemeine Bibliographie am Schluß angefügt wird.

Grundlegende Anregungen erhielt ich während meiner langen Zugehörigkeit zum Deutschen Historischen Institut in Rom, welches unter der Leitung von Gerd Tellenbach (1963—1972) erstmals auch die Erforschung der neuen Geschichte, dabei besonders auch der Gemeinsamkeiten und Vergleichbarkeiten zwischen den beiden „verspäteten Nationen" Deutschland und Italien in Angriff genommen hat. Tellenbach hat in jenem Jahrzehnt eine Atmosphäre fruchtbaren Austauschs mit der italienischen Forschung geschaffen. Zu den damaligen Gesprächspartnern des Instituts gehörten Rosario Romeo und Renzo De Felice; den Anregungen, Hinweisen und Antworten, die gerade sie mir seitdem immer wieder gewährt haben, bin ich ebenso dankbar verpflichtet wie denen von Emilia Morelli, Franco Valsecchi, Adam Wandruszka, Edgar R. Rosen, Josef Schmitz van Vorst und Francesco Margiotta-Broglio. Der Dank an sie möchte auch als Bekenntnis zu der von ihnen bekräftigten politischen Geschichtsschreibung verstanden werden, in der es um Persönlichkeiten, Ideen und Staaten ebenso geht wie um soziale und wirtschaftliche Prozesse. Gegenüber manchen Interpretationsansätzen der letzten Jahre erscheint Italiens neuere Geschichte geradezu als Lehrstück: Die von einer Elite aus humanistischen Traditionen und auf evolutionären Wegen entwickelte liberale und pluralistische Ordnung hat die Verwirklichung persönlicher wie bürgerlicher Freiheiten ermöglicht; sie bedurfte und bedarf freilich sozialer und sozialpolitischer Ausweitung, weil sonst radikale Kräfte die Oberhand gewinnen und dann die Freiheit unterdrücken.

Ilse-Marie Dech danke ich für das kritische Mitlesen des gesamten Manuskripts und für die Herstellung des Personenregisters, Christina Leuenberger für die Zeichnung der beiden Karten. Dem Verlag gilt mein Dank für die stets angenehme und verständnisvolle Zusammenarbeit.

Es sind Deutsch-Römer gewesen, die mein Interesse auf die politischen und sozialen Strukturen Italiens und deren Hintergründe gelenkt haben. Ich widme diesen Versuch dem Andenken an vier von ihnen, die mir dabei in vielen Gesprächen ganz verschiedene Aspekte erschlossen haben und inzwischen schon „Cestius' Mal vorüber"gegangen sind: Stefan Andres, Erich Bendheim, Wolfgang Hagemann und Engelbert Kirschbaum.

Erstes Kapitel

ZUR EINFÜHRUNG

*Perspektiven
und Grundkonstellationen*

Das unter den Deutschen seit je besonders breite und seit dem 18. Jahrhundert literarisch vertiefte Interesse an Italien ist meist ästhetischer, antiquarischer und historischer Art gewesen und hat sehr viele und gewichtige Beiträge zur Deutung und Erforschung von Geschichte, Kultur und Landschaft Italiens erbracht. Das römische Weltreich und seine Griechenland bewahrende Kultur, die für Europa konstitutive Kontinuität von der Antike zur Renaissance, der mit dieser beginnende Aufbruch moderner Kunst und Wissenschaft, die von Rom und Venedig ausstrahlende Barockkultur, die sich aus aufgeklärtem Reformismus und vertieftem Antikenstudium erneuernde «Italia erudita» des 18. Jahrhunderts, dazu die freiere Verwirklichung des Individuums waren die faszinierenden Themen, ihre großen Deuter Winckelmann und Goethe, Friedrich v. Raumer, Ernst Platner, Christian K. J. v. Bunsen und Theodor Mommsen, Ferdinand Gregorovius und Victor Hehn, dazu der Deutschland ebenso eng wie kritisch verbundene Schweizer Jakob Burckhardt. Die von ihnen geformten oder mitgeformten Richtungen des Klassizismus und der Klassik, der Romantik und des Historismus setzten die Maßstäbe. Daneben wirkt ein religiöses Motiv: Die Wallfahrt zu den Gräbern der Apostel und zum Papst bildet eine Brücke nach Rom und Italien, die aus dem Mittelalter bis in die Gegenwart und deren Massentourismus führt. Solange humanistische und christliche Tradition prägend wirkten, sind Dichter und Künstler, Bildungsreisende und Pilger nach Italien gegangen, weniger um ein schönes und fremdes Land zu erleben, als um Quellen und Grundlagen der eigenen Lebensform zu begreifen.

Es nimmt nicht wunder, daß solcherart motivierte Beschäftigung mit Italien sich selten zu einem etwa bei Gregorovius durchaus angelegten Interesse an den politischen und sozialen Verhältnissen des Landes ausgeweitet hat[1]. Dies war und ist eigentlich nur der Fall, wenn deutliche Parallelen in der Entwicklung der beiden „verspäteten Nationen" Europas auftraten oder wenn gar das sonst politisch rückständige Italien vielen als Modell für die Gestaltung oder Umgestaltung des eigenen Landes erschien, vor allem in der Zeit des Risorgimento und des Faschismus[2]. Ähnliches gilt für die zweite Nachkriegszeit, in der politischer und wirtschaftlicher Wiederaufbau Italiens und Deutschlands zunächst an denselben Zielvorstellungen ausgerichtet war und in der De Gasperi und Adenauer in gut vergleichbarer Weise zu den „Gründungsvätern" des neuen Europa gehörten.

Im letzten Jahrzehnt hat sodann die Krise Italiens neuartiges und besorgtes Interesse auf sich gezogen. An der Regierbarkeit des Landes und der Regierungsfähigkeit seiner Führungsschichten wurden erhebliche Zweifel laut, die aber oft zu alarmistisch klingen, weil sie ganz von eigenen, nicht auf Italien übertragbaren Stabilitätsvorstellungen ausgehen. Andererseits breitete sich bei manchen derjenigen, die eine sozialistische Umgestaltung des Kontinents erhoffen, die Illusion aus, daß Italien

---

[1] Die Zuwendung zu Italien als dem Land großer Vergangenheit verband sich sogar nicht selten mit der Absage an die je eigene, als drückend oder dekadent empfundene Gegenwart. Symptomatisch dafür ist ein Brief, den Jakob Burckhardt, enttäuscht von den politischen und ideologischen Auseinandersetzungen seiner Zeit, kurz vor seiner ersten Abreise nach Italien am 28. Februar 1846 an einen Freund gerichtet hat. Er schreibt darin: „Ihr Wetterkerle wettert Euch immer tiefer in diese heillose Zeit hinein — ich dagegen bin ganz im stillen, aber komplett mit ihr überworfen und entweiche ihr deshalb in den schönen, faulen Süden, der der Geschichte abgestorben ist und als stilles, wunderbares Grabmonument mich Modernitätsmüden mit seinem altertümlichen Schauer erfrischen soll. Ja, ich will ihnen allen entweichen, den Radikalen, Kommunisten, Industriellen, Hochgebildeten [...] Jenseits der Berge muß ich mit Leben und Poesie neue Beziehungen knüpfen, wenn aus mir fürderhin etwas werden soll..." Eine charakteristische Ausnahme unter den „Reisebildern" aus Italien im frühen 19. Jahrhundert sind die von Heinrich Heine (1828), der auch darin der „ästhetischen Epoche" Goethes sein mit Ironie durchsetztes politisches, gesellschaftskritisches und emanzipatorisches Engagement entgegenstellt.

[2] In beiden Perioden ist, wie u. a. Studien von Ernst Portner und Karl Egon Lönne belegen, in allen politischen Lagern Deutschlands die publizistische Auseinandersetzung mit Italien außerordentlich breit und kenntnisreich gewesen.

dabei sei, mit dem Eurokommunismus auch dafür ein Modell zu entwickeln. Die Urteile über Italien bleiben oft vordergründig, weil sie zu sehr von derzeitigen Fakten, Konstellationen und Versäumnissen ausgehen und mehr oder minder die Maßstäbe anderer EG-Staaten anlegen.

Die eigentlichen Hintergründe und Ursachen der italienischen Probleme lassen sich damit aber kaum erfassen: Die Ineffizienz des Staates mit seiner schwerfälligen Bürokratie und das tiefe Mißtrauen, welches viele Bürger ihm entgegenbringen; das anachronistisch gewordene Überleben einer konservativ-agrarischen Gesellschaft und deren derzeitige rapide Zerstörung; das Fehlen breiten, staatstragenden Bürgertums; die spät und nur partiell erfolgte Industrialisierung, die ohne flankierende Sozialpolitik alte Klassengegensätze noch verschärft hat; die Unfähigkeit zu rechtzeitiger Ausbildung des sozialen Wohlfahrtsstaates; die Polarisierung ideologischer, politischer und sozialer Kontraste, aus der sich aber oft der Zwang oder die Bereitschaft zum Kompromiß ergibt. Italien ist in seinen Leistungen wie in seinen Versäumnissen ein Land der Kontinuität. Seine Andersartigkeit im Vergleich zum übrigen Europa hat komplexe, in langen Entwicklungen angelegte Ursachen. Voraussetzungen, die bis in die Gegenwart wirken, sollen daher einleitend skizziert werden.

Der Apennin trennt Norditalien, d. h. die gesamte Po-Ebene, Venetien und Ligurien, von der eigentlichen Halbinsel, die ganz vom Gebirge durchzogen und dadurch in viele, großenteils schwer zugängliche Regionen geteilt ist. Ähnlich wie im Mittelalter hat auch in der Neuzeit nur der Norden mehr oder minder an den politischen und sozialen Entwicklungen Mitteleuropas partizipiert, so Piemont, welches seit dem 17. Jahrhundert eine oft mit Preußen verglichene Staatlichkeit und Militärmacht entwickelte, dabei aber ideologisch und sozial rückständig blieb, so Österreichs „Welsche Confinen" (Trentino, Ampezzo, Görz und Gradisca, Triest) und seit dem 18. Jahrhundert die Lombardei. Auch sie gehörte seitdem zur Habsburgermonarchie, die durch die aufgeklärte Reformpolitik Maria Theresias und Josephs II. bleibende Grundlagen für die Modernisierung Norditaliens gelegt hat. Mit der Beschleunigung dieser Modernisierung seit dem 19. Jahrhundert vergrößerte sich freilich der Abstand vom übrigen Italien und damit die soziale

Kluft im Lande, nach der Hochindustrialisierung des Nordens (im „Dreieck" zwischen Mailand, Turin und Genua) ist sie tiefer denn je.

Aus der Landesnatur ergaben sich bis in die Gegenwart erhebliche Kommunikationsprobleme. Erst die unter Mussolini gebauten Eisenbahnstrecken durch Apennin und frühere Sumpfgebiete (Bologna–Florenz, Rom–Neapel) und noch mehr die nach dem Zweiten Weltkrieg entstandenen Autobahnen haben schnelle Verbindungen zwischen Nord-, Mittel- und Süditalien ermöglicht.

Vom Untergang des Weströmischen Reiches bis zum Resorgimento hat Italien nie zu politischer Identität gefunden, ähnlich wie in Deutschland vollzog sich auch die Bildung des modernen Staates auf der regionalen Ebene. Machiavellis Entwurf vom Principe, der Italien eint, blieb Utopie. «La Patria» war für die meisten Italiener die Vaterstadt und deren direktes, meist von ihr kontrolliertes Umland; an der Politik in diesen Kleinorganismen nahmen sie oft leidenschaftlich Anteil, während sie für auswärtiges Geschehen weder Zuständigkeit noch Verantwortlichkeit empfanden. Zwischen den Staaten der Halbinsel bestanden, anders als zwischen denen des Deutschen Reiches, nur völkerrechtliche Beziehungen. Sie waren unterschiedlich strukturiert und nach sehr verschiedenen Bezugspunkten ausgerichtet, manche haben lange zu übernationalen Großstaaten gehört.

Die von manchen Historikern des Risorgimento angeführten Belege früheren nationalen Bewußtseins, so die aus der Tradition Petrarcas und Machiavellis kommenden Aufrufe zur Solidarität gegen die Fremdherrschaft und die Bekenntnisse zur Freiheit Italiens erwiesen sich, wie zuletzt Franco Valsecchi hervorgehoben hat, meist als Propagandamittel dynastischer, partikulärer Politik. Als solche sind sie von Bourbonen und Habsburgern gegeneinander ausgespielt, aber auch von einzelnen italienischen Dynastien angewendet worden, so vom Haus Savoyen, welches aber bis zum 19. Jahrhundert dynastische Machtpolitik getrieben und keineswegs eine nationale Vorläuferrolle gespielt hat, wie sie ihm (auch darin Preußen vergleichbar) seitdem oft zugeschrieben worden ist. In Italien mit seinen ausschließlich dynastischen und regionalen Staatstraditionen haben erst die Auswirkungen der Französischen Revolution, welche den dynastischen Staat durch den Staat des Volkes ersetzte, die Voraussetzungen für ein politisches Nationalbewußtsein geschaffen.

Unter den wenigen schon vorher einheitsstiftenden Kräften war die stärkste, wie zuletzt Ernesto Sestan und ebenfalls Valsecchi betont haben, gerade nicht eine politische, sondern eine kulturelle, die Rom-Idee. Mit der Erinnerung an die Größe des antiken Reiches und seiner Hauptstadt verband sich die Überzeugung, daß Wahrung römischer Traditionen, sowohl in ihrer literarisch-kulturellen wie in ihrer katholisch-kirchlichen Dimension, die nationale Aufgabe der Italiener sei. Überhaupt wurde die italienische Nation von Petrarca bis zur «Italia erudita» des 18. Jahrhunderts nur als kulturelle Einheit begriffen, ein Sonderfall unter den europäischen Nationen. Dabei wurden „Latinitas" und «Italianità» gleichgesetzt und verleiteten viele ihrer Träger zu einem Bewußtsein kultureller Überlegenheit, welches in sehr verschiedener Weise Mazzini und Gioberti, aber dann erst recht D'Annunzio und Mussolini politisch ausgenutzt haben.

Die Spannung von Rom-Idee und politischer Ohnmacht, von Zersplitterung und Zugehörigkeit zu übernationalen Staaten hat einen Widerspruch zwischen Regionalismus und Universalismus begründet, der die ganze neue Geschichte Italiens durchzieht. Mit solchem ins Irrationale umschlagenden Universalismus hat ebenfalls im 19. Jahrhundert Mazzini, im 20. Mussolini die Kräfte des Landes überfordert und das politische Urteilsvermögen vieler Italiener getrübt.

Zu den Folgen gehört auch die der Skepsis gegenüber dem Staat zugrundeliegende Mentalität, die sich mit keiner der zahlreichen Herrschaften identifizierte, sie vielmehr pragmatisch und mit „echt italienischem Geist der wohlausgesonnenen Demonstrationen" (J. Burckhardt) hinzunehmen oder auch zu unterlaufen versuchte, den Sturz einer jeden einigermaßen gelassen hinnahm und bestrebt war und ist, über Umbrüche hinweg weiterzuleben und die eigene Identität so weit als möglich zu erhalten[3]. Was nordische Rigoristen leicht als Opportunismus abtun, ist mindestens ebensosehr Sinn für das Realisierbare und die aus langer Erfahrung erwachsene Einsicht, daß Kämpfe bis zum Äußersten nur zerstören und daß die meisten Konflikte sich am menschlich-

---

[3] Einfühlsam bringen Schillers berühmte Worte im Chor der ›Braut von Messina‹ diese Mentalität zum Ausdruck: „Die fremden Eroberer kommen und gehen. Wir gehorchen, aber wir bleiben stehen."

sten durch Kompromisse lösen lassen. Aus ähnlichen Erfahrungen wird in Italien dem Staat weniger Macht zugebilligt, aber auch viel weniger von ihm erwartet als nördlich der Alpen. Unterhalb und außerhalb des nie perfekt durchorganisierten Staates sind in Italien alte Ordnungskräfte wie Sippe und Familie bestehen geblieben; die Italiener begnügen sich daher gern mit einem Grad von Staatlichkeit, der ihnen ein Maximum an Handlungsraum für gesellschaftliche Kleingruppen und Individuen zu ermöglichen scheint. Individualismus und Nonkonformismus prägen die politischen Organisations- und Entscheidungsprozesse, schon darüber ist es in den italienischen Parteien oft zu Fraktionierung oder Spaltung gekommen.

Der Katholizismus hat Italiens kulturelle Kontinuität, die Mentalität und das Sozialverhalten der Mehrzahl seiner Bewohner stark geprägt. Auch der Katholizismus — und damit wiederum eine primär nichtpolitische Kraft — wirkte als ein die Italiener über staatliche Grenzen einigendes Band, besonders seit der konfessionellen Spaltung Europas. Im Zeichen von Tridentinum und Gegenreformation wurden auch die Treue zum Papsttum und die Tätigkeit im Dienst der katholischen Kirche als spezifisch italienische Aufgaben betrachtet. Von 1523 bis 1978 waren alle Päpste Italiener, ebenfalls bis um die Mitte unseres Jahrhunderts die große Mehrzahl der Kardinäle; weitaus mehr als das Lateinische war das Italienische die Sprache der römischen Kurie und ihrer Diplomatie. Die massive Präsenz der Kirche, die durch die politische Rolle der Päpste und ihres Staates verstärkt wurde und seit der Gegenreformation erneut als gesellschaftsnormierende Kraft aufgetreten ist, hat aber auch eine weitere Spaltung verursacht. Nicht nur Machiavelli hat das Papsttum für Italiens Zersplitterung verantwortlich gemacht, kaum ein Aufklärer in ganz Europa hat die Kirche so heftig angegriffen wie Pietro Giannone. Das Land zerfiel stets in Guelfen und Ghibellinen, der Antiklerikalismus war und ist stark. Heftiger Gegensatz trennt die «Italia cattolica» und die «Italia laica» vor allem seit der Nationalstaatsbildung im 19. Jahrhundert[4], die der bürgerliche Liberalismus durchgesetzt hat

---

[4] Es gehört zu den Folgen dieses Gegensatzes, daß die wohl effizienteste Bürokratie, welche Italien hervorgebracht hat, die der Römischen Kurie, die Entstehung der modernen Staatsverwaltung in Italien nicht hat beeinflussen können.

— gegen den Papst, dessen Staat er annektierte, und gegen die in der Masse der Bevölkerung verwurzelte Papstkirche, deren traditionelle Sozialnormen er durch eine säkularisierende und zugleich ganz an den Interessen der neuen Oberschicht orientierte Ordnung ersetzte. Daß diese mit kulturkämpferischer Härte aufoktroyiert wurde, hat den Gegensatz noch verschärft, den Mussolinis großangelegte «Conciliazione» von 1929 schon wegen ihrer antiliberalen Stoßrichtung keineswegs ganz hat überwinden können. Die alten Kampflinien sind immer wieder ausgezogen worden, so etwa beim Ehescheidungsreferendum (1974), bei dem die bereits angeschlagene DC eine folgenschwere Niederlage erlitten hat. Traditioneller Antiklerikalismus begründet die tiefe Abneigung laizistischer, oft dem PSI nahestehender Intellektueller gegen engere Zusammenarbeit mit der DC. Der gebildete Italiener lebt entweder aus einer «Cultura cattolica» oder aus einer «Cultura laica»; daß beide in sehr verschiedener Weise vor totalitärem Denken bewahren, ist für die italienischen Entwicklungen in unserem Jahrhundert wichtig geworden.

Italien ist politisch, sozial und ideologisch stets tief gespalten gewesen. Als Grundproblem der italienischen Gesellschaft bezeichnete Leonardo Sciascia kürzlich wohl zu Recht «la doppia verità, il doppio giudizio, la doppia funzione».

Italiens „Dekadenz"

Wirtschaftliche Regression — Spanische Herrschaft — Gegenreformation — Barock

Hypotheken, die bis heute nicht oder nicht ganz abgetragen wurden, sind sodann aus den Umbrüchen seit der Mitte des 16. Jahrhunderts erwachsen. Ausgerechnet das Land, welches in der Zeit von Humanismus und Renaissance auch in Staatsdenken, Verwaltung und Diplomatie, in Wirtschaft und Finanzwesen die wichtigsten Antizipationen der Neuzeit hervorgebracht hatte, ist seitdem an den Rand Europas zurückgefallen.

Die politischen und ideologischen Ursachen dafür waren die Durchsetzung der absoluten Monarchie Spaniens und die von den neuen Herren nachdrücklich geförderte Gegenreformation; aber diese Wende wurde überlagert durch einen allmählichen, erst im 17. Jahrhundert zu voller Auswirkung gelangten Prozeß wirtschaftlicher Erosion und sozialer Regression. Der Fernhandel, auf dem der Reichtum der italienischen Städte beruht hatte, verlagerte sich mehr und mehr auf die neuen atlantischen Seewege. Im östlichen Mittelmeer drangen die Osmanen unaufhaltsam vor und nahmen den Venezianern und den Genuesen eine Kolonie nach der anderen. Auch in Nordafrika entstanden türkische Staaten (Barbaresken), deren Piratenunternehmungen auf Unteritalien lasteten und den Verkehr im Mittelmeer zusätzlich beeinträchtigten. 1540 hatte Venedig mit Nauplia (Nafplion) seinen letzten Stützpunkt auf der Peloponnes verloren, 1566 mußte Genua auf Chios verzichten. Der große Seesieg, den die von Papst Pius V. zusammengeführte „Heilige Liga" Spaniens und Venedigs 1571 bei Lepanto (Naupaktos, am Golf von Korinth) erfocht, wurde zu wenig ausgenutzt. Im selben Jahr eroberten die Türken die von den Venezianern unter Marco Antonio Bragadino tapfer verteidigte Insel Cypern, auf die die Markusrepublik dann 1573 in einem Sonderfrieden verzichtete, der ihr wenigstens einige Handelsvorteile sicherte. Bis gegen Ende des Jahrhunderts hat Venedig noch den Verkehr zwischen der Levante und den oberdeutschen Städten vermitteln können, wie diese ist es seitdem auf eine bloß regionale Position zurückgefallen. Das gleiche Schicksal erlitten die übrigen italienischen Städte. Ausnahmen bildeten nur Genua, dessen Bankiers die Politik des spanischen Weltreiches mitfinanziert haben, und Livorno, wo die mediceischen Großherzöge eine moderne, allen Zuwanderern (darunter vielen Juden!) offene Hafenstadt errichteten, die im 17. Jahrhundert zum Stützpunkt der nun auch im Mittelmeer operierenden Flotten Englands und Hollands geworden ist.

Von solchen Ausnahmen abgesehen, gab es zumeist nur wirtschaftliche Schrumpfung und soziale Involution. Das Bürgertum, welches sich früher als anderswo emanzipiert und die Neuerungen getragen hatte, geriet in eine säkulare Krise, und das keineswegs nur, weil der spanische Absolutismus bürgerlicher Emanzipation ganz abgeneigt war. Die traditionellen Aktivitäten in Handel und Bankgeschäft erlahmten; zu den Gewinnen aus dem ständig wachsenden, von England, Frankreich und den Niederlanden gesteuerten Kolonialhandel fand sich kein Zugang. Eine Umstellung auf die großwirtschaftlichen, die Industrialisierung vorbereitenden Veränderungen in Europa kam auch deshalb nicht zustande, weil die Regierungen dazu weder Anreiz noch Hilfe gewährten und weil die hauptstadtorientierte, dabei oft an der Struktur des Stadtstaates festhaltende Verfassung der italienischen Staaten alle wirtschaftlichen Aktivitäten der lähmenden Kontrolle traditionalistischer Korporationen und Zünfte unterwarf. Der Handel zwischen den Staaten und sogar der innerstaatliche Warenaustausch wurden durch Zölle behindert, der westeuropäische Merkantilismus mit seiner großräumigen Planung fand keine Nachahmung. Die Folge war ein sozialer Rückbildungsprozeß, der bis ins 19. Jahrhundert gewirkt hat. Im Gegensatz zu Westeuropa haben die Bürger keine wirtschaftlichen Innovationen mehr hervorgebracht, vielmehr ihre noch umfangreichen Kapitalien in die Landwirtschaft reinvestiert und eine statische Wirtschaftsordnung begründet und zementiert. Aus städtischen Kaufleuten und Unternehmern wurden Großgrundbesitzer, die oft in den Adel aufsteigen konnten (s. u.), dabei aber ihre städtische Verwurzelung nie aufgegeben haben. Aus der im 16. Jahrhundert noch allenthalben, in der Po-Ebene auch darüber hinaus florierenden Landwirtschaft zogen sie erhebliche Gewinne und schmückten ihre Güter mit verschwenderischen Bauten. Bis heute bezeugt die ungemein reiche Villenkultur des Veneto, die in Palladios Bauten ihre ersten und in den Malereien Tiepolos ihre letzten Höhepunkte gefunden hat, den Rückzug der zuvor den Welthandel dirigierenden venezianischen Patrizier in das Wohlleben auf der satten terra ferma. Solcher Rückzug, vollzogen in äußerst kultivierten, dabei freilich ganz dem Lebensstil einer schmalen Oberschicht entsprechenden Formen bedeutete aber eben auch das Ausscheiden aus den Entwicklungslinien, die ins moderne Europa der Manufakturen und der Aufklärung geführt haben; insofern war er symptomatisch für die Zäsur, die ganz Italien damals erfuhr. Man hat oft von einer Refeudalisierung der Halbinsel gesprochen, doch übersieht dieser Begriff, daß die politischen Rechte des Adels beseitigt waren oder durch den Absolutismus beseitigt wurden. Es sind aber jedenfalls damals die Voraussetzungen für den Agrarkapitalismus entstanden, der die gesamte weitere wirtschaftliche Entwicklung Italiens geprägt hat, besonders in der Po-Ebene, wo durch großräumige Verpachtungen und künstliche Bewässerung schon im 17. Jahrhundert moderne Betriebsformen eingeführt wurden. In Unteritalien und Sizilien hat dagegen die spanische

Herrschaft die Latifundienwirtschaft noch verfestigt, wodurch der Grund für den sozialen Gegensatz zwischen Nord und Süd gelegt wurde.

Weitaus schneller sind die politischen und ideologischen Veränderungen durchgesetzt worden, die Italiens „Dekadenz" begründeten. Nachdem schon Karl V. das Ringen mit Frankreich um das burgundische Erbe und um Italien in vier Kriegen (1521—26, 1527—29, 1534—36, 1542—44) erfolgreich durchgestanden hatte, hatte nach der Teilung des habsburgischen Besitzes und Karls Abdankung (1556) der französische König Heinrich II. den Kampf erneut aufgenommen. Karls Sohn, Philipp II. von Spanien, und seine Feldherren erzwangen die definitive Entscheidung. Nach ihren Siegen in Italien[5] und in den Niederlanden, so vor allem bei St. Quentin (1557), wo der seit je für Habsburg kämpfende Herzog Emanuel Filibert von Savoyen kommandierte, und bei Gravelines (1558) konnte Frankreich nur mehr seine nationale Einheit wahren, mußte aber auf alle weiteren Aspirationen verzichten. Der Friede von Cateau-Cambrésis (2. April 1559) beendete den Kampf zwischen der französischen Krone und der spanisch-österreichischen «Casa d'Austria», der während eines halben Jahrhunderts immer wieder auf Italien gelastet hatte. Er leitete die Hegemonie Spaniens in Europa und darin besonders in Italien ein, wo Philipp II. seitdem das Herzogtum Mailand, das Königreich Neapel und die Inseln Sardinien und Sizilien beherrschte, dazu die verkehrsgünstigen toskanischen Küstenplätze um Orbetello und den Monte Argentario als «Stato dei presidi» (Staat der Festungen, gegen türkische Einfälle!). 1563 wurde in Madrid ein oberster Rat für Spaniens italienische Regionen errichtet, von denen Mailand durch einen Gouverneur, Neapel, Sizilien und Sardinien durch eigene Vizekönige verwaltet wurden. In Mailand blieb ein Senat mit beratender Funktion bestehen. In den drei übrigen Reichen gab es sog. Parlamente, in denen der grundbesitzende Adel und der hohe Kle-

---

[5] Dort mußte Philipp II. auch gegen den ideologisch ihm sehr nahestehenden Papst Paul IV. (Caraffa) kämpfen, der vorgeblich wegen der „Freiheit" Italiens, aber mehr wohl aus fanatischer Abneigung gegen Habsburg an Frankreichs Seite trat, aber durch den in den Kirchenstaat eindringenden Herzog von Alba schnell zum Nachgeben gezwungen wurde (Friede von Cave, 1558).

rus die bestimmende Mehrheit hatten; sie traten in mehrjährigen Abständen zusammen und verteilten die Steuerlasten. In Sizilien und Sardinien wurde auch die spanische Inquisition und damit die bedenklichste Verquickung staatlicher und kirchlicher Interessen eingeführt, der gegenüber die Untertanen ohnmächtig waren.

Frankreich hatte 1559 auch die bis dahin besetzt gehaltenen Gebiete herausgeben müssen. Emanuel Filibert erhielt sein Stammland Savoyen, Genua die Insel Korsika zurück. Beide Staaten banden sich dafür besonders eng an Spanien, welches die reichen Anleihen der Bankiers von Genua mit Monopolen, Privilegien und Adelstiteln belohnte.

Der Absolutismus, der sich nach spanischem Vorbild seit der zweiten Hälte des 16. Jahrhunderts in allen italienischen Fürstenstaaten durchsetzte, war durch Fremdherrschaft und Niedergang des Bürgertums doppelt belastet. Er hat eine statisch-parasitäre Ordnung begründet, besonders, wie bald zu zeigen sein wird, in den spanischen Regionen und im Kirchenstaat. Konstitutioneller Immobilismus prägte auch die darüber anachronistisch werdenden Republiken Venedig, Genua und Lucca: die Regierung blieb ganz in den Händen fest abgeschlossener patrizischer Oligarchien.

Spanien setzte die Maßstäbe. Nur das Herzogtum Savoyen unter Emanuel Filibert und das Großherzogtum Toskana unter Cosimo I. und Franz I. haben sich innerhalb der von Madrid gesteckten Grenzen noch eine Zeitlang einigermaßen selbständig entwickelt und eine zentralistische Verwaltung erhalten. Emanuel Filibert hatte zudem die respektable Armee geschaffen, die von seinen Nachfolgern weiterentwickelt wurde und bis ins 19. Jahrhundert Savoyens relative Stärke begründet hat. Alle übrigen italienischen Staaten waren fortan militärisch ganz bedeutungslos und spielten schon deshalb auf der internationalen Ebene keine Rolle mehr[6]; zu Ende der spanischen Periode waren sie nur mehr Objekte der europäischen Politik, über die die Staatsmänner der Großmächte ein Jahrhundert lang verfügt haben — nach europäischen, nicht nach italienischen Gesichtspunkten! Die Masse der Italiener wurde unkriegerisch; die gesamte italienische Gesellschaft wurde ent-

---

[6] Immerhin haben Vertreter des Papstes, Savoyens, Toskanas, Mantuas und Venedigs an den Verhandlungen um den Westfälischen Frieden teilgenommen, auf die sie aber keinen nennenswerten Einfluß ausüben konnten.

politisiert[7], da die konsensstiftenden Ziele ebenso fehlten wie die Möglichkeiten zur Mitwirkung. Das galt außer für die spanischen Regionen am meisten für den seiner Natur nach unpolitischen Kirchenstaat, obwohl er mit dem Anschluß der zuvor als Lehen vergebenen Herzogtümer Ferrara (1597), Urbino (1631) und Castro (1649) seine größte Ausdehnung erreichte; er umfaßte Latium, Umbrien, die Marken und die Legationen von Ravenna, Bologna und Ferrara, dazu die Enklaven Benevent und Pontecorvo (im Neapolitanischen), Avignon und Venaissin. Im Zeichen der Gegenreformation trat die Politik in Rom vollends in den Schatten der religiös-kirchlichen Aspirationen des Papsttums, dessen internationale Bedeutung gleichzeitig infolge der konfessionellen Spaltung und der Säkularisierung der europäischen Staatenwelt langsam, aber unaufhaltsam zurückging. Der Westfälische Friede bedeutete den ersten Tiefpunkt: Der Hl. Stuhl konnte sich trotz der Bemühungen des tüchtigen Nuntius Fabio Chigi in keiner der ihm wesentlich erscheinenden Fragen der Kirchenpolitik und des Reichskirchenrechts durchsetzen, so daß Innocenz X. nur noch zur unwirksamen Waffe öffentlichen Protests zu greifen wußte. Die Markusrepublik gebot zwar weiterhin über ihren großen nordostitalienischen Festlandsbesitz mit Teilen des Friaul, Padua, Vicenza, Verona, Brescia und Bergamo, beschränkte sich aber zwischen der spanischen Lombardei und dem mit Spanien verbündeten, dabei nach Süden drängenden Österreich einerseits und den Osmanen andererseits auf bloß defensive Politik, deren Hauptziel die Vermeidung eines weiteren Türkenkrieges war. Das gelang bis zur Mitte des 17. Jahrhunderts; mit dem Krieg um Kreta (1645—1669), in dem diese letzte große Bastion im östlichen Mittelmeer verlorenging, begann der endgültige Niedergang.

In der Gegenreformation haben sich die schon seit dem 15. Jahrhundert erstandenen Kräfte innerkirchlicher Regeneration („Katholische Reform") mit denen der rekatholisierenden Abwehr des Protestantis-

---

[7] Diplomatisch und militärisch befähigte Italiener traten seitdem oft in den Dienst auswärtiger Fürsten, vor allem des Hauses Habsburg. Außer dem größten kaiserlichen Feldherrn, dem Prinzen Eugen, sei als bedeutendes Beispiel nur der Türkensieger von 1664 erwähnt, Graf Raimondo Montecuccoli, dessen Familie dem Kaiserhaus eine ganze Reihe von Offizieren gestellt hat.

mus zu einer Bewegung zusammengefunden, die seit den 1560er Jahren prägend auf die gesamte katholische Kirche gewirkt hat. Daß sie auch politisch militant vorging, ergab sich aus der engen Verbindung von Staat, Kirche und Gesellschaft, die nach Ausbruch der Reformation schnell auch zu politischen Koalitionen evangelischer Fürsten einerseits und katholischer andererseits geführt hatte. In der eigentlich religiösen Auseinandersetzung traten beide Seiten mit dem Anspruch verbindlicher Welterklärung auf, zu den Konsequenzen gehörten auch Fanatismus und Unterdrückung.

Die Stärke der Gegenreformation erwuchs aus einem vertieften Kirchenbewußtsein, aber auch aus dem zeitweiligen Gefühl existentieller Bedrohung, sodann aus dem Wirken des Jesuitenordens unter Ignatius von Loyola und aus dem Konzil von Trient, welches in drei weit auseinanderliegenden Sessionen zwischen 1545 und 1563 die katholische Lehre von der protestantischen abgegrenzt und in allen strittigen Fragen vertiefend definiert hat. Dabei wurden besonders betont die kirchliche Tradition (neben der von den Reformatoren zur alleinigen Glaubensquelle erhobenen Bibel), die Rechtfertigung aus Gnade *und* Werken, die Sakramente, darunter besonders Eucharistie und Transsubstantiation und damit die Messe als zentrale Form des Gottesdienstes, sodann u. a. die Verehrung der Heiligen und die Erlaubtheit der Bilder (gegen den calvinistischen Bildersturm). Diese dogmatischen Dekrete wie die gleichzeitigen Reformdekrete, welche u. a. die Stellung des Papstes stärkten, haben das gesamte kirchliche Leben, dabei sehr stark Volksfrömmigkeit und kollektive Mentalität, Kultformen und Kunst, beeinflußt; der „tridentinische Katholizismus" hat die Barockkultur hervorgebracht.

Wie viele innerkatholische Kräfte ist die Gegenreformation nicht in Rom entstanden, aber die gesamte Kirche hat sie erst gestalten können, nachdem sie sich auch in deren Zentrum durchgesetzt und dessen Verweltlichung überwunden hatte. Unter Paul III., der das Konzil einberief[8], gelang der erste Durchbruch, der entscheidende aber erst 1555 mit

---

[8] Paul III. hat auch zugunsten seiner Familie Farnese eine Änderung des italienischen Staatensystems durchgesetzt, indem er 1545 Parma und Piacenza aus dem Kirchenstaat ausgliederte, zu erblichen Herzogtümern unter päpstlicher Oberlehenshoheit erhob und seinem Sohn Pierluigi übertrug, der zwei Jahre spä-

der Wahl Marcellus' II. und, nach dessen plötzlichem Tod, Pauls IV.,
der allerdings auch hierin mit blindem Fanatismus vorging, den Index
einführte und die von Paul III. begründete römische Inquisition mit
weitestgehenden Vollmachten ausstattete und selbst gegen die reformistischen Kardinäle Giovanni Morone und Reginald Pole vorgehen ließ.
Auch der Friedensschluß der beiden katholischen Großmächte Spanien
und Frankreich in Cateau-Cambrésis hat die Gegenreformation sehr gefördert. Sie blieb ein Hauptanliegen Philipps II., welches aus seinem
Selbstbewußtsein nur konsequent war. Der „verschlossenste, undurchdringlichste und unnahbarste aller Könige" (so sein Biograph Pfandl)
lebte und regierte aus einem Gottesgnadentum, in dem er sich nur Gott,
seinem Gewissen und seiner Dynastie verantwortlich fühlte. Auch leitete er daraus direkte Zuständigkeit für kirchliche Dinge ab und darüber
ein Staatskirchentum, welches bisweilen auch Konflikte mit Päpsten
und Bischöfen zur Folge hatte. Abfall vom Katholizismus betrachtete er
als Aufruhr gegen kirchliche und staatliche Autorität.

Italien war kein Land der Reformation geworden, weil deren Unbedingtheit und Radikalität und die ihr zugrundeliegenden Prinzipien des
Zweifelns und In-Frage-Stellens der antikisch-katholischen Mentalität
der Italiener und ihrem Willen zum Kompromiß ebenso widersprachen
wie der praktischen Skepsis, die Humanismus und Renaissance verbreitet hatten. Von reformatorischem Denken waren nur etliche Humanistenzirkel beeinflußt, die eine biblisch begründete Erneuerung von Kirche und Gesellschaft beabsichtigten und in den 1530er Jahren u. a. in
Venedig, Florenz, Lucca, Modena und Neapel aktiv wurden. Ihr sog.
„Evangelismus" war eine Übergangserscheinung, die teils von der Inquisition unterdrückt wurde, teils nach der Scheidung der Geister auf
dem Tridentinum in die Katholische Reform eingemündet ist. Den
Bruch mit der alten Kirche haben nur wenige von ihnen vollzogen, so
Bernardino Ochino (1487—1564), zuvor Generalvikar des neuen
Kapuzinerordens, und der gelehrte Augustiner Pietro Vermigli
(1500—1562). Nur die waldensischen Gemeinden, die seit dem
13. Jahrhundert in Alpentälern Piemonts und Savoyens bestanden und

ter ermordet wurde. Dessen Sohn und Nachfolger war mit der unehelichen
Tochter Karls V., Margarethe, verheiratet. Bis zum Aussterben im Mannesstamm (1731) haben die Farnese in Parma regiert.

sich um 1530 dem Kalvinismus angeschlossen hatten, haben trotz Verfolgung fortbestanden und gegen die Repression der savoyischen Regierung 1689 sogar einen bewaffneten Aufstand gewagt. Als einzige Gruppe haben sie in Italien das reformatorische Erbe die ganze Neuzeit hindurch bewahrt [9].

Das Land ohne Reformation ist seit dem Trienter Konzil, dessen Dekrete von allen italienischen Staaten bedingungslos angenommen wurden, neben Spanien das eigentliche Land der sich hier mit der Rom-Idee verbindenden Gegenreformation geworden, welches die neuen Orden der Kapuziner, Theatiner, Barnabiten und Ursulinen sowie die Priestergemeinschaft des Oratoriums hervorgebracht hat. Mit Pius V., Gregor XIII. und Sixtus V. übernahm das Papsttum endgültig die Führung. Zu den neuartigen Instrumenten, derer es sich dabei bediente, gehörten eine fast nur mit Italienern besetzte Diplomatie (Nuntiaturen in Wien seit 1581, in Luzern seit 1579, in Köln seit 1584) sowie zahlreiche, meist von den Jesuiten geleitete römische Kollegien zur Ausbildung eines tridentinisch gesinnten Klerus für die von der Reformation erfaßten oder bedrohten Länder (darunter das Coll. Germanicum-Hungaricum seit 1552 bzw. 1580). Bedeutende Italiener im Dienst der Gegenreformation waren die Kardinäle und Erzbischöfe Carlo Borromeo (1538—1584) und Gabriele Paleotti (1522—1597), der Jesuit, Kontroverstheologe und Kardinal Roberto Bellarmino (1542—1621), der Gründer, Inspirator und erste Leiter des Oratoriums, Filippo Neri (1515—1595), und sein Schüler und Nachfolger Cesare Baronio (1538—1607). Neri ist aus Goethes ›Italienischer Reise‹ als „der humoristische Heilige" bekannt, doch zeigt schon die einfühlsame Schilderung des Dichters, daß er mehr war: ein ebenso sensibler wie kultivierter Priester und Lehrer, der im verweltlichten Rom viele Menschen aller Stände zu neuer, von ihm vorgelebter Religiosität geführt hat und darum der „Apostel Roms" genannt wurde. Wie viele Männer der Gegenreformation betonte er deren historische Legitimität und förderte darum auch die Erforschung der Kirchengeschichte, in der Baronio Großes geleistet hat. Seine gegen die

---

[9] Durch das Risorgimento von früheren Beschränkungen befreit, haben die Waldenser 1922 ihr Studienzentrum von Torre Pellice (bei Turin) nach Rom verlegt. Sie zählen ca. 30 000 Mitglieder, denen als zweite evangelische Gruppierung ca. 10 000 Methodisten hinzuzufügen sind.

Magdeburger Zenturiatoren gerichteten ›Annales ecclesiastici‹ (12 Bände, 1588—1607) waren die bis dahin umfassendste quellenmäßige Darstellung der alten und der mittelalterlichen Kirchengeschichte; auf ihren kritischen Ansätzen hat die im 18. Jahrhundert neu erstehende Historiographie aufbauen können.

Die innerlich erneuerte und von den Regierungen, vorab von der spanischen, unterstützte Kirche hat in den Jahrzehnten nach dem Tridentinum in der italienischen Gesellschaft eine stärkere Stellung als je zuvor errungen und bis ins 18. Jahrhundert behauptet. Viele Stiftungen vermehrten die Vermögen ihrer Institutionen, die meist die Privilegien der Steuerfreiheit und der Unveräußerlichkeit erhielten. Zu den wichtigsten Konsequenzen, die aus der Krise des 16. Jahrhunderts gezogen wurden, gehörte breites und systematisches soziales und kulturelles Engagement. Überaus zahlreiche karitative Einrichtungen garantierten den Armen ein sicheres Minimum an Hilfe, den Reichen die soziale Konservation. Vor allem hat die Kirche, welche alle für sie annehmbaren kulturellen Traditionen des Humanismus, vorab das Studium der alten Sprachen, bewußt weiter pflegte, Universitäten und höhere Schulen beherrscht und dort jene Identifizierung von «Italianità», „Latinitas" und römischem Katholizismus vertieft, von der einleitend die Rede war; sie hat darüber eine „guelfische" Tradition verfestigt, die im Risorgimento durch Gioberti noch einmal aktualisiert worden ist. Dieses Guelfentum verband sich mit kreuzzugsartiger Gegnerschaft gegen Türken und Protestanten und mit Sympathie für Spanien, welches vor beiden Gefahren schützte. Die neuen Orden, allen voran die auch zahlenmäßig führenden Jesuiten, waren die Träger des Schulwesens. Überhaupt haben die Jesuiten mit ihren Kollegien und Kongregationen, mit Exerzitien und Volksmissionen, und ebenso mit ihrem festlichen, auf Eucharistie und Predigt bezogenen Gottesdienst in den dazu neu erbauten Barockkirchen das religiöse und darüber auch das gesellschaftliche Leben Italiens motiviert, geleitet und kontrolliert. Geistiges Zentrum des Ordens war das 1541 gegründete Collegium Romanum, nach seinem großen Förderer Gregor XIII. auch Universitas Gregoriana genannt, welches über die Ausbildung der den Nationalkollegien angehörenden Theologen in die ganze katholische Welt gewirkt hat. Gegen die von den Jesuiten gelehrte, dabei kasuistisch verengte Scholastik erstand aber auch wieder eine individualistische und spontane, zur Mystik neigende Frömmigkeit, die sich auf reformistische Traditionen im Sinne Jacopones von Todi, Katharinas von Siena und Savonarolas berief. Die stete Spannung katholischer Theologie zwischen scholastischem Rationalismus und augustinischem Individualismus bestand also fort, der offiziellen Reglementierung zum Trotz. Überhaupt war die gegenreformatorische Kultur, zu der im weiteren Sinne ja auch die ganz Europa beeindruckenden Werke der bildenden Kunst und der Musik gehörten, reicher, als oft angenommen wurde. Die Grenzen ihres geschlossenen Weltbildes waren freilich ebenso scharf abgesteckt wie in vergleichbaren Systemen. In Philosophie und Naturwissenschaft durfte nur gelehrt werden, was mit der katholischen Lehre und ihrer tridentinischen Interpretation vereinbar war. Religiöse Elemente wirkten in alle Lebensbereiche hinein, das Land wurde auch ideologisch von den Entwicklungen in West- und Mitteleuropa abgeschnürt. Insofern hat die Gegenreformation dem Land eine der Renaissancekultur ganz entgegengesetzte Uniformierung aufgezwungen, die besonders auch den naturwissenschaftlichen Fortschritt gehemmt hat und erst von den aufgeklärten Regierungen des 18. Jahrhunderts aufgehoben worden ist. Bis dahin mußten viele Italiener sich erst recht daran gewöhnen, anders zu reden als zu denken. Zwar hat die römische Inquisition die Exzesse der spanischen meist schon deshalb vermieden, weil sie nicht im Dienste eines mächtigen Staates stand. Wie repressiv sie vorgehen konnte, zeigen jedoch die Verurteilung und Hinrichtung des Dominikaners und pantheisierenden Naturphilosophen Giordano Bruno (1600), der im 19. Jahrhundert zur Symbolfigur des römischen Antiklerikalismus erhoben worden ist, die siebenundzwanzigjährige (1599—1626), vorwiegend von der spanischen Regierung verantwortete Inhaftierung des aus demselben Orden stammenden und ähnliche Gedanken vertretenden Neuplatonikers und Sozialutopisten Tommaso Campanella, der nach seiner Freilassung von Ludwig XIII. und Kardinal Richelieu ehrenvoll aufgenommen wurde, sowie die oft behandelten Prozesse gegen Galileo Galilei (1616, 1633), in denen das kopernikanische Weltsystem verurteilt worden ist.

Italiens ghibellinische Traditionen sind trotzdem auch damals nicht untergegangen. Sie lebten fort in den Tendenzen der Regierungen, auch der spanischen, zu voller Durchsetzung staatlicher Souveränität, zur Staatskirchenhoheit oder doch zum Abbau kirchlicher Rechtsprivilegien; ihre Träger waren meist Juristen, aber gelegentlich auch Theologen, die gegen das Monopol kirchlicher Autoritäten Schutz beim Staat suchten. Zwischen der Republik Venedig und Paul V. ist daraus 1605—1607 ein Grundsatzkonflikt entstanden, in dem der Papst vergebens versucht hat, mittelalterliche Hoheitsansprüche wie die Exemtion des Klerus von staatlichen Gerichten mit den mittelalterlichen Waffen des Kirchenbanns und des Interdikts durchzusetzen. Jesuiten, Theatiner und Kapuziner wurden ausgewiesen. Frankreich und Spanien vermittelten einen Kompromiß, in dem die Republik sich im wesentlichen durchsetzte. Der Konflikt hat auch deshalb lange nachgewirkt, weil Venedigs Staatstheologe, der scharfsinnige und leidenschaftliche Paolo Sarpi (1552—1623), die Abwehr der römischen Ansprüche in mehreren Werken zu großangelegten Angriffen auf das nachtridentinische Papsttum und seinen innerkirchlichen Absolutismus ausgeweitet hat.

Ein weiterer Konflikt von größerer Tragweite war der mantuanische Erbfolgekrieg nach dem Aussterben der Gonzaga (1628—1631). Kaiser Ferdinand II. versuchte das Reichslehen Mantua einzuziehen, konnte sich aber nicht durchsetzen, weil er seine Truppen in Deutschland gegen Gustav Adolf brauchte. Kardinal Richelieu, der ein Heer in Piemont einrücken ließ, erreichte die Nachfolge des französischen Prätendenten aus der Nebenlinie Gonzaga–Nevers (Friede von Cherasco, 6. April 1631). Auch zwang er den Herzog von Savoyen zur Abtretung der wichtigen Grenzfestung Pinerolo. Sie wurde erst 1696 zurückgegeben, um Savoyen aus der großen antifranzösischen Koalition herauszuhalten, welche inzwischen die Hegemonie Ludwigs XIV. bedrohte.

Könige und Regierungen in Madrid haben sich um die wirtschaftlichen Erfordernisse und Möglichkeiten ihrer italienischen Regionen nicht gekümmert, diese vielmehr ganz in den Dienst der hegemonialen und strategischen Interessen des Weltreiches gestellt. Unteritalien, Sizilien und Sardinien waren Bollwerke gegen die Türken, die tatsächlich durch Spanien vom westlichen Mittelmeer ferngehalten worden sind; die Lombardei diente als Riegel gegen Frankreich und als Verbindung zu den Staaten der deutschen Habsburger. Hauptaufgaben der spanischen Gouverneure in Mailand und der Vizekönige in Neapel, Palermo und Cagliari waren es, Ruhe und Verteidigungsfähigkeit zu erhalten sowie Einnahmen für Madrid zu erwirtschaften. Landwirtschaftlicher

Oligarchisch-parasitäre Gesellschaft 19

Anbau wurde bis zur Erschöpfung des Bodens betrieben, durch Abholzung großer Wälder, deren Holz für den Schiffsbau gebraucht wurde, das ökologische Gleichgewicht zerstört. Innerhalb eines Jahrhunderts wurde das reiche Sizilien zu einer der ärmsten Regionen Europas. Noch ärger erging es dem unwegsamen unteritalienischen Festland, da der Staat nicht investierte und das ohnehin nicht gute Straßennetz verfiel. Kalabrien, die Basilikata und die Abruzzen (bis heute Italiens ärmste Regionen!) wurden auf sich selbst zurückgeworfen und als Reservoirs billiger Saisonarbeiter ausgenutzt; nur Apulien behielt über den Hafen Bari einigen Kontakt zur Außenwelt. Auch das kulturelle Leben stagnierte: Die einzigen Universitäten auf dem unteritalienischen Festland südlich von Rom blieben die von Salerno und Neapel, letztere eine Stiftung Friedrichs II. Die erste Neugründung erfolgte unter Mussolini in Bari. Kalabrien und Abruzzen haben erst in den 1960er Jahren Hochschulen erhalten.

In den Königreichen Neapel, Sizilien und Sardinien [10] sowie im Kirchenstaat, d. h. in ganz Süd- und Mittelitalien (mit Ausnahme der Toskana), wurden eine soziale Oligarchie und eine statisch-parasitäre Gesellschaft begründet, der Steuerdruck fast ganz auf die unteren Schichten abgewälzt. Die Städte samt ihren parasitären, den Gunsterweisen der Mächtigen applaudierenden Unterschichten lebten auf Kosten des Landes. In Rom, Neapel und Palermo konzentrierte sich die Oberschicht der Grundbesitzer, die wirtschaftliche Neuerungen für unnötig hielt, sondern sich damit begnügte, ihre Grundrenten zu verzehren. Sie bestand aus alter Aristokratie, der die Monarchen ihre politischen Rechte genommen, ihre sozialen Privilegien aber belassen hatten, sowie aus reich gebliebenen oder gewordenen bürgerlichen Fami-

---

[10] In Sardinien mit seinen sehr wenigen Kommunen und seinen riesigen Weideländern, wo es seit der Antike keinen effektiven Staat und darum auch nicht die Anerkennung eines Staates gab, bestand neben der nunmehr mit Spaniern und spanischen Günstlingen durchsetzten adeligen Oberschicht eine archaische Hirtenzivilisation fort, die auch spätere Regime überdauert hat. Ihre ganz aus dem Personenverband entwickelten Rechtsnormen und -sitten geraten bis in die Gegenwart nicht selten in Konflikt mit dem „fernen" Staat. Er hat die Insel politisch nie voll integriert, wohl aber die Ausbildung der Monopole zugelassen, die ihre Wirtschaft kontrollieren. — In Sardinien blieb auch eine eigene, dem Lateinischen nahestehende Sprache erhalten.

lien, die in den Adel aufsteigen konnten, weil finanzielle Leistungen für den Staat mit Titeln und Prädikaten belohnt wurden, keineswegs nur in den Fällen der schon erwähnten Bankiers von Genua, von denen etliche seitdem dem Adel Neapels angehörten. Zur Finanzierung des Staatshaushalts gehörte die Verpachtung von Monopolen und Steuern. Wohlstand beruhte öfters auf der Pachtung staatlicher Aufgaben als auf produktiver Arbeit. Am Wohlstand partizipierte eine Minderheit von Bürgern, meist Landkaufleute, Großpächter und Gutsverwalter. Die Abhängigkeit der Bauern und Landarbeiter von Besitzern und Verwaltern war um so vollständiger, als letztere eben auch staatliche Macht innehatten und es daneben keine durchorganisierte Bürokratie gab. Prozesse dauerten oft so lange, bis alle Zeugen gestorben waren.

So hat der Absolutismus im größten Teil Italiens, anders als in Westeuropa, weder effiziente staatliche Organisation noch modernisierende Wirtschaftspolitik eingeleitet, vielmehr durch Entpolitisierung und durch die Verfilzung von Staat, Adel, Grundherrschaft und hohem Klerus Ansätze zu politischer Partizipation, die Entstehung eines klassenbewußten Bürgertums und die Entwicklung neuer Produktionsmethoden um Jahrhunderte verzögert. Die damalige Sozialordnung hat nämlich die spanische Zeit überdauert und bis ins späte 19. Jahrhundert bestanden. Gewichtige Elemente wirken weiter, so die damals voll ausgebildete Einstellung zum Staat: Sie reicht vom Mißtrauen bis zu innerem Anarchismus, basierend auf der Überzeugung, daß mit wesentlichen Verbesserungen nicht zu rechnen ist, und oft getarnt durch Opportunismus. Die Untertanen hatten sich daran gewöhnt, daß sie vom Staat höchstens gelegentliche Gefälligkeiten erwarten konnten; davon abgesehen, betrachteten sie ihn als natürlichen Gegner. Ihn, wo möglich, für die Zwecke der Sippe auszunutzen oder ihm geforderte Leistungen vorzuenthalten, galt und gilt als legitim. Über die unverhältnismäßig vielen Süditaliener, die nach der nationalen Einigung in den Dienst des neuen Staates eingetreten sind, hat diese Mentalität sich in dessen Bürokratie festgesetzt.

Vom Kirchenstaat, wo weniger Zwang ausgeübt wurde, meinte schon Winckelmann, daß dort niemand befehle und niemand gehorche; seine apolitische, sich mit kommunaler Selbständigkeit zufriedengebende Mentalität lebt im oft beklagten «campanilismo» (Lokalpatriotismus) vielleicht ebenso weiter wie im «menefreghismo», der sprichwörtlich römischen Ausprägung von Wurstigkeit und Abstinenz von öffentlichen Dingen. Nur die Emilia-Romagna, wo man die Rückständigkeit der Prälatenregierung leicht mit der Fortentwicklung der benachbarten Toskana und Lombardei vergleichen konnte, hat ein revolutionäres Potential hervorgebracht, von dem im 20. Jahrhundert nacheinander Sozialismus, Faschismus und Kommunismus profitiert haben.

Auch im Süden, der 1575, 1630 und 1656 von verheerenden Epidemien [11] heimgesucht wurde, war und ist Apathie weit verbreitet. Es kam aber auch zu großen antispanischen Aufständen (1647/48 in Neapel und Palermo, 1674 in Messina) und zu organisierter Selbsthilfe. Sie hat das säkulare Brigantentum, aber auch die wohl schon im 17. Jahrhundert entstandene sizilianische Mafia und die kaum jüngere Camorra Neapels hervorgebracht, welche u. a. den den Ein- und Ausfuhrbeschränkungen trotzenden Schmuggel organisierten. Die Mafia scheint heute mächtiger zu sein als vor dem Faschismus, der sie vordergründig unterdrückte; die neue Autonomie der Insel ausnutzend, hat sie offenbar nicht wenige Bereiche regionaler und kommunaler Politik unterwandert, steuernd und kontrollierend arbeitet sie in vielen Wirtschaftszweigen, inzwischen auch außerhalb Siziliens.

Im allgemeinen verblieben die Schutzfunktionen, die der Staat nicht erfüllte, bei Familie, Großfamilie und Gemeinde; Familienbewußtsein ersetzte geradezu das Staatsbewußtsein. Darüber hinaus wurden im Süden viele archaisch anmutende Formen des sozialen und religiösen Lebens konserviert, die erst in der Gegenwart aufgegeben werden, teils unter dem Einfluß der Medien, teils infolge der plötzlichen Konfrontation der aus dem Süden abgewanderten Arbeiter mit der säkularisierten Großstadtgesellschaft des Nordens oder außeritalienischer Staaten. Ge-

---

[11] Am schlimmsten haben sie Neapel betroffen, welches durch den ungeregelten Zustrom der von den Baronen unterdrückten oder arbeitsscheuen, auf leichtere Verdienste hoffenden Landbevölkerung damals ein erstes Mal in unkontrollierbare Dimensionen hineingewachsen und lange die zweitgrößte Stadt Europas war. Um 1600 entfielen von ca. drei Millionen Einwohnern des Königreichs ca. 250 000 auf die Hauptstadt, von denen fast die Hälfte der Pest von 1656 und anderen Katastrophen (1624 Hungersnot, 1631 Vesuv-Ausbruch, 1688 Erdbeben) erlegen ist.

rade die Schnelligkeit des Verfalls traditionaler Werte führt in ein leicht manipulierbares Vakuum.

Wirksamstes Bindeglied zwischen Großfamilie und Staat bildete der Klientelismus, welcher den Mächtigen eine verläßliche Gefolgschaft sichert, der sie dafür staatliche Stellen und Gelder sowie andere Vergünstigungen zu verschaffen haben. An diesem Beziehungsdschungel, der rationale und gesetzliche Staatsverwaltung erschwert, halten viele italienische Politiker bis heute fest, nicht nur konservative Christdemokraten, sondern auch die Sozialisten, die anscheinend seiner Adaption ihre ersten breiteren Erfolge im Süden zu verdanken haben. Eng mit dem Klientelismus verbunden ist ein weiteres Erbübel Süd- und Mittelitaliens, die Korruption, die als normales Mittel zur Vermenschlichung und Beschleunigung bürokratischer Prozesse empfunden wurde und wird. Im spanischen Neapel war sie ebenso allgemein wie gut geregelt, sie reichte von den obersten Hofwürdenträgern bis zu den untersten Polizisten und Zollbeamten.

So ist Italien zwischen 1550 und dem Ende der Erbfolgekriege um 1750 in den politischen, sozialen und wirtschaftlichen Abstand zum übrigen Europa zurückgefallen, der seitdem die Geschichte der Halbinsel bestimmt hat.

Einen Sonderfall stellt dabei Rom dar, weil in seiner damaligen Entwicklung parasitäre und provinzielle Elemente mit überstaatlichen, übernationalen und kosmopolitischen eine Symbiose eingegangen sind, welche das Bild und die Struktur der Stadt und ihrer Umgebung bis zur Gegenwart bestimmt hat. In der Hauptstadt des Papstes galt noch ausschließlicher als in Neapel die zuvor skizzierte statische und autoritäre Ordnung, doch waren die sozialen Spannungen weniger hart, weil Rom erheblich kleiner, der Bevölkerungsdruck weitaus geringer[12] und die Tätigkeit kirchlicher Caritas besonders umfangreich war. Latium, das

---

[12] Rom zählte um 1600 ca. 110 000, um 1700 142 000 Einwohner, die Zahl der Pestopfer von 1656 wird auf (nur) ca. 15 000 geschätzt.
Rom, welches somit um 1600 die fünftgrößte Stadt Italiens (nach Neapel, Venedig, Mailand und Palermo) war, ist erst gegen Ende des 18. Jahrhunderts (mit ca. 166 000 Bewohnern) die zweitgrößte Stadt der Halbinsel geworden.

Land um Rom, war von allen Regionen des Kirchenstaates die rückständigste. Auf den Latifundien des Adels und kirchlicher Institutionen wurden lediglich extensiver Getreidebau und Viehzucht betrieben. Die Großpächter, hier «mercanti di campagna» genannt, lebten in Rom und verdienten auf Kosten der Hirten und Landarbeiter sehr gut. Nicht wenige von ihnen wurden Besitzer, die ihre nachgeborenen Söhne im Umkreis der Kurie in akademischen und geistlichen Karrieren unterbrachten; an der Erhaltung des Systems, dem sie alles verdankten, waren und blieben ihre Familien ebenso interessiert wie der Adel. Die Ausbreitung der Latifundien und die der Malaria im Agro Romano und in den Maremmen bedingten einander; die Campagna von Rom ist im 17. Jahrhundert verödet, wegen der vielen antiken Ruinen nahm sie seitdem den ebenso melancholischen wie monumentalen Charakter an, der die Besucher beeindruckte. Die Besitzverhältnisse in der Campagna haben sich, wie bereits Werner Sombart 1888 aufgewiesen hat, zwischen 1660 und 1880 nicht wesentlich verändert.

Die Hauptstadt war damals wie später unproduktiv. Ihre Bedeutung und ihre Einnahmen verdankte sie den Denkmälern der Antike und der Tatsache, daß sie Sitz des Papstes und damit das Zentrum der seit der Gegenreformation mehr als zuvor auf den Papst ausgerichteten und durch die gleichzeitig beginnende überseeische Mission zur Weltkirche werdenden katholischen Kirche war. Man konnte sich noch einmal der Illusion hingeben, daß Rom das caput mundi sei. Das war nur möglich, weil man, wie oft, weit über die eigenen Verhältnisse leben konnte: In Rom wurden weitaus mehr Gelder ausgegeben, als im Kirchenstaat erwirtschaftet wurden; sie kamen aus Bereichen, für die der Souverän des Kirchenstaates keine administrative Verantwortung trug und deshalb auch nichts aufwenden mußte. Viele Orden, vor allem die neuen, unterhielten ihre großen Zentren in Rom, wo daneben die sehr zahlreichen Kirchen, Kollegien und Hospize aller katholischen Staaten und Nationen bestanden. Alle katholischen Staaten, besonders die großen wie Spanien, Frankreich und Österreich, unterhielten beim Papst aufwendige diplomatische Vertretungen. Das bedeutete eine Vielzahl von Aufträgen und Dienstleistungen, die ebenso aus ausländischen Geldern bestritten wurden wie die Ausgaben der Reisenden, deren Zahl erheblich zunahm; auch die Kavalierstouren der deutschen Prinzen führten nach Venedig und Rom, deren barockes Flair auch die Nichtkatholiken anzog. Die Einnahmen der Kurie, so die Gebühren für Ernennungen, Entscheidungen und Privilegien, die allerdings seit der Reformation wesentlich abgenommen hatten, kamen ohnehin aus der ganzen katholischen Welt.

In Rom lebte der Hochadel, dessen geistliche Mitglieder als Kardinäle und Prälaten die wichtigsten Ämter in der Kirchenregierung besetzten; viele verzehrten auch die Einkünfte aus Pfründen in anderen Ländern. Der römische Adel bestand zu einem geringen Teil aus alteingesessenen Familien wie den Colonna und den Orsini; die Mehrheit bildeten Familien von Päpsten und Papstnepoten, die sich seit dem 16. Jahrhundert in Rom festsetzten und ebenfalls die Stadt mit Palästen, Villen und Kunstsammlungen ausstatteten: Farnese, Aldobrandini, Borghese, Barberini, Chigi, Doria-Pamphili, Ludovisi, Odescalchi, Altieri.

Das „dekadente" Italien hat mit einer seltenen Fülle künstlerischer und musikalischer Leistungen die Barockkultur entwickelt und darüber noch einmal prägend auf weite Teile Europas eingewirkt, zugleich freilich den nachhaltigen Eindruck erweckt, daß die spezifisch italienischen Begabungen in unpolitischen Bereichen lägen. Aus dem Geist des gegenreformatorisch erneuerten Katholizismus, seines darüber wachsenden Selbstbewußtseins und des sich damit auch in Rom verbindenden absolutistischen Fürstenverständnisses ist der neue Stil entstanden, zu dem Michelangelo, der Vollender und Überwinder der Renaissance, und seine Schüler die wichtigsten künstlerischen Anregungen gegeben haben.

Der Gründungsbau der Jesuiten, die römische Kirche «Il Gesù», ist zugleich der Gründungsbau des Barock, den Giacomo da Vignola (eigentlich Barozzi), Michelangelos Nachfolger als Baumeister am Petersdom, konzipiert und 1568 begonnen hat; Giacomo Della Porta hat ihn 1584 vollendet. Auftraggeber war Pauls'III. Nepot, der als päpstlicher Minister, Förderer der kirchlichen Erneuerung und Mäzen bedeutsame Kardinal Alessandro Farnese, für den Vignola u. a. auch Schloß Caprarola, den wichtigsten Bau des italienischen Manierismus, errichtet hatte. Für zwei weitere Neugründungen der Gegenreformation entstanden noch vor der Jahrhundertwende die nächsten großen Kirchen im neuen Stil, die der Theatiner und die des Oratoriums. Aus den darin von Filippo Neri eingeführten musikalischen Andachten ist die Musikgattung gleichen Namens hervorgegangen. Um dieselbe Zeit begann Sixtus V., der auch die Peterskuppel nach Michelangelos Plan vollenden ließ, die urbanistische Neugestaltung Roms durch große Straßenachsen, welche die Hauptkirchen miteinander verbanden und darüber den Straßen kirchliche Ausgangs- und Zielpunkte gaben. Die ebenfalls von Sixtus V. angeordnete Neuaufstellung der von den Kaisern nach Rom verbrachten, nun mit dem Kreuz geschmückten Obelisken vor den Basiliken und die Bekrönung der Trajan- und der Marc-Aurel-Säule mit Statuen der Apostel Petrus und Paulus bezeugt das neue, die Rom-Idee in Dienst nehmende päpstliche Selbstbewußtsein. Sixtus V. ist es auch gewesen, der im Kirchenstaat den Absolutismus durchgesetzt und durch die Schaffung von fünfzehn Kongregationen (Kollegialministerien) Rang und Einfluß der fortan darin tätigen Kardinäle klar umschrieben hat.

Vignolas Raumkonzeption im «Gesù» hat dem katholischen Kirchenbau für zwei Jahrhunderte den Weg gewiesen: An die Stelle der harmonischen Vielgestaltigkeit der Renaissance, die Sakral- und Profanbauten einander angenähert hatte, trat der unverwechselbar nur dem Kult im tridentinischen Sinne dienende „Einraum", in dem alle Einzelglieder dem Ganzen untergeordnet sind. Das zentrale Raumsystem der Renaissance wurde mit einem Langhaus verbunden und dadurch der längsgerichtete, dabei sehr breite Kuppelraum geschaffen; in ebenso neuartiger, alles der Mitte unterordnender Weise spiegelt Della Portas Fassade den basilikalen Querschnitt des Inneren wider. Das Ganze ist eine architektonische Antwort an die Reformatoren: Die Kanzel wird in die Mitte gerückt, aber weitaus mehr der Altarraum für die Messe hervorgehoben; zugleich entsteht Raum für die Verehrung von Heiligen und Reliquien, aber nur noch in den deswegen zu Kapellen reduzierten Seitenschiffen. Einen Höhepunkt erfuhr diese vielfach wiederholte und bereicherte Konzeption, als Paul V. und Urban VIII. sie durch den Anbau des 1626 eingeweihten Langhauses auf den Petersdom anwenden ließen, wo seitdem die von der Kirche bewußter als je zuvor nach Rom gelenkten Pilger in großer Zahl am päpstlichen Gottesdienst teilnehmen konnten. Durch die hochbarocke, Architektur und Plastik verschmelzende Raumausstattung des genialen Gian Lorenzo Bernini wurde der Dom vollends zum ebenso prächtigen wie ikonografisch durchdachten Gehäuse für diesen Gottesdienst und für die Selbstdarstellung des Papsttums. Solche Selbstdarstellung, zu der die großen Kirchenbauten zu Ehren der bald heiliggesprochenen Reformer Ignatius und Carlo Borromeo besonders gut paßten, ist Teil des heute oft verurteilten, dabei aber meist gar nicht verstandenen Triumphalismus wiedererlangter Sicherheit nach der reformatorischen Bedrohung. Bernini und sein Schüler und Konkurrent Francesco Borromini, daneben Pietro da Cortona, haben ihn im Auftrag der genannten Päpste, ihrer Verwandten, Mitarbeiter und Günstlinge in großgedachte Urbanistik, Architektur und Malerei umgesetzt. Bernini, den schon seine zahlreichen Porträtbüsten auch als Bildhauer von europäischem Rang ausweisen, war dabei mehr der Meister klassischer Monumentalität, klar ordnender Zusammenfassung und ebenso klarer Zuordnung von Bau und Ausstattung, während Borromini mit seinen meist kurvigen, einander überschneidenden und durchdringenden Formen seine Bauten über sich selbst hinausgreifen läßt. Bis heute erfüllen die von ihnen geschaffenen, oft zu monumentalen oder malerischen Ensembles zusammengefaßten Kirchen und Paläste, Kuppeln und Fassaden, Plätze und Brunnen das päpstliche Rom mit jenem Glanz, der politische und soziale Dekadenz oft vergessen ließ.

Der Barockstil, dessen zweites Zentrum im 17. Jahrhundert Venedig mit seinem großen Architekten Baldassare Longhena wurde, hat weite Teile Italiens, dabei so verschiedenartige Landschaften wie Piemont und den ganzen Süden erfaßt, letzteren mit besonders üppigen Formen und grellen Farben; die ganz von der Renaissance geformte Toskana hat sich ihm verschlossen. Dabei beeindruckt der Barock nicht nur wegen seiner Spitzenwerke, sondern ebenso wegen der Breite, mit der er alle Kunstgattungen und Lebensformen ergriffen hat — sowohl im Sinne der Gegenreformation wie auch des Absolutismus, weil das barocke Ordo-Prinzip eine hierarchisch abgestufte, von Hof und Hofgesellschaft überwölbte Gesellschaft realisierte und repräsentierte. Zur barocken Lebensform gehörten Gefühlsüberschwang, Pathos und Sentimentalität. Die daraus entstandenen Kultformen und Bildersprachen haben die Barockzeit überdauert; wiewohl meist zur Banalität abgesunken, haben sie gerade in Italien den Stil des Katholizismus bis in die Gegenwart geprägt und seine Auseinandersetzung mit neuen Ideen und Kräften erschwert. Auch andere barocke Züge, ganz abgesehen von der zuvor skizzierten politischen Mentalität, sind vielen Italienern verblieben, so eine oft superlativische Diktion, Freude an Aufwand und Zeremoniell, an Verstellung und Vorspiegelung wie auch an demonstrativ herausgestellten Empfindungen, die aber rationales Kalkül keineswegs ausschließen.

Die durch italienische Künstler und Kunsthandwerker eingeleitete Ausbreitung des Barock in Europa ist ebenfalls zunächst von den Kräften der Gegenreformation, dann auch des Absolutismus betrieben worden; die Beispiele Münchens und Wiens zeigen, wie leicht beide Tendenzen sich durchdrangen. Lange war die gegenreformatorische die aktivere: Überall, wo der Katholizismus erstarkte oder wiedererstarkte, kleidete er sich in das barocke Gewand, welches als weitgehende Identifizierung mit der «italianità» erscheinen mußte. So ist es bezeichnend, daß in München, lange dem politischen Vorort der katholischen Erneuerung in Deutschland, Jesuiten und Theatiner große Kirchen errichteten, die ganz dem Vorbild ihrer römischen Bauten verpflichtet sind.

Einen Sonderfall unter der künstlerischen Ausstrahlung Italiens im späten 16. und im 17. Jahrhundert stellte die Baukunst des Andrea Palladio (1508—1580) dar, weil sie ganz an den Bauten der römischen Antike und an den Schriften des Vitruv ausgerichtet war; mit klassischen Grundrissen und Kolossalordnungen von Säulen oder Pilastern hat sie eine monumental-klassizistische, dabei meist profane Variante des Barock begründet, auch ein Symptom dafür, daß die Gegenreformation nicht alles beherrschte. Der Palladio-Stil hat seine fruchtbarste Verbreitung in England gefunden und daneben Frankreich und die Niederlande beeinflußt.

Ins deutsche Reich hat es zwei Wellen solcher kulturellen Expansion gegeben. Die erste und kürzere hat ihre richtungweisenden Hauptwerke in München (Jesuitenkirche St. Michael von dem in Florenz geschulten Niederländer Friedrich Sustris 1583—97) und in Salzburg (Neubau des Domes von Vincenzo Scamozzi und Santino Solari 1606—28) hinterlassen; sie wurde durch den Dreißigjährigen Krieg abgebrochen, dessen Verwüstungen Deutschlands kulturelles Leben völlig erschöpft haben. Beim Wiederaufbau wandten sich die katholischen Fürsten darum erst recht nach Italien, von wo nun ein Jahrhundert lang Künstler und Musiker nach Deutschland gekommen sind. Diese Welle wurde sehr stark vom Haus Habsburg als der politischen Vormacht des Katholizismus in Mitteleuropa gesteuert; Wien, wo Carlo Carlone 1663 die Kirche der Engelschöre baute und Andrea Pozzo um 1703 die Jesuitenkirche ausmalte, wurde neben Rom und Venedig das dritte Zentrum des europäischen Barock, welches seinerseits sowohl in die österreichischen Erblande wie (mit besonders starker rekatholisierender Tendenz) nach Böhmen ausstrahlte, daneben auch in die Residenzen des deutschen Südens. Die Münchener Theatinerkirche von Agostino Barelli und Enrico Zuccali (1663—1690) und der Passauer Dom von Carlo Lurago und Giovanni Battista Carlone (1668—1693) sind bedeutende Beispiele, denen sich viele andere hinzufügen ließen. Bei solcher Tätigkeit von Italienern ist es nicht geblieben. Vielmehr entwickelte sich nun eine Symbiose, bei der deutsche Künstler die Anregungen aus dem Süden selbständig fortentwickelt und die vielleicht genialsten, jedenfalls die äußersten Konsequenzen aus den Raum-Ideen des Barock gezogen haben, so Johann Bernhard Fischer v. Erlach und Johann Dientzenhofer, die beide längere Zeit in Rom und stark von Bernini beeinflußt waren, oder Balthasar Neumann, der entscheidende Anregungen von Borromini und dessen Schüler Guarino Guarini erhalten hat.

Das Haus Habsburg hat den italienisch-deutschen Austausch auch durch die das ganze 17. Jahrhundert durchziehenden Familienverbindungen mit den Medici und den Gonzaga gefördert, welche der staatlichen Verflechtung des 18. Jahrhunderts vorgearbeitet haben. Vor allem die beiden Kaiserinnen aus dem Gonzaga-Haus haben Mantuas höfische Kultur samt der dort besonders großzügig gepflegten Musik nach Wien gebracht, dessen kulturelles Leben einen weithin italienischen Charakter annahm. Die italienische Literatur wurde rezipiert, darunter auch Machiavelli und andere politische Denker; Italiener begegnen nicht nur als Diplomaten, Militärs, Künstler und rekatholisierende Ordenspriester, sondern auch als Bibliothekare und Hofhistoriographen wie Giovanni Palazzi aus Venedig, der um 1670 eine mehrbändige Kaisergeschichte veröffentlicht hat.

Unvergleichlich breit ist auch die italienische Musikkultur des späten 16. und des 17. Jahrhunderts gewesen, die ebenfalls auf ganz Europa gewirkt hat. Da sowohl kirchliche Institutionen wie die Fürstenhöfe und, besonders in Venedig, städtische Patrizier und Korporationen die Aufträge erteilten, steht Geistliches und Weltliches gleichberechtigt nebeneinander; die meisten Musiker waren in beiden Bereichen tätig, ganz im Sinne der barocken Synopse beider.

Aus der zu Beginn des 16. Jahrhunderts von Niederländern geführten päpstlichen Kapelle ist Giovanni Pierluigi da Palestrina hervorgegangen, welcher die A-capella-Polyphonie zu jener Klarheit der Wortdarstellung und des Klanges geführt hat (z. B. Missa papae Marcelli für Marcellus II. 1555), die auch von den strengsten Vertretern der Gegenreformation akzeptiert wurde und ungefähr drei Jahrhunderte lang in der katholischen Kirchenmusik als Ideal gegolten hat. Ebenfalls von Niederländern waren Andrea und Giovanni Gabrieli beeinflußt, die Gründer der venezianischen Schule, deren erster stark auf Hans Leo Hasler, der zweite auf Heinrich Schütz gewirkt hat. Sie haben die für alle Kunstgattungen Venedigs typische Festlichkeit und Farbigkeit in die Musik eingebracht, dazu die wohl durch die zwei Choremporen der Markuskirche nahegelegte Doppelchörigkeit und den reichen Instrumentalismus, der auf die ganze Barockmusik gewirkt hat. Venedig war um 1600 auch Zentrum des Notendrucks wie der Musiktheorie. Unter den Meistern des Madrigals, der weltlichen Hauptgattung, ragt Luca Marenzio hervor, der zuletzt Organist an St. Peter in Rom war. Nachdem das schon erwähnte Oratorium in den noch auf Händel wirkenden Kompositionen von Giacomo Carissimi seine ersten Höhepunkte gefunden hatte, ist um die Wende des 17. Jahrhunderts aus etlichen, großenteils aus einem Florentiner Dichterkreis stammenden Anregungen die Oper geschaffen worden; ihr erster großer Meister war Claudio Monteverdi, zunächst Kapellmeister der Gonzaga in Mantua, dann seit 1613 an S. Marco in Venedig, wo im Laufe des 17. Jahrhunderts etliche Opernbühnen entstanden sind. Im selben Jahrhundert sind die lange wirkenden Gattungen des Konzertes geschaffen worden, so durch Arcangelo Corelli das Concerto grosso und durch Giuseppe Torelli dessen auf Vivaldi verweisende Überleitung zum Solokonzert; der gleichzeitig in Oberitalien zur Vollendung gelangende Geigenbau hat die Entwicklung der Instrumentalmusik zusätzlich gefördert. Girolamo Frescobaldi, seit 1608 Organist der Peterskirche, entwickelte in seinen Toccaten, Ricercaren und Canzonen einen improvisatorisch anmutenden Orgelstil, der auch auf J. S. Bach gewirkt hat.

Wer vom 16. bis zum 18. Jahrhundert in Architektur, Malerei und Musik zur Meisterschaft gelangen wollte, mußte nach Italien gehen, vor allem nach Rom und Venedig. Das Flair, welches beide Städte, daneben manche kleineren Residenzen ausstrahlten, hat auch viele andere angezogen. Fürsten und Prinzen, in ihrem Gefolge Literaten und Wissenschaftler, reisten nach Italien; zahlreiche Beschreibungen solcher Reisen bezeugen die Faszination, die das Land der Geschichte und der Kunst auf die meisten Besucher ausgeübt hat. Seit dem 18. Jahrhundert trat neben die Faszination die Kritik an der Rückständigkeit Italiens, zuerst am deutlichsten von englischen Reisenden formuliert, welche mit den politischen und kirchlichen Verhältnissen des eigenen Landes verglichen.

Zweites Kapitel

DAS 18. JAHRHUNDERT
NEUE KRÄFTE UND TENDENZEN

*Von der spanischen Herrschaft zur Vorrangstellung Österreichs
Erbfolgekriege und neues Gleichgewicht (1701—1748)*

Der Spanische Erbfolgekrieg (1701—1714) sowie die ebenfalls europäische Dimensionen annehmenden Kriege um die Nachfolge in Polen (1733—1735) und in Österreich (1740—1748) haben in Italien die spanische Hegemonie beendet und zu erheblichen territorialen Veränderungen geführt. Nur ein italienischer Staat, Savoyen-Piemont unter Viktor Amadeus II., hat auf diese Veränderungen einigen Einfluß nehmen können. Im übrigen war Italien Objekt für Kriegführung und Diplomatie der Großmächte; französische, spanische und österreichische Truppen kämpften auf der Halbinsel, an ihren Küsten zudem die Flotten Englands und Spaniens.

Österreich und Frankreich waren die Rivalen im spanischen Erbfolgekrieg; da England und die Niederlande sich mit Österreich verbündeten, konnte die Hegemonie Frankreichs in Europa durch ein neues, von England kontrolliertes Gleichgewicht ersetzt werden. Der Kriegsverlauf ließ zunächst erwarten, daß dabei wenigstens in Italien Österreich die Nachfolge Spaniens ungeschmälert antreten würde. Nach vielbewundertem Alpenübergang eroberte der Prinz Eugen im Auftrag Leopolds I. mit einer starken Armee den größten Teil Oberitaliens; zusammen mit Viktor Amadeus, der 1703 ins kaiserliche Lager übergetreten war, vertrieb er durch den großen Sieg bei Turin (7. September 1706)[1] die Franzosen aus Italien. Der Widerstand der in Italien verbliebenen

---

[1] Zur Erinnerung ließ Viktor Amadeus auf dem Hügel über Turin, von dem aus er die Schlacht geplant hatte, durch Filippo Juvara die große Superga-Basilika errichten, welche, dem Eskorial vergleichbar, die Grabstätte seiner Dynastie wurde und das neue Selbstbewußtsein des erstarkenden Hauses Savoyen bezeugt.

spanischen Behörden und Truppen brach zusammen. 1707/08 eroberten die kaiserlichen Truppen auch Süditalien und wurden besonders in Neapel, wo schon 1701 ein prokaiserlicher Aufstand stattgefunden hatte und von den Spaniern grausam unterdrückt worden war, begeistert empfangen. Vizekönig von Neapel wurde Kardinal Vincenzo Grimaldi aus Venedig, einer der tüchtigsten unter den Anhängern des Kaisers in Italien.

Ebenfalls 1708 konnte Joseph I., der 1705 Leopold nachgefolgt war, den Herzog von Mantua wegen Verrats absetzen und sein Herzogtum als Reichslehen einziehen. Überhaupt war der neue Kaiser, ein überzeugter Vertreter gemäßigter Aufklärung und enger Freund des Prinzen Eugen, zur vollen Anwendung der aus dem Mittelalter stammenden Reichsrechte in Italien entschlossen. Die ebenfalls 1708 erfolgte Besetzung der inzwischen zum Kirchenstaat gehörenden, aber von den kaiserlichen Juristen auch als Reichslehen beanspruchten Stadt Comacchio im Podelta führte zu einem heftigen Konflikt mit dem ohnehin den Bourbonen zuneigenden Papst Clemens XI. Er hat sich zu einem letzten und anachronistischen Krieg zwischen Kaiser und Papst gesteigert, in dem letzterer schnell nachgeben mußte. Die kaiserliche Haltung erklärt sich aus traditionellem Rechtsdenken und jansenistisch-reformistischem Willen zur Zurückdrängung kirchlicher Usurpationen. Sie hat Wien die Sympathien aller «Ghibellinen» Italiens eingebracht, zu ihren bedeutendsten Verteidigern gehörte der große Historiker und Kirchenreformer Ludovico Antonio Muratori (1672—1750, seit 1700 Archivar und Bibliothekar am Hof von Modena).

Durch den unerwarteten Tod Josephs I. und die Nachfolge seines Bruders Karl (VI.), des bisherigen Prätendenten für Spanien, entstand 1711 eine neue Konstellation: Österreichs Verbündete, die eine französisch-spanische Machtkonzentration hatten verhindern wollen, konnten erst recht nicht die Zusammenfassung des Reiches, Österreichs und Spaniens in einer Hand und damit eine Wiederkehr der Universalmonarchie Karls V. wünschen. Die Friedensschlüsse von Utrecht (13. Juli 1713) und Rastatt (6. März 1714) bestimmten daher, daß der bourbonische Prätendent, Philipp V., Spanien samt seinem überseeischen Besitz, der Kaiser die meisten europäischen Nebenländer Spaniens erhielt. In Italien bekam Karl VI. den Besitz der Lombardei, des Königreichs Neapel und Sardiniens, dazu des «Stato dei presidi» an der toskanischen

Küste bestätigt. Einen erheblichen und zukunftsträchtigen Machtzuwachs erhielt auch Viktor Amadeus von Savoyen, dem die Markgrafschaft Monferrato, einige lombardische Grenzstreifen und Sizilien mit der Königskrone zugesprochen wurden.

Die britische Flotte kontrollierte das westliche Mittelmeer. Philipp V. hat sich mit dem Verzicht auf die Nebenländer in Italien nicht abgefunden, noch weniger seine zweite Gattin, die energische Elisabeth Farnese. Ihr Ziel war und blieb es, ihren in Spanien nicht erbberechtigten Söhnen Karl und Philipp eine angemessene Versorgung in Italien zu verschaffen und dabei möglichst auch ihre Heimat Parma, wo der Mannesstamm ihrer Familie vor dem Aussterben stand, zu sichern. Ihr umtriebigster Helfer wurde ihr Landsmann Giulio Alberoni (1664—1752), der dank ihrer Protektion vom einfachen Geistlichen zum Kardinal und leitenden Minister Spaniens aufgestiegen war. Wie kaum ein zweiter Politiker des 18. Jahrhunderts hat Alberoni die Befreiung Italiens von fremder Herrschaft propagiert; gerade er ist aber ein Musterbeispiel dafür, daß solche Propaganda dynastischer Machtpolitik diente und keineswegs nationaler Einigung, wie im 19. Jahrhundert gelegentlich behauptet worden ist. Sobald Österreich seine Kräfte auf den wieder vom Prinzen Eugen geführten Türkenkrieg (1716—1718) konzentrieren mußte, glaubten das spanische Königspaar und Alberoni handeln zu sollen. Ebenso voreilig wie verschlagen, ließen sie, entgegen einem zuvor auf päpstliche Vermittlung für die Dauer des Krieges gegebenen Neutralitätsversprechen, Sardinien und Sizilien angreifen, aber die Signatarmächte von 1713 und 1714 traten ihnen geschlossen entgegen. Am 10. August 1718 schlugen die Engländer bei Kap Passero im Südosten Siziliens die spanische Flotte. Österreichische Truppen besetzten die Insel und vertrieben die Spanier; im Austausch gegen das ärmere Sardinien, das seitdem stets bei Piemont geblieben ist, konnte Karl VI. Sizilien erwerben. Fast gleichzeitig mit dem Sieg über die Türken, der Österreichs Hegemonie im Südosten Europas begründete (Friede von Passarowitz, 21. Juli 1718), erreichte der Kaiser damit die größte Ausdehnung seiner Macht in Italien. Diese war aber schon wegen der großen Entfernungen und des Fehlens einer eigenen Flotte genausowenig konsolidiert wie das Mächtesystem, auf dem sie beruhte. Noch in den 1720er Jahren erfolgte eine Umkehrung der Bündnisse, dabei auch eine Annäherung Spaniens an Österreich, die aber nur so lange dauerte, wie

Königin Elisabeth eine Heiratsverbindung zwischen einem ihrer Söhne und der habsburgischen Thronerbin Maria Theresia erhoffte.

Karl VI. fehlte es an schöpferischer Kraft wie an Handlungsraum für große Politik, da er sich inzwischen ganz auf die Durchsetzung der Pragmatischen Sanktion mit der Erbfolge seiner Tochter Maria Theresia konzentrieren mußte. Der alt gewordene Prinz Eugen konnte sein Konzept einer strafferen Zusammenfassung der Monarchie nicht mehr durchsetzen; gegenüber den anderen Mächten, deren Interessen verschieden waren, deren Zustimmung zu seiner Erbfolgeordnung der Kaiser aber gewinnen mußte, trat man nicht klar genug auf. Zu den Folgen gehörten Widersprüchlichkeiten und Mißverständnisse, so daß Österreich im Polnischen Thronfolgekrieg weitgehend isoliert war. Im gegnerischen Lager, in dem Elisabeth Farnese wieder und diesmal erfolgreich die Eroberung Unteritaliens betrieb, standen auch die Seemächte und Savoyen, dessen neuem Herrscher Karl Emanuel III. die Lombardei in Aussicht gestellt worden war; schon 1733 eroberte er Mailand. Im Mai 1734 wurde die vom Fürsten Giovanni Caraffa geführte österreichische Südarmee bei Bitonto in Apulien von dreifacher spanischer Übermacht vernichtend geschlagen; einen Monat später erlitten die Kaiserlichen bei Parma eine weitere schwere Niederlage, bei der der Feldmarschall Graf Florimond Mercy, ein alter Waffengefährte des Prinzen Eugen, fiel. Immerhin brachte der Wiener Präliminarfriede (3. Oktober 1735) nicht das Ende der österreichischen Italien-Herrschaft, sondern deren Eingrenzung im Sinne jenes Gleichgewichts, welches ein gutes Jahrzehnt später definitiv vereinbart wurde. Der Kaiser mußte Neapel und Sizilien an Karl von Bourbon, den ältesten Sohn der Elisabeth Farnese, abtreten. Abgesehen von Novara und Tortona, die an Savoyen kamen, erhielt er aber die Lombardei und Mantua zurück, dazu Parma und Piacenza, wo das Haus Farnese inzwischen erloschen war. Außerdem wurde bestimmt, daß der künftige Gemahl Maria Theresias, der am Wiener Hof ausgebildete Franz Stephan von Lothringen, als Ersatz für sein Stammland, welches der polnische König Stanislaus Leszczynski erhielt, nach dem Aussterben der Medici deren Nachfolge in der Toskana antreten sollte; schon zwei Jahre später konnte er die Regierung in Florenz übernehmen.

Auch diese Neuordnung wurde durch den unerwarteten Tod Karls VI. (1740) noch einmal in Frage gestellt. Trotz der vorausgegangenen

Absprachen löste er den großen Krieg um das österreichische Erbe aus, in dem die Seemächte wieder an der Seite Wiens standen. In Italien bedrohten erneut die zunächst erfolgreichen Bourbonen die Stellung Österreichs, welches allerdings nun auch wieder Savoyen-Sardinien zum Verbündeten hatte. Der Kriegsverlauf wurde stark mitbeeinflußt durch die Kämpfe, die gleichzeitig in Böhmen, Schlesien, Bayern und den Niederlanden um den Bestand der Monarchie geführt werden mußten. Erst der Friede mit Preußen (1745) und die gleichzeitige Konsolidierung der habsburgischen Position durch Franz Stephans Kaiserkrönung ermöglichten aktiveres Vorgehen in Italien. Der am 15. Juni 1746 unter dem Befehl des Fürsten Joseph Wenzel Liechtenstein bei Piacenza über Franzosen und Spanier errungene Sieg hat Österreichs oberitalienische Herrschaft für ein halbes Jahrhundert gesichert und war insofern von ähnlicher Bedeutung wie vierzig Jahre zuvor der Sieg des Prinzen Eugen bei Turin. Nur ein Versuch, auch den Süden zurückzuerobern, blieb erfolglos. Der Friede von Aachen (18. Oktober 1748), in dem Maria Theresia und ihre Diplomaten, darunter bereits Wenzel Anton Graf Kaunitz, die habsburgischen Staaten mit Ausnahme Schlesiens im wesentlichen behaupten konnten, bestätigte diese Ergebnisse. Nur Parma und Piacenza mußten an Elisabeth Farneses jüngeren Sohn Philipp abgetreten werden. Piemont behielt einige ihm schon im Krieg zugestandene Landstriche mit Vigevano und Voghera, so daß fortan der Ticino die Grenze zur österreichischen Lombardei bildete.

Das Ergebnis der Kämpfe eines halben Jahrhunderts war somit ein gleichgewichtigeres Staatensystem, in dem das Haus Habsburg mit dem direkten Besitz der Lombardei, Mantuas und Triests und der indirekten Herrschaft über die Toskana, bald auch über Modena, eine halbhegemonische Stellung durchgesetzt hatte. Zwei weitere Staaten hatten beträchtliches Eigengewicht: Savoyen-Piemont, welches sich unter Ausnutzung des habsburgisch-bourbonischen Gegensatzes ins eigentliche Italien ausgedehnt und als ein von der europäischen Diplomatie gern benutztes Element des Gleichgewichts erwiesen hatte, und das bourbonische Königreich Neapel-Sizilien[2], seit mehr als zweihundert Jahren

---

[2] Die Inseln Sardinien und Sizilien gehörten nach über dreihundertjähriger Fremdherrschaft seit 1718 bzw. 1735 wieder zu italienischen Staaten. Das bedeu-

der erste eigenständige Staat in Süditalien. Abgesehen von Parma, wo die bourbonischen Familienbeziehungen ebenfalls neue Perspektiven eröffneten, verblieben die übrigen Staaten der Halbinsel in ihrem Provinzialismus. Vom politischen Niedergang des Papsttums seit dem Dreißigjährigen Krieg war schon die Rede. Die Republik Venedig, die im Türkenkrieg Morea verloren hatte, aber immer noch über Korfu, die jonischen Inseln und Dalmatien gebot, stand seit dem Frieden von Passarowitz ganz im Schatten der neuen Adria-Großmacht Österreich. Auch Genuas Bedeutung war längst dahin.

Die «pace di Aquisgrana» hat Italien nicht nur Gleichgewicht, sondern Stabilität gebracht. Die Ordnung von 1748 hat ein halbes Jahrhundert bestanden[3] und ist großenteils vom Wiener Kongreß für rund weitere fünfzig Jahre wiederhergestellt worden. Erst diese Stabilität hat die kontinuierliche und reformerische Politik ermöglicht, welche sich an den habsburgischen und bourbonischen Höfen in der zweiten Jahrhunderthälfte durchgesetzt hat und den ersten großen Versuch zur Wiedereingliederung Italiens in die europäischen Entwicklungen bedeutete. Sie beruhte darauf, daß mit dem Aachener Frieden eine besonders von Kaunitz betriebene Annäherung von Habsburgern und Bourbonen begann, die eine Folge des unter Friedrich d. Gr. zugespitzten deutschen Dualismus gewesen ist. Im österreichisch-französischen Bündnis von 1756 fand sie ihren Höhepunkt[4], in jenem «renversement des alliances»,

tete einerseits eine leider schlecht genutzte Voraussetzung für die Reintegration in die italienische Nation, andererseits das Ende einträglicher, administrativer und wirtschaftlicher Funktionen im spanischen Weltreich, mit dem die bis zur Gegenwart dauernde Dekadenz von Palermo und Cagliari begonnen hat.

[3] Die Ruhe auf der Halbinsel wurde kaum beeinträchtigt durch den von Pasquale Paoli angeführten Aufstand der Korsen gegen die Herrschaft Genuas, mit dem die heruntergekommene Republik nicht fertig geworden ist. 1768 hat sie Korsika an Frankreich verkauft, so daß Napoleon Bonaparte mehr durch Zufall 1769 als Franzose geboren wurde. Die Insel hat seitdem eine ähnliche, durch Vermischung zweier Kulturen gekennzeichnete Entwicklung genommen wie Sardinien und Sizilien in den vorausgegangenen Jahrhunderten.

[4] Nur einem italienischen Staat hat diese Verständigung nicht genutzt: Savoyen-Piemont, welches ja meist vom Gegensatz zwischen Wien einerseits, Paris und Madrid andererseits profitiert hatte und nach dessen Ausräumung einstweilen auf weitere Expansion verzichten mußte.

welches einen mehr als dreihundertjährigen, dabei immer wieder durch die Rivalität in Italien bestimmt gewesenen Gegensatz überbrückte.

Maria Theresia und Franz Stephan haben die Annäherung an die Bourbonen durch zielstrebige Familienpolitik gefördert. Der Thronfolger Joseph heiratete 1760 die Infantin Isabella von Parma, der die Regierung der Toskana antretende zweitälteste Sohn Leopold 1765 die Infantin Maria Luisa, die älteste Tochter des inzwischen auf den spanischen Thron erhobenen Königs Karl von Neapel-Sizilien; von den Töchtern des Kaiserpaares heiratete Maria Karolina 1768 dessen Sohn und Nachfolger in Neapel, Ferdinand IV., Maria Amalia 1769 den Herzog Ferdinand von Parma. Außerdem hatte der Sukzessionsvertrag mit Modena schon 1753 die Heirat der Erbin des Herzogtums mit einem Erzherzog verabredet und damit in Modena eine habsburgische „Tertiogenitur" vorbereitet; 1771 erfolgte dementsprechend die Vermählung des Erzherzogs Ferdinand mit Maria Beatrice d'Este. Die Beziehungen der habsburgischen Geschwister untereinander und nach Wien waren eng und wurden durch zahlreiche Besuchsreisen gepflegt. Da sie aufgrund ihrer Ausbildung ihren Ehepartnern meist überlegen waren, haben sie den aufgeklärten Absolutismus theresianischer Prägung in vielfacher Weise nach Italien getragen; da sie andererseits schon in Wien in einer italienisch mitgeprägten Atmosphäre aufgewachsen waren, waren sie offen für die kulturellen Leistungen ihrer neuen Heimat, deren weiteres Einströmen nach Österreich und Deutschland überhaupt sie darum ebenfalls sehr gefördert haben.

Aufklärung und aufgeklärte Reformpolitik

Die Aufklärung, die auch aus Traditionen erstand, welche durch die italienischen Humanisten und dann durch Bruno und Galilei begründet worden waren, ist seit dem Anfang des 18. Jahrhunderts in Italien nicht nur rezipiert, sondern von einer beträchtlichen Minderheit durch eigenständige Beiträge gefördert worden. Ihre Verfasser neigten im allgemeinen nicht zur intellektuellen Radikalität der Franzosen. Die meisten von ihnen empfanden aber Konfessionalismus und Barock als überholt, als erste suchten sie den Anschluß an die durch Säkularisierung und Rationalismus bestimmte Kultur und Gesellschaftsordnung Westeuropas.

Andere vertraten einen innerkatholischen Reformismus, der nur barocke Veräußerlichung und kirchliche Herrschaftsansprüche abbauen, den Jesuitenorden zurückdrängen und die Religion „ad origines" zurückführen wollte; konkrete Vorbilder waren Gallikanismus und Jansenismus, hinter dem aber eine bis auf Dante und die Reformkonzilien des späten Mittelalters verweisende Kontinuität sichtbar wird. Deutlicher als je zuvor eröffnet sich das Spannungsfeld zwischen dem Katholizismus meist traditionaler, gelegentlich reformistischer Prägung und der laizistischen Kultur, welches seitdem die geistige und gesellschaftliche Entwicklung Italiens bestimmt hat.

Größtes Aufsehen erregte als erster der aus Apulien stammende Jurist und Historiker Pietro Giannone (1676—1748), der in seiner ›Istoria civile del regno di Napoli‹ (1723) die gesamte Geschichte als Kampf zwischen Staat und Kirche interpretierte, dabei den Staat mit dem Fortschritt, die Kirche mit Rückständigkeit und Tyrannei identifizierte; er hat Voltaire und Gibbon beeinflußt. Seine Vereinfachungen sind nur verständlich in Anbetracht des Drucks, den Rom immer noch ausüben konnte. Giannone wurde exkommuniziert und floh nach Wien, wo er sicher war; aber als er die Rückkehr wagte, wurde er auf päpstliches Ersuchen 1736 von der reaktionären Regierung Savoyens verhaftet und bis zu seinem Tod im Gefängnis gehalten. Weitaus maßvoller wirkte der Philosoph und Nationalökonom Antonio Genovesi (1713—1769) aus Salerno, der bei Vico[5] gehört hat, sich durch dessen Geschichtsphiloso-

---

[5] Der große Neapolitaner Giambattisto Vico (1668—1744) braucht nur am Rande dieses Kapitels erwähnt zu werden, weil sein dem herrschenden Rationalismus entgegengesetztes Denken die eigene Zeit so gut wie nicht beeinflußt hat. Er ging davon aus, daß der Mensch nur erkenne, was er selbst schaffen könne, daß man einen Gegenstand nur erkennen könne, wenn man die Totalität seiner Natur und damit seine Entwicklung transparent mache, daß die Geschichtswissenschaft das Bewußtsein der Menschheit von ihren eigenen Taten sei und daß die einzige zugleich wahre und konkrete Erkenntnis die historische sei.

In seinen öfters erweiterten ›Principi di una scienza nuova...‹ (1725) unternahm er den Nachweis eines allgemeinen Kulturkreislaufs und eines typischen Geschichtsverlaufs, in dem sich die Natur des Menschen verändert: vom poetischen zum heroischen und dann zum humanen Zeitalter, nach dem Verfall der Religion in einem «Ricorso» zurück zur Barbarei, von der aus der Kreislauf erneut beginne. Vico, der jeden Fortschrittsglauben verwarf, hat z. B. Parallelen

phie aber nicht vom Rationalismus abbringen ließ. Genovesi hat, obwohl Priester, den Empirismus Lockes in Italien verbreitet und die wirtschaftlichen Reformen der Bourbonen in Neapel gefördert. Einem Konflikt mit der Amtskirche konnte er entgehen, weil ihn der reformistische Erzbischof Celestino Galiani, Großkaplan des Königs und Reorganisator der Universität Neapel, protegierte. Ein Neffe des Erzbischofs war der Nationalökonom Ferdinando Galiani (1728—1787), der als neapolitanischer Diplomat in Paris in enge Verbindungen zu den Enzyklopädisten trat und später deren Ideen in seiner Heimat verbreitete; er war ein gemäßigter Anhänger des Merkantilismus und hat als solcher ebenfalls die bourbonische Wirtschaftspolitik beeinflußt. Der aus altem neapolitanischen Adel stammende Gaetano Filangieri (1752—1788) ist in seiner ›Scienza della legislazione‹ (7 Bände) als Theoretiker des paternalistischen Rechtsstaats hervorgetreten, er wandte sich gegen den in seiner Heimat so tief verwurzelten Feudalismus und forderte Vereinfachung und Kodifizierung des Rechts, dazu Volkserziehung im Sinne Rousseaus; Benjamin Franklin hat sein Werk hochgeschätzt. Die schmale Elite, die in Neapels französischer Zeit gewirkt hat und teils der Reaktion von 1799/1800 zum Opfer gefallen ist, kam zumeist aus Filangieris Schule.

In Mailand sind den Theoretikern die von der österreichischen Regierung berufenen und geförderten Praktiker der Reformen vorangegangen, aber einer der bedeutendsten unter ihnen, der Toskaner Pompeo Neri (1706—1776), war zuvor Professor in Pisa gewesen und vertrat den dort geübten, auf Galilei zurückgehenden experimentellen Empirismus; als Verfechter des Freihandels folgte er seinem Landsmann Sallustio Bandini (1677—1760). Nach der Jahrhundertwende wurde der Graf Pietro Verri (1727—1797) die führende Persönlichkeit der Mailänder Aufklärung. Zusammen mit seinem Bruder, dem Dichter Alessandro Verri, bildete er das Zentrum eines äußerst aktiven Kreises, der ebenfalls den Enzyklopädisten nahestand, von Voltaire als «École de

zwischen homerischem Griechenland, archaischem Rom und frühem Mittelalter herausgestellt und Literatur, Religion und Sozialordnung jeder Epoche wechselseitig zu erklären versucht. Er hat Goethe beeindruckt und auf Herder, Michelet und Croce gewirkt, der ihn idealistisch-immanentistisch interpretierte, während Vico selbst den Sinn der Geschichte aus dem Walten der Vorsehung erklärte, deren Begriff er freilich in Richtung auf Hegels „List der Vernunft" säkularisierte.

Milan» anerkannt wurde und sich nicht mehr nur literarischen, historischen und naturwissenschaftlichen, sondern mit neuartiger Entschiedenheit wirtschaftlichen und sozialen Problemen widmete; in der Zeitschrift ›Il caffè‹ hat er sich 1764—1766 ein kurzlebiges, aber wichtiges Organ geschaffen. Zur Gruppe um Verri gehörte der Marchese Cesare Beccaria (1738—1794), der durch sein Werk ›Dei delitti e delle pene‹ (zuerst 1764) europäische Berühmtheit erlangt und mitentscheidend auf die Modernisierung von Strafrecht, Strafprozeß und Polizeiwesen der zivilisierten Staaten gewirkt hat. Von der aufgeklärten Vertragslehre ausgehend, sah er im Verbrechen nur mehr eine Verletzung der auf dem ursprünglichen Sozialkontrakt beruhenden Ordnung, in der Strafe ein Mittel zu deren Verteidigung. Als einer der ersten wandte er sich daher gegen Todesstrafe, Folter und die anderen in seiner Zeit noch üblichen unmenschlichen Formen des Strafvollzugs. Gegen konservative Angriffe ist Beccaria zunächst von Pietro Verri und dann von der österreichischen Regierung in Schutz genommen worden, indem sie ihn 1768 auf einen eigens für ihn geschaffenen Lehrstuhl in Mailand berief. Auch er ist somit ein Beispiel für die Verbindung von Theorie und Praxis, die eine Besonderheit der italienischen Aufklärung darstellt: Nicht wenige ihrer Vertreter haben als Beamte im österreichischen Mailand oder im bourbonischen Neapel für die Realisierung ihrer Ideale gearbeitet. Wille zu pragmatischem Reformismus spricht auch aus dem Werk des ebenfalls von der Regierung geförderten, aus armen Verhältnissen stammenden Mailänder Dichters Giuseppe Parini (1729—1799), der sein soziales Engagement französischen Vorbildern verdankte, aber deren Materialismus verwarf. In seinen Satiren (›Il giorno‹, seit ca. 1760) und Oden hat er die bis dahin so weit verbreiteten arkadischen Tändeleien verlassen und als erster das wirkliche Leben zu erfassen und erzieherisch zu beeinflussen versucht, indem er den leeren Müßiggang der alten Oberschicht geißelte und ihm pflichtbewußte Arbeit im Dienst der Öffentlichkeit als Ideal entgegenhielt[6]. Joseph II. hat sich nicht nur von Beccaria, sondern auch von ihm beeindrucken lassen!

---

[6] An literarischer Qualität Parini überlegen, aber unberührt von seiner volkspädagogischen Tendenz war der Venezianer Carlo Goldoni (1707—1793), der, teils in Anlehnung an Molière, die Komödie erneuert und dabei die zu oberflächlichem Stegreiftheater verkümmerte Commedia dell'arte durch die scharf beob-

Zu den Mitgestaltern des neuen geistigen Klimas gehörte ebenfalls der schon erwähnte Muratori, der reformistischer Priester und enzyklopädisch gebildeter Historiker, dabei durch souveräne Anwendung der quellenkritischen Methode einer der Begründer der modernen Geschichtswissenschaft gewesen ist. In seinen monumentalen Quellenwerken (u. a. ›Rerum italicarum scriptores‹, 28 Bände, 1723—1751) und in seinen ›Annali d'Italia...‹ (12 Bände, 1744—1749) hat er den ersten großen Versuch unternommen, eine Gesamtgeschichte Italiens zu schreiben und zu dokumentieren. Muratori hat sich auch für stärkere, in den Schulen mit dem Lateinischen gleichzustellende Pflege der italienischen Sprache eingesetzt, die dann auch im Laufe des 18. Jahrhunderts zunehmend als Symbol und Garant kultureller Identität gewertet worden ist[7]. Trotzdem ist festzuhalten, daß auch die italienischen Aufklärer Kosmopoliten oder Regionalisten gewesen sind. Erst infolge der durch die Große Revolution heraufgeführten Bewußtseinswende haben Alfieri und Manzoni, daneben deren Zeitgenossen Carlo Botta (1766—1837) und Giovanni Berchet (1783—1851) als erste italienische Dichter auf den unauflöslichen Zusammenhang von Sprache und Nationalität hingewiesen, wie ihn die Jakobiner behauptet haben und erst recht die sowohl von ihnen wie von der deutschen Romantik beeinflußten Literaten des Risorgimento.

Die Voraussetzungen für die Anwendung der aufgeklärten Ideen auf Politik und Sozialordnung Italiens wurden erst durch die Herrschaftswechsel in der ersten Hälfte des 18. Jahrhunderts geschaffen. Sie haben

achtende Darstellung von Typen und Charakteren, von Stimmungen und Leidenschaften ersetzt und darüber das Leben in seiner ganzen Breite, oft mit dem Lokalkolorit des venezianischen Alltags, eingefangen hat. Das konventionelle Publikum seiner Vaterstadt hat ihm seine konservativeren Rivalen vorgezogen; 1762 ist Goldoni nach Paris ausgewichen, wo er eine Zeitlang sehr erfolgreich war.

[7] Muratoris Nachfolger in Modena, der Jesuit Girolamo Tiraboschi (1731—1794), hat als erster eine kulturgeschichtlich konzipierte Geschichte der gesamten italienischen Literatur erarbeitet (Storia della letteratura italiana, 13 Bände 1771—1781). Der Kult des Italienischen ist aber mehr noch als von italienischen Literaten von ausländischen Bewunderern aufgebracht und verbreitet worden, so von Goethe in der ›Italienischen Reise‹.

große Teile der italienischen Staatenwelt in den aufgeklärten Absolutismus einbezogen, der zuletzt zusammenfassend von Karl Otmar v. Aretin dargestellt und für Italien am gründlichsten von Valsecchi, Luigi Bulferetti, Franco Venturi, Ettore Passerin d'Entrèves und Adam Wandruszka erforscht worden ist. Er stellt eine für die Modernisierung Mittel-, Süd- und Osteuropas wichtige Übergangsperiode dar, in der etliche Monarchen deutscher und italienischer Staaten, dazu Spaniens und Rußlands, durch „Reformen von oben" deren strukturelle Annäherung an den politisch, wirtschaftlich und sozial fortgeschrittenen Westen Europas zu erzwingen suchten. Als Prototypen gelten Friedrich d. Gr. und Joseph II., in Italien ebenso dessen Bruder Leopold; in der politischen Praxis hat Maria Theresia, gerade auch in Italien und oft beraten von ihrem Gatten, in der reformerischen Praxis ähnlich viel bewirkt, obwohl sie die aufgeklärte Ideologie ablehnte.

Das große Anliegen dieser und gleichgesinnter Monarchen war die Modernisierung ihrer Staaten nach aufgeklärten Gesichtspunkten. Das bedeutete Rationalisierung von Verwaltung und Recht, von Arbeit und Erziehung, zugleich Zentralisierung, welche sich über ständische Privilegien hinwegsetzte, die Macht an der Staatsspitze konzentrierte und darunter nivellierend wirkte. Die Leistungsfähigkeit der Staaten und die von oben kontrollierte Mitarbeit der Untertanen sollten gesteigert, die durch die Kriege zerrütteten Staatsfinanzen saniert werden. Es wurden daher alle diesen Zwecken dienlichen Reformen in Verwaltung und Wirtschaft, in Bildungs- und Kirchenpolitik eingeleitet, die mit dem gerade bei diesen Herrschern sehr ausgeprägten absolutistischen Selbstverständnis vereinbar waren. Sie waren zudem von der pädagogischen Tendenz erfüllt, welche die Aufklärung insgesamt durchzieht. Sie wollten daher das Volk durch ein neuartig verbreitetes und dem kirchlichen Monopol entzogenes Schulwesen für ihre Politik gewinnen und überhaupt die Tätigkeit der Kirche in den Staat einbinden. Dabei dachten etliche der katholischen Monarchen, so für Italien Maria Theresia und Leopold, an authentische Reform von Kirche, Verkündigung und Seelsorge; andere, besonders Joseph II., mehr an deren Indienstnahme und Kontrolle durch den Staat[8]. Der aufgeklärte Absolutismus hat nicht nur

---

[8] Die aufgeklärte Kirchenpolitik war von zentraler Bedeutung für die Modernisierung der katholischen Staaten, in denen die Kirche bis dahin eine autonome

die staatlichen Strukturen in der ins 19. Jahrhundert weisenden Richtung verändert, sondern auch entsprechende soziale Veränderungen eingeleitet: der Aufstieg des Bürgertums wurde stark gefördert, ebenso die Konsolidierung des Bauernstandes. Zugleich wurde eine Tradition des für alle Bereiche zuständigen Staates, der „Reformen von oben" und einer sich dem anpassenden Mentalität begründet, die sich auch von „Führern" mit ganz anderen Intentionen in Dienst nehmen ließ; es ist wohl kein Zufall, daß die vom aufgeklärten Absolutismus geprägten Länder sich in den Krisen unseres Jahrhunderts am anfälligsten für autoritäre oder totalitäre Staatsformen erwiesen haben. Da Absolutismus und Aufklärung letztlich unvereinbar sind, „trug der aufgeklärte Absolutismus im Gegensatz zum Absolutismus und zur konstitutionellen Monarchie den Keim der Überwindung in sich" (v. Aretin). Der toskanische Großherzog Leopold war der einzige Fürst, der daraus die Konsequenzen ziehen und seinen Staat in eine konstitutionelle Monarchie umwandeln wollte.

In den österreichischen Regionen Italiens hat der aufgeklärte Reformismus am längsten und, wie eingangs bemerkt, am nachhaltigsten gewirkt. Schon unter Karl VI., unter dem die kulturellen Beziehungen zwischen Italien und Österreich besonders eng waren und den Wiener Hochbarock[9] geprägt haben, wurden in der Lombardei Reformen eingeleitet, welche Stagnation und Mißstände der spanischen Zeit überwinden sollten. Sie haben zunächst nicht weit geführt, sowohl wegen der Kriege wie vor allem, weil das Herrschaftssystem des letzten Alt-Habsburgers konservativ blieb und noch ganz auf der voraufgeklärten, adelig-bäuerlichen Sozialordnung beruhte. Immerhin wurde in Mailand

und gesellschaftsnormierende Position gehabt hatte. Sie verdeutlicht aber zugleich die Ambivalenz des Modernisierungsprozesses, insofern dieser immer mehr Macht auf den Staat übertragen und darüber die Freiheitsräume von Gruppen und Individuen mehr und mehr eingeschränkt hat. Das gilt besonders für den Josephinismus mit seinem kleinlich durchorganisierten Staatskirchentum.

[9] Schönste Zeugnisse sind die Bauten des kaiserlichen Architekten Johann Bernhard Fischer von Erlach, darunter die Karlskirche mit ihrer programmatischen Verbindung von barocker Kuppel, antikisierender Tempelfassade und römisch-kaiserlichen Siegessäulen.

bereits eine Kommission zur Herstellung eines Katasters gebildet, die wichtige Voraussetzungen für die unter Maria Theresia erfolgte, grundlegende Erneuerung des Steuer- und Abgabewesens geschaffen hat. Unter Karl VI. begann auch der durch die neue Adria-Hegemonie nahegelegte Ausbau von Triest (1719 Freihafen), der unter seinen Nachfolgern systematisch fortgesetzt worden ist und Venedig wirtschaftlich schnell überflügelt hat. Für den ganzen Donauraum wurde Triest der wichtigste Mittelmeerhafen, über den Österreich fortan den Austausch zwischen Europa und dem Orient gesteuert hat; Mailand und der toskanische Hafen Livorno waren korrespondierende Zentren des wieder aufblühenden, von den Habsburgern nach Mitteleuropa orientierten Fernhandels Oberitaliens.

Im Jahrzehnt nach dem Aachener Frieden begannen die durchgreifenden Reformen in der Lombardei, die dazu freilich wegen überschaubarer Größe, günstiger Verkehrslage, natürlichem Reichtum und der Kooperationsbereitschaft weiter Bevölkerungsteile bestens geeignet war; sie ist darüber die wirtschaftlich und sozial fortschrittlichste Region Italiens geworden. Entscheidende Impulse kamen von Maria Theresia und mehr noch von Kaunitz, der seit 1753 Hof- und Staatskanzler[9a] und ein guter Kenner Italiens wie des Italienischen war. Manche Initiative in Wirtschafts- und Personalpolitik ging auch auf Kaiser Franz zurück. Die wichtigsten Ämter erhielten Männer, die nach Herkunft und Ausbildung für die Vermittlung zwischen deutschen und italienischen Ländern qualifiziert waren, so der Tiroler Josef v. Sperges, der nach langem Verwaltungsdienst in Trient und Rovereto Leiter des «Dipartimento d'Italia» in der Staatskanzlei wurde; so Graf Beltrame Cristiani, der das Vertrauen Maria Theresias wie Kaunitz' genoß und seit 1750 als «Ministro plenipotenziario» die Verwaltung der Lombardei leitete; so vor allem dessen Nachfolger, der Trentiner Graf Carl Firmian, der von 1759 bis zu seinem Tode im Jahre 1782 in Mailand tätig gewesen ist. Firmian stand seit seinen Studien in Ettal, Leiden und Salzburg dem

---

[9a] Die Lombardei wurde in Wien nur insofern als auswärtiges Territorium behandelt, als ihre Verwaltung von der für die Außenpolitik zuständigen Hof- und Staatskanzlei abhing.

Jansenismus und der katholischen Aufklärung nahe, in die ihn ein anderer Trentiner, Muratoris Schüler Giambattista De Gasperi, eingeführt hatte[10]. Seit 1752 war er Gesandter in Neapel gewesen, wo er gute Beziehungen zu Genovesi und seinem Kreis gehabt hatte.

Schon 1755/56 wurde die Verwaltungsreform durchgeführt, welche die aus der Tradition des Stadtstaates stammenden Vorrechte Mailands beseitigte und die ganze Lombardei unter wenigen, klar umgrenzten Zentralbehörden gleichmäßig in Provinzen und Gemeinden einteilte; das chaotisch-komplizierte Gerichtswesen wurde vereinfacht. 1759 wurde das große Kataster fertig, an dem Neri ein Jahrzehnt lang gearbeitet hatte und welches meist als die größte Leistung der theresianischen Verwaltung bezeichnet wird. Alle Immobilien wurden darin nach denselben, staatlicherseits aufgestellten Kriterien eingeschätzt, und entsprechend wurde die Steuerlast festgesetzt. Das bedeutete einerseits Rationalisierung und Verbesserung der Staatseinnahmen, andererseits den Abbau von Standesprivilegien und die Ermutigung zu wirtschaftlichen Innovationen, die in der ganzen spanischen Zeit gefehlt hatte: Weil das Kataster auf Dauer angelegt war, brauchte man nach Wertsteigerung keine Höhereinschätzung zu befürchten. In dieselbe Richtung wies die unter maßgeblicher Mitarbeit Verris zwischen 1760 und 1786 allmählich erfolgte Einziehung feudaler Jurisdiktionen, so der von den Spaniern verpachteten Monopole, Steuern und Zölle; die parasitären Einkünfte wurden unmöglich gemacht, die produktiven erleichtert. Seit 1765 wurden die Maßnahmen für Landwirtschaft, Handel und Gewerbe durch einen Wirtschaftsrat koordiniert, aus dem 1786 die erste Handelskammer Italiens entstanden ist. Zu den wichtigsten Auswirkungen gehörte die Konsolidierung einer neuen, oft aus Landpächtern hervor-

---

[10] Unter den weiteren Trentinern, die damals zwischen Wien und Italien vermittelt haben, ist Carl Anton v. Martini hervorzuheben. Seit 1754 Professor für Naturrecht und römisches Recht in Wien, hat er das aufgeklärte Naturrecht nicht nur theoretisch vertreten. Von 1761 bis 1765 unterrichtete er den Erzherzog Leopold, den späteren toskanischen Großherzog und Kaiser, für den er dann 1790 eine Studienordnung für Österreich erarbeitet hat. Im Auftrag Josephs II. hatte er zuvor an der österreichischen Rechtskodifikation und an der neuerlichen Reform des lombardischen Gerichtswesens mitgewirkt. Er war Mitglied des Staatsrates, Vizepräsident der obersten Justizstelle und Verwalter des Vermögens des 1773 aufgelösten Jesuitenordens.

gehenden bürgerlichen Schicht und eine Verbürgerlichung des aktiveren Teils des Adels, der auch die Mehrzahl der aufklärerischen Intellektuellen hervorbrachte. Daß die Modernisierungsinteressen beider Schichten mit denen der Regierung übereinstimmten, sicherte die Beständigkeit der Reformpolitik. Rationelle, teils kapitalistische Wirtschaftsformen bürgerten sich ein, sowohl in den neuen landwirtschaftlichen Großbetrieben der Po-Ebene mit hochwertiger Viehzucht, Käseproduktion und Seidenraupenzucht wie in ersten größeren Manufakturen in Mailand und Como, in denen Wolle, Baumwolle und Seide hergestellt wurde.

Aufschwung des Handels und systematische Verbesserung der Verkehrswege begünstigten den Mittelstand, den die Regierung besonders zu fördern suchte. Von ihr besonders unterstützt, entwickelten sich die von den Spaniern ganz vernachlässigten kleineren Städte relativ stärker als Mailand selbst. An die Stelle des hauptstädtischen Parasitismus trat eine ausgeglichenere Wirtschaftsstruktur mit wachsender Zuordnung städtischer und ländlicher Betriebe.

Auch Schul- und Kirchenpolitik, von Maria Theresia und ihren Beratern als Einheit betrachtet und gerade von der Kaiserin im Sinn kirchlicher und gesellschaftlicher Reform intendiert, wurde in den Dienst ausgeglichenerer Sozialordnung und breiterer Partizipation gestellt; zur Finanzierung dienten seit den siebziger Jahren die Fonds des aufgelösten Jesuitenordens. Inquisition und kirchliche Bücherzensur wurden abgeschafft, Asylrechte und Vermögensbildungen der „toten Hand" ebenso eingeschränkt wie Wallfahrten, Prozessionen und andere Veräußerlichungen des Kults. In allen Landesteilen entstanden die allen zugänglichen «scuole normali», darüber in Mailand die universitätsähnlichen «scuole palatine» (mit Lehrstühlen für Beccaria und den Mathematiker Paolo Frisi). Gefördert wurde auch die Universität Pavia, an der sowohl bedeutende Naturwissenschaftler, darunter der berühmte Physiker Alessandro Volta, wie regalistische Juristen und Kirchenreformer, so Pietro Tamburini und Giuseppe Zola, lehrten. Seit 1776 schufen die führenden Reformer, darunter Verri, Beccaria, Frisi und Parini, sich eine Organisation, die «Società patriottica», welche „Landwirtschaft, Gewerbe und Industrie" zu fördern suchte und von Firmian unterstützt wurde.

Die Jahrzehnte zwischen 1750 und 1780 waren somit durch eine Art von «matrimonio fra Milano e Vienna» charakterisiert, welches von beiden Seiten bejaht und getragen wurde und darum beiden genutzt hat; Verri hat rückblickend vom «regno immortale di Maria Teresa» gesprochen.

Tatsächlich hatte der Regierungsantritt Josephs II. (1780) eine folgenschwere Zäsur bedeutet. Vieles hat der Kaiser zwar fortgesetzt. Er dachte aber im Vergleich zu seiner Mutter nicht nur „moderner", was zu partieller Verbürgerlichung der Bürokratie führte, sondern auch radikaler. Die unter ihr begonnene Vereinheitlichung und Rationalisierung wurde zur Zentralisierung und Bürokratisierung, die zu allen Zeiten die freiheitstötenden Folgen reformistischen Übereifers sind. Die Mailänder Reformer mußten erstmals befürchten, daß die Lombardei ihre Identität verlieren und zu einer Provinz Wiens degradiert werden würde. Das durch die Reformen gewachsene Selbstbewußtsein der Oberschicht, aber mehr noch der nun gegen deren Übertreibung einsetzende Widerstand hat den Patriotismus hervorgebracht, der sich in der französischen Zeit weiterentwickelt und danach gegen die Fremdherrschaft gewendet hat. Durch seine Gleichschaltungspolitik, die letztlich die Grundlage des übernationalen Staates bedrohen mußte, hat Josef diese Opposition provoziert, durch seinen kirchenpolitischen Rigorismus zugleich den Widerstand des Klerus und der traditionalen Unterschichten. Auf den Doktrinär folgte 1790 ein regierungserfahrener Realist, Josephs jüngerer Bruder Leopold. Er hat zu beruhigen versucht, aber in seiner allzu kurzen Regierung das verspielte Vertrauen nicht zurückgewinnen können.

Es war Leopold, der zuvor in nur 25 Jahren den zweiten habsburgischen Staat in Italien, die Toskana, zum eigentlichen Musterland der Aufklärung gemacht hatte. Die von seinem Vater nach Anfall des Landes eingesetzte Regentschaft hatte dazu bereits einige die Wirtschaft und besonders den Export fördernde Voraussetzungen geschaffen, auf denen der junge Großherzog seit seinem Regierungsantritt 1765 konsequent aufgebaut hat: der Freihandel, den es sonst im 18. Jahrhundert nirgends gab, wurde die wirtschaftliche Grundlage seines Reformismus.

Auch in Florenz waren Österreicher an dessen Beginn beteiligt, so der aus Kärnten stammende Graf Franz v. Rosenberg-Orsini. Leopold, der sich samt seiner Familie sehr weitgehend italianisiert hat, war aber konsequent bestrebt, die aus Wien mitgekommenen Beamten durch Einheimische zu ersetzen; er wollte soweit wie möglich unabhängig sein von seiner Mutter und erst recht von seinem Bruder, dessen Dirigismus er verwarf[11]. Die geistige Offenheit einer Minderheit im toskanischen Patriziat, darunter etlicher Juristen und Nationalökonomen von der Universität Pisa, erleichterte diesen Kurs.

Mit einigen von ihnen, darunter dem inzwischen in die Toskana zurückgekehrten Pompeo Neri, sodann mit Giulio Rucellai, Angelo Tavanti und Graf Francesco Gianni hat der Großherzog eine Reformpolitik entwickelt, die organischer und pragmatischer, dabei weitaus weniger zentralistisch war als in der Lombardei. Während dort an die Stelle des hauptstädtischen Parasitismus ein neuartiger staatlicher Zentralismus und kapitalistische Großbetriebe traten, setzte Leopold auf Konsolidierung der überkommenen Ordnung, auf mittleren und kleinen Besitz, auf Autonomien und Selbstverantwortung. Durch Gesetze von 1769, 1774 und 1777 wurde eine weitgehende Autonomie der Gemeinden hergestellt, in deren Beratungsgremien nicht nur Grundbesitzer, sondern auch Handwerker und Pächter vertreten sein sollten. Die neue Gemeindeordnung war ein Teil der Agrarreform, die den Kern des ganzen Werkes bildete; im Sinne der Physiokraten sah Leopold nämlich in der Landwirtschaft die Grundlage für den Wohlstand des Landes, ihre Modernisierung verstand er als umfassende Sozialreform.

In der Toskana, der urbansten Landschaft im urbanen Italien, war die Landwirtschaft durch direkte Anbindung an die Städte und durch die Mezzadria[12] bestimmt. Fast alle Gemeinden umfaßten sowohl ein städ-

---

[11] Joseph II. wollte die Toskana ganz in seinen Zentralismus einbeziehen und forderte daher ihre Vereinigung mit der österreichischen Monarchie, die nach seinem oder nach Leopolds Tod erfolgen sollte. Leopold hat sich diesem Plan lange widersetzt. Unter starkem Druck aus Wien hat er zwar 1784 eine entsprechende Vereinbarung unterzeichnet, war aber entschlossen, sie nicht auszuführen. Da Joseph kinderlos war, fiel ja ihm 1790 die ganze Monarchie zu. Er hat sogleich zugunsten seines zweitältesten Sohnes Ferdinand auf die Toskana verzichtet und seinen ältesten Sohn, den späteren Kaiser Franz II., zu entsprechendem Verzicht bewogen.

[12] Die aufs Mittelalter zurückgehende Halbpacht beruhte auf einer Art von Gesellschaftsvertrag zwischen Grundbesitzer und Pächter, nach dem der erste

tisches Zentrum wie weites agrarisches Umland; eigentliche Landgemeinden gab es kaum. Die Besitzer der Gründe wohnten zumeist in den Zentren; die Pächter produzierten in Mischkultur, was im jeweiligen Zentrum gebraucht wurde: Getreide und Obst, Wein und Öl. Palazzo in der Stadt und Villa auf dem Land, dieser zugeordnet die Fattorien und Poderi der einzelnen Pächter waren die Bezugspunkte, die zusammen mit der gartenbauartigen Coltura mista die toskanische Landschaft bis in die Gegenwart geprägt haben. Abgesehen von Italiens allgemeiner Dekadenz, war dieses System seit dem 17. Jahrhundert durch bürokratische Eingriffe und Handelsbeschränkungen, dazu auch, wenngleich weniger als anderswo, durch den Parasitismus der Hauptstadt und feudale Rechte beeinträchtigt worden; zu den Folgen gehörten Ausbeutung, Unterernährung und Verschuldung der Pächter sowie ein deutlicher Rückgang der Produktivität. In Zusammenarbeit mit den Experten der 1753 begründeten Academia dei Georgofili hat Leopold die Sanierung durchgeführt, welche die Wirtschafts- und Sozialstruktur des Landes bis ins 20. Jahrhundert konsolidiert hat. Die Aufhebung aller Handelsbeschränkungen bildete den Anfang. Sodann wurde die feudale Weidenutzung eingeschränkt und darüber die intensive Mischkultur weiter ausgebreitet. Die Entwässerung der Sümpfe wurde in Angriff genommen; in der Maremma überstieg sie die damaligen Kräfte, aber in der Chiana-Senke war sie erfolgreich. Das neu gewonnene Land wurde in herkömmlicher Weise verteilt, die Bildung von Großbetrieben und Kapitalgesellschaften vermieden. Die Pächter erhielten nicht nur Mitsprache in den Gemeinden, sondern erhebliche soziale Verbesserungen. Für den Bau von Bauernhäusern gab es hohe staatliche Zuschüsse, dabei wurde ein neuer, praktischer Haustyp eingeführt. Ein großer Teil der der Monachie und städtischen Institutionen gehörenden Gründe wurde an die Pächter vergeben, meist in Erbpacht. Nur der weitergehende, von Erinnerungen an seine österreichische Heimat angeregte Plan des Großherzogs, die Pächter zu selbständigen Bauern zu machen, hat sich nicht realisieren lassen.

Parallel mit den wirtschaftlichen und sozialen Reformen erfolgte die Modernisierung der Rechtsordnung. Die ganz an Beccarias Ideen aus-

Haus, Grund und Geräte zu stellen hatte, der zweite die Hälfte der Erträge an ihn abtreten mußte.

gerichtete Legislazione criminale toscana (1786) brachte dem Land mit der Abschaffung von Todesstrafe und Folter das modernste Strafrecht im damaligen Europa. Mit gleichem Engagement betrieb Leopold mit Hilfe des Bischofs von Pistoia, Scipione de' Ricci, eine ausgeprägt jansenistische und zugleich synodale Kirchenreform (Synode von Pistoia 1786), die jedoch gegen den Widerstand der übrigen Bischöfe und der römischen Kurie nicht über Ansätze hinauskam.

Nicht verwirklicht wurde schließlich auch das Verfassungsprojekt, welches Leopold als Höhepunkt seines Reformwerkes betrachtete und 1781 von Gianni ausarbeiten ließ. Indem es parlamentsähnliche Gremien auf der Ebene der Provinzen wie des Landes vorsah, baute es auf der Gemeindereform auf. Indem er der Landesversammlung die Kontrolle über die Staatsfinanzen zuwies, zeigte es mehr noch als der Plan, aus Pächtern Besitzer zu machen, daß der Großherzog das bestehende System nicht nur reformistisch konsolidieren, sondern in evolutionärer Weise fortentwickeln wollte. Es entsprach aber der seine ganze Politik durchziehenden, experimentierenden Vorsicht, daß er eine so grundsätzliche Reform erst nach weiteren Studien und Vorbereitungen realisieren wollte. Wenige Jahre später ist sie der Revolutionsfurcht und dem konterrevolutionären Druck aus Wien zum Opfer gefallen.

Von den beiden bourbonischen Staaten hat sich das kleine und für Einflüsse aus der benachbarten Lombardei offene Herzogtum Parma-Piacenza unter dem aus Frankreich berufenen Minister Guilleaume Du Tillot ganz dem Reformkurs angeschlossen, der hier besonders stark von staatskirchlichen Tendenzen geprägt war und unter anderem die Ausweisung der Jesuiten erzwang. Du Tillot, der damit auch auf überzogene Lehensansprüche Roms[13] reagierte, hat zudem französische Aufklärer an die Universität Parma berufen und darüber ein neuartiges geistiges Klima gefördert, welches in die Zeit der französischen Besetzung hereingewirkt hat. Der Minister selbst wurde 1771 auf Betreiben der Herzogin Maria Amalia abgesetzt, die im Gegensatz zu ihren habsburgischen Geschwistern einen konservativeren Kurs vertrat.

---

[13] Die Kurie beanspruchte ein Oberlehensrecht über Parma, weil das Herzogtum 1545 von Papst Paul III. aus dem Kirchenstaat ausgegliedert worden war.

Weitaus komplizierter war die Lage im schwer überschaubaren Königreich Neapel-Sizilien mit seiner ganz von Feudalismus und Parasitismus geprägten Gesellschaft und seiner wasserkopfartigen, unproduktiven Hauptstadt, in der gegen Ende des 18. Jahrhunderts über 400000 Menschen lebten, d. h. über acht Prozent der Gesamtbevölkerung des unteritalienischen Festlands, wo es sonst keine Städte mit mehr als 30000 Einwohnern gab [14]. Die rechtliche und administrative Trennung Siziliens vom Festland schuf weitere Probleme.

Der erste bourbonische König Karl, der Neapel durch den Bau von Straßen, Palästen, Museen und Theater neuen hauptstädtischen Glanz verschaffte, war überhaupt mit reformerischen Absichten in den Süden gekommen. An die Ideen Giannones und an Initiativen der österreichischen Regierung anschließend, wandte er sich vor allem gegen die gesellschaftliche Macht der Kirche, die in Neapel wegen des seit dem Mittelalter von den Päpsten behaupteten, inzwischen nur mehr formellen Oberlehensrechtes besonders aufreizend wirkte; die Zahl der parasitären Geistlichkeit wurde beschränkt. Es blieb bei dieser Ausrichtung der Reformpolitik, seit deren Leitung 1754 an den aus der Toskana stammenden, in Pisa ausgebildeten Marchese Bernardo Tanucci (1698—1783) überging. Als Karl 1759 König von Spanien wurde und seinen achtjährigen Sohn Ferdinand als Nachfolger in Neapel zurückließ, wurde Tanucci, der dem früheren Souverän eng verbunden blieb und ihn weiterhin beraten hat, das führende Mitglied der Regentschaft. 1776 ist auch er aus dem Amt gedrängt worden, von Maria Amalias energischer Schwester Maria Karolina, wobei es aber weniger um politische Differenzen ging. Die Königin von Neapel war durchaus reformerisch gesinnt. Sie wollte aber selbst regieren und ihren Gatten, der wohl nicht ohne Tanuccis Schuld schlecht auf sein Amt vorbereitet war und den freizügigen Umgang mit jugendlichen Nichtstuern den Staatsgeschäften vorzog («re lazzarone»), dem Einfluß des alten Ministers entziehen.

Tanucci hat eng mit Neapels schmaler intellektueller Elite um Fi-

---

[14] Neapel war damit weiterhin die volkreichste Stadt Italiens; auch Palermo, die zweite Hauptstadt im süditalienischen Königreich, war infolge der parasitären Struktur mit über 140000 Einwohnern unverhältnismäßig groß. — (Rom zählte damals ca. 166000, Venedig 140000, Mailand 134000 Bewohner.)

langieri und Genovesi zusammengearbeitet. Sein Hauptanliegen, wofür er auch die Zustimmung aufgeklärter Geistlicher wie Galiani und Genovesi fand, war die volle Durchsetzung der staatlichen Souveränität gegenüber der Kirche. Im Bunde mit den anderen bourbonischen Höfen hat er besonders die Jesuiten bekämpft, die 1767 aus Neapel wie aus Spanien ausgewiesen wurden; die Aufhebung des Ordens im Jahre 1773 war auch das Ergebnis der von ihm mitgestalteten Politik. Daß diese nach seinem Sturz fortgesetzt wurde, fand den deutlichsten Ausdruck in der 1788 erfolgten Abschaffung der feudalen Unterordnung des Königreichs unter den Hl. Stuhl. Tanucci hat auch Rechtsvereinheitlichungen durchgesetzt, aber seine Ansätze zu sozialen und wirtschaftlichen Reformen scheiterten am Widerstand der Barone. Das von Genovesi und Filangieri geforderte Volksschulwesen kam nicht zustande, die sozialen Probleme der hauptstädtischen Unterschichten wurden trotz ihrer damals schon erkennbaren Sprengkraft gar nicht angegangen.

In Sizilien sind erst sehr spät Reformen versucht worden. Der Vizekönig Marchese Domenico Caracciolo (1781—1786) scheiterte mit seinen energischen Anstrengungen um Stärkung des Staates und Schwächung des Feudalismus am Widerstand der hier noch mächtigeren Barone; sein Nachfolger, Fürst Caramanico (1786—1794) ging vorsichtiger vor und konnte darüber wenistens einen kleinen Teil des Adels gewinnen, aber auch seine Bemühungen um ein Kataster und um gerechtere Steuerverteilung sind über erste Ansätze nicht hinausgekommen.

Die übrigen, von Einheimischen regierten Staaten Italiens sind vom aufgeklärten Reformismus kaum oder gar nicht erfaßt worden. In Savoyen-Piemont sind unter Karl Emanuel III. und unter Viktor Amadeus III. nur der staatliche Zentralismus und die Armee noch weiter ausgebaut worden. Es blieb jedoch bei den Privilegien von Adel und Klerus, Zensur und Repression wurden nur wenig gelockert. Trotz der Nähe Frankreichs ist Turin im Gegensatz zu Mailand und Neapel kein Zentrum aufklärerischen Denkens geworden, etliche Intellektuelle emigrierten in die Lombardei.

Zur Verbesserung der Verhältnisse auf der dünn besiedelten, kaum erschlossenen und isolierten Insel Sardinien, die weiterhin vom Regiment einiger hundert adeliger Grundbesitzer und von archaischer Hir-

Grenzen der Reformpolitik — Stagnation und Anachronismen 53

tenzivilisation bestimmt war, haben Könige und Regierungen in Turin sehr wenig getan. Eine Ausnahme bildete der Minister Giovanni Battista Bogino, der 1759 mit der Verwaltung der Insel beauftragt, aber beim Thronwechsel 1773 entlassen wurde. Er versuchte dem ganz unterentwickelten Bürgertum aufzuhelfen und leitete damit einen bescheidenen Aufschwung der heruntergekommenen Städte Cagliari und Sassari ein, die Universitäten beider Städte wurden gefördert. Ein ebenfalls bescheidener Austausch mit dem Festland begann.

Im Kirchenstaat waren grundlegende Reformen unmöglich, weil die zuvor skizzierten Verhältnisse weiterbestanden. Die acht Päpste des 18. Jahrhunderts, von denen fünf aus dem Kirchenstaat stammten, waren sämtlich gebildet, tüchtig und guten Willens, aber mit Ausnahme Benedikts XIV. für ihr Amt zu wenig profiliert. Auch sie widmeten sich weitaus mehr der Kirche als ihrem Staat, daneben haben sie für Wissenschaft und Kunst Erhebliches geleistet. Hauptsächlich waren ihre Pontifikate aber erfüllt vom defensiven Kampf gegen Aufklärung, Staatskirchentum und Josephinismus und fast noch mehr gegen die damit bisweilen verbündeten innerkatholischen, aber antipapalistischen Bewegungen des Gallikanismus, Episkopalismus und Febronianismus; der Gegensatz zwischen dem Papsttum und der säkularisierenden Kultur der Neuzeit verschärfte sich. Zu den Folgen gehörten im politischen Bereich Kompromisse und Anpassungen, besonders nachdem sich Clemens XI. durch sein Ungeschick im Spanischen Erbfolgekrieg und im Streit um Comacchio zuerst mit dem Kaiser und dann mit den Bourbonen überworfen hatte. Im Türkenkrieg unterstützte er den Kaiser, konnte aber aus dessen Sieg wegen der gegen seinen Willen von Kardinal Alberoni angezettelten italienischen Wirren keinen Gewinn ziehen; 1705 und 1713 verurteilte er den Jansenismus. Clemens XII., der vergeblich Parma beanspruchte, verbot 1738 den Beitritt zur Freimaurerei. Benedikt XIV., ein hochgebildeter Kanonist und Mitbegründer der Kirchenrechtsgeschichte, versuchte umsichtige Annäherung an die Ideen der Zeit. Er reformierte Liturgie, Ordenswesen und kuriale Behörden, milderte das kirchliche Mischehenrecht und schloß mehrere Konkordate, so mit Neapel 1741 und mit Österreich für die Lombardei 1757. Clemens XIII. verurteilte sowohl die Werke der führenden Enzyklopädisten d'Alembert und Diderot wie Hontheims ›De statu ecclesiae‹, die Programmschrift der Febronianer. Der Unterdrückung der Jesuiten in den bourbonischen Staaten widersetzte er sich mutig, aber vergeblich; Neapel und Frankreich besetzten die Enklaven des Kirchenstaats. Clemens XIV. hat, wohl aus Furcht vor einem Schisma, dem Druck nachgegeben und 1773 den Jesuitenorden aufgehoben. Pius VI. wehrte sich gegen die Selbständigkeitsbestrebungen der deutschen Erzbischöfe und verurteilte Beschlüsse der Synode von Pistoia. 1782 unternahm er eine für seine Zeit ganz ungewohnte und darum größtes Aufsehen erregende Reise nach Wien, um Joseph II. zur Änderung seiner Kirchenpolitik zu bewegen. Das gelang ihm nicht, aber er fand großes Verständnis bei Kurfürst Karl Theodor von Pfalz-Bayern, dem er dafür den Aufbau einer rein bayerischen, die Jurisdiktion der Erzbischöfe einschränkenden Kirchenorganisation gestattete: gegenüber dem Episkopalismus betrachtete der Papst das territoriale Staatskirchentum als geringeres Übel.

Die Familien Clemens' XI. und Clemens' XII., Albani und Corsini, rückten in die römische Hocharistokratie ein, ebenso die des nobilitierten Bankiers Torlonia. Sie haben zu den letzten großen Bauherren des päpstlichen Rom gehört, ebenfalls Pius VI., der sich auch insofern als letzter Papst des Ancien régime erweist, als sein bereits klassizistischer Palazzo Braschi die lange und ebenso glanzvolle wie hypertrophe Reihe der Familienpaläste von Päpsten und Kardinälen beschließt. Rom lebte weiterhin von Dienstleistungen, vom Handel provinziellen Umfangs und von den Geldern, die aus dem orbis catholicus in dessen Zentrum gelangten. Produktive Wirtschaft und moderne Wirtschaftsbetriebe gab es nicht; die Stadt war und blieb eine Mischung aus grandiosem Museum, Cosmopolis und großem Dorf, in dem es sich behaglich leben und studieren ließ, in dem aber für innovatorische Kräfte kein Platz war.

Pius VI. war zugleich der erste Papst, der eine energische Sanierung von Finanzen und Landwirtschaft des Kirchenstaates in Angriff nahm. Ein Kataster sollte zur Erhöhung der Getreideproduktion anregen, der die Grundbesitzer sich aber ebenso erfolgreich widersetzten wie der von dem energischen Prälaten Ruffo geplanten Steuervereinheitlichung. Die Bonifizierung der Pontinischen Sümpfe blieb in Anfängen stecken. Das zur Reform unfähige System und seine Nutznießer blockierten die Pläne des Papstes, obwohl der Kirchenstaat infolge des Fehlens moderner Produktions- und Wirtschaftsformen inzwischen vor dem Staatsbankrott stand. Die unfruchtbaren Geldrücklagen der Päpste waren durch Beiträge zum Türkenkrieg und durch Getreidekäufe bei Hungersnöten erschöpft. Sowohl die Regierung wie die vielen Kirchen und Klöster finanzierten sehr umfangreiche karitative Maßnahmen, welche die ohnehin inaktive Bevölkerung ruhig hielten. Auf die soziale und kulturelle Erneuerung, die in Mailand und Florenz erreicht, in Neapel wenigstens zeitweise erstrebt wurde, reagierten Rom und seine Oberschicht mit einer aus Arroganz und Ignoranz gemischten Ablehnung. Gern bediente man sich des bequemen Vorwands, daß diese Modernisierungen Konsequenzen der Aufklärung und darum mit Roms traditionaler Wertordnung nicht vereinbar seien.

Die beiden Republiken Venedig und Genua haben ebenfalls an ihrer antiquierten, oligarchischen Verfassung und an ihren traditionellen wirtschaftlichen Aktivitäten festgehalten; auch sie sind daher weit hinter die benachbaren Monarchien zurückgefallen. Beide blieben ihrer Struktur nach Stadtstaaten wie im späten Mittelalter, auch Venedig, welches in Wirklichkeit ein Flächenstaat war, aber daraus weiterhin keine administrativen Konsequenzen zog. In beiden Republiken blieb politische und wirtschaftliche Macht bei einer kleinen, fest abgeschlossenen Gruppe der reichsten hauptstädtischen Familien konzentriert.

Das an Zahl allmählich abnehmende venezianische Patriziat war vollends zur Landaristokratie geworden, die ihre großen Güter extensiv bewirtschaftete und weiterhin mit schönen, verschwenderisch ausgestatteten Villen zierte; sie bilden die bis heute eindrucksvolle Fassade, hinter der eine Kultur und eine Führungsschicht sich selbst überlebten. Die landwirtschaftliche Produktion des Veneto konnte mit der der Lombardei genausowenig mithalten wie der Hafen Venedigs mit Triest. Nur die Städte der terra ferma erlebten einen bescheidenen demografischen und wirtschaftlichen Aufschwung, besonders die, welche wie Bergamo und Brescia direkten Kontakt zur österreichischen Lombardei hatten. In Venedig selbst stagnierte die Bewohnerzahl. Die Stadt lebte großenteils von der Produktion von Luxusgütern wie Glas, Keramik, Email und Seide sowie, ähnlich wie Rom, vom Fremdenverkehr, der aber hier einen weitaus mondäneren Charakter hatte.

Genuas Oberschicht blieb im herkömmlichen Bankgeschäft, indem sie Gelder an die Großen des Ancien régime auslieh und Monopole pachtete; es kam nicht zur Zusammenarbeit mit den Kräften, welche die wirtschaftliche und soziale Erneuerung betrieben. Der Hafen stand weit hinter Livorno zurück.

Auch die rückständig bleibenden Staaten und Regionen haben aber weniger oder mehr von dem wirtschaftlichen Aufschwung profitiert, der großenteils eine Folge der Reformpolitik gewesen ist und zusätzlich stabilisierend wirkte. Die erhebliche Zunahme der Agrarproduktion und der erstmals in großem Umfang betriebene Maisanbau verbesserten das Angebot an Lebensmitteln. Aus der Po-Ebene begann der Export von Rohseide nach Frankreich und England, der für die wirtschaftliche Modernisierung Italiens hochbedeutsam werden sollte, schon damals große Gewinne erbrachte und darüber sowohl das Investitionsklima wie den Lebensstandard verbesserte. Hungersnöte, wie sie bis dahin periodisch aufgetreten waren, sind seit 1764/65 nicht mehr vorgekommen. Italiens Gesamtbevölkerung nahm wieder zu, auch infolge hygienischer und sanitärer Verbesserungen in den reformistischen Staaten; von ungefähr 11,3 Millionen um 1700 ist sie bis 1750 auf ungefähr 15,4, bis 1800 auf ungefähr 18,1 Millionen gestiegen[15]. Noch gewichtiger war der soziale Transformationsprozeß, der aber längst noch nicht die gelegentlich von marxistischer Seite behauptete Ersetzung des Adels durch das Bürgertum einleitete. Die Aktiveren aus beiden Ständen verbanden sich vielmehr zu einer modernisierenden Elite, in der die Adeligen noch lange tonangebend waren. Aus ihren Reihen sind bekanntlich die wichtigsten Politiker des «Risorgimento» gekommen.

Spätbarock und Klassizismus

Rom und Venedig blieben auch im 18. Jahrhundert kulturelle Zentren, die Kräfte aus ganz Europa angezogen und entsprechend weit aus-

---

[15] An diesem Anstieg war gerade der Süden, der im 17. Jahrhundert am meisten unter den Epidemien gelitten hatte, beteiligt: Die Bevölkerung des Königreichs Neapel nahm zwischen 1700 und 1750 um 18%, zwischen 1750 und 1800 um 24% zu, die der Inseln um 20 bzw. 23%.

gestrahlt haben, mit denen aber das Neapel der Bourbonen und das Florenz Leopolds in der Förderung von Museen und Akademien, Florenz außerdem in der Schulpolitik durchaus konkurrieren konnten. In hohem wissenschaftlichem Ansehen standen die Universitäten von Pavia, Parma, Modena, Pisa, Rom und Neapel sowie Mailands «scuole palatine». In Rom, wo die Theologie und die ihr weithin zugeordneten philologischen und historischen Fächer dominierten, kamen manche Impulse auch aus Bibliothek und Archiv des Vatikans. Große Verdienste erwarb sich dabei der Archivpräfekt und spätere Kardinal Giuseppe Garampi, ein Vertrauter Benedikts XIV., der ihn auch mit wichtigen diplomatischen Missionen betraut hat.

Rom, die Stadt großer Architektur, blieb bis nach der Jahrhundertmitte beim Barock, der in dieser Spätphase durch eine wieder an die gravitas des Frühbarock anschließende, sie aber ins Riesenhafte steigernde Monumentalität gekennzeichnet ist. Die schöpferische Kraft ließ jedoch deutlich nach, sowohl im Vergleich zur Ideenfülle des 17. Jahrhunderts wie zu den Konsequenzen, die daraus gleichzeitig deutsche Baumeister gezogen haben. Die wichtigsten Werke schufen Alessandro Galilei (Fassade von S. Giovanni in Laterano) und Ferdinando Fuga (Fassade von S. Maria Maggiore, Palazzo della Consulta), der auch in Neapel tätig war.

Die aufblühende Erforschung des Altertums ist von den Päpsten sehr gefördert worden. Clemens XII., der Auftraggeber der Lateranfassade, machte die kapitolinischen Sammlungen zum ersten öffentlichen Museum Europas; Clemens XIII. förderte Piranesi, Mengs und Winckelmann; Clemens XIV. und Pius VI. erweiterten die vatikanischen Kunstsammlungen (Museo Pio-Clementino). Die neue Antikennähe hat auch und gerade in Italien zu einem künstlerischen Umschwung von europäischer Dimension übergeleitet. Seit den 1760er Jahren trat der Klassizismus auf, der sich mit einer in der europäischen Kunstgeschichte wohl kaum dagewesenen Schroffheit als Gegenbewegung zum Barock verstand, wiewohl dessen äußerste Konsequenzen im Land klassischen Maßes ohnehin nur gelegentlich übernommen worden waren. In radikaler Absetzung davon richtete der neue Stil sich an der Antike aus, freilich im Vergleich zur Renaissance in einer kühleren und akademischeren, weithin imitatorisch bleibenden Weise. Zwischen Griechischem und Römischem wurde dabei noch kaum unterschieden, daneben galt auch Palladio als Vorbild — erneut also und in mehrfachem Sinne italienische Kontinuität! Das allgemeine Interesse, welches mit Winckelmann, Mengs und Goethe die geistesgeschichtlich gewichtigste Reisewelle nach Italien eingeleitet hat, konzentrierte sich naturgemäß auf die Monumente und Sammlungen Roms, daneben aber auch auf Neapel. Dort hatte König Karl (III.) die von den Farnese geerbten Sammlungen neu aufstellen und seit der Entdeckung Pompejis (1738) durch die antikes Leben in einmaliger Vollständigkeit dokumentierenden Funde aus den Vesuvstädten kontinuierlich erweitern lassen. Tanucci und dann auch König Ferdinand und Maria Karolina haben diese Kulturpolitik fortgesetzt.

In der Architektur hat der Klassizismus die größten Leistungen erbracht; Vanvitelli erbaute den grandiosen Palast der Bourbonen in Caserta, Marchionni die Villa Albani in Rom. Ihr Bauherr, Kardinal Alessandro Albani (1692—1779), Neffe Clemens' XI., der als „Protektor" der österreichischen Erblande und des Reiches, dazu als Botschafter Österreichs auch erheblichen politischen Einfluß ausübte, war der großzügigste und kenntnisreichste Mäzen im damaligen Rom. Ein Jahrzehnt lang war Winckelmann bei ihm zu Gast und hat mit seiner Hilfe die ›Monumenti antichi inediti‹ (1767) und weitere Werke verfaßt. Anton Rafael Mengs hat in der Villa des Kardinals den ›Parnaß‹, das Programmbild des neuen Stils, geschaffen. In der Plastik schuf der noch von Bernini beeinflußte, aber bisweilen schon zu kühlerer Reduzierung übergehende Pietro Bracci erste Werke der neuen Richtung, so verschiedene Papstbüsten und das Grabmal Benedikts XIV.

Es beleuchtet die Unterschiedlichkeit der verschiedenen Kunstregionen Italiens, daß Venedig in einer anderen Kontinuität verblieb und sich ganz dem Rokoko eröffnete, in dem die traditionelle Neigung der Stadt zum Malerischen, zu raffinierter Raumkultur, zu pretiösem und kleinteiligem Kunstgewerbe ihre letzte große Erfüllung gefunden hat. Venedig ist als „Hauptstadt des Rokoko" bezeichnet worden, seine schöpferischsten Meister wurden die weltberühmt gewordenen Maler Giovanni Battista Piazzetta (1682—1754), Giovanni Battista Tiepolo (1696 bis 1770), Antonio Canal gen. Canaletto (1697—1768) und Francesco Guardi (1712—1793). Piazzetta übertrug großfigurige Szenen und plastisch durchgebildete Formen in die weich changierenden Hell-Dunkel-Kontraste des Rokoko; neben Altarbildern malte er auch Szenen aus dem venezianischen Alltag, welche diese Maler, manchmal am Rande großer Kompositionen, ähnlich vielgestaltig und realistisch eingefangen haben wie Goldoni in seinen Komödien. Der von Piazzetta beeinflußte Tiepolo brachte nicht nur die venezianische, sondern die europäische Malerei des 18. Jahrhunderts zur höchsten Entfaltung. Seine grandios komponierten Wand- und Deckengemälde schildern festliche Szenen und historische Ereignisse in gemalter Architektur, seine Raumfantasien scheinen alle Grenzen zu überschreiten; die vielfältigen Bewegungsmotive erscheinen spielerisch leicht, die Farben, darunter das berühmte „Tiepolo-Blau", sind licht. Mit Aufträgen für venezianische Paläste, Kirchen und Villen überhäuft, hat er auch auswärts große Werke geschaffen, so zusammen mit seinem Sohn Domenico die Fresken im Kaisersaal und im Treppenhaus der fürstbischöflichen Residenz in Würzburg (1750—1753) sowie, ebenfalls mit seinen Söhnen Domenico und Lorenzo, die Fresken im königlichen Schloß in Madrid (seit 1762, im Auftrag Karls III.). Von seinen zahlreichen Tafelbildern befinden sich einige in den Museen von München, Frankfurt, Berlin und Dresden. Canaletto, meist in Venedig, dazwischen von 1746 bis 1755 in London tätig, hat überaus viele Veduten seiner Vaterstadt, zudem Roms und Londons, geschaffen, zunächst recht malerisch, dann in zunehmendem Maße architektonisch, fast fotografisch getreu und darüber auch trockener. Sein Neffe Bernardo Bellotto-Canaletto (1720—1780), Hofmaler in Dresden, Wien und Warschau, hat diese perspektivische Genauigkeit wieder malerischer ausgestaltet; seine Warschauer Ansichten haben nach dem Zweiten Weltkrieg als Modelle für den Wiederaufbau der Stadt gedient. Noch ideenreicher hat Canalettos Schüler Guardi in einer Fülle von Schilderungen Venedigs, venezianischen Lebens wie von Lagunenlandschaften flimmernde Licht- und Lufterscheinungen wiedergegeben und die Malweise der Impressionisten in vielem vorweggenommen.

In der ersten Jahrhunderthälfte hatte Venedigs letzter überragender Komponist und Virtuose gewirkt, Antonio Vivaldi (ca. 1678—1741), Musikdirektor am Konservatorium «Ospedale della pietà» und Kapellmeister an San Marco, der sich gegen Ende seines Lebens vergeblich um eine Anstellung in Wien bemüht hat. In seiner Zeit vor allem wegen seiner zahlreichen Opern, Oratorien und Kantaten beliebt, wird er inzwischen noch höher eingeschätzt als genialer Fortsetzer des von Corelli übernommenen Concerto grosso und als Schöpfer des Solokonzerts mit Orchester, womit er direkt auf J.S. Bach gewirkt hat; sehr vieles aus seiner überreichen Produktion ist noch unveröffentlicht. Während seines Wirkens war Venedig eine musikalische Konkurrenz in Neapel entstanden, wo der Sizilianer Alessandro Scarlatti (1660—1725) als Hofkapellmeister einen neuen Opernstil mit Durchbildung der Da-capo-Arien, reicher Orchesterbegleitung und dreiteiliger, „italienischer" Ouvertüre entwickelt und in 115 Opern angewendet hat. Sein Feld blieb die Opera seria, mit der er Gluck, Händel und Mozart beeinflußt hat. Um deren virtuoser Erstarrung entgegenzuwirken, hat sein früh verstorbener Nachfolger Giovanni Battista Pergolesi (1710—1736) die manche Anregungen aus der «Commedia dell'arte» aufnehmende Opera buffa geschaffen, vor allem mit der epochemachenden «Serva padrona», welche die dargestellten Personen mit neuer Dramatik erfüllte und sowohl auf Mozart wie auf die französische «Opera comique» gewirkt hat. Scarlattis Sohn Domenico (1685—1757), der als Sonatenkomponist berühmt geworden ist, war u.a. in London, Lissabon und Madrid tätig. Von den weiteren Meistern der neapolitanischen Opernschule war Giovanni Paisiello Kapellmeister in St. Petersburg und Paris, Domenico Cimarosa wirkte einige Zeit in Wien.

Die venezianischen Maler und die neapolitanischen Musiker in Wien, Dresden und Würzburg, in London, Madrid, Lissabon, Warschau und St. Petersburg verweisen wieder auf den kulturellen „Export" Italiens, der auch im 18. Jahrhundert noch sehr breit gewesen ist. Weiterhin gingen aus Italien Architekten, Maler und Stukkateure, Komponisten, Dirigenten und Virtuosen, Sänger und Schauspieler, dazu mehr als zuvor Gelehrte und Poeten in die Residenzstädte Europas; die bedeutenderen unter den Künstlern nahmen nicht selten etliche Mitarbeiter, ja ganze Handwerkertrupps mit [16]. Infolge der neuen politischen Bindungen blieb für den deutschen Raum das längst der italienischen Kultur erschlossene Wien der wichtigste Anziehungs- und Vermittlungspunkt.

---

[16] Um eine Vorstellung von der Breite der Tätigkeit dieser hochqualifizierten und entsprechend hochgeschätzten „Gastarbeiter" zu erhalten, empfiehlt es sich, die Künstlerverzeichnisse in den Bänden von Dehios Handbuch der deutschen Kunstdenkmäler durchzusehen.

Wien wirkte als Vorbild für zahlreiche kleinere Höfe, besonders im Süden und Südwesten des Reiches, deren Fürsten auch politisch zum Kaiser hielten und darum schon aus Gründen der Selbstdarstellung auch in der Kulturpolitik gern dem Beispiel seines Hofes folgten. Das römisch-deutsche Reich mit seinen so zahlreichen weltlichen und geistlichen Residenzen, die alle in Hofhaltung und Repräsentation die Großen nachahmten und dabei möglichst auch etwas vom Glanz Roms und Italiens einbeziehen wollten, war ein ideales Arbeitsfeld für die zahlreichen italienischen Künstler; des Beispiels halber sei erneut die lombardische Familie Carlone erwähnt, deren Angehörige in Wien, St. Florian, Passau, Weingarten, Waldsassen und Brühl (Bonn) Kirchen und Residenzen gebaut und ausgestattet haben.

In Wien selbst waren in der ersten Jahrhunderthälfte die meisten Präfekten der Hofbibliothek Italiener, das ganze Jahrhundert hindurch die meisten Hofkapellmeister, von Antonio Caldara (1670—1736) bis Antonio Salieri (1750—1825). Da der Primat der italienischen Oper eingehende Beschäftigung mit italienischer Literatur erforderte, gab es stets auch italienische Hofdichter, unter denen der Römer Pietro Metastasio (1698—1782), der seit 1730 bis zu seinem Tode in Wien lebte, der bedeutendste gewesen ist. Seine Dramen waren sämtlich für die musikalische Umsetzung bestens geeignet. Eines der berühmtesten, ›La clemenza di Tito‹, welches 1734 zu Ehren Karls VI. entstand und am Beispiel des römischen Kaisers die „clementia Austriaca" und überhaupt das philanthropische Herrscherideal der Zeit feierte, wurde zuerst von Caldara zur Oper gestaltet. Es hat zahlreiche weitere Vertonungen erfahren, deren berühmteste Mozart verdankt wird. Sein ›Titus‹, dem eine vom Hofpoeten Caterino Mazzolà gestraffte Version des Dramas zugrunde lag, ist 1791 zur Prager Krönung Leopolds II. entstanden. So symbolisiert diese letzte Oper Mozarts auch, woran kürzlich Adam Wandruszka erinnert hat, die damalige „Symbiose zwischen Österreich und Italien", die durch die von der Französischen Revolution ausgehenden nationalen Kräfte bald in Frage gestellt werden sollte.

Drittes Kapitel

DIE ZEIT DER FRANZÖSISCHEN REVOLUTION UND NAPOLEONS (1796—1814)

Zur Signatur der Epoche

Mehr noch als Deutschland ist Italien in das französische Hegemonialsystem einbezogen worden, welches die Revolution eingeleitet und Bonaparte vollendet hat. Trotzdem ist diese Periode in Italien weniger als Zeit der „Fremdherrschaft" empfunden worden als in Deutschland. Während bei uns erst die neuere Forschung die Modernisierungseffekte der französischen Staats-, Rechts- und Sozialordnung stärker betont, sind sie den Italienern so bewußt gewesen und geblieben, daß viele von ihnen die «Età napoleonica» als Vorstufe des Risorgimento betrachten.[1] Tatsächlich waren diese Modernisierungseffekte südlich der Alpen größer als nördlich davon, schon weil im zersplitterten Italien der aufgeklärte Absolutismus insgesamt weniger verändert hatte als in den deutschen Staaten und darum die Zeit überreif für Reformen war. Bonapartes Siege haben die Landkarte der Halbinsel wesentlich vereinfacht, größere und zugleich konstitutionell fortgeschrittene Staaten geschaffen und dadurch den italienischen Reformern zu neuartiger Durchschlagskraft verholfen; erstmals wurden großräumige und radikale Veränderungen ermöglicht. Es formierte sich eine Elite aus Bürgern und Adeligen, die die Liberalisierung und Säkularisierung der staatlichen Strukturen mit der Emanzipation des dritten Standes und der Idee eines nationalen Staates zu verbinden suchte; über Napoleons Sturz hinaus hat sie in die frühen Phasen des Risorgimento hineingewirkt. Andererseits hat die Revolution gerade in Italien, wo die Vertreter der alten Ordnung

---

[1] Italienische Historiker aller Generationen haben sich darum mit der französischen Periode beschäftigt, darunter Benedetto Croce, der in seinen Studien über die Revolution in Neapel (1897) und in seiner Geschichte des Königreichs Neapel (1924) mit den italienischen „Jakobinern" das Risorgimento beginnen ließ.

zahlreich waren, eine starke konservative Gegenbewegung hervorgerufen, so daß auch hier die für ganz Europa im 19. Jahrhundert bestimmend gewordenen Fronten ausgezogen wurden. Pius VI. hat Stellungnahmen zur Umwälzung in Frankreich zunächst vermieden, aber nach Einführung der antikirchlichen Gesetze diese und die ihnen zugrundeliegenden Prinzipien im Frühjahr 1791 verurteilt; das Papsttum ist seitdem ein wichtiger moralischer Faktor in der antirevolutionären Front geworden, die sich in ganz Europa gebildet hat. Auch in Italien konnten die Konservativen auf die Unterschichten rechnen, weil von den französischen Reformen nicht diese, sondern im wesentlichen die Bürger profitierten; die Lasten, die Napoleons Imperialismus und Fiskalismus dem Land aufbürdeten, provozierten weitere Gegenkräfte.

Die zunächst mehr positiven Einwirkungen aus Frankreich wurden dadurch erleichtert, daß Italien mit der Revolution erst voll konfrontiert wurde, als die jakobinische Schreckensperiode vorüber war und in Paris bereits das auf Abbau der Exzesse und auf bürgerliche Konsolidierung bedachte Direktorium (1795—99) regierte. Zu den wichtigsten Folgen gehörte, daß in Italien nicht die Güter adeliger und bürgerlicher Besitzer, sondern meist nur die sehr umfangreichen Kirchengüter konfisziert und gleich den Allmenden zum Verkauf angeboten wurden; die bürgerliche Besitzakkumulation wurde dadurch erheblich erleichtert.

Italiens französische Zeit zerfällt in die kürzere Periode der „jakobinischen" Aktivitäten und der von Bonaparte im Auftrag des Direktoriums durchgeführten Eroberungen (1796—99) sowie in die längere der Wiedereroberung, Neuorganisation und Konsolidierung (1800—14), die er als erster Konsul (seit 1799) und Kaiser (seit 1804) im wesentlichen allein bestimmt hat; dazwischen lag das grausame Intervall der Reaktion von 1799.

Italiens Situation um 1790. Erste Auswirkungen der Revolution

Die Reformen des aufgeklärten Absolutismus hatten in mehreren italienischen Staaten die Entstehung einer kleinen bürgerlichen Schicht eingeleitet und besonders den Kaufleuten und Händlern in den Haupt- und Hafenstädten zu wirtschaftlicher und sozialer Konsolidierung verholfen. Diese wurde aber, anders als in Westeuropa, fast nirgends zu industriellen Innovationen benutzt. Die Aktiveren in der neuen Oberschicht intensivierten vielmehr meist nur die traditionelle Tendenz zur Reinvestition städtischer Kapitalien in die Landwirtschaft. Sie erwarben und bewirtschafteten Güter, auf denen sie die feudalen Besitz- und Arbeitsverhältnisse zurückzudrängen begannen; nun setzte sich vollends der Agrarkapitalismus durch, der Italiens wirtschaftliche Entwicklung im 19. Jahrhundert entscheidend beeinflussen sollte.

Die neue Oberschicht war alles andere als revolutionär gesinnt, sie wünschte die Fortsetzung der Reformpolitik mit weiterer Beschneidung der Privilegien von Adel und Klerus. Der Kirche als religiöser Institution blieben die meisten verbunden, nur eine Minderheit hoffte auf Enteignung der Kirchengüter als Voraussetzung für durchgreifende Umgestaltung der Besitzverhältnisse. Es kümmerte die Besitzer wenig, daß Agrarkapitalismus und Preissteigerungen die Lebensbedingungen der Bauern und Landarbeiter erheblich verschlechterten; Verarmung, Brigantentum und Bettelei breiteten sich aus. Bei der Schwäche der staatlichen Strukturen konnten die Regierungen kaum korrigierend eingreifen; die Reformpolitik, deren Basis eben zu schmal war, geriet auch darüber in die Krise, die durch die Revolution besiegelt worden ist. Mindestens ebensosehr wurde diese Krise durch den Radikalismus Josephs II. hervorgerufen; sein Zentralismus, sein Steuerdruck und die Reglementierung der Kirche haben die traditionalistischen Gegenkräfte erstarken lassen. In Neapel konnten die Konservativen schon in den 1780er Jahren die Reformen blockieren, die Maria Karolina dort einstweilen noch fortsetzen wollte; erst nach dem Ausbruch der französischen Revolution haben sie und ihr Günstling, der autokratische Minister John Acton (seit 1778), einen radikalen Kurswechsel vollzogen. In Piemont beharrte Viktor Amadeus III. ohnehin auf seinem absolutistischen Regiment. Nur der toskanische Großherzog Peter Leopold erblickte in der Revolution eine Mahnung an die Monarchen und eine Bestätigung der Richtigkeit seines Reformkurses, den er darum keineswegs aufgeben wollte. Nach dem plötzlichen Tode seines kaiserlichen Bruders wurde er als Leopold II. dessen Nachfolger und hat als solcher den Krieg mit dem revolutionären Frankreich hinauszuschieben und Josephs Radikalismus, der zu offenen Aufständen geführt hatte, zu liquidieren versucht; in der ganzen Monarchie, also auch in der Lombardei, sollte die Modernisierung nur mehr auf dem ihm vorschwebenden evolutionären Weg erfolgen, den Maria Theresia vorgezeichnet hatte. Die Vereinigung der Toskana mit den Erblanden, die er 1784 Joseph hatte zusagen müssen, machte er sofort rückgängig. Die durch die Revolution doppelt nahegelegte Vorsicht führte aber auch zur Bürokratisierung, die nur zu bald der bestimmende Faktor der habsburgischen Innenpolitik geworden ist. Als auch Leopold bereits 1792 starb, folgte ihm als Kaiser sein ältester Sohn, Franz II. (geb. 1768). Er war fleißig und pflichtbewußt, aber pedantisch und unselbständig; im Gegensatz zu den zukunftsträchtigen Verfassungsplänen seines Vaters bestand er auf voller Erhaltung monarchischer Autorität und auf Unterdrückung von Gegenkräften. Auch Leopolds zweitem Sohn (geb. 1769), der als Ferdinand III. schon 1791 die Regierung der Toskana angetreten hatte, fehlte der schöpferische Elan des Vaters.

Die Ideale von Freiheit, Gleichheit und Volkssouveränität stießen bei vielen Gebildeten zunächst auf unreflektierte Zustimmung. Bei der Mehrzahl der Besitzenden gewann aber die Furcht vor sozialen Umwälzungen bald die Oberhand; sie schlossen sich enger an die Regierungen an, wodurch deren schnell einsetzende antirevolutionäre Propaganda erleichtert wurde. Stark beachtet wurde im katholischen Italien der Kirchenkampf des revolutionären Frankreich. Die Monarchen verzichteten auf ihre regalistische Kirchenpolitik und verbündeten sich seitdem mit Kurie und Prälaten gegen den neuen, gemeinsamen Feind; das daraus erwachsende antibürgerliche Bündnis von Thron und Altar war gut geeignet, die von den Bürgern vernachlässigten oder geschädigten Volksmassen zu gewinnen.

Eine nicht unbeträchtliche Minderheit, bei der sich intellektuelle Zustimmung zu den revolutionären Ideen, französische Propaganda und wirtschaftlich bedingte Unzufriedenheit verbanden, ließ sich aber nicht von aktiver Sympathie für das revolutionäre Frankreich abbringen. So entstand zwischen 1789 und 1795 die für das Risorgimento vorbildlich gewordene Bewegung der Jakobiner oder Patrioten, welche die staatlichen Repressionen trotz erheblicher Opfer zunächst überstanden hat, zwischen 1796 und 1798 einigen politischen Einfluß gewinnen konnte, aber durch die Reaktion von 1799 zumindest vordergründig unterdrückt worden ist. Die Bewegung erfaßte in neuartiger Weise Angehörige mehrerer Stände, vornehmlich Bürger. Beliebteste Organisationsform wurden die mehr oder minder im geheimen wirkenden Clubs, von denen manche aus Freimaurerlogen hervorgingen, die vor 1789 von aufgeklärten Regierungen gefördert worden waren. Die Clubs konstituierten sich u. a. in Neapel, Bologna, Genua, Padua, Mailand und Turin, in der Lombardei auch in kleineren Städten, zumeist dort, wo dreißig Jahre später die Aktivitäten des Risorgimento begonnen haben. Sie umfaßten bürgerliche Intellektuelle, vornehmlich Advokaten und Ärzte, manchmal auch Geistliche, dazu gelegentlich Adelige wie auch Handwerker. Ihr Programm war nicht einheitlich. Die meisten wollten innerhalb der bestehenden Staaten wirken und die Reformen fortsetzen, nicht selten mit der zum Konstitutionalismus führenden Konsequenz, vor der die aufgeklärten Monarchen mit Ausnahme Peter Leopolds zurückgeschreckt waren. Gelegentlich wurde die Frage diskutiert, ob Italien föderalistisch oder unitarisch umgeformt werden solle; Parteiungen im Risorgimento kündigten sich damit an. Nach Carlo Francovich waren es Jakobiner der Jahre 1797/98, die zum ersten Mal „Italien" als konkreten politischen Begriff verwendet haben! Die Clubs radikalisierten sich erst in dem Maße, in dem die Regierungen ihre Hoffnungen enttäuschten und unter dem Eindruck der Revolution die Reformpolitik aufgaben. So rief der Kurswechsel in Neapel eine heftige Adelsopposition hervor, welche die Regierung Acton durch Verhaftungen, Prozesse und Todesurteile zu unterdrücken suchte.

Eine Minderheit unter den Patrioten bekannte sich unter dem Eindruck der französischen Entwicklungen zum demokratischen Radikalismus, so in Turin, wo ebenfalls einige Todesurteile gefällt wurden. Bedeutendster Exponent der Demokraten war der aus Michelangelos Familie abstammende Filippo Buonarroti (1761—1835), der seit 1789 im Exil lebte, enge Kontakte zu Robespierre unterhielt und als politischer Kommissar mit der französischen Armee in seine Heimat zurückgekehrt ist. Überhaupt sind viele Patrioten, welche die Umwälzung in Frankreich zunächst in den Dienst ihrer innovatorischen Ziele stellen wollten, mehr und mehr zu Helfern und Instrumenten des neuen Frankreich geworden, welches die Ideale von 1789 bekanntlich mit herkömmlicher Expansionsstrategie zu verbinden verstand und sich dabei auf das auf Richelieu und Ludwig XIV. zurückgehende, ganz unhistorische Prinzip der „natürlichen Grenzen" berufen hat.

Die italienischen Staaten waren für eine selbständige Politik gegenüber dem revolutionären Frankreich zu schwach und uneinig. Eine von Viktor Amadeus III. vorgeschlagene antirevolutionäre Liga kam nicht zustande; andererseits hat niemand versucht, den neu ausgebrochenen Konflikt zwischen Wien und Paris für eigene Zwecke auszunutzen. Zu unberechenbar erschien das neue Frankreich, dessen Diplomatie doppelgleisig vorging, indem sie die Jakobinerkreise ermutigte und dadurch neuartigen Druck auf die Regierungen ausübte, von denen sie gleichzeitig einige (Piemont, Toskana) in herkömmlicher Weise durch Kompensationszusagen zu gewinnen suchte. Italiens Regierungen schlossen sich jedoch den Großmächten Österreich und England an, deren leitende Minister, Pitt und Thugut, Schutz vor der Revolution versprachen, dafür aber den Beitritt zur ersten antifranzösischen Koalition (1792—97) forderten, der sich mit Ausnahme der Republiken Venedig und Genua alle italienischen Staaten angeschlossen haben. Aktiv am Krieg beteiligt haben sich aber nur die beiden, die auch innenpolitisch der Revolution am konsequentesten widerstanden, die einzigen zudem, die über nennenswerte militärische Kräfte verfügten: Neapel-Sizilien, wo Maria Karolina seit der Hinrichtung ihrer Schwester Marie Antoinette einen scharf antifranzösischen Kurs durchsetzte und die für den Kampf ums Mittelmeer so wichtigen Häfen ihres Reiches der englischen Flotte zur Verfügung stellte, sowie Piemont, dem der Anschluß an Österreich schnell teuer zu stehen kam: Schon 1792/93 besetzten die Franzosen große Teile des Landes, unter Berufung auf das Prinzip der „natürlichen Grenzen" annektierten sie Savoyen und Nizza. Ganz vorsichtig lavierten der Bruder des Kaisers in Florenz und sein Minister Manfredini, die Toskana zog sich schon 1795 aus dem Krieg zurück und ist darum als einziger italienischer Staat von Bonapartes ersten Feldzügen unbehelligt geblieben.

Bonapartes Siege und deren erste Konsolidierung (1796/98)

Die erste antifranzösische Koalition war durch Preußens Ausscheiden 1795 erheblich geschwächt worden, aber England und Österreich waren zur Fortsetzung des Krieges entschlossen, letzteres auch in der Hoffnung auf weiteren Landgewinn in Italien. Das Direktorium reagierte mit dem großen Kriegsplan Carnots, nach dem französische Armeen sowohl vom Rhein über Franken und Bayern wie von den Alpen über Oberitalien in Österreichs Kernlande eindringen und es dadurch niederzwingen sollten. Das Kommando der Italien-Armee übernahm im März 1796 der knapp 27jährige Bonaparte, der Feldzug in Oberitalien hat seinen militärischen Ruhm begründet. Noch im April zwang er Viktor Amadeus III. zum Waffenstillstand, der ihm Piemont als Operationsbasis beließ und die Annektion Savoyens und Nizzas sanktionierte. Am 10. Mai brachte der überraschende Sieg über die Österreicher bei Lodi den größten Teil der Lombardei in seine Hand, wenige Wochen später eroberte er die Festungen Peschiera und Verona. Das Gros der Österreicher zog sich ins schwer einnehmbare, weil von Seen umgebene Mantua zurück, welches die Franzosen seitdem belagerten; vier große österreichische Entsatzversuche wurden in den Schlachten bei Castiglione (Prov. Mantua, 5. August), Bassano (Vicenza, 8. September), Arcole (Verona, 15./17. September 1796) und Rivoli (Verona, 14./15. Januar 1797) abgeschlagen. Seit dem Sommer 1796 waren auch die Herzogtümer Parma und Modena sowie die angrenzende, zum Kirchenstaat gehörende Emilia-Romagna (mit Bologna und Ferrara) in der Hand der Franzosen, die auf Kosten der besetzten Gebiete lebten und hohe Kontributionen sowie die Ablieferung vieler Kunstwerke durchsetzten. Der Kirchenstaat kapitulierte, Neapel schloß im Oktober Frieden: in kaum mehr als einem halben Jahr hatte Bonaparte alle italienischen Gegner unterworfen oder zur Verständigung mit Frankreich gezwungen.

Die überraschenden Siege beruhten darauf, daß Bonaparte und seine Unterführer, darunter die Generäle Berthier, Augerau, Masséna und Murat (sein späterer Schwager und König von Neapel) die revolutionäre Strategie und Heeresführung zur Vollendung führten: Nach dem Vorbild Friedrichs II. suchte Bonaparte nicht kleinere Gewinne, sondern Vernichtungsschläge und die Einnahme der gegnerischen Hauptstädte; er erreichte, daß die Soldaten sich mit dem Krieg und seinen Zielen identifizierten. Die wichtigste Folge war innere Disziplin, welche lockere Schützenlinien und bewegliche Gefechte ermöglichte.

Am 2. Februar 1797 mußte Mantua kapitulieren.[2] Bonapartes Armee

---

[2] Die Erfahrung der napoleonischen Siege hat viele Deutsche davon überzeugt, daß Österreichs oberitalienische Stellung für die eigene Sicherheit uner-

besetzte große Teile der Markusrepublik und drang bis Klagenfurt vor, im Mai erzwang er das Ende der Patriziatsregierung in Venedig und die Abdankung des letzten Dogen. Auch ins Trentino drangen französische Truppen ein, nur ihr Versuch, auch Südtirol und den Brenner zu besetzen, scheiterte am erbitterten Widerstand der Tiroler Landwehr.

Italien wurde 1796/97 nicht nur, wie oft zuvor, Schlachtfeld Europas. Bonapartes Siege erbrachten ihm das Prestige, welches er als Ausgangspunkt eigenständiger Politik benutzt hat; über die Ziele des Direktoriums, von dem er noch abhing und dessen wirtschaftlich schwierige Lage er durch umfangreiche, aus Italien herausgepreßte Lieferungen von Geld, Lebensmitteln und Kunstwerken verbesserte, ging er dabei weit hinaus. Er betrachtete seinen Feldzug nicht nur als Etappe auf dem Weg nach Wien, bildete sich vielmehr die seitdem festgehaltene Überzeugung, daß die direkte Abhängigkeit Italiens von Frankreich für dessen Hegemonie ebenso wichtig wäre wie die „natürliche Grenze" am Rhein, das damalige Hauptziel des Direktoriums. Auch Bonaparte trat somit in eine traditionelle Bahn französischer Expansion, die er aber bald zum Angriff in den Orient und zum Kampf mit England ums Mittelmeer ausgedehnt hat. Ein weiteres Motiv dürfte das Interesse des Korsen an dem Land gewesen sein, dem seine Heimat nach Sprache und Zivilisation zugehörte; die römische Antike, an der er sieben Jahre später sein Kaisertum ausgerichtet hat, scheint er schon damals als Vorbild empfunden zu haben.

Voraussetzung für die ihm vorschwebende Italienpolitik war die Abdrängung Österreichs. Die Lombardei, welche das Direktorium als Objekt wirtschaftlicher Ausbeutung und eventueller Kompensation für Österreich betrachtete, gedachte Bonaparte darum nicht wieder herauszugeben; als Kompensationsmasse mochte die anachronistisch gewordene Republik Venedig dienen, die er darum trotz ihrer Neutralität besetzt hatte.

Schrittweise leitete Bonaparte die äußere und innere Neuordnung der besetzten Gebiete ein; die jakobinischen und patriotischen Gruppen

läßlich wäre, und darüber eine zwiespältige Haltung zum Risorgimento begründet. Manche solcher Bedenken wurden auch insofern bekräftigt, als in den Kampfgebieten von 1796/97 und 1801 auch die Schlachten von 1848, 1859 und 1866 ausgetragen worden sind.

zog er dabei heran, soweit sie seinen Zielen nutzten. In Piemont hatte er sie fallengelassen, sobald der König Waffenstillstand schloß; in Venedig benutzte er sie nur zum Sturz des Dogen. In den übrigen Gebieten bediente er sich ihrer zur Errichtung provisorischer, von seiner Armee kontrollierter Regierungen, sowohl in der Lombardei wie in den Gebieten von Modena, Bologna und Ferrara, die sich im Oktober 1796 zur „Cispadanischen Republik" zusammenschlossen. Die Lombardei nahm Flüchtlinge aus allen italienischen Staaten auf und wurde auch dadurch zum Zentrum politischer Diskussionen, in die Bonaparte aber energisch und schon im Sinne seiner späteren Stabilisierungspolitik eingegriffen hat. Er begünstigte die bürgerlichen «Moderati» und drängte Radikale und Demokraten zurück.

Im Frühjahr 1797 gelangen Bonaparte auch wichtige völkerrechtliche Erfolge. Entgegen den Weisungen aus Paris zwang er durch neue Angriffe im Februar Pius VI. zum Frieden von Tolentino mit der Abtretung der Emilia-Romagna und der französischen Enklaven Avignon und Venaissin, außerdem zur Abgabe weiterer Kunstwerke, die in den Louvre geschafft wurden. In Übereinstimmung mit dem kriegsmüde gewordenen Direktorium suchte er zugleich eine Verständigung mit Österreich, die den Sieger auch als Friedensbringer ausweisen sollte. Gegen Thuguts Widerstand gewann er den Erzherzog Karl, der im Norden die Franzosen abgewehrt, im Süden dann aber keine Erfolge erzielt hatte, zu Verhandlungen, die im April 1797 zum Vorfrieden von Leoben (Steiermark) führten: Österreich sollte die Lombardei (und Belgien) abtreten und mit dem größten Teil der Republik Venedig einigermaßen entschädigt, aber eben auch aus Mitteleuropa abgedrängt werden. Bonaparte hatte die Hände frei, um die Lombardei zu einem französischen Satellitenstaat, der „Cisalpinischen Republik", umzugestalten, der im Juli 1797 die cispadanische Republik angeschlossen wurde; gleichzeitig wurde auf französischen Druck auch in Genua die Patriziatsregierung abgeschafft und die „Ligurische Republik" errichtet.

Im Frieden von Campo Formio (bei Udine, 17. Oktober 1797) setzte Bonaparte noch einige Korrekturen zugunsten Frankreichs durch. Der Kaiser mußte die Cisalpinische Repbulik im vollen Umfang anerkennen und damit nicht nur auf die Lombardei, sondern auf ganz Oberitalien bis zur Etsch, so auch auf Mantua, verzichten und für den habsburgischen Großherzog von Modena eine Entschädigung durch den Breisgau versprechen. Damit war die im 18. Jahrhundert aufgebaute Hegemonie Österreichs in Italien dahin, obwohl die Toskana noch habsburgisch blieb und gleichzeitig ein Kriegsziel Thuguts erreicht wurde: Österreich erhielt den größten Teil der Republik Venedig mit Istrien und Dalmatien, Frankreich sicherte sich nur die für seinen Mittelmeerimperialismus wichtigen jonischen Inseln und Stützpunkte in Albanien. Kurz nach dieser als definitiv erscheinenden Absicherung seiner Eroberungen ist Bonaparte nach Frankreich zurückgekehrt, das Kommando der Italien-Armee übernahm sein bisheriger Stabschef Berthier.

Daß Venetien ohne jede Rücksicht auf Selbstbestimmungstendenzen an Österreich gegeben wurde, hat das Mißtrauen vieler Patrioten, besonders der Demokraten, gegen Bonaparte vertieft. Immerhin stellte in den Augen aller Patrioten und aller an ökonomischen Neuerungen interessierten Bürger die Schaffung der Cisalpinischen Republik mit rund 3½ Millionen Bewohnern, die zuvor auf sechs Staaten verteilt gewesen waren, einen erheblichen Fortschritt dar. Durch die schon im Juli 1797 auferlegte Verfassung wurde dieser unter etlichen Aspekten noch vergrößert. Sie folgte, wie auch die gleichzeitig für Ligurien erlassene, ganz der französischen Verfassung von 1795 und garantierte wie diese Gewaltenteilung und bürgerliche Freiheiten. Auch hier wurde als oberstes Regierungsorgan ein fünfköpfiges Direktorium eingeführt, dazu ein Zweikammersystem mit dem Rat der Ältesten und dem Generalrat, deren erster auf Vorschlag des zweiten das Direktorium wählen wollte. Aus Frankreich wurden ebenfalls übernommen die Trikolore sowie manche Amtsbezeichnungen und Symbole, deren Orientierung an der von den Revolutionären glorifizierten römischen Republik der Antike in Italien großen Anklang fand. Das die Demokraten enttäuschende Zensuswahlrecht begründete im italienischen Verfassungsrecht die bürgerliche Hegemonie, die das ganze Risorgimento charakterisiert hat. Noch mehr waren die Demokraten darüber betroffen, daß die Wahlen hinausgeschoben und alle Entscheidungsgremien zunächst von Bonaparte besetzt wurden. Schon trat die Ambivalenz seines erst in den Anfängen steckenden Regierungssystems zutage: Einerseits bedeutete es Zentralismus und Ablehnung demokratischer Mitbestimmung, andererseits Realisierung von bürgerlich-emanzipatorischen Postulaten der Revolution. Schon die ersten Gesetze der Cisalpina schafften alle ständischen Vorrechte ab. Es gab fortan nur noch rechtlich gleiche Bürger, denen Freiheit der Person und der Religion, des Besitzes und der Arbeit garantiert wurden; die Einführung von Zivilstandsregistern, Zivilehe und Scheidung beschränkte den gesellschaftlichen Einfluß der Kirche. In Ligurien blieben zudem einige demokratische Elemente erhalten, die dort überhaupt stärker waren als in den übrigen Regionen und den Hintergrund für Mazzini und Garibaldi abgegeben haben.

So war das politische System Oberitaliens fortschrittlich, dabei aber mit gravierenden Mängeln behaftet. Die Okkupationsmacht regierte willkürlich hinein und erzwang weiterhin drückende Abgaben; die schnell zu relativer Macht gelangten Bürger waren des Regierens und Verwaltens ungewohnt; die Intellektuellen, die auf mehr Demokratie gehofft hatten, standen abseits; die Volksmassen vermochten die Vorteile der neuen Ordnung nicht zu erkennen.

Eine Stabilisierung kam schon deshalb nicht zustande, weil Frankreich sich mit dem Erreichten nicht begnügte; als weiterer Grundzug der mehr und mehr von Bonaparte bestimmten Politik trat seine Maßlosigkeit hervor. Nächstes Ziel in Italien wurde der größere Rest des Kirchenstaates, nachdem neue antikirchliche Schritte des Direktoriums und die antirevolutionäre Verhärtung der Kurie schon bald nach dem Frieden von Tolentino wieder zu Spannungen geführt hattten. Aufstandsversuche, welche teils durch die chronische, aber durch die französischen Kontributionen noch verschärfte Finanzkrise des päpstlichen Staates verursacht waren, gaben den Vorwand zum Eingreifen. Unter Berthiers Kommando wurde im Februar 1798 Rom besetzt und auch dort die Republik proklamiert, die tausendjährige Herrschaft der Päpste zum ersten Mal beseitigt. Der 80jährige Pius VI., der den ihm zugemuteten Regierungsverzicht verweigerte, wurde in Haft genommen und nach Frankreich gebracht, wo er im Sommer 1799 gestorben ist. Schon im März 1798 erließ Berthier für die „Römische Republik" eine Verfassung, die denen Oberitaliens folgte, aber darüber hinaus ein französisches Protektorat bestimmte, welches für die eineinhalbjährige Dauer der Republik eine Diktatur der französischen Kommandanten begründet hat.

Frankreichs Ausgreifen über die in Campo Formio vereinbarten Einflußzonen, die Umwandlung der Schweiz in einen weiteren Satellitenstaat („Helvetische Republik") sowie die wachsenden Schwierigkeiten in den gleichzeitigen Verhandlungen um einen Reichsfrieden mit

Frankreich vermehrten in Wien die Zweifel an der Möglichkeit eines dauerhaften Ausgleichs und lieferten der Kriegspolitik Thuguts neue Argumente. Bonapartes Expedition nach Ägypten, ebenfalls im Frühjahr 1798, bestärkte den Kriegswillen Englands, rief aber auch die anderen am Mittelmeer interessierten Mächte, so Rußland und die Türkei, auf den Plan. Verhandlungen um eine neue Koalition, die Frankreich auf die Grenzen von 1792 zurückwerfen und das europäische Gleichgewicht wiederherstellen sollte, kamen unter diesen Umständen gut voran, erst recht nach der Vernichtung der französischen Mittelmeerflotte durch die Engländer unter Nelson (Schlacht bei Abukir, 1. August 1798).

Bevor der große Konflikt erneut ausbrach, gelangen den Franzosen zwei weitere Vorstöße in Italien, welche die Gegner vollends von der Notwendigkeit des Eindämmungskrieges überzeugten; auch sollte einer von ihnen, der nach Neapel, nur von kurzer Dauer sein. Die dortige Regierung hatte die Besetzung des benachbarten Kirchenstaates als Bedrohung empfunden und sich seitdem wieder eng an Österreich und England angeschlossen. Nelson, der nach Abukir das Gros seiner Flotte nach Neapel verlegte, und der ebenso frankreichfeindliche englische Botschafter Hamilton gewannen großen Einfluß auf Maria Karolina und ihren Gatten, der sich im November zur Intervention im Kirchenstaat entschloß und schon nach wenigen Tagen in Rom einzog, scheinbar als Restaurator der alten Ordnung. Den Franzosen unter dem General Championnet gelang aber eine schnelle Wende: Sie trieben die Angreifer zurück, drangen ihrerseits nach Süden vor und zwangen die von einem österreichischen General befehligte neapolitanische Armee zur Kapitulation. Ferdinand IV. und Maria Karolina, zu deren Verteidigung nur noch das Proletariat Neapels (die «Lazzaroni») bereit war, flohen noch im Dezember auf Nelsons Flaggschiff nach Palermo. Championnet, der den Widerstand der Lazzaroni niederwarf, sie dann aber zunächst durch Entgegenkommen zu gewinnen wußte, proklamierte im Januar 1799 nach römischem Muster die „Parthenopäische Republik". Eine hauptstädtisch-bürgerliche Minderheit um Carlo Lauberg und Ignazio Ciaia war zur Mitarbeit bereit, während die Bevölkerung der kleineren Städte und die Bauern sich mehr oder minder energisch widersetzten und ein bald aktiviertes gegenrevolutionäres Potential bildeten. — Wurde somit das ganze festländische Italien mit

Ausnahme Venetiens und der Toskana zu Satellitenstaaten degradiert, so taten die Franzosen im Dezember 1798 einen weiteren Schritt zur direkten Beherrschung des Nordens, auch, um den nun sicher erwarteten Gegenschlag der konservativen Mächte besser abwehren zu können. Sie zwangen Piemonts neuen König, Karl Emanuel IV., zur Abdankung; er floh nach Sardinien und protestierte vergeblich. Sein strategisch wichtiges Land wurde aber zur weiteren Enttäuschung der Jakobiner nicht zur Republik erklärt, sondern de facto annektiert. Aufstände dagegen bereiteten die gegenrevolutionäre Welle vor.

Die Reaktion des Jahres 1799

Die großen Anfangserfolge der zweiten antifranzösischen Koalition (1799—1801/02) haben einen schnellen Machtwechsel in Italien zur Folge gehabt. Nach ersten Siegen des Erzherzogs Carl in Deutschland (März 1799) begann der Krieg noch im selben Monat auch südlich der Alpen. Vergebens okkupierten die Franzosen in aller Eile auch die Toskana; ihre Kräfte reichten nicht, alle Staaten der Halbinsel zu halten; da Bonaparte noch in Ägypten kämpfte, fehlte ihnen der überlegene Führer. Das österreichisch-russische Expeditionskorps unter dem Marschall Suworow brachte schon Ende April bei Cassano an der Adda den Franzosen unter Moreau eine folgenschwere Niederlage bei: Sie mußten die Lombardei aufgeben und sich nach Ligurien und Piemont zurückziehen, die Cisalpinische Republik brach zusammen. Schon im Mai eroberten die nachstoßenden Alliierten den größten Teil Piemonts mit Turin. Vergebens verlegte MacDonald das Gros der im Süden stehenden Truppen nach Mittelitalien, wo Florenz und Bologna noch in französischer Hand waren; bevor Moreau sich mit ihm vereinigen konnte, wurde auch seine Armee in dreitägiger, blutiger Schlacht an der Trebbia (17.—20. Juni) von Suworow geschlagen. Mit der Ausnahme Liguriens, wo die übriggebliebenen französischen Truppen um Genua zusammengezogen wurden, war ganz Norditalien in der Hand der Koalition; der österreichische Sieg bei Novi Ligure (15. August 1799) machte die französische Niederlage vollständig. Unter den bei Novi Gefallenen war Joubert; er und sein Nachfolger, der wenig später einer Epidemie erlegene Championnet, hatten als einzige der französischen Generale der Sache der italienischen Republikaner aufrichtige, den französischen Interessen nie ganz untergeordnete Sympathien erwiesen.

Die Siege der Alliierten wurden offenbar von der Mehrheit der Bevölkerung begrüßt und zudem erleichtert durch antifranzösische Aufstände, an denen meist Angehörige der Unterschichten teilnahmen. Zunächst erhob sich in Piemont die „Massa cristiana", eine von monarchischen Offizieren geführte und vom Klerus beeinflußte Partisanentruppe, wenig später in der Toskana die unter dem Schlachtruf «Viva Maria» kämpfende «Armata aretina». Unvermeidliche Übergriffe gegen wirkliche oder vermeintliche „Jakobiner", Juden und andere Franzosenfreunde waren weitaus mehr das Werk solcher konservativer, oft fanatisierter Freischaren als der österreichischen und russischen Truppen.

Die Stimmung der Bevölkerung erleichterte auch die schnelle Einsetzung konterrevolutionärer Regierungen, in Mailand unter dem Grafen Cocastelli, in Turin unter dem Grafen Carlo Francesco Thaon di Revel; in Florenz übernahm die konservative Mehrheit des Senats die Leitung der Geschäfte. Damals wie im ganzen 19. Jahrhundert waren es eben keineswegs nur ausländische Mächte, die der Liberalisierung und der staatlichen Einigung Italiens widerstanden. Viele seiner Bewohner, besonders in den den jeweiligen Höfen verbundenen oberen und unteren Schichten, hielten die historisch gewachsene Aufteilung in mehrere, konservativ strukturierte Staaten für die der Halbinsel angemessene politische Ordnung.

Wie stark der Widerstand von oben und unten gegen die französisch-bürgerliche Neuordnung werden konnte, erwies sich 1799 mehr als anderswo im Süden, wo in den Tagen des alliierten Sieges an der Trebbia die parthenopäische Republik zusammenbrach, ohne daß ein österreichischer oder russischer Soldat sie betreten hätte. Der Führer des unerwartet schnellen, durch den Kriegsausbruch und den Abzug französischer Truppen begünstigten Widerstandes war der einer bekannten kalabresischen Fürstenfamilie angehörende Fabrizio Ruffo di Baranello (1744—1827), im Gegensatz zu den meisten Männern an den Höfen von Neapel und Rom kein Reaktionär, sondern ein Befürworter aufgeklärter Reformen, der als tüchtiger Finanzpolitiker im Kirchenstaat bis zum Kardinal[3] aufgestiegen war, inzwischen aber wieder in

---

[3] Die höheren Beamten des Kirchenstaates mußten dem geistlichen Stand an-

Neapel lebte. Mit dem Hof nach Palermo geflohen, bot er sich dort dem König für die Wiedereroberung des Festlandes an, die er schon im Februar 1799 mit wenigen Gefährten begann — ein konservatives, ebenso abenteuerliches Gegenstück zu dem bekannteren Zug, den sechzig Jahre später Garibaldi unternommen hat. In Kalabrien organisierte Ruffo eine zunächst kleine Armata cristiana e reale, mit der er langsam nach Norden vordrang; da er die Nöte der kleinen Leute kannte, ihre Wünsche verstand und sie nach Kräften zu erfüllen versprach, wuchs die Zahl seiner Anhänger schnell. Anfang Juni standen seine Truppen vor Neapel, dessen Garnison nach dreiwöchiger Belagerung kapitulierte. Ruffo, dem es um eine Stärkung der Monarchie durch Überwindung der inneren Gegensätze ging, versprach den Republikanern ungestörten Verbleib im Königreich oder Abzug mit den Franzosen, doch konnte sich sein Realismus gegenüber der Rachsucht Ferdinands und Maria Karolinas sowie Nelsons unerbittlicher Härte nicht durchsetzen. Nachdem nämlich der Kampf zu seinen Gunsten entschieden war, kehrte auch der König mit seinen Beratern sofort nach Neapel zurück; auf Drängen Nelsons, der die französische Partei in Neapel vernichten wollte, erklärte er Ruffos Kapitulation für ungültig. Nelson erreichte, daß die Führer der Republik und damit die Vorkämpfer politischer und sozialer Modernisierung des Südens als Hochverräter vor Sondergerichte gestellt und verurteilt wurden. Mehr als hundert sind hingerichtet (besser: ermordet) worden, als erste „Märtyrer" der nationalen Sache lebten sie in der Erinnerung der Italiener fort.

So brutal und kurzsichtig wie in Neapel war die Reaktion in den anderen Staaten der Halbinsel nicht, doch wurden die vorfranzösischen Rechtsordnungen zunächst überall wiederhergestellt, aus der Lombardei zudem besonders kompromittierte Personen für einige Zeit nach Dalmatien verbannt.

gehören und darum mindestens die niederen Weihen empfangen haben, mit denen viele sich begnügten. Obwohl also nicht Priester, stiegen sie in die Prälatur auf, die Chefs der Oberbehörden bis zum Kardinalat, für das allerdings die Diakonatsweihe Voraussetzung war. Erwähnt seien hier von diesen Kardinälen ohne Priesterweihe neben dem zeitlebens mehr mit ökonomischen und militärwissenschaftlichen als mit theologischen Studien beschäftigten Ruffo nur sein Zeitgenosse Ercole Consalvi (1757—1824), der reformistische Staatssekretär Pius' VII., und dessen späterer Amtsnachfolger Giacomo Antonelli.

Die antirevolutionären Kräfte taten auch erste Schritte zum Wiederaufstieg des Papsttums, dessen Ende nach dem Tode Pius' VI. im Exil mancher Revolutionär voreilig begrüßt hatte. Unter dem Schutz Österreichs fand in Venedig von Dezember 1799 bis März 1800 das Konklave statt, auf dem sich zwei auch für die weitere Entwicklung wichtig gewordene Parteien gegenüberstanden: Die «Politicanti» wollten sich der veränderten Lage Europas vorsichtig anpassen, die «Zelanti» hofften auf vollständige Wiederherstellung der vorrevolutionären Zustände. Gewählt wurde der den Politicanti zuneigende Kardinal Luigi Barnaba Graf Chiaramonti (1742—1823) als Pius VII., österreichische und neapolitanische Truppen ermöglichten seinen Regierungsantritt im Kirchenstaat, in dem es trotz des Zusammenbruchs der römischen Republik immer noch unruhig war. Pius VII. wollte sich mit den Ergebnissen der Revolution abfinden, soweit sie für die Kirche annehmbar erschienen; zum Staatssekretär ernannte er Ercole Consalvi, der im Sinne gemäßigter Aufklärung zu regieren suchte und sich dadurch das Mißtrauen der dann in Rom immer mächtiger gewordenen Traditionalisten zuzog. Schon kündigte sich das Dilemma des Kirchenstaates im 19. Jahrhundert an: Die Mehrheit seiner Führungsschicht war unfähig zu zeitgemäßen Reformen und damit zu stabiler Regierung.

Die monarchische Restauration von 1799/1800 war nicht von Dauer, denn ihre Grundlage, die zweite Koalition, brach noch schneller auseinander als die erste, weil Österreich und Rußland unterschiedliche Ziele verfolgten und die Kriegführung nicht genügend koordinierten. Thugut dachte mehr an die Beherrschung Italiens als an die Beschränkung Frankreichs auf die Grenzen von 1792. Zar Paul I. machte mangelnde Hilfe der Verbündeten für die Niederlage verantwortlich, die Masséna im September 1799 einer russischen Armee bei Zürich beibrachte und die die unter großen Strapazen über den St. Gotthard herübergeholte Armee Suworows nicht wettmachen konnte; Ende Oktober rief er alle Truppen aus dem Krieg zurück, so daß der Ring um Frankreich sich erheblich lockerte. Wenig später, am 18. Brumaire (9. November), gelang dem wegen der bedrohlichen Lage eilig aus Ägypten zurückgekehrten Bonaparte der Staatsstreich, mit dem er das Direktorium beseitigte, die nur mehr republikanisch verbrämte Militärdespotie errichtete und als erster von drei Konsuln an deren Spitze trat; die schnell erstellte neue Verfassung gab ihm praktisch auf zehn Jahre die Alleinherrschaft.

Ein vielleicht nur taktisch gemeintes Friedensangebot des Ersten Konsuls lehnten die Verbündeten ab; Pitt wollte weiterhin Europas Gleichgewicht und Englands Mittelmeerherrschaft sichern, Thugut eine Revision von Campo Formio erreichen, die den seitherigen Siegen Rechnung trug. Bonaparte entschloß sich daraufhin zur Wiederaufnahme des Krieges in großem Stil, mit Recht erhoffte er von Sieg und Siegfrieden die Stabilisierung seiner Macht und der französischen Hegemonie. Das Kommando in Deutschland überließ er Moreau. Er selbst trat wieder an die Spitze der für Italien bestimmten Armee, mit der er im Mai 1800 über den Großen St. Bernhard zog. Nach einem großen Umfassungsmanöver gelang ihm wie vier Jahre zuvor der überraschend schnelle und dieses Mal vollständige Sieg bei Marengo (Prov. Alessandria, 14. Juni 1800), der die Österreicher zum Waffenstillstand und zum Rückzug über dem Mincio zwang; Oberitalien war zurückerobert! Gleichzeitige Erfolge an der deutschen Front erzwangen auch dort Waffenstillstand, aber noch einmal vermochte Thugut ein französisches Friedensangebot auszuschlagen. Erst Moreaus Sieg bei Hohenlinden (3. Dezember 1800) zerstörte letzte Hoffnungen auf eine Kriegswende, zwang Thugut zum Rücktritt und seinen Nachfolger Cobenzl zu sofortigen Friedensverhandlungen, die für Frankreich von Bonapartes Bruder Joseph geführt wurden und schon am 9. Februar 1801 mit dem Frieden von Lunéville endeten. Zusammen mit der von Bonaparte sehr geschickt genutzten Wende in Rußland, wo im März 1801 Paul I. ermordet wurde und sein Sohn und Nachfolger Alexander I. zunächst die Verständigung mit Frankreich suchte, und dem Rückzug des nunmehr isolierten England (Frieden von Amiens, 27. März 1802) hat er die französische Hegemonie über Kontinentaleuropa begründet.

Das napoleonische Italien

Italiens Einordnung in das Herrschaftssystem Napoleons hat in Lunéville begonnen und ist durch die Friedensschlüsse nach seinen Siegen über die dritte Koalition (Preßburg, 26. Dezember 1805) sowie über das erneut gegen ihn aufgestandene Österreich (Schönbrunn, 14. Oktober 1809) konsolidiert worden.

Lunéville wiederholte zentrale Bestimmungen von Campo Formio, so den Anschluß Venetiens an Österreich und die kaiserliche Anerkennung der wiederhergestellten Cisalpinischen Republik mit der Etsch als Grenze, ging aber zugleich wesentlich darüber hinaus: Der Kaiser mußte nun auch die Toskana, Habsburgs wichtigere Sekundogenitur in Italien, aufgeben und für seinen bisher dort regierenden Bruder eine Entschädigung im Reich zusagen[4]. Bestehen blieben der Kirchenstaat in seinem 1797 reduzierten Umfang und Neapel, welches nur den für den Verkehr zwischen Nord und Süd wichtigen «Stato dei Presidi» abtreten mußte. Was nach einem gewissen Gleichgewicht zwischen Frankreich im Nordwesten, Österreich im Nordosten und selbständigen Staaten in Mittel- und Süditalien aussah, war in Wirklichkeit die Hegemonie Bonapartes, der, von Talleyrand beraten, allein über territoriale und dynastische Verschiebungen entschied und Österreich abdrängte. Der Erste Konsul sicherte sich die unmittelbare Herrschaft über Piemont und Parma, aber auch die Regierung der um das piemontesische Novara noch vergrößerten Cisalpina, die im Januar 1802 den programmatischen Namen «Repubblica Italiana» erhielt; Bonaparte selbst wurde ihr Präsident, Vizepräsident Fürst Francesco Melzi d'Eril (1753—1816). Indirekt erstreckte sich die französische Herrschaft auch über Genua und nach Mittelitalien, wo Bonaparte die Bourbonen von Parma mit der um den Stato dei Presidi erweiterten und zum Königreich Etrurien erhobenen Toskana reichlich entschädigte und an sich band.

Den Höhepunkt der seit 1801/02 in Frankreich begonnenen Konsolidierungspolitik bildete die Umwandlung der Militärdiktatur Bonapartes ins Empire, die schnell auf Oberitalien übertragen wurde. Nur wenige Monate nach seiner Krönung zum Kaiser der Franzosen machte Napoleon im März 1805 aus der Republik das Königreich Italien, in Mailand setzte er sich die Krone der langobardischen Könige auf. Der französisch-italienische Machtblock wurde und blieb das Zentrum seiner weiteren Ausdehnungspolitik.

---

[4] Als deren vertraglicher Garant gewann Bonaparte direktes Mitspracherecht in innerdeutschen Angelegenheiten. Die Entschädigung war nur im Rahmen der Säkularistaion der Reichskirche möglich, die Napoleon 1802/03 durchgesetzt hat, um das traditionelle Reichsgefüge zu schwächen und die durch Säkularisationsgewinne vergrößerten Mittelstaaten an sich zu binden.
Der Großherzog der Toskana erhielt 1803 das Hochstift Salzburg.

Die Gründung des «Regno d'Italia» wurde eines der Motive für Österreichs Beitritt zur dritten Koalition, der sich in Italien auch wieder Neapel anschloß. Sie fand ein schnelles Ende: Zwar sicherte Nelson in der Schlacht bei Trafalgar (21. Oktober 1805) Englands Seeherrschaft; aber zu Lande errang Napoleons Armee bei Austerlitz in Mähren über Österreich und Rußland einen ebenso gewichtigen Sieg (2. Dezember 1805), welcher die letzten Voraussetzungen für die seit 1801 eingeleitete staatliche Neuordnung am Rhein und in Italien schuf: Mitteleuropas Umgestaltung zum Grand Empire begann. Auf dem Kontinent konnte nur Rußland eine unabhängige Stellung bewahren. Österreich mußte als Großmacht abdanken und im Preßburger Frieden Venetien an das Königreich Italien, Tirol und das Trentino an das mit Napoleon verbündete Bayern abtreten. Der Sieger ließ auch Neapel besetzen. Erneut, und dieses Mal für fast ein Jahrzehnt, mußten Ferdinand IV. und Maria Karolina auf die Insel Sizilien fliehen, die wie Sardinien unter dem Schutz der englischen Flotte blieb.

Nach dem Preßburger Frieden ging der kaiserliche Usurpator auch an die Begründung der Dynastie Bonaparte, die in den europäischen Hochadel integriert werden und zugleich die Satellitenstaaten noch enger an Frankreich binden sollte. Zum Vizekönig (Nord-)Italiens hatte er schon 1805 seinen Stiefsohn Eugène Beauharnais ernannt, der nun eine bayerische Prinzessin heiratete. Von Napoleons Brüdern wurde Louis König von Holland, Joseph König von Neapel, wo ihm nach seiner Beförderung auf den spanischen Thron 1808 des Kaisers Schwager Joachim Murat folgte. Den ursprünglichen Plan, alle Satellitenstaaten — von Holland bis Neapel — in eine gleichartige staatsrechtliche Abhängigkeit von Frankreich zu bringen, hat der Kaiser aber fallengelassen. Der ebenfalls 1806 gegründete Rheinbund, der das Ende des römisch-deutschen Kaisertums und damit auch den definitiven Wegfall der aufs Mittelalter zurückgehenden Oberlehensansprüche auf Norditalien brachte, blieb auf die deutschen Mittelstaaten beschränkt. Die französische Hegemonie über Italien wurde dann aber auf noch direkterem Wege gesteigert. 1807/08 annektierte Napoleon zunächst Etrurien, sodann, da Pius VII. die Teilnahme an der antienglischen Kontinentalsperre verweigerte, den größten Teil des Kirchenstaates, nur die Mark Ancona gab er an das Königreich Italien weiter. Da er inzwischen nach dem Vorbild Konstantins und Karls d. Gr. auch eine Suprematie über

Papsttum und Kirche beanspruchte, erklärte er die weltliche Herrschaft der Päpste erneut für erloschen. Pius VII., der daraufhin den Kaiser exkommunizierte, wurde wie sein Vorgänger 1809 verhaftet und zunächst nach Savona, 1812 nach Frankreich gebracht. Der erneute Sieg über Österreich führte 1809 zu einer letzten Vergrößerung des «Regno d'Italia» um das Trentino und Teile Südtirols[5]; Triest, Istrien und Dalmatien wurden als „illyrische Provinzen" zu Frankreich geschlagen.

Das ganze festländische Italien war damit in drei großräumigen Organismen zusammengefaßt: Der größte Teil des Nordens und Teile Mittelitaliens im Königreich Italien unter Napoleon selbst und Beauharnais, Neapel und der Süden unter Murat. Die übrigen Regionen waren direkt mit Frankreich vereinigt, aber wegen weiter Entfernungen und unterschiedlicher Strukturen schwerer als die beiden Königreiche zu regieren: Piemont, Ligurien, Parma, Toskana, Umbrien und Latium mit Rom, welches großsprecherisch als „zweite Stadt des Kaiserreiches" bezeichnet wurde[6]. Die neue Ordnung ermöglichte umfassende Modernisierung. Daß sie trotzdem nur bis 1814/15 bestanden hat, lag an der Maßlosigkeit ihres Schöpfers. Sein Krieg gegen Rußland, an dem auch italienische Truppen teilnehmen mußten, und die Niederlagen, die ihm die seit 1813 zustande gekommene Koalition aller Großmächte beibrachte, haben auch in Italien zur Zerstörung seines Werkes geführt.

Für die innere Entwicklung des napoleonischen Italien wurde ausschlaggebend, daß Bonapartes Konsolidierungspolitik in den Jahren 1801–1805 nicht auf Frankreich beschränkt blieb. Konsequent wirkte er darauf hin, den Satellitenstaaten gleichartige, dem neuen Frankreich

---

[5] In den Krieg von 1809 gehört der national wie sozialkonservativ motivierte Aufstand der Tiroler unter Andreas Hofer, der Anstöße für die Entstehung des deutschen Nationalbewußtseins gegeben hat. Nach Südtirols Annexion durch Italien (1919, s. S. 290) ist Hofer erst recht zum Symbol nationaler Selbstbehauptung erhoben worden. Andererseits gehörte die Erinnerung an Napoleons Grenze durch Südtirol, die Bozen und Meran zum Vorläufer des italienischen Einheitsstaates geschlagen hatte, in der Zeit des Ersten Weltkrieges zu den Argumenten des italienischen Nationalismus zugunsten der Ausdehnung über die Sprachgrenze hinaus.
[6] Seinem 1811 geborenen Sohn verlieh Napoleon den Titel „König von Rom".

angeglichene rechtliche und soziale Grundlagen zu geben. In Oberitalien knüpfte er dabei an die Maßnahmen der Jahre 1797/98 an, die schon damals erkennbare Ambivalenz von zentralistischer Alleinherrschaft und bürgerlicher Emanzipation wurde nunmehr bestimmend.

Noch im Sommer 1800 setzte Bonaparte eine provisorische Regierung für die Cisalpina ein, aber die beiden Verfassungsentwürfe des Mailänder Vorparlaments verwarf er, weil ihm der erste zu parlamentarisch, der zweite zu föderalistisch war. Auch Melzis Bemühungen um ein unabhängiges Oberitalien im Rahmen eines französisch-österreichischen Gleichgewichts paßten nicht ins Konzept des Ersten Konsuls. Er wollte, wie kürzlich Giuseppe Galasso hervorgehoben hat, die Cisalpina in sein System integrieren; sie durfte darum weder zu stark noch mit anderen italienischen Regionen verbunden sein. Schon damals entschied Bonaparte im wesentlichen allein. Durch den Staatsrat Roederer ließ er eine Verfassung ausarbeiten, die sich an der Konsulatsverfassung ausrichtete, wie diese äußerst kompliziert war und dadurch die Macht der an der Spitze vereinfachten Exekutive zementierte. Bei verbalem Bekenntnis zu nationaler Souveränität und faktischer Abstützung auf die Oberschicht von Besitz und Bildung ermöglichte sie die Alleinregierung des Präsidenten, der den Vizepräsidenten, den Staatssekretär und die Minister ernannte. Vier Wahlkörper, zu denen nur Vertreter der „Grundbesitzer", der „Kaufleute" und der „Gebildeten" zugelassen waren, wählten die Mitglieder des Staatsrates und der gesetzgebenden Versammlung, welche ohne Diskussionen abzustimmen hatte. Nach der Umwandlung der Repubblica ins Regno, mit der auch das gewichtige Amt des Vizepräsidenten erlosch, ist sie nicht mehr einberufen worden: Die Regierungsform des aufgeklärten Absolutismus war wiederhergestellt.

Die wichtigsten Mitarbeiter Napoleons in Oberitalien wurden der ganz von der lombardischen Aufklärung geprägte Melzi, der die Staatsverwaltung aufbaute und bis 1805 leitete, sein Rivale, der Bologneser Advokat Antonio Aldini, der seitdem als Staatssekretär und neuer Vertrauter des nun noch direkter hineinregierenden Kaisers zu Einfluß gelangte, die Minister Giuseppe Prina (Finanzen, zuvor piemontesischer Beamter), Bonaventura Spannocchi (Justiz, zuvor Advokat), Stanislao Bovara (Kultus, zuvor Geistlicher und Professor in Pavia). Sie waren Exponenten der neuen, „gemäßigten" Oberschicht, deren Konsolidierung gerade Melzi nachhaltig gefördert hat. Nicht mehr der ererbte Stand, sondern die wirtschaftliche Potenz bestimmte das Ausmaß politischer Mitsprache, aus dem Feudalstaat wurde der Staat der Besitzenden. Die damaligen Umschichtungen sind (ähnlich wie für das gleichzeitige Deutschland) im einzelnen noch wenig erforscht, doch läßt sich feststellen, auch auf Grund neuer Arbeiten von Pasquale Villani, daß reich gebliebene und reich gewordene Adelige und Bürger, Besitzer alter und neuer, aus dem Kauf des säkularisierten Kirchenbesitzes entstandener Güter zu einer Klasse verschmolzen. An den politischen Entscheidungen wurde sie nur insoweit beteiligt, als Bonaparte das konzedierte, im Jahrfünft nach 1800 zumindest vordergründig, nach der monarchischen Verfestigung kaum noch. Sie konnte aber eine gesellschaftliche Führungsrolle durchsetzen, welche die Regierung durch ihre Wirtschafts- und Steuerpolitik, so durch eine Reduzierung der Grundsteuern und den Ausbau der indirekten Steuern, konsequent gefördert hat. Mit Angehörigen der neuen Oberschicht hat Melzi alle wichtigeren Staatsämter besetzt, viele von ihnen traten Freimaurerlogen bei. Konsequenter noch als 1797/98 wurden Radikale und Demokraten zurückgedrängt, die politischen Emigranten mißtrauisch kontrolliert, besonders nach einem Aufstand in Bologna (1802). Nicht wenige der Patrioten, die so lange auf Frankreich gehofft hatten, zogen sich in geheime Zirkel zurück.

In der Hauptstadt Mailand, die auch kulturelles Zentrum wurde, entstand eine effiziente Bürokratie. Nach französischem Vorbild wurde die gesamte Verwaltung mit der Einteilung in Departements, Distrikte und Kantone ebenso zentralistisch wie übersichtlich durchorganisiert; die Beamten wurden von oben ernannt, kommunale Autonomien, nicht ohne Widerstände, auf ein Minimum reduziert. Die letzten Überreste der Feudalordnung wurden schnell beseitigt, die aufgeklärten Reformen im Schulwesen, in Kulturpolitik und Verkehrsförderung wesentlich intensiviert und vereinheitlicht. In die kurze Periode relativen, zur übrigen Konsolidierungspolitik gut passenden Einvernehmens Bonapartes mit Pius VII. fiel auch das Konkordat von 1803, welches dem französischen Konkordat von 1801 folgte und wie dieses die Kirche in neuartiger Weise sowohl nach Rom wie auf den Staat hin orientierte. Der Staat verpflichtete sich zu ihrer Finanzierung und Privilegierung, er erreichte dafür erhebliche Aufsichtsrechte und die Anerkennung der

Säkularisation. Zugleich wurde die für das ganze 19. Jahrhundert wichtig gewordene Führerstellung des Papstes bekräftigt, unter seiner Leitung eine straffere, der staatlichen im Prinzip ähnliche Kirchenorganisation eingeführt und durch Schaffung neuer Pfarren die Seelsorge verbessert.

Ähnlich weittragend war eine ganz andersartige Neuerung: Bonaparte, der sich in Außen- und Militärpolitik von Anfang an alle Entscheidungen vorbehielt, erzwang die Schaffung eines für Italien, abgesehen von Piemont, ganz ungewohnten, starken Heeres mit allgemeiner Wehrpflicht, welches freilich zunächst und vor allem im Rußlandkrieg nur den Zwecken des französischen Imperialismus gedient hat.

Seit der Schaffung des Regno wurde auch die Tendenz zur Übernahme französischer Normen noch intensiviert. Wie in den Rheinbundstaaten bildete ihren Höhepunkt die Einführung der napoleonischen Codices, die auf direkten Befehl des Kaisers zwischen 1806 und 1810 erfolgt ist. Besonders der schon 1806 übernommene «Code civil», der Italiens Zivilrecht bis in die Gegenwart geprägt hat, zeigte, daß Napoleon alle gesellschaftlichen Neuerungen der Revolution bekräftigte, die mit seiner Herrschaft vereinbar waren und ihr den Konsens der neuen Oberschicht sicherten: Die rechtliche Gleichheit aller Bürger, die Freiheit der Religion und damit die Emanzipation der Juden[7], die Freiheit der Arbeit und vor allem des Eigentums, dessen vielfache Absicherung besonders deutlich machte, daß der Code das Recht einer neuen, bürgerlichen Besitzergesellschaft war.

Am meisten profitierten die Grundbesitzer, die ihre Produkte, darunter erstmals viel Seide, in Frankreich absetzen konnten; das Regno erzielte darüber Exportüberschüsse. Die Industrie nahm nur bescheideneren Aufschwung, so durch Lieferungen für die französische wie die neue italienische Armee. Wirtschaftlich behandelte Napoleon nämlich Italien vornehmlich als Agrarreserve für Frankreich; seine Zollpolitik, die überhaupt den Interessen der ihn stützenden französischen Bourgeoisie entsprach, begünstigte französische Industrie-Exporte nach Italien und behinderte entsprechende Exporte aus Italien nach Frankreich.

---

[7] Zu den Folgen ihrer rechtlichen Emanzipation gehörte, daß recht viele Juden sich am Kauf der säkularisierten Kirchengüter beteiligten und darüber erstmals Grundbesitzer wurden.

Erschwerend wirkten die neuen Zollgrenzen, die das Regno von Piemont und Ligurien abschnitten, und erst recht (wie in ganz Europa) die antienglische Kontinentalsperre. Da Frankreich seit 1807/08 auch die Häfen von Livorno, Civitavecchia, Ancona und Triest kontrollierte, wurde der Export nach England ganz eingestellt, während die das Mittelmeer beherrschenden Engländer die Warenzufuhr nach Italien abschnitten. Auch diese Konstellationen haben dazu beigetragen, daß der eingangs erwähnte Agrarkapitalismus der stärkste Faktor in Italiens Wirtschaft wurde.

Die Reformen des knappen französischen Jahrzehnts im Königreich Neapel glichen im wesentlichen denen in Oberitalien. Unter Joseph Bonaparte leiteten etliche französische Beamte ihre Durchführung, Murat berief Einheimische. Überhaupt betonte der Schwager des Kaisers, der durch geschicktes Auftreten die Sympathien seiner freilich leicht begeisterungsfähigen neuen Untertanen zu gewinnen wußte, die neapolitanisch-italienische Eigenständigkeit seines Reiches und schlug damit schon die Richtung ein, die ihm 1815 zum Verhängnis geworden ist. Die Abschaffung aller feudalen Jurisdiktionen, die Einführung des französischen Rechts, die Schaffung einer einheitlichen Verwaltung sowie Ansätze zu gleichmäßiger Steuerverteilung und Neuaufteilung der Domänen griffen in die oligarchisch-parasitäre Gesellschaftsordnung des Südens besonders tief ein, reichten aber nicht, um seine Sozialstruktur wesentlich zu verändern. Das Grundeigentum der Adeligen wurde ja nicht beschnitten, vielmehr im Sinne der neuen Rechtsordnung zu vollem, frei verfügbarem Privateigentum umgestaltet, da die mit dem Feudalsystem verbunden gewesenen Verpflichtungen der Besitzer gegenüber Gemeinden und Bauern entfielen. Die Folge war auch hier eine Stabilisierung der Besitzergesellschaft; die Rückständigkeit des Südens hatte zur Folge, daß nur sehr wenige Bürger die Mittel aufbrachten, um von der neuen Freiheit des Grunderwerbs Gebrauch zu machen und darüber in die Oberschicht einzutreten.

In den übrigen Regionen Italiens waren die Auswirkungen der napoleonischen Innenpolitik sehr unterschiedlich, am tiefstgreifenden in Piemont, Parma und Ligurien, wo sich die Franzosen früh durchgesetzt hatten, am geringsten in Mittelitalien — in der Toskana, weil Peter

Leopolds ausgeglichene Sozialstruktur einschneidender Änderungen nicht bedurfte, in den Kerngebieten des Kirchenstaates, weil dort die französische Herrschaft kaum ein Jahrfünft bestanden hat. Außerhalb des Modernisierungsprozesses blieben die Inseln Sardinien und Sizilien, wo die vom Festland geflüchteten Savoyer und Bourbonen unter englischem Schutz absolutistisch weiterregierten; nur in Sizilien zwang der englische Oberkommandierende und Gesandte Lord Bentinck 1812 Ferdinand IV. eine Verfassung auf, die der König aber schon vier Jahre später wieder abschaffen konnte; immerhin haben das kurze Experiment und seine Unterdrückung das Autonomiestreben und darüber eine antineapolitanische Disposition der sizilianischen Oberschicht bestärkt, die ins Risorgimento hineingewirkt hat.

Mit der Zeit wurde immer deutlicher, daß nur die Oberschicht aus Besitzern und schnell entwickelter, infolge der rechtlichen und administrativen Reformen notwendig gewordener Beamtenschaft direkten Nutzen aus der napoleonischen Ordnung zog. Die Unterschichten, an deren Lebensbedingungen sich, soweit wir wissen, wenig änderte, standen ohnehin abseits; infolge der durch die Kontinentalsperre hervorgerufenen Preissteigerungen und noch mehr wegen der unerbittlich durchgesetzten Wehrpflicht nahm ihre Unzufriedenheit zu. Unzufrieden waren auch die vielen, die sich staatliche Eigenständigkeit und politische Partizipation gewünscht hatten und statt dessen Satellitenstaaten mit Polizeiregiment, Steuerdruck und militärisch-wirtschaftlichem Einsatz für Frankreichs Interessen hinnehmen mußten; der Patriotismus wandte sich gegen die, welche an seiner Entfachung so starken Anteil gehabt hatten. Gerade in geheimen Zirkeln enttäuschter Patrioten breitete sich die Unzufriedenheit aus, die nicht nur von einheimischen Konservativen, sondern auch von Agenten Englands und Österreichs geschürt wurde; selbst letztere appellierten dabei an patriotische Empfindungen, deren Mißachtung nach 1815 darum viele Italiener um so tiefer treffen mußte. Leidenschaftlichen Ausdruck hat der Enttäuschung über Frankreich Ugo Foscolo (1778—1827), der letzte große klassizistische Dichter Italiens, gegeben, so in seiner ›Orazione a Bonaparte‹ (1802) und besonders in ›I sepolcri‹ (1807). Gegen die von den Franzosen angeordnete Schließung von Kirchhöfen und aristokratischen Grablegen und die Einrichtung großer kommunaler Friedhöfe beschwört der Dichter darin die Verehrung der Vorfahren und ihrer Gräber als patriotische, die Selbsterneuerung fördernde Pflicht; auch Foscolo hatte zuvor die französischen Verdienste um Italien anerkannt und erscheint somit als typischer Vertreter der durch die französische Epoche geprägten Umbruchgeneration. Antinapoleonisch wirkte auch der Tyrannenhaß des großen Tragödiendichters Vittorio Alfieri (1749—1803). Beide Dichter sind vom frühen Risorgimento als Vorbilder beansprucht worden, Foscolo auch deshalb, weil er nach 1815 aus Protest gegen die österreichische Herrschaft emigrierte; langfristig hat er freilich wenig gewirkt, weil sein gerade in ›I sepolcri‹ ausgesprochener Protest gegen die Gleichmacherei schlecht zu den Signaturen des 19. Jahrhunderts paßte.

Da Besitzer und Beamte meist nicht kämpfen, fand Napoleons System in Italien wenig Verteidiger, als es mit dem Rückzug des Kaisers aus Rußland (November 1812) in die Schlußkrise geriet und die Koalition aller Großmächte seit dem Sommer 1813 zu seiner Liquidierung ansetzte. Die schweren Verluste der italienischen Truppen in Rußland wirkten deprimierend. Die große Mehrzahl der Italiener verhielt sich so pragmatisch und abwartend wie bei den zahlreichen früheren Machtwechseln — vor allem bestrebt, auch diesen Umbruch zu überleben. Von den bonapartistischen Souveränen konnte Murat sich infolge schwer durchsichtiger Schaukelpolitik bis 1815 halten (vgl. S. 95). Beauharnais blieb dem Kaiser treu und stürzte mit ihm, nach Napoleons Thronverzicht auf Frankreich und Italien (11. April 1814) mußte er das inzwischen wieder von den Österreichern besetzte Oberitalien verlassen[8]. In den neuen Eliten Mailands und Neapels wünschten manche die konstitutionelle Fortentwicklung, in Mailand, wo Melzi wieder hervortrat, auch die Unabhängigkeit (sowohl von Frankreich wie von Österreich, notfalls selbst unter einem Habsburger), aber diese Minderheiten besaßen noch nicht die Kraft zu wirksamer politischer Artikulation. Zu den Ausnahmen gehörte Graf Federico Confalonieri, schon wenige Jahre später ein Opfer der antinationalen Politik Österreichs, der an den englischen Außenminister Castlereagh herantrat. Gerade dieser ver-

---

[8] Der erste Vizekönig von Italien zog sich an den Hof seines Schwiegervaters nach München zurück, wo er 1824 gestorben ist (Grab in der Michaelskirche).

focht aber 1814/15 zusammen mit Metternich ein traditionelleres Gleichgewichtskonzept. Im ersten Pariser Frieden (30. Mai 1814), der „der langen Aufregung Europas und dem Unglück der Völker [...]" durch „gerechtere Verteilung der Kräfte unter den Mächten" ein Ende bereiten sollte, wurde für Italien die Restauration vorgesehen, welche dann auf dem Wiener Kongreß im einzelnen bestimmt worden ist. Der in der französischen Zeit eingeleitete Prozeß politischer Modernisierung und sozialer Mobilisierung konnte dadurch aber nicht rückgängig gemacht werden.

Klassizismus und Antikenstudium

Höhepunkte erreichte in der französischen Zeit auch in der bildenden Kunst der Klassizismus, dessen Hauptanliegen, die Erneuerung der Antike, in besonderem Maß der italienischen Kunsttradition entsprach. Von Napoleon wurde er gefördert, weil die Formen der römischen Kaiserzeit sich gut für die Selbstdarstellung des kaiserlichen Usurpators und seiner Herrschaft eigneten. Das beste Beispiel bietet das Zentrum von Paris. Nach dessen Vorbild entstanden Pläne zur Umgestaltung der italienischen Hauptstadt Mailand mit großen Plätzen, breiten Straßen und einem „Forum Bonaparte", von denen nur einiges verwirklicht werden konnte, so Corso und Piazza Sempione mit dem «Arco della pace» und die Arena. Während die übrigen urbanistischen und architektonischen Leistungen des Klassizismus in Italien (so die Umgestaltung der Piazza del Popolo in Rom durch Valadier) sich in Maßen hielten, wurde Antonio Canova (1757—1822) sein bedeutendster und vielseitigster Bildhauer, der letzte in der langen Reihe der vormodernen italienischen Künstler, die ganz Europa beeinflußt haben. Unpolitisch, hat er die Umbrüche seiner Zeit überlebt: Der Schöpfer der Grabmäler Clemens' XIII. und Clemens' XIV. ist am bekanntesten geworden durch seine antikisch empfundenen Idealbilder Napoleons und seiner Verwandten (darunter der Schwester des Kaisers, Fürstin Paolina Bonaparte-Borghese: Rom, Villa Borghese). Nach 1814/15 hat er die Rückführung der von Napoleon nach Frankreich verbrachten Kunstwerke besorgt und im Auftrag Pius' VII. und Consalvis die von beiden großzügig geförderte Museums- und Ausgrabungstätigkeit im Kirchenstaat geleitet, zu der eine besonders gut gelungene, die antiken Statuen ins rechte

Licht rückende Erweiterung der vatikanischen Museen gehörte (Museo Chiaramonti, Braccio Nuovo, darin Canovas edle Büste Pius' VII.).

Ein Zentrum des Klassizismus in Rom blieb weiterhin die auf Winckelmann und Mengs zurückgehende, von Wilhelm v. Humboldt während seiner römischen Gesandtzeit (1802—1808) geförderte deutsche Künstlerkolonie. Ihr hat der bayerische König Ludwig I. in der 1827 gekauften Villa Malta am Pincio ein ausstrahlendes Domizil geschaffen, welches auch ihren zeitweiligen Übergang zum mild-religiösen Nazarenertum um Johann Friedrich Overbeck erlebt hat. Vertrauter Gast in der Villa Malta war der Däne Bertel Thorwaldsen (1770—1844), der in Rom und unter Canovas Einfluß zu seiner zarter empfindenden Meisterschaft und ebenfalls zu internationaler Wirkung gelangte. Etliche seiner Werke, so das Grabmal Pius' VII. (Petersdom), die Büste Consalvis (Pantheon) und die im Auftrag Ludwigs I. geschaffene Statue des Staufers Konradin (Neapel, S. Maria del Carmine) verwirklichen eine bis heute eindrucksvolle nordisch-römische Kultursymbiose. Sie ist seiner Generation zum letzten Mal gelungen, weil sie als letzte bereit war, die Antike und deren Renaissancen, das hieß Roms ganze künstlerische Kontinuität, mit Ausnahme des Barock, zur Norm des eigenen künstlerischen Handelns zu machen. Es sollte nicht lange dauern, bis die Abkehr begann. Künstler unserer Zeit, die immer noch in einer aufs frühe 19. Jahrhundert zurückgehenden Tradition nach Rom und Florenz entsandt werden, bekennen offen, daß ihnen die so lange als klassisch empfundenen Vorbilder wenig oder nichts bedeuten; manche ihrer Ausstellungen in Roms deutscher Kunstakademie in der Villa Massimo bezeugen es.

Die historischen und archäologischen Studien und Anregungen von Humboldt, August Kestner, Berthold Georg Niebuhr und Christian Karl J. v. Bunsen haben die deutsch-römische Symbiose wissenschaftlich realisiert und eine Kontinuität vom Klassizismus zum Historismus geschaffen, deren Zentrum das 1828 begründete Archäologische Institut geworden ist. Sein erster Protektor war der preußische Kronprinz, spätere König Friedrich Wilhelm IV., zu den Gründungsmitgliedern gehörten Kestner, Bunsen und Thorwaldsen[9].

---

[9] Das Institut, dem die päpstliche Regierung wegen seiner vielen protestantischen Mitglieder zunächst mißtraute, hat die systematische Erforschung des an-

Die Deutsch-Römer des späten 18. und frühen 19. Jahrhunderts bezeugen den traditionellen, historisch-antiquarisch-ästhetischen Charakter des deutschen Italien-Interesses, mit dem sich auch die späteren Deutschen in Rom und Italien meist begnügt haben; wie einleitend bemerkt, hat erst das Risorgimento bewirkt, daß sich daneben auch ein politisches Interesse entwickeln konnte.

tiken Rom begonnen und ist der Ausgangspunkt der wissenschaftlichen Archäologie überhaupt geworden; seit den 1840er Jahren vom preußischen Staat mitfinanziert, wurde es 1873 vom Deutschen Reich übernommen.

Viertes Kapitel

RISORGIMENTO UND NATIONALSTAAT

Risorgimento und liberaler Einheitsstaat

Der Begriff «Risorgimento» (wörtlich „Wiederauferstehung") umfaßt die Ideen und die politisch-soziale Bewegung, welche zur Errichtung des nationalen Einheitsstaates geführt und damit aus Italien eine eigenständige politische Kraft im modernen Europa gemacht haben. Wiewohl im direkten Zusammenhang des Risorgimento bedeutende Werke der Literatur und der Musik entstanden sind, war Italiens Geschichte im 19. Jahrhundert unter den Impulsen der Einheitsbewegung erstmals vorwiegend politisch motiviert; sie erweckte daher bei vielen Zeitgenossen außerhalb des Landes ein neuartiges politisches Interesse, hinter dem die ästhetisch-antiquarische Zuneigung zum „zweiten Griechenland" langsam zurücktrat. Italiens Nationalbewegung hat viele, oft beispielhafte Impulse für die radikale Umgestaltung gegeben, welche Europa infolge des nationalen Prinzips im Jahrhundert zwischen Wiener Kongreß und Erstem Weltkrieg erfahren hat. Ebensosehr war das Risorgimento Bestandteil der das 19. Jahrhundert durchziehenden bürgerlichen Revolution; das 1861 konstituierte und 1870 territorial saturierte Königreich Italien war ein für die damaligen Verhältnisse moderner Verfassungsstaat, der vom Bürgertum getragen und an seinen politischen und sozialen Interessen ausgerichtet war.

Die Geschichte des Risorgimento umgreift also jedenfalls den Zeitraum von 1815 bis 1870 oder 1876, dem Jahr, in dem die Partei Cavours die Regierung abgeben mußte. Aus guten Gründen haben ihr aber so bedeutende Historiker wie Benedetto Croce und Adolfo Omodeo, die beide den Risorgimento-Idealen eng verbunden waren, auch die Geschichte des Einheitsstaates bis zum Ersten Weltkrieg zugerechnet[1], die

---

[1] Über Croces Urteil, daß das Risorgimento mit den Jakobinern des Jahres 1799 begonnen hätte, s. o. S. 62; überholt ist die Tendenz, in den Reformen des 18. Jahrhunderts die direkten Vorläufer des Risorgimento zu sehen, vgl. S. 4f.

hier mehr aus praktischen Überlegungen in einen eigenen Abschnitt verwiesen wird. Es waren ja die Träger und Erben des Risorgimento, die in den Jahrzehnten nach 1870 zunächst das liberale System konsolidiert haben, die sich dann aber den neuen Problemen der Massengesellschaft, der Industrialisierung im Norden und der verschärften Agrarkrise im Süden immer weniger gewachsen zeigten. Das Scheitern der auf eine tragfähige Erweiterung der politischen und sozialen Basis zielenden Politik Giolittis führte die durch den Weltkrieg beschleunigte Krise herauf, welche den Staat des Risorgimento in den des Faschismus umgestaltet hat.

Schon die Erwähnung von später Nationalstaatsbildung und Faschismus verweist auf Parallelen und Interdependenzen zwischen italienischer und deutscher Geschichte seit dem 19. Jahrhundert, auf die in den folgenden Abschnitten öfters zurückzukommen sein wird.

Die Neuordnung Italiens durch den Wiener Kongreß

Die territoriale Neuordnung Italiens war integrierender Bestandteil der in Wien beschlossenen europäischen Machtverteilung; sie sollte die Epoche der Revolution und Napoleons liquidieren und eine dauerhafte Periode des Friedens und der sozialen Beharrung begründen. Die politischen Führer der antinapoleonischen Staatenkoalition, der österreichische Staatskanzler Metternich, Zar Alexander I. und Englands Außenminister Castlereagh, waren die Hauptakteure des Kongresses (September 1814—Juni 1815). Die Vertreter dreier italienischer Staaten, des Kirchenstaates (Kardinal Consalvi) sowie der Königreiche Sizilien und Piemont, spielten in Wien gelegentlich eine Rolle, die jedoch nie entscheidend war. Ein weiteres und letztes Mal wurden die politischen Geschicke Italiens von den Staatsmännern der europäischen Großmächte bestimmt.

Die Prinzipien der Wiener Neuordnung waren die der Restauration, der Legitimität und des Gleichgewichts. Dabei bedeuteten Restauration und Legitimität durchaus nicht, wie oft verallgemeinernd behauptet wurde und wird, die Wiederherstellung der gesamten vornapoleonischen Ordnung; im Konzept Metternichs und seiner Mitarbeiter, v. a. Friedrich v. Gentz', hatten beide Begriffe einen präziseren Gehalt: Die

Restauration verstand sich demnach als Absage sowohl an die Revolution wie an den Absolutismus, der sie provoziert hatte. Um der Wiederkehr solcher Fehlentwicklungen vorzubeugen, wollte man zurückgreifen auf historisch begründete und rational durchdachte Staatlichkeit sowie auf föderative Verbundenheit der Staaten. Wiederhergestellt werden sollte darüber hinaus ein europäisches Völkerrecht, wie es vor 1789 bestanden hatte. Vom Konsens der Regierungen getragen, sollte es die monarchische Ordnung konsolidieren und mit gegenseitiger Solidarhaftung aller beteiligten Mächte vor neuem Umsturz bewahren.

Zu den meist retrospektiven Kategorien, in denen Politiker und Ideologen der Restauration dachten, gehörten freilich auch die der aufgeklärten Reformen, die man fortsetzen wollte. Aus der napoleonischen Ordnung sollte daher alles bestehenbleiben, was mit den zuvor skizzierten Prinzipien vereinbar war, so das neue, auf die Interessen der bürgerlichen Gesellschaft zugeschnittene Rechtssystem wie die zentralistisch durchorganisierte Verwaltung der Staaten. Auch im territorialen Bereich sollte nicht die ganze Vielgestaltigkeit der Zeit vor 1789 wiedererstehen; hergestellt und gestärkt werden sollten vielmehr nur diejenigen „legitimen" Staaten, die sich in der revolutionären Krise als lebens- und aktionsfähig erwiesen hatten und die nach Größe und Organisationsgrad den Vorstellungen der Zeit entsprachen. Es war demnach konsequent, daß anachronistisch gewordene oder erscheinende Staatswesen nicht erneuert wurden, so in Italien die Stadtrepubliken: Venedig, Genua und das kleine Lucca.

Die Grundsätze der Restauration ließen sich besonders weitgehend in Italien und Deutschland anwenden, welche in eine Vielzahl historisch gewachsener, legitimer Staaten zerfielen. Für beide Länder hatte Metternich, wie Heinrich von Srbik nachgewiesen hat, ein geschlossenes, weithin analoges Konzept entwickelt, welches die hegemonialen Aspirationen Österreichs, die Interessen der anderen beteiligten Staaten und Dynastien sowie die Postulate des europäischen Gleichgewichts rational zu verbinden suchte. Die durch die napoleonische Politik in Italien wie in Deutschland in sehr verschiedener Weise angeregten nationalen Aspirationen wurden absichtsvoll übergangen, weil man auch von ihnen die Sprengung des Gleichgewichts befürchtete. Noch waren solche Aspirationen die Sache von Minderheiten, aber gerade in Italien ließen sie sich nicht mehr auf Dauer zurückdrängen. Männer und Gruppen, deren politische Anschauungen in der französischen Zeit geprägt worden waren, haben die ersten Aufstände (1820/21, 1830/31) vorbereitet und geführt und darüber eine Kontinuität nationaler und konstitutioneller Forderungen eingeleitet.

Österreich, welches sich 1815 definitiv aus dem Westen Deutschlands zurückzog und statt dessen seine Länder zu einem geschlossenen Flächenstaat im Süden Mitteleuropas ausweitete, wurde die eigentliche Führungsmacht Italiens und darüber *der* Gegner italienischer Einheit und Unabhängigkeit. Der aufstehenden Nationalbewegung wurde ihr schwieriges Werk insofern erleichtert, als die Unterschiede der in ihr vertretenen Konzepte durch die Fixierung auf *ein* Feindbild überdeckt werden konnten. Notwendige Voraussetzung für jede nationale Lösung der italienischen Frage war die Verdrängung Österreichs und damit die partielle Auflösung des 1815 beschlossenen Mächtesystems, welches denn auch durch die Konstituierung des Königreichs Italien (1859—61) die erste erhebliche Modifikation erfahren hat.

Aus den damals begründeten Kontrasten ist eine völkerpsychologische Hypothek erwachsen, die durch die faschistische Entnationalisierungspolitik in Südtirol zusätzlich aufgeladen wurde und bis in die Gegenwart das Verhältnis der Italiener zu den Österreichern und zu den Deutschen überhaupt belastet hat. Sie abzutragen, setzt unvoreingenommene, die Standpunkte beider Seiten würdigende Aufarbeitung voraus, wie sie kürzlich Adam Wandruszka und Silvio Furlani in ihrem „bilateralen" österreichisch-italienischen Geschichtsbuch (1974) geleistet haben. Für die Italiener des 19. Jahrhunderts war Österreich ja auch die erste Macht im Deutschen Bund; seine italienische Stellung hatte in der ersten Hälfte des 19. Jahrhunderts die volle Zustimmung der übrigen deutschen Regierungen, nicht nur weil sie ein Bestandteil des 1814/15 zwischen ihnen ausgehandelten Gleichgewichts war. Nach den Erfahrungen der napoleonischen Zeit schien auch für Deutschlands Sicherheit die österreichische Position in Oberitalien unerläßlich zu sein; auch war der Außenhandel Süddeutschlands noch stark nach Triest orientiert.

Österreich erhielt 1815 nicht nur die Lombardei zurück, die um das strategisch wichtige, weil die schnellste Verbindung von Tirol nach Mailand ermöglichende Veltlin vergrößert wurde; es erwarb dazu das gesamte Territorium der früheren Republik Venedig und faßte beide

Regionen als „Königreich Lombardo-Venetien" zusammen; das Trentino wurde den österreichischen Erblanden eingegliedert. Zugleich wurde die im 18. Jahrhundert begonnene Doppelstrategie direkter und indirekter Beherrschung ausgebaut: Neben die zu Österreich geschlagenen Gebiete traten die ihm dynastisch verbundenen Staaten: Die um den Stato dei Presidi vergrößerte Toskana wurde an Großherzog Ferdinand III., den jüngeren Bruder des Kaisers, zurückgegeben; das Herzogtum Modena fiel wieder der Nebenlinie Habsburg-Este zu. Parma erhielt die Exkaiserin Marie-Luise; nach deren Tod sollte es an die Parmenser Bourbonen zurückfallen, welche dann Lucca, mit dem sie einstweilen abgefunden wurden, an die Toskana abzutreten hatten; diese letzte rein dynastisch motivierte Änderung der italienischen Landkarte ist 1847 erfolgt. Im päpstlichen Staat, dessen Wiederherstellung (ohne die Enklaven Avignon und Venaissin) den Prinzipien der Restauration durchaus entsprach, erhielt Österreich Besatzungsrecht in den Festungen Ferrara und Comacchio, welches Interventionen nach Mittel- und Süditalien erleichterte.

Das Königreich Piemont-Sardinien wurde durch die Angliederung Liguriens mit Genua so vergrößert, daß es ein gewichtiges Element des europäischen Gleichgewichts bildete: Einmal war es ein starkes Glied in dem vom Wiener Kongreß um Frankreich gelegten Abwehrring; zugleich verhinderte sein Gewicht die Ausdehnung der italienischen Hegemonie Österreichs über das den anderen Großmächten erwünschte Maß. So gestärkt, konnte Piemont einige Jahrzehnte später zum Sammelpunkt nationaler Entwicklungen werden.

Murat, der sich von seinem entmachteten Schwager vorsichtig distanziert hatte, konnte sich bis 1815 in Neapel halten. Sein Schicksal entschied sich erst durch seine neuerliche Parteinahme für den im März 1815 aus Elba zurückkehrenden Napoleon und durch seinen Versuch, nunmehr ein gesamtitalienisches Königreich zu schaffen; über einen Einfall in die Marken, von wo er im ›Manifest von Rimini‹ (März 1815) sein verfrühtes nationales Programm verbreiten ließ, ist er nicht hinausgekommen. Mit Zustimmung der übrigen Großmächte verbündete Österreich sich daraufhin mit dem einstweilen ja auf Sizilien beschränkten Bourbonen Ferdinand IV., dessen Herrschaft auch über das unteritalienische Festland schnell wiederhergestellt wurde. Ferdinand band dafür seinen Staat, der nun die Bezeichnung „Königreich beider Sizilien" erhielt, in einem Allianzvertrag eng an Österreichs Innen- und Außenpolitik; den in seine Gefangenschaft geratenen Murat ließ er standrechtlich erschießen.

Nicht verwirklichen konnte Metternich 1814/15 nur einen, für ihn allerdings zentralen Punkt seines Italien-Programms: die staatenbündische Zusammenfassung der gesamten Halbinsel in einer «Lega Italica», die als Parallele zum Deutschen Bund mit defensivem Charakter konzipiert war und ähnlich wie dieser Hegemonie und Gleichgewicht kombinieren sollte. Immerhin hätte die Schaffung eines solchen politischen Organismus für das gesamte Italien anerkannt, daß dieses mehr als ein „geographischer Begriff" war; ja, Metternich gab sich wohl der Illusion hin, daß auf diesem Wege nationale Anliegen in einer für sein System annehmbaren Weise aufgefangen werden konnten. Sein Plan scheiterte am Widerstand Piemonts und des Kirchenstaates, deren Monarchen nicht die geringste Minderung ihrer Souveränität hinnehmen wollten.

Restaurative Innenpolitik

Die Innenpolitik der italienischen Staaten nach 1815 weist bei aller Gemeinsamkeit in der Abwehr konstitutioneller und nationaler Ideen erhebliche Unterschiede auf.

In Lombardo-Venetien funktionierten Verwaltung, Justiz, Schule und Fürsorge i. a. gut, viele der unter Napoleon eingeführten rechtlichen Neuerungen blieben bestehen; die Erbübel der süd- und mittelitalienischen Staatsverwaltungen, Korruption und Klientelismus, gab es hier wie auch in Piemont nicht. Die Gesamtkonzeption war und blieb aber patriarchalisch und zentralistisch; über die geistigen und sozialen Transformationen der französischen Zeit, die in der Lombardei ein starkes Bürgertum mit regionalem, teils schon nationalem Eigenbewußtsein konsolidiert hatte, setzte man sich hinweg; das lombardo-venetianische „Königreich" war de facto nicht einmal ein Satellitenstaat, wurde vielmehr direkt von Wien regiert. Nicht Metternich, sondern der pedantische Kaiser Franz und die am josephinischen Zentralismus festhaltende Hofkanzlei (Innenministerium) verhinderten jede Autonomie, wie sie einige weitsichtige Beamte und Militärs, so der erste Gouverneur Graf Bellegarde unter Berufung auf Maria Theresia, vergeblich vorschlugen. Zudem erschwerte Wiens Protektionismus die Expansion der lombardischen Wirtschaft, erst die Aufhebung von Binnenzöllen (1822) ermöglichte einen neuen Aufschwung; zu seinen direkten Folgen gehörte ein recht aktiver Austausch zwischen der Lombardei und dem technologisch fortgeschrittenen England, der langfristig auch das politische Denken in Norditalien beeinflußt hat. Die Regierung in Wien förderte den Aufschwung freilich nur insofern, als er zunächst der festeren Einbindung in den österreichischen Gesamtstaat und einer weiteren Trennung vom übrigen Italien diente. Auch beschränkte sich die staatliche Wirtschaftsförderung auf die Lombardei, wo der im 18. Jahrhundert begonnene Modernisierungsprozeß irreversibel war und dem Staat beträchtliche Einnahmen brachte: die steuerliche Belastung der Lombardei wurde gegenüber der französischen Zeit erheblich erhöht! Das neu hinzugekommene Venetien dagegen wurde in seiner agrarisch-rückständigen Kondition belassen, in der es dem Wiener Zentralismus leichter einzupassen war; die schon in früheren Entwicklungen angelegten, aber auch aus dieser Politik resultierenden strukturellen Unterschiede zwischen den beiden ehemals österreichischen Regionen Italiens wirken bis in die Gegenwart.

Auch das in Mailand sehr aktive kulturelle Leben wurde reglementiert. So wurde die von Bellegarde als Diskussionsforum konzipierte Zeitschrift ›Biblioteca Italiana‹ bald auf politischen Konformismus und traditionalistische Staats- und Gesellschaftslehre festgelegt; den Anlaß bot die Diskussion, die ein Artikel der Madame de Staël auslöste: sie hatte darin die Superiorität der zeitgenössischen romantisch-deutschen Kultur betont; aber etliche lombardische Publizisten benutzten ihn als Ausgangspunkt für eine die romantischen Ideen übernehmende positive Neubewertung des eigenen Volkstums. Den «Conciliatore», der das Organ dieser für den nationalen Aufbruch wichtig gewordenen romantisch-liberalisierenden Gruppierung wurde, ließ die Regierung verbieten. Eine Integration der wirtschaftlichen und geistigen Führungskräfte wurde somit erheblich erschwert, viele Intellektuelle zogen sich in mehr oder minder oppositionelle Zirkel zurück. Bereits 1820 gab der Gouverneur Graf Strassoldo in einem Bericht an Metternich zu, daß Österreich in keiner der repräsentativen Schichten der Lombardei Rückhalt besitze, sondern sich nur auf seine Macht verlassen könne. Dennoch ist eine zeitweilige Konsolidierung nicht ausgeblieben. Die Universitäten

Pavia und Padua haben eine Generation mehr oder minder habsburgisch gesinnter Beamter ausgebildet und den Professoren und Studenten, die sich wenigstens oberflächlich anpaßten, modernere Studien- und Ausbildungsmöglichkeiten geboten, als sie im übrigen Italien bestanden [2].

Von den Österreich dynastisch verbundenen Staaten besaß nur die Toskana ein Eigengewicht, welches Großherzog Ferdinand III. und seine Minister Vittorio Fossombroni und Neri Corsini umsichtig einzusetzen suchten. Wiedereingeführt wurde die leopoldinische Gesetzgebung samt dem damals in Italien singulären Freihandel, der zwar weniger industrielle Umgestaltung, wohl aber die vielseitigen Aktivitäten der zahlreichen kleinen Handelszentren des Landes und besonders des Hafens Livorno begünstigte. Diese Politik der „Reformen von oben" verblieb zwar in den Bahnen des 18. Jahrhunderts, doch hat sie inneren Konflikten vorbeugen können; eine gut zu ihr passende geistige Liberalität ließ Florenz zudem zu einem Sammelpunkt verschiedener Strömungen aus ganz Italien werden. — Parma mit seiner ebenfalls gemäßigt-reformistischen und Modena mit seiner reaktionären Politik waren zu klein, um über ihre Grenzen hinaus wirken zu können.

Der Metternich durchaus vorschwebende und in der Toskana am weitesten verwirklichte Mittelweg von Restauration und aufgeklärter Reform war den wieder zur Macht gelangten alten Führungsschichten Piemonts, des Kirchenstaates und Neapels bereits zu modernistisch.

So kehrte Piemont-Sardinien unter König Viktor Emanuel I. zurück zum vorfranzösischen Absolutismus mit Adelsprivilegien, Exemtionen und allzu vielen, oft widersprüchlichen Gesetzen, die durch zahlreiche königliche Edikte noch kompliziert wurden. Alle wichtigen Staatsstellen wurden erneut dem Adel vorbehalten, die Rechte der nichtkatholischen Minderheiten beschränkt, viele Schulen kirchlicher Leitung unterstellt. Mehr noch als in Lombardo-Venetien setzte man sich über das Bürgertum hinweg, obgleich schon der Erwerb des bürgerlich strukturierten Genua einen Ausgleich der Klasseninteressen erfordert hätte.

---

[2] Gerade die Universität Padua hat sich dabei wissenschaftlichen Einflüssen aus Mitteleuropa geöffnet, welche zum Teil die späteren nationalen Auseinandersetzungen überdauert haben: Nur in Padua ist z. B. eine italienische Form des Kathedersozialismus aufgekommen.

Traditionalisten, so deren geistiger Führer Joseph De Maistre, der von 1816 bis zu seinem Tode (1821) Minister in Turin war, bestimmten die Kulturpolitik. Vergebens versuchten maßvolle Reformer wie Santorre di Santarosa und Cesare Balbo savoyischen und italienischen Patriotismus zu verbinden, wegen des repressiven Gesamtklimas konnte auch die scharf antiösterreichische Einstellung der Dynastie keinen patriotischen Konsens hervorbringen. Schriftsteller wie Ludovico di Breme und Silvio Pellico gingen nach Mailand zum «Conciliatore». Radikalere Opponenten wichen in logenähnliche geheime Gesellschaften aus, die gleichzeitig auch in Mittel- und Süditalien entstanden und zunächst die Revolution von 1820/21 vorbereitet haben. Oft ließen sie sich vom Bürgertum für dessen ökonomische Interessen einsetzen, aber zugleich vertraten sie konstitutionelle Forderungen, in Piemont kam von Anfang an eine nationale Komponente hinzu.

Auch im Kirchenstaat wurden die französischen Neuerungen in Verwaltung und Gerichtswesen rückgängig gemacht, fortan regelte das kanonische Recht wieder alle Rechtsbeziehungen. Der nur von Geistlichen meist adeliger Herkunft regierte Staat, der die Unabhängigkeit des päpstlichen Kirchenregiments garantieren sollte und somit einem wesentlich unpolitischen Ziel diente, widersprach allen liberalen und nationalen Ideen; seine Sozialordnung entsprach nur den Interessen des Adels und einer ihm verbundenen, schmalen Schicht von Großbürgern. Nach dem Scheitern einiger Kompromißversuche ist daher die weltliche Herrschaft der Päpste zu einem nur der österreichischen Macht vergleichbaren Hindernis der italienischen Einheit geworden. Die schließlich unvermeidbare, 1870 erfolgte Annexion Roms hat in der größtenteils katholischen Nation eine innere Spaltung bewirkt, die lange auf dem jungen Einheitsstaat gelastet hat. Den Kirchenstaat zu modernisieren hätte bedeutet, seine Existenz in der von den meisten Kurienprälaten für notwendig erachteten Form in Frage zu stellen. Reformen Pius' VII. und seines aufgeklärten Staatssekretärs Ercole Consalvi, die Vereinfachung und Zentralisierung sowie gerechtere Verteilung der Steuern bezweckten, blieben daher auf halbem Wege stehen; sie enttäuschten die Verständigungsbereiten unter den Liberalen und bestärkten den Widerstand der traditionalistischen, meist dem Adel zugehörigen oder ihm verbundenen «Zelanti», die im reaktionären Jahrzehnt nach 1820 vollends die Oberhand gewannen. Nach dem Tode Pius' VII.

(1823) konnten sie einen der Ihren als Leo XII. auf den päpstlichen Thron bringen. Seine repressive Regierung steigerte die Unzufriedenheit und ebnete besonders in der Romagna und in den Marken der revolutionären Welle von 1830/31 den Weg; ruhig blieb nur das eigentliche Patrimonium Petri (Rom, Latium), wo die Bevölkerung seit Jahrhunderten des politischen Lebens entwöhnt war.

In Neapel führten König Ferdinand und sein erster Minister Luigi de' Medici auf Metternichs Rat zunächst eine Politik, die der Consalvis in Rom und noch mehr der Fossombronis in Florenz im Prinzip ähnlich war. Viele französische Neuerungen blieben erhalten, die Beamten Murats wurden mit den fähigeren der den Bourbonen treu gebliebenen Funktionäre zu einer Führungsschicht verschmolzen. Früher als anderswo erwies sich aber die Schwierigkeit des restaurativen Mittelwegs zwischen den Extremen von links und rechts. Der Geheimbund der Carboneria (das Vorbild für alle politischen Geheimorganisationen des 19. Jahrhunderts!), der vorwiegend Besitz- und Bildungsbürger, aber auch eine progressive Minderheit des Adels erfaßte, wollte die konsequente Fortentwicklung der französischen Reformen zum Verfassungsstaat; die starken reaktionären Adelskreise, als deren Exponent der Fürst von Canosa 1816 Polizeiminister wurde, forderten die volle Rückkehr zum Ancien régime. Auf österreichischen Druck wurde Canosa zwar bald abberufen, aber die von ihm kurzfristig in Gang gesetzte brutale Unterdrückung der Opposition provozierte nur stärkere Widerstände; die Carboneria, die auch im Offizierskorps Mitglieder und Sympathisanten gewann, wurde zum Sammelbecken aller Unzufriedenen. Gründe zur Unzufriedenheit gab es viele: Medicis Zentralismus, der zwar die Verwaltung ein wenig modernisierte, aber die eigenbewußten Sizilianer ihrer Autonomie beraubte; seine Sparpolitik und die durch billige Importe verschärfte Agrarkrise, die enge Bindung an Österreich; schließlich das Konkordat von 1818: es gab die antikurialen Traditionen Neapels auf und begründete ein dem restaurativen Denken entsprechendes Bündnis von Thron und Altar, welches auch hier der Kirche, genauer dem mit Hof und Adel verbündeten hohen Klerus, weitgehenden Einfluß auf das geistige Leben gewährte.

Die ersten Aufstände (1820/21) und deren Niederwerfung

Unter den zuletzt geschilderten Umständen konnte die spanische Revolution vom Januar 1820, welche die Wiedereinführung der Cortesverfassung von 1812 und damit der konstitutionellen Monarchie erzwang, eine direkte Signalwirkung auf Neapel-Sizilien ausüben, dessen historisch-politische Konditionen denen Spaniens ähnlich waren. Wiewohl die königstreuen Unterschichten ruhig blieben, konnten die Carbonari im Juli die Revolution auslösen und dank der Unterstützung hoher Offiziere, so des Generals Guglielmo Pepe, in wenigen Tagen zu einem scheinbar vollen Siege führen. Der erschrockene König versprach eine Verfassung nach spanischem Muster, aus Anhängern Murats wurde ein Ministerium gebildet.

Von den innerlich schwachen Staaten am Rande Europas her schien das System des Wiener Kongresses aus den Angeln gehoben zu werden. Unschwer überzeugten Metternich und Gentz ihre Verbündeten davon, daß hinter diesem Aufstand eine allgemeine Strategie des Umsturzes stehe; sie hatten nur insofern recht, als hier zum ersten Mal die in der französischen Zeit geprägten bürgerlich-liberalen Kräfte wiederaufstanden. Die konservative Solidarität rüstete zum Gegenschlag, der dem König von Neapel nur erwünscht war und den die Gegensätze zwischen den zentralistisch denkenden Revolutionären der Hauptstadt und den autonomistischen Sizilianern erleichterten. Auf dem Laibacher Kongreß (Februar 1821) ermächtigten die konservativen Regierungen Europas Österreich zum Eingreifen. Zum ersten Mal wurde das Interventionsprinzip zugunsten der monarchischen Ordnung angewendet, im März 1821 richteten österreichische Truppen die vorrevolutionäre Regierung in Neapel wieder auf.

Erst nun, im März 1821, brach die Revolution auch in Piemont aus. Gewiß war es äußerst schwierig, die Aktionen der jungen, weit voneinander entfernten und von den jeweiligen Regierungen argwöhnisch überwachten Geheimorganisationen aufeinander abzustimmen, aber der Mangel an Koordination war wohl auch eine Folge des typisch italienischen Individualismus, der zu den das ganze Risorgimento durchziehenden Einzelaktionen geführt hat. Von ähnlich strukturierten Kräften wie die Neapels getragen, konnte die Revolution sich auch in Turin zunächst durchsetzen; in der die eigenen Kräfte maßlos überschätzenden Kriegserklärung an Österreich bekundete sie eine deutlich nationale Motivation. Der der Situation nicht gewachsene König Viktor Emanuel dankte zugunsten seines Bruders Karl Felix ab; da dieser sich auf einer Auslandsreise befand, erhielt der nächste Thronanwärter (und künftige König), Prinz Karl Albert von Savoyen-Carignano, vorläufig die Regentschaft. Anders als seine Verwandten und deren Anhang sympathisierte Karl Albert mit den Carbonari. Er bewilligte sogleich eine Verfassung nach spanischem Vorbild, aber zur Durchsetzung fehlten ihm Macht und Willenskraft. Er fügte sich sogleich, als der neue König die Verfassung widerrief und ebenfalls die Österreicher zu Hilfe rief, die schon im April 1821 auch diesen Aufstand niederwarfen.

Diese erste revolutionäre Welle und ihre schnelle Unterdrückung hatten verschiedene Konsequenzen, welche die Entwicklung der zwanziger Jahre weitgehend bestimmt, aber auch darüber hinaus gewirkt haben.

1. Für einige Jahre wurde Österreichs Stellung noch gestärkt, denn die so direkt von der Revolution bedrohten Dynastien Italiens, zunächst auch die Piemonts, schlossen sich nun erst recht an den Kaiserstaat als den Garanten ihrer Weiterexistenz an. Schon beim Laibacher Kongreß hatte Gentz befriedigt festgestellt, daß „die italienischen Fürsten nur von uns hören und uns ihr Interesse anvertrauen" wollten; der Kongreß der Mächte in Verona (1822) bekräftigte die österreichische Position.

2. In allen italienischen Staaten erfolgte eine wesentliche Verhärtung der gesamten Innenpolitik. In Neapel entfernte der Fürst von Canosa, der aber wegen seines Übereifers auf Drängen Wiens bald wieder abberufen und erneut durch Medici ersetzt wurde, die liberalen Beamten und Offiziere, hier wie in Piemont wurde das geistig-kulturelle Leben strenger Polizeikontrolle unterworfen. In beiden Staaten wurden jedoch nur sehr wenige Todesurteile vollstreckt; da man anscheinend bestrebt war, keine Märtyrer zu schaffen, ließ man zu, daß die Führer des Aufstandes ins Ausland flohen. Auch Prinz Karl Albert mußte zunächst ins Exil gehen, seinem Ausschluß von der Thronfolge widersetzte sich jedoch aus legitimistischen Erwägungen selbst Metternich. Repressive Polizeiaktionen wurden auch im Kirchenstaat, besonders in der damals wie später oft unruhigen Romagna, und in Modena durchgeführt. Die größten

Wirkungen hatten jedoch die politischen Prozesse, die 1821—24 im Lombardo-Veneto gegen die Oppositionellen geführt wurden, denen direkte oder indirekte Unterstützung der Revolution nachzuweisen war. Die Untersuchungen führte ein italienischer Jurist, Antonio Salvotti, der sich — wie nicht wenige seiner Kollegen gleicher Sprache — als unbedingter Diener der Monarchie empfand und die bestehenden Gesetze unnachgiebig anwendete. Unter den Hauptangeklagten waren Graf Federico Confalonieri, Marchese Giorgio Pallavicino und der romantische Dichter Silvio Pellico. Bis 1824 ergingen neunzehn Todesurteile; sie wurden in Haftstrafen umgewandelt, welche die insgesamt über vierzig Verurteilten auf der Festung Spielberg bei Brünn verbüßen mußten, erst 1832/33 wurden sie begnadigt. Für ein Jahrzehnt waren somit die Sprecher der Mailänder Opposition ausgeschaltet; aber schon die Prozesse und erst recht die unpathetische Schilderung der harten Haft, die Pellico 1832 veröffentlichte («Le mie prigioni»), haben Österreich in der sich inzwischen in ganz Europa formierenden liberalen öffentlichen Meinung diskreditiert, den Opfern seiner Repression dagegen zu hohem moralischem Ansehen verholfen, welches im deutschen Sprachraum durch Ricarda Huchs einfühlsames Buch über Confalonieri (1910) neu belebt worden ist.

Die Unterdrückungsmaßnahmen der Jahre 1821—24 leiteten auf der ganzen Halbinsel ein Jahrzehnt äußerlicher Ruhe ein; sie war um so leichter zu erzwingen, da ungefähr gleichzeitig eine Verbesserung der wirtschaftlichen Lage einsetzte und den Revolutionen von 1820/21 die Massenbasis gefehlt hatte; wenige lokale Aufstände (so 1828 im Cilento) wurden schnell erstickt.

3. Die politische Emigration aus Italien, die schon nach 1815 begonnen hatte, nahm seit 1820 größere Dimensionen an. Nicht wenige der Emigranten haben sich schon bald und immer wieder im 19. Jahrhundert an den Befreiungskämpfen anderer Völker beteiligt, woraus eine der italienischen Sache sehr nützlich gewordene internationale Solidarität entstanden ist, die z. B. eine bis ins 20. Jahrhundert wirkende Sympathie zwischen Italienern, Polen und Ungarn begründet hat. In diese Richtung wirkte zuerst der Freiheitskampf der Griechen in den Jahren 1824—27, der überhaupt zu einer Solidarisierung der Liberalen in ganz Europa und zudem auf der diplomatischen Ebene zur Isolierung Österreichs führte, welches als einzige der europäischen Großmächte für die

„legitimen" Rechte des Sultans eintrat. Daß der zur Bildung eines eigenen Staates führende Erfolg der Griechen, der erste Sieg der nationalen Idee nach 1815, nur dank der Unterstützung Englands, Frankreichs und Rußlands zustande kam, bestätigte eine Erfahrung von 1820/21, die für Italien sehr wichtig geworden ist: Nationale Erhebungen waren nur dann erfolgreich, wenn die internationalen Konstellationen ihnen günstig waren.

Für die dem gesamten Risorgimento vorschwebende Wiedereingliederung Italiens in das politische Denken Europas arbeiteten die Emigranten, die in den fortschrittlichen Staaten im Westen des Kontinents Asyl fanden. Weil die Schweiz und Frankreich ihre politische Tätigkeit erschwerten, bildeten sich die wichtigsten Zirkel dieser Emigration in England, daneben in Belgien. Durch ihre Publizistik verbreiteten die dort lebenden Italiener das Wissen um die Zustände in ihrer Heimat. Sie selbst ließen sich zumeist vom französischen Liberalismus beeinflussen; aus der Begegnung mit England schlossen einige auch, daß wirtschaftliche Modernisierung die konstitutionelle Regierungsform begünstige. Sie legten daher Programme gemäßigter Evolution vor, mit denen sie bei den Liberalen Westeuropas weitere Sympathien gewannen und zugleich das Denken in ihrem Heimatland beeinflussen konnten; dieser Einfluß hat sich vor allem nach 1830 ausgewirkt. Eine Minderheit um Luigi Angeloni trug demokratische Ideen vor und stellte eine direkte Kontinuität vom Jakobinismus zu der um 1830 aufkommenden nationalen Welle her; die Radikalen um Filippo Buonarroti, der am demokratischen Aufklärungsdenken Rousseaus festhielt, hatten direkten Anteil an der Vorbereitung der Revolution von 1830/31.

4. Im geistig-kulturellen Leben Italiens ist eine mehrfache Reaktion auf die Ereignisse von 1820/21 festzustellen:

Einen vorübergehenden Aufschwung erlebte die restaurativ-antirevolutionäre Gesellschaftslehre, die sich schon im Jahrfünft nach 1815 ausgebreitet hatte. Neben den Schriften De Maistres sind die von Burke und Bonald zu erwähnen; den größten Erfolg hatte Lamennais mit seinem seit 1817 erscheinenden, bald übersetzten ›Essai sur l'indifference en matière religieuse‹ erzielt: er erweiterte die antirevolutionäre zur antiliberalen Polemik, verband aber damit demagogische, antistaatliche und theokratische Gedanken, die auf die Dauer zum Zusammenstoß mit der etatistisch-rationalen Politik der Restauration führen mußten.

Hatten die Regierungen sich nach 1815 zunächst kulturpolitisch nicht sehr engagiert, so begann nunmehr, nach 1821, eine kräftige Förderung der konservativen Publizistik. In Turin brachte Cesare Taparelli d'Azeglio die Zeitschrift ›L'amico d'Italia‹ heraus, in Modena Giuseppe Baraldi die ›Memorie di religione, di morale e di letteratura‹. Weitaus begabter als sie war der Theologe und Philosoph Gioacchino Ventura. Zunächst redigierte er in Neapel mit Canosas Hilfe ein nach dessen Rücktritt wieder eingegangenes Blatt, sodann übernahm er in Rom den ›Giornale ecclesiastico‹, kompromittierte sich darin aber durch die zu starke Anlehnung an Lamennais, der seit dem Ende der zwanziger Jahre mehr und mehr zum demokratischen Lager tendierte. Überhaupt haben die Blätter der Rechten, die für Klassizismus und Traditionalismus in Literatur, Kunst und Philosophie eintraten, vornehmlich Gedanken nichtitalienischer Autoren reproduziert, aus dem deutschsprachigen Bereich vor allem die organisch-ständische Gesellschaftslehre Karl Ludwig v. Hallers. Man zog sich meist auf die defensive Abwehr neuer Kräfte zurück, doch damit war keine breite Resonanz zu gewinnen; auch die wenigen originellen Denker, die wie der Philosoph und Theologe Antonio Rosmini Serbati zunächst zu den Konservativen geneigt hatten, wandten sich schon in den zwanziger Jahren von ihnen ab.

Die Abkehr von der bestehenden politischen Ordnung wurde das eigentliche Signum der italienischen Intellektuellen. Der Staatsdienst blieb ihnen verschlossen, sie waren auf die Zusammenarbeit mit kleinen und meist finanzschwachen Verlagen angewiesen; ihre Gewinne wurden noch verringert durch die zahlreichen Raubdrucke, welche die Vielzahl der einzelstaatlichen Märkte begünstigte. Eine Minderheit vollzog eine radikale Abkehr vom Staat, welches das Verhältnis von Kultur und Politik langfristig belastet hat.

Die stärksten Impulse gingen aber von der gemäßigt-liberalen Opposition aus, die ihre Aktivität nach der Unterdrückung des Conciliatore von Mailand nach Florenz verlegte. Dort gründete der in Aufklärung und Protestantismus verwurzelte, aus Genfer Familie stammende Gian Pietro Vieusseux 1821 die ›Antologia‹. Sein wichtigster Mitarbeiter wurde der Florentiner Marchese Gino Capponi, ein aus der von Leopold I. und den Jansenisten begründeten Tradition lebender reformerischer Katholik, dem Verinnerlichung des Christentums und Toleranz ebenso wichtig waren wie politisch-soziale Evolution; der Geschichte war er im Sinne der Romantik zugetan. Ähnlich dachten Cosimo Ridolfi, Raffaele Lambruschini und der von ihnen beeinflußte, später zu großer politischer Bedeutung aufgestiegene Baron Bettino Ricasoli (1809—1880). Gemeinsam haben sie eine weit über die Toskana hinaus wirkende Bewegung begründet; dabei gelang ihnen die Einbeziehung kultureller und religiöser Traditionen, um die die Rechte sich vergeblich bemüht hatte. Von den übrigen Häuptern der an Zahl schnell zunehmenden Gruppe um die ›Antologia‹ war Giuseppe Montani ganz der Romantik verhaftet, Nicolò Tommaseo neigte zu demokratischen Tendenzen, bisweilen unter Berufung auf Savonarola.

Überhaupt hatte die ›Antologia‹ ein ungleich größeres Spektrum als der ›Conciliatore‹; sie behandelte Natur- und Wirtschaftswissenschaften, Geschichte und Pädagogik; in den literarischen Teilen bestimmten die an Zahl wie an Qualität überlegenen Romantiker den Ton, doch kamen auch Klassizisten zu Wort. Durch die Breite dieses Programms, der bald eine eben durch die Romantik heraufgeführte, entsprechende Breite der Rezeptionsbereitschaft entsprach, vermochte die ›Antologia‹ manche Provinzialismen zu überwinden, dem italienischen Geistesleben größere Gemeinsamkeit zu schaffen und den Austausch mit Europa einzuleiten. Dazu gehörten u. a. Kontakte nach Deutschland. Vermittler waren drei Männer, die sich zeitlebens um aktiveren Austausch deutscher und italienischer Kultur bemüht haben: der Jurist und liberale Politiker Karl Mittermaier (1787—1867), der Historiker und Diplomat Alfred v. Reumont (1808—1887), der Jurist und Danteforscher Karl Witte (1800—1883). So gelang der ›Antologia‹ eine geistige Sammlung, wie sie die Reaktionäre vergeblich versucht hatten; ihre Bemühungen dagegen, auch die toskanische Politik mitzubeeinflussen, hatten nur geringe Erfolge, sie wurden durchkreuzt vom wachsenden Einfluß Österreichs, welches 1833 (nach der Julirevolution!) das Verbot der Zeitschrift erreichte. Die vor allem durch die Romantik eingeleitete kulturelle Regeneration hat in den zwanziger Jahren auch ihre stärksten, über Italien hinaus wirkenden literarischen Werke hervorgebracht. Giacomo Leopardi, der 1818 mit patriotischen Gesängen begonnen hatte, brachte den größten Teil seiner individualistisch-schwermütigen Gedichte heraus. Alessandro Manzoni, der schon 1819 in den oft wiederaufgelegten ›Osservazioni sulla morale cattolica‹ eine

Synthese aus nationaler Kultur und katholischer Tradition versucht hatte, veröffentlichte 1826/27 seinen großen, individuelle Schicksale und nationale Geschichte aus religiöser Sicht schildernden Roman ›I promessi sposi‹[3], der nach Goethes Urteil „alles überflügelt, was wir in dieser Art kennen".

In denselben Zusammenhang gehören die gleichzeitigen Anfänge der liberal-katholischen Philosophie und einer ebenso eingestimmten, das Mittelalter neu entdeckenden Geschichtsschreibung, die von Cesare Balbo, aber auch durch die ebenso breiten wie gründlichen historischen Partien in Manzonis großem Romanwerk initiiert worden ist. Die hier aufstehenden Kräfte haben die neoguelfische Richtung des Risorgimento vorbereitet.

Zum gewandelten Gesamtklima gehört schließlich, daß Abkehr von der Antike und Hinwendung zur eigenen nationalen Kultur auch die Oper der Zeit charakterisierte, welche mit Bellini, Donizetti und Rossini erneut Weltgeltung erlangte. Bereits in den zwanziger Jahren wurde ein einheitlicher Librettostil entwickelt, der sich erstmals gleichermaßen in den Musikzentren der Halbinsel, Mailand, Venedig und Neapel, durchsetzte.

Die Julirevolution (1830)

Die allgemeine Bedeutung der wieder von Paris ausgehenden Julirevolution, die von Metternich mit einem Dammbruch verglichen wurde, ist bekanntlich noch größer gewesen als ihre direkten Wirkungen; sie bewies das erstarkte Fortwirken der von den Konservativen für überwunden geglaubten revolutionären Kräfte und liberalen Ideen. Auch ihre konkreten Folgen waren aber ungleich größer als die der spanischen Revolution von 1820. In Frankreich setzte sich die Herrschaft des Bür-

---

[3] Manzonis Umarbeitung des Romans (1840—42), die diesen von allen lombardischen Sprachbesonderheiten reinigte, wirkte entscheidend für die Durchsetzung des Toskanischen als moderner Literatursprache und förderte auch insofern die kulturelle Einigung der Nation.
Über die Geschichte der italienischen Sprache seit der Einigung samt deren sozialen Bedingungen und Zusammenhängen unterrichtet gründlich Tullio De Mauro, Storia linguistica dell'Italia unita, Bari 1963.

gertums in der Form der konstitutionellen Monarchie durch, denselben Weg schlugen Belgien und England ein. Am stärksten wirkte das französische Beispiel in den Zonen Europas, in denen aktive Oberschichten sich am wenigsten mit der Ordnung des Wiener Kongresses abgefunden hatten, zunächst in Belgien, dann in Polen, im Frühjahr 1831 auch in Italien.

Wieder stellte die inzwischen allerdings erheblich geschwächte Carboneria die Verschwörer und die Führer; einige von ihnen hatten sogar zwielichtige Kontakte zum Herzog von Modena hergestellt, dessen Aspirationen auf Vergrößerung seiner bescheidenen Machtstellung sie auszunutzen gedachten. Ein Aufstandsversuch, den die im römischen Exil lebenden Bonapartisten unter Louis Napoleon (dem späteren Napoleon III.!) nach dem Tode Pius' VIII. im November 1830 unternahmen, blieb Vorspiel.

Der eigentliche Aufstand brach Anfang Februar 1831 im ebenfalls päpstlichen Bologna aus; er ergriff nicht nur die benachbarten Herzogtümer Modena und Parma, sondern in weniger als einem Monat weite Teile des Kirchenstaates: die Marken und Umbrien. Mehr aus eigener Schwäche als wegen der Stärke der Gegner wichen die päpstlichen Organe meist kampflos zurück. Nach dem Vorbild Bolognas erstanden allenthalben liberale Stadtregierungen, mit deren Unterstützung in Bologna eine provisorische Zentralregierung gebildet wurde. An ihre Spitze trat der Advokat Giovanni Vicini, fünf ihrer acht Mitglieder waren in der napoleonischen Beamtenschaft tätig gewesen. Die besonders von Emigranten unterstützte nationale Zielsetzung wurde deutlicher als ein Jahrzehnt davor: Man versuchte die gewonnenen Gebiete als „Vereinigte Provinzen Mittelitaliens" zu organisieren, erklärte die päpstliche Herrschaft für erloschen und griff auf die napoleonische Trikolore zurück. Die Aktivisten waren wieder Adlige, Besitz- und Bildungsbürger, recht oft wurden sie wenigstens momentan von Handwerkern unterstützt. Zumeist blieben die Unterschichten aber passiv; eine revolutionäre Gesamtlage bestand schon deshalb nicht, weil die wirtschaftliche Situation sich im ruhigen Jahrzehnt nach 1820 verbessert hatte.

Auf weitere Staaten konnte der Aufstand nicht übergreifen: In Neapel hofften die Liberalen auf Ferdinand II., der 1830 den Thron bestiegen hatte und ihnen einiges Entgegenkommen erwies; in Piemont, wo

König Karl Felix die enge Bindung an Österreich beibehalten hatte, löste der Thronwechsel zu Karl Albert im Frühjahr 1831 in allen Lagern abwartende Unsicherheit aus.

Den Führern der mittelitalienischen Revolution fehlten politische und administrative Erfahrung, sie wußten besser zu reden als zu handeln. Provisorische Regierungen gab es bald außer in Bologna auch in Modena und Reggio, die Kräfte wurden nicht zusammengefaßt. Praktische Energie bewies nur der die Truppen der Vereinigten Provinzen kommandierende Oberst Giuseppe Sercognani, der bis Cività Castellana in Latium vorstieß. Die politischen Führer in Bologna machten sich nicht klar, wie schwach ihre Position in Wirklichkeit war. Zu große Hoffnungen setzten sie auf das liberale Frankreich, welches jedoch im Frühjahr 1831 außenpolitisch bereits wieder einen konservativeren Kurs einschlug und sich trotz Bedenken mit Österreich arrangierte, welches seinerseits wegen der dynastischen Verbundenheit mit Parma und Modena eine Aktivlegitimation zum Eingreifen behauptete. Ebenso folgenschwer war, daß der neue Papst, der kirchlich wie politisch reaktionäre Gregor XVI., noch im Februar den Beistand Österreichs erbat, den Metternich schnell gewährte: Binnen eines Monats wurde auch diese Revolution niedergeschlagen; viele Aufständische, darunter Vicinis Regierung, leisteten nicht mehr Widerstand als einen guten Monat zuvor die Päpstlichen.

Nach dem Abzug der österreichischen Truppen im Sommer 1831 brachen aber neue Unruhen im Kirchenstaat aus, wieder kamen die Österreicher dem Papst auf dessen Bitte zu Hilfe. Mehr noch als im Frühjahr regte sich nun die Rivalität Frankreichs: Auch die Regierung Louis Philippes intervenierte und ließ unter dem Vorwand, nur die Unabhängigkeit des Hl. Stuhles schützen zu wollen, die Festung Ancona besetzen. Truppen der beiden katholischen Großmächte standen nunmehr im Kirchenstaat und sind dort zunächst bis 1838 geblieben; eines der wichtigsten Ergebnisse der mittelitalienischen Revolution von 1831 bestand darin, daß Österreich nun nicht mehr die einzige auswärtige Macht mit starker Präsenz in Italien war.

Am härtesten war die Repression in Modena, wo Todesurteile gefällt und vollstreckt wurden. Im Kirchenstaat war die Reaktion glimpflicher, weil Frankreich, welches die Hoffnungen der italienischen Patrioten enttäuscht hatte, nun wenigstens auf Amnestierung der Aufständischen drängte; auch Metternich warnte vor Exzessen. Wieder mußten oder konnten viele entfliehen, die Zahl der Emigranten nahm erheblich zu.

An der römischen Kurie verstärkte sich unter dem direkten Eindruck der Revolution die Tendenz zur autoritären Defensive, die über Italien hinaus folgenschwer geworden ist. In seiner ersten großen Enzyklika ›Mirari Vos‹ verurteilte Gregor XVI. nicht nur Rationalismus und religiösen Indifferentismus, sondern auch Gewissens- und Meinungsfreiheit sowie jede Auflehnung gegen die legitime Autorität. Damit begann die Reihe der päpstlichen Lehrverkündigungen, die eine unnötig scharfe Abgrenzung zwischen dem Katholizismus und den Ideen der Zeit vornahmen und die Diskussion darüber zu unterdrücken suchten; den ersten Höhepunkt in dieser Reihe hat der Syllabus Pius' IX. im Jahre 1864 gebildet, der ebenfalls weitgehend aus der Auseinandersetzung mit dem entstehenden italienischen Nationalstaat zu verstehen ist und somit wiederum die problematische Verquickung kirchlicher und kirchenstaatlicher Interessen erwiesen hat.

Daß die inneren Verhältnisse des Kirchenstaates untragbar waren, erkannten freilich 1831 auch schon die Regierungen, die ihm in seiner Krise beistanden. Sie versuchten, die momentane Schwächung der päpstlichen Regierung zu benutzen, um Abhilfe zu schaffen; Frankreich drängte besonders energisch auf Reformen, auch um bei den Liberalen Italiens neuen Kredit zu gewinnen. Die Regierungen Frankreichs, Österreichs, Englands, Rußlands und Preußens ließen durch ihre diplomatischen Vertreter in Rom ein Memorandum entwerfen, in dem dem Papst nicht nur die volle Ausführung der Reformen Consalvis, sondern auch die Zulassung der Laien zur Staatsverwaltung bis hinauf in einen zu schaffenden Staatsrat sowie Wahlen auf kommunaler und provinzieller Ebene empfohlen wurden. Gregor XVI. und sein Staatssekretär Bernetti, welche die Rivalität Österreichs und Frankreichs ausspielten, wollten aber gerade in den beiden letztgenannten Punkten nicht entgegenkommen. Nur einige Verwaltungsreformen wurden bewilligt, der direkte Ertrag der Revolution wie der diplomatischen Intervention blieb somit gering.

Mazzini und die Anfänge seiner Bewegung

Unter den Emigranten des Jahres 1831 war der junge Genueser Advokat Giuseppe Mazzini (1805—72), der wie kein zweiter das politische Denken der Italiener in den beiden folgenden Jahrzehnten beeinflußt hat. Er hatte Anregungen der Romantik wie des französischen Liberalismus aufgenommen, jedoch sogleich in laizistischer und demokratischer Richtung fortentwickelt. Seit 1827 Mitglied der Carboneria, zog er aus dem Scheitern der Revolution schnell neuartige Konsequenzen, die ihn zum Führer des radikalen, republikanisch-unitarischen Flügels des Risorgimento werden ließen.

Bereits 1831 gründete er in Marseille den Geheimbund «Giovine Italia». Nachdem im gleichen Jahr ein Versuch, den neuen König Karl Albert von Piemont für die nationale Sache zu gewinnen, scheiterte, war der ebenso geniale wie impulsive Mazzini sich über seinen Weg anscheinend im klaren. Noch 1831—32 formulierte er in mehreren Schriften[4] sein Programm; von den älteren Liberalen wie von der Carboneria setzte er sich darin ab, sie schienen ihm zu provinziell und zu sehr der französischen Vergangenheit verhaftet zu sein; auch über den rationalistischen Jakobinismus des alten Buonarroti ging er hinaus.

Aus den Anfangserfolgen der Revolutionen von 1820, 1821 und 1830 schloß Mazzini unkritisch auf einen fortgeschrittenen, neue Strategien nahelegenden Reifegrad der italienischen Nationalbewegung; ebenso der Realität vorauseilend, postulierte er, daß Europa in eine neue, auf der Selbstbestimmung der Nationen beruhende Phase seiner Geschichte eintrete; der Aufstand der Italiener wurde konzipiert als Teil, ja als Initiativzündung eines größeren Aufstandes: Das junge Europa der Völker sollte dem alten Europa der restaurierten Monarchen entgegentreten. Dem darin anklingenden Fortschrittsbegriff kommt zentrale Bedeutung im Denken Mazzinis zu; er hatte ihn dem Liberalismus und der Aufklärung entnommen, füllte ihn aber mit einem dieser ganz entgegengesetzten irrationalen Pathos an. Der Nationalismus ist von Mazzini

---

[4] Istruzione generale per gli affratellati della Giovine Italia, 1831; sodann in der im gleichen Jahr begründeten Zeitschrift ›La Giovine Italia‹ die beiden Aufsätze: ›Della Giovine Italia‹ und ›Delle cause che impedirono finora lo sviluppo della libertà in Italia‹, beide 1832.

zur Pseudoreligion erhoben worden, wie deren das sich den alten Religionen entziehende 19. Jahrhundert noch etliche hervorgebracht hat. Erst ein Jahrhundert später hat ihre Verführungskraft sich voll ausgewirkt, so sind nicht wenige der Formulierungen Mazzinis in die Begriffswelt des Faschismus eingegangen. Die Intentionen des Propheten waren freilich ganz anderer, emanzipatorischer Art: Zwar wollte schon er den aufklärerischen Individualismus überwinden, aber von der Gemeinschaft der Nation erwartete er eine neue soziale Religion der Brüderlichkeit. Auch gab er sich den weiteren, zu seinem Fortschrittsglauben passenden Illusionen hin, daß jede Nation eine bestimmte Aufgabe im Dienst der Menschheit zu erfüllen habe und daß die nationale Selbstbestimmung ein „brüderliches" Miteinander der Völker Europas einleiten werde: Nationalismus und Europagedanke werden in singulärer Weise verbunden.

Auf diesem Hintergrund glaubte Mazzini die von Gott und der Geschichte den Italienern seiner Zeit gestellte Aufgabe zu erkennen: «restituire l'Italia in Nazione di liberi e di uguali, Una, Indipendente, Sovrana». Diesem fast allen Zeitgenossen zunächst utopisch erscheinenden Postulat konnten die Mittelwege der konstitutionellen Monarchie und der Staatenföderation nicht genügen; mit dogmatischer Konsequenz, von der er in den weiteren vierzig Jahren seines Lebens nie abgewichen ist, forderte Mazzini die Schaffung einer unitarisch-demokratischen Republik; sie schien ihm die einzig adäquate politische Organisationsform einer wiedererstehenden Nation zu sein. Die Italiener selbst, so forderte er pathetisch, sollten die revolutionäre Initiative ergreifen («L'Italia farà da se») und durch ihre eigene nationale Wiedergeburt den anderen Bewegungen in Europa das Zeichen geben, auf das sie vermeintlich warteten. Gefährliche Überschätzung der eigenen Nation, die nicht wenige Italiener verblendet hat und schließlich auch in den Faschismus einmünden konnte, verband sich dabei mit einer neuen, säkularisierten Rom-Idee: Nachdem das Rom der Kaiser längst gefallen, das der Päpste im Fallen begriffen war, sollte an die Stelle beider das dritte Rom, das des Volkes treten und den Bund der freien Völker begründen; die Erinnerung an die wieder einmal verklärte römische Republik sollte den nationalen Aufbruch stimulieren.

Gerade die Demokratie verstand Mazzini als Mittel zur sittlichen Hebung, er hoffte mehr auf Volksverbrüderung als auf Volksherrschaft.

Eine Elite, die zu Opfer und Martyrium bereit sein mußte, sollte die
«religione della patria» vorleben und durch Partisanenkampf, revolutionäre Aufstände wie durch kontinuierliche Erziehung des Volkes verbreiten. Die ihm vorschwebende Revolution sollte im Gegensatz zu den
vorausgegangenen auch die von Mazzini allerdings nur oberflächlich
umschriebenen sozialen Anliegen des Volkes aufgreifen und darüber die
Massen gewinnen; sie sollte vorübergehend die Diktatur einiger errichten und nach dem endgültigen Sieg die oberste Gewalt an ein von allen
zu wählendes «Concilio nazionale» abtreten. Die Forderung des allgemeinen Wahlrechts und die Hochschätzung des Volkes, welches als das
„Miteinander aller Klassen" verstanden wird, mußte beim Besitzbürgertum auf kritische Distanz stoßen; zugleich aber durchzieht schon
Mazzinis frühe Schriften eine aus seinem Idealismus nur konsequente
Stoßrichtung gegen den materialistischen Sozialismus, den er vor allem
in den Schriften von Saint-Simon kennengelernt hatte. Die spätere Folge
war ein heftiger Gegensatz zu Marx, der in Mazzini auch deshalb einen
unbequemen Konkurrenten sah, weil er mit einer der seinen durchaus
vergleichbaren demagogischen Begabung die Kampfmittel der Empörung und des Enthusiasmus anzuwenden wußte.

Von seinem universalistisch konzipierten politischen Mystizismus
konnte Mazzini zunächst trotz rastloser Aktivität nur wenig verwirklichen, dagegen den Mythos von Nation und Revolution schnell und
wirkungsvoll verbreiten. 1832 aus Frankreich ausgewiesen, leitete er
zunächst von Genf aus — zusammen mit Gianbattista Ruffini, Luigi
Amedeo Melegari und Carlo Angelo Bianco di St. Jorioz — den Generalrat der ›Giovine Italia‹, welche viele, meist junge Mitglieder gewann,
auch in Italien selbst, vor allem in Genua und überhaupt im Königreich
Piemont, daneben in der Lombardei. Vorstöße in den Süden kamen
kaum zustande: König Ferdinand II. erfüllte zwar nicht die konstitutionellen Hoffnungen der Liberalen, erzielte aber gleichwohl eine vorübergehende Entspannung, indem er manche Anhänger Murats und
Revolutionäre von 1820/21 ins Land, teils auch in ihre früheren Ämter
zurückkehren ließ, einige Verwaltungsreformen durchführte und den
ökonomischen Interessen des Großbürgertums entgegenkam; gleichzeitig hielt der Polizeiminister Del Carretto alle der Revolution verdächtigen Gruppen unter harter Kontrolle.

Mazzini und seine Freunde wollten daher den ersten Aufstand in

Piemont entfachen, in dessen Armee sie etliche Anhänger fanden, dessen politische Kräfteverhältnisse sie aber falsch einschätzten. Ihre Vorbereitungen wurden im Sommer 1833 aufgedeckt, die daran beteiligten Offiziere und Soldaten von Karl Alberts Militärjustiz mit einer Härte abgeurteilt, die die der österreichischen Prozesse der Jahre 1821—24 noch übertraf; zwölf Todesurteile wurden vollstreckt. Obwohl auch ein Aufstandsversuch in Neapel niedergeschlagen wurde, ging Mazzini unverzüglich an die Vorbereitung einer revolutionären Expedition nach Savoyen, für die er auch deutsche und polnische Emigranten gewann, doch kamen die Schweizer Behörden im Frühjahr 1834 durch die Entwaffnung der Aktivisten diesem Unternehmen zuvor. Fast gleichzeitig scheiterte ein Aufstandsversuch in Genua, unter dessen Teilnehmern erstmals der künftige Volksheld des Risorgimento, Giuseppe Garibaldi (1807—82) war; er hatte sich 1833 Mazzini angeschlossen und floh nunmehr nach Frankreich.

Der Zusammenbruch dieser ersten Unternehmungen, dem Prozesse gegen Sympathisanten auch in der Lombardei und in der Toskana folgten, führte zu einem weitgehenden Zerfall der ›Giovine Italia‹; er wurde beschleunigt durch den Bruch mit den Anhängern Buonarottis, der Mazzini elitäre Gesinnung, Irrationalismus und politischen Dilettantismus vorhielt.

Mazzini selbst mußte eingestehen, daß Italien noch nicht revolutionsreif war. Zutiefst überzeugt von der Richtigkeit seiner Ideen, glaubte er aber nun, deren internationale Intentionen vorantreiben zu sollen. So verfestigte er die Kontakte zu Gruppen von Emigranten aus anderen Ländern, die nach dem Scheitern der Julirevolution ebenfalls in die Schweiz geflohen waren. Mit ihnen gründete er noch 1834 einen weiteren Geheimbund, ›La Giovine Europa‹, welcher mit seinen italienischen, deutschen und polnischen Unterorganisationen den Kern des ihm vorschwebenden Bundes der freien Nationen bilden sollte. Ähnlich wie er selbst haben aber auch die wenigen aktiven Mitstreiter, die er bei dieser Gründung fand (aus Deutschland Burschenschaftler und Literaten, darunter Georg Fein und J. H. v. Rauschenplatt), ihre Möglichkeiten überschätzt. Das „Junge Europa" hat kaum direkte Erfolge erzielt, wohl aber eine langfristige, noch in die 1848er Revolution hineinwirkende Solidarität radikaler Demokraten aus verschiedenen europäischen Ländern begründet. Mazzini selbst, dessen ungestüme Aktivität seit 1834 das Mißtrauen der Schweizer Behörden erregt hatte, ist 1836 auch von dort ausgewiesen worden und nach England gegangen, wo er bis 1848 geblieben ist.

Nach einer längeren persönlichen Krise hat Mazzini 1839/40 die politisch-konspirative Tätigkeit wiederaufgenommen und die «Giovine Italia» neu begründet, wobei ihn zunächst nur wenige Freunde unterstützten, so Giuseppe Lamberti, Pietro Giannone und Gianbattista Ruffini in Paris und Federico Campanella in Marseille; andere Zellen entstanden in Belgien, wiederum in der Schweiz sowie in Amerika. Die Begegnung mit der Industriewelt veranlaßte Mazzini zur Begründung einer eigenen Unterorganisation für Arbeiter («Unione degli operai italiani»), die jedoch für deren Probleme zu wenig praktische Lösungen wußte und eben nur unter Emigranten Fuß faßte; die Arbeiterbewegung Italiens, deren Vorläufer in den vierziger Jahren Arbeiterhilfsvereine bildeten, hat Mazzini erst nach 1848/49 beeinflussen können. Auch die politische Konspiration lief nur langsam wieder an: Die Generation der Altrevolutionäre wie Buonarroti und Angeloni starb dahin; von den Sympathisanten Mazzinis neigten manche nun zu maßvollerem Vorgehen, denn ähnlich wie der König von Neapel wußten inzwischen auch die Regierungen Österreichs und Piemonts durch partielle Konzessionen das Lager ihrer Gegner zu teilen. Neue Hoffnungen auf nationale Evolution kamen andererseits auch deshalb auf, weil die Abneigung der Monarchen wie der Regierungen von Neapel, Rom und Turin gegen die Hegemonie Wiens nun, da sie den Schutz der österreichischen Armee nicht mehr so dringend brauchten, wieder deutlicher zutage trat. Von den radikalen Mazzinianern schlossen etliche sich wieder den Aufstandsbewegungen in anderen Nationen an. So kämpften Garibaldi in Brasilien und in Spanien Nicola Fabrizi, der nach dem Abschluß der dortigen Revolte seit 1840 in Korfu und Malta eine Legione Italica aufbaute, welche die «Giovine Italia» nach der militärischen Seite ergänzen und zunächst den Aufstand nach Süd- und Mittelitalien tragen sollte. Es kam jedoch nur zu kleineren Unternehmungen, die sämtlich mißlangen.

Zum Scheitern verurteilt war auch die von der Risorgimentotradition lange episch verklärte Aktion der Brüder Attilio und Emilio Bandiera, welche symptomatisch für manchen Generationenkonflikt im damaligen Italien war. Ihr Vater kommandierte als Admiral in Venedig die österreichische Adriaflotte, in der auch die Söhne Offiziere wurden.

Beide schlossen sich aber früh der nationalen Sache an und kamen in Kontakt zu Mazzini; nachdem sie verraten worden waren, flohen sie 1844 nach Korfu, die ihnen aus Rücksicht auf die Stellung des Vaters zugesicherte kaiserliche Begnadigung schlugen sie aus. Nachdem sie den offenen Bruch vollzogen hatten, drängten sie zur Aktion; gegen den Rat Fabrizis unternahmen sie eine revolutionäre Expedition ins relativ nahe Kalabrien, wo sie die dort besonders harten sozialen Spannungen auszunutzen hofften. Nun führen aber jahrhundertelange Ausbeutung und Armut eher zur Apathie oder zu lokalen Aufständen als zu konsequenter politischer Opposition; und so fanden die Verschwörer in Kalabrien niemanden, der mit ihnen kämpfen wollte, wohl aber einige, die sie an die bourbonische Polizei verrieten. Nach summarischem Prozeß sind die beiden Brüder mit sieben Gefährten in Cosenza erschossen worden.

Ihr Schicksal hat die öffentliche Meinung in ganz Europa bewegt. Wiewohl Mazzini direkt nichts mit ihrer Aktion zu tun hatte, wurde in Italien fortan noch heftiger als schon zuvor diskutiert, ob die Kampfesweise der Mazzinianer nicht unvernünftig sei und nur unnütze Opfer fordere. Diese Diskussion hat erheblich dazu beigetragen, daß die intellektuelle Führung der Nationalbewegung an gemäßigtere Kräfte überging, die ohnehin, von Mazzini herausgefordert, seit dem Ende der dreißiger Jahre um eine Klärung ihrer Position bemüht waren. Diese «Moderati», mehrheitlich Angehörige des Besitz- und Bildungsbürgertums, aber auch nicht wenige diesem politisch wie ökonomisch eng verbundene Adelige haben die Führung fortan meist behaupten können, aber sie standen dabei stets unter dem stimulierenden Konkurrenzdruck Mazzinis und der Mazzinianer, nach 1848/49 noch mehr Garibaldis und der unterdessen aus der ›Giovine Italia‹ hervorgegangenen Aktionspartei («partito d'azione»). Ihr Radikalismus ließ sich freilich auch als diplomatische Waffe benutzen, die vor allem Cavour gegenüber den grundsätzlich mit der Einigung Italiens sympathisierenden Regierungen Westeuropas mit größtem Geschick eingesetzt hat: Unterstützten sie den gemäßigten Flügel des Risorgimento nicht, so mußten sie fürchten, daß in Italien radikale Kräfte die Oberhand gewannen.

*Die Anfänge der Moderati — Liberaler Katholizismus —
Gioberti und sein neoguelfisches Programm*

Die durch die Julirevolution bewirkte Schwächung des konservativen Systems und damit der Macht Österreichs, die dem korrespondierenden Erfolge des Liberalismus und der etliche Teile Italiens erreichende wirtschaftliche Aufschwung hatten auch hier den Handlungsraum der gemäßigten Liberalen erheblich vergrößert. Nachdem ihr Hauptorgan, die ›Antologia‹, 1833 verboten worden war, konnten deren Redakteure auf andere Zeitschriften ausweichen, unter denen das 1842 begründete ›Archivio Storico Italiano‹ erneut die Tendenz bekundete, Italiens Traditionen in die nationale Erneuerung einzubringen. Trotz der Zensur konnten in Neapel und Mailand Zeitschriften liberaler Prägung erscheinen. Sie mußten zwar auf direkte politische Stellungnahmen verzichten, traten aber für wirtschaftliche und wissenschaftliche Modernisierung ein und informierten über die Entwicklungen, die sich auf diesen Gebieten im übrigen Europa vollzogen. ›Il Politecnico‹ (Mailand) war das wichtigste dieser Blätter; sein Herausgeber Carlo Cattaneo (1801—69) behandelte sowohl historische und pädagogische wie technisch-industrielle Themen. In Zeitschriften und Broschüren wurden Eisenbahnbau, Freihandel und engere Kooperation der italienischen Staaten gefordert; die wirtschaftlich aktiven Bürger wünschten die Schaffung eines einheitlichen nationalen Marktes, wobei das Vorbild des 1833 gegründeten Deutschen Zollvereins oft diskutiert wurde.

Liberale in der Toskana, der Lombardei und in Piemont ergriffen auch beachtliche pädagogisch-praktische Initiativen, die von damals ganz neuartigen Kindergärten bis zu Schulen für technische Fortbildung (Vorläufer von Berufsschulen) reichten. Die gemäßigt-reformerische Tendenz wurde auf diesem Gebiet besonders deutlich: Man wandte sich ebenso gegen Demokratie und Revolution wie gegen Feudalismus und Aberglauben.

Im Sinne der gemäßigt-liberalen Tendenzen wirkten, ähnlich wie im gleichzeitigen Deutschland, auch Kongresse von Wissenschaftlern aus verschiedenen Staaten Italiens, deren erster 1838 in Pisa zustande kam. Die Initiative ging auf den aus der Familie Napoleons stammenden Fürsten Luciano von Canino zurück, der schließlich den toskanischen Großherzog Leopold II. hatte gewinnen können. Bis 1847 haben acht weitere Kongresse stattgefunden, davon drei im Lombardo-Veneto (Padua 1842, Mailand 1844, Venedig 1847); auch Metternich hielt es inzwischen für klüger, solche Initiativen nicht zu behindern. Hauptgegenstände der Kongresse waren Naturwissenschaften und Medizin, in den landwirtschaftlichen und technischen Sektionen wurden auch wirtschaftspolitische und soziale Probleme erörtert. Obwohl die Politik im engeren Sinn auch hier ausgeschlossen blieb, gewannen die Kongresse eine eminent politische Dimension: Eine einheitliche, freilich schmale intellektuelle Führungsschicht begann zusammenzuwachsen, der in solcher Form zuvor nie erfolgte Austausch erleichterte die Ausbreitung liberaler Konzeptionen.

Der katholische Zweig der liberalen Bewegung, der mit Manzoni und Rosmini begonnen hatte, hat in den dreißiger Jahren zunächst bedeutende philosophische und historische Werke hervorgebracht[5]. Sie wirkten insofern auf die politische Entwicklung, als in ihnen Modelle von Kompromissen zwischen Autorität und Freiheit, zwischen Dogma und moderner Philosophie vorgestellt wurden; religiöse und politische Reform sollten Hand in Hand gehen. Solche Anregungen wurden damals von Katholiken verschiedener Länder vorgebracht und haben trotz der Abneigung, welche die römische Kurie ihnen entgegenbrachte, modernisierend gewirkt. Die italienischen Autoren unterschieden sich aber von denen anderer Länder durch ihre nationalere Zielsetzung: Sie betonten das zivilisatorische Wirken der mittelalterlichen Kirche, die politischen Leistungen des Papsttums für die italienische Nation und deren historische wie personelle Verflechtungen mit der Leitung der römischen Kirche, welche einen moralischen Vorrang der Italiener begründet hätten. Wie bei Mazzini führte auch hier die Reflexion über Italiens politische Dekadenz und seinen Abstand vom übrigen Europa letztlich zu einer Überschätzung der eigenen Nation; Mazzinis säkularisierter Missionsidee wurde eine aus der Tradition abgeleitete Mission der Ita-

---

[5] Antonio Rosmini, Nuovo saggio sull'origine delle idee, 1830; Principi della scienza morale, 1831.

Cesare Balbo, Storia d'Italia sotto i barbari, 1830; Vita di Dante, 1839; Sommario della storia d'Italia, 1846.

Carlo Troya, Storia d'Italia nel medio evo, 1. Band 1839.

liener entgegengesetzt, wobei ebenfalls die romantische Vorstellung vom Volksgeist rezipiert wurde. So entstand das nach der propäpstlichen Partei des hohen Mittelalters benannte „Neoguelfentum", welches der Mentalität wie den sozialen Interessen der meisten politisch interessierten Italiener weitaus mehr entsprach als Mazzinis Revolutionsidee und im Jahrzehnt vor 1848 die stärkste politische Kraft Italiens geworden ist.

Der aus Turin stammende katholische Geistliche Vincenzo Gioberti (1801—52) wurde ihr bedeutendster, für einige Zeit Mazzini an Wirkung gleichkommender Vertreter. Gioberti war nicht nur politischer Publizist, sondern zunächst mehr noch Philosoph, seine politische Doktrin großenteils Konsequenz seiner Philosophie. Anfangs war er dem Pantheismus Spinozas gefolgt und hatte zudem republikanischdemokratische Ideen entwickelt, derentwillen er 1833 Italien verlassen mußte, von 1834 bis 1845 lebte er in Brüssel. Ebenso impulsiv wie vielseitig, änderte er dort bald seinen politischen Standpunkt, die Mitarbeit an der ›Giovine Italia‹ blieb Episode. Gioberti sah ein, daß jede politische Aktion der konkreten historischen Situation entsprechen müsse, die er um einiges realistischer einschätzte als Mazzini. Vor allem ging auch er nun daran, aus kritischer Rezeption des modernen Denkens eine neue katholische Philosophie zu entwickeln, welche die „Übereinstimmungen der geoffenbarten Religion mit dem menschlichen Geist und dem bürgerlichen Fortschritt der Nationen" erweisen sollte. Mit seinem „Ontologismus" (Lehre vom Sein) fand er in Belgien (Universität Löwen) und Frankreich manche Anhänger, die aus ähnlicher Intention geschriebenen Werke Rosminis tat er als zu subjektivistisch ab.

Gioberti ging von der unmittelbaren Intuition des absolut notwendigen Seins (Gottes) durch die menschliche Vernunft aus[6]: Der menschliche Geist handelt aufgrund einer Ahnung von Gott; da diese Ahnung sich im sittlichen Bewußtsein entfaltet, verwirklicht sich Gott durch den menschlichen Geist; der Gegensatz zwischen Wirklichkeit an sich und Wirklichkeit für den Geist scheint überwunden, die Erkenntnis des Schöpfungsaktes bedingt unsere Erkenntnis der geschaffenen Dinge. Vom Seienden, Gott, ausgehend, prägt Gioberti die Formel: «L'Ente

---

[6] Frühe Hauptwerke: Teoria del sovranaturale, 1838, ²1850; Introduzione allo studio della filosofia, 4 Bde., seit 1839; Del Bello, 1841; Del Buono, 1843.

crea l'esistente e l'esistente ritorna all'Ente» (Das Seiende schafft das Daseiende und das Daseiende kehrt zum Seienden zurück). Ein wenig vereinfachend werden somit Idealismus und Fortschrittsdenken verknüpft; unverkennbar sind Einflüsse Hegels, die in späteren Werken noch deutlicher geworden sind. Sie haben etwa Giovanni Gentile, einen der ideologischen Berater Mussolinis, veranlaßt, Gioberti insgesamt hegelianisch zu interpretieren, wie überhaupt der Faschismus zeitweise versucht hat, an seine „spezifisch italienische Philosophie" anzuknüpfen. In den frühen 1840er Jahren war Gioberti davon überzeugt, auf seine Weise die zentrale christliche Lehre von der Schöpfungstat Gottes festzuhalten und die Idee des Fortschritts adäquat damit zu verbinden. Eben seine Konsequenzen daraus waren Forderungen nach Reformen in der Kirche wie nach Modernisierung der staatlich-politischen Ordnung. Überhaupt hatte er über dem Philosophieren die Politik nicht vergessen, zu manchen italienischen Emigranten hielt er enge Kontakte. Während später das im zweiten Teil der erwähnten Formel ausgedrückte immanentistische Element seines Denkens stärker geworden ist und ihn aus der Kirche herausgeführt hat, glaubte er zunächst, daß die moralische Führerschaft der katholischen Kirche am ehesten einen maßvollen Fortschritt garantieren werde. Wenngleich Gioberti ganz andere Ziele verfolgte als etwa De Maistre, war sein Kirchenbild im Grunde dem der Traditionalisten verwandt: Die katholische Kirche galt auch ihm vor allem als universale soziale Institution der Ordnung und des Gleichgewichts, die freilich in seinen Augen ebenso den Fortschritt wie die Kontinuität zu verkörpern hatte. Da zur Erfüllung solcher Aufgaben eine starke Führung vonnöten war, trat Gioberti für die Stärkung des päpstlichen Primats ein, ganz im Gegensatz zu genuin kirchlich denkenden Reformern, die vor der in Rom betriebenen Steigerung der päpstlichen Autorität gewarnt haben. Leichtfertig setzte er sich über die Diskrepanz zwischen seinem Kirchenbild und der realen Kirche seiner Zeit hinweg, wo Gregor XVI. reaktionär regierte und in seinem Staat jeden Ansatz bürgerlichen Fortschritts verhinderte. Wohlmeinende Kritiker, wie der 1831 aus dem Kirchenstaat geflohene, seitdem in Paris lebende und Gioberti auch philosophisch nahestehende Terenzio Mamiani haben bald auf diese Diskrepanz hingewiesen. Gioberti glaubte aber, daß Italiens nationales Problem nur mit, aber nicht gegen Rom gelöst werden könne, und zog es daher vor, über Fehler und Mißbräuche der Kurie zu schweigen. Auch er wandte somit die in Italien oft und erfolgreich geübte Taktik an, Gegensätze zu überdecken und Kontroversen hinauszuschieben. Statt dessen konstruierte Gioberti einen wesentlichen Zusammenhang zwischen Katholizismus, Papsttum und italienischer Nation und damit eine Verquickung von Nation und Kirche, die dem Wesen beider widersprach. Sie konnte aber ebenso verführerisch sein wie Mazzinis Amalgam aus Nation, Revolution und Völkerfreiheit und hat denn auch im katholisch geprägten Bürgertum viele Anhänger gefunden und zudem eine Mentalität hervorgebracht, die ebenfalls in Nationalismus und Faschismus einmünden konnte.

Den Ideen Mazzinis bewußt entgegengesetzt, ist Giobertis Programm ihnen insofern verwandt, als darin ebenfalls eine universale Mission der Italiener postuliert wird: die Versöhnung von Kirche und Tradition mit den Ideen der Nation und des Fortschritts. Das Risorgimento der italienischen Nation und das der katholischen Kirche erscheinen als einander ergänzende Elemente im selben, zeitgemäßen historischen Prozeß. Dabei wird das italienische Volk als eine Art Priestervolk begriffen, dessen kulturelle Leistungen für den Kontinent maßgebend gewesen seien und dessen spezifische Begabung in der Vereinigung von Ideal und Realität bestehe und insofern mit der den Extremen abgeneigten katholischen Idee übereinstimme. Einige durchaus richtige Beobachtungen, die durch Hinweise auf gleichzeitige Allianzen von Katholizismus und Nation in Belgien, Irland und Polen ergänzt werden, werden somit auch hier gesteigert zu einem utopischen Universalismus. Er ist wie bei Mazzini auch Symptom des Zwiespaltes zwischen nationaler Tradition und europäischem Modernisierungsprozeß, der die um ein neues Selbstverständnis ringende erste Generation des Risorgimento belastet hat. Den Ausweg hat erst Cavour gewiesen, der allen Utopien absagte und darum auch von einer Glorifizierung der Vergangenheit nichts wissen wollte. Durch und durch Rationalist und Realist, wollte er nur die Anpassung der politischen Strukturen Italiens an die der fortgeschrittenen Staaten Europas, vor allem Englands und Frankreichs; er setzte auf deren Hilfe, weil er Mazzinis Hoffnung auf Schaffung eines italienischen Nationalstaats aus eigener Kraft als Illusion verwarf. Auch beanspruchte er keinerlei Führungsrolle, die niemand im 19. Jahrhundert Italien anzutragen gedachte. Noch galt ja das Italien-Interesse weitaus mehr der Geschichte als der Gegenwart des Landes. Das Risorgimento war erst dabei, darüber hinaus auch ein politisches Interesse zu wecken, aber nicht Mazzinis oder Giobertis Ideenreichtum, sondern Cavours nüchterner Realismus hat Italien wenigstens für kurze Zeit zur Rolle eines Vorbildes für Europa verholfen.

Doch zurück zu Gioberti. Nachdem etliche Artikel vorausgegangen waren, hat er seine Konzeption in dem publizistisch meisterhaften Buch zusammengefaßt, dessen Titel bereits das ganze Programm umriß: ›Il primato morale e civile degli Italiani‹ (1842/43, ²1845). Im eigentlich politischen Teil des Werkes gelang Gioberti die Ummünzung der neoguelfischen Ideen in ein politisches Programm, welches die bestehenden Machtfaktoren in Rechnung stellte. Sein Kern war die Forderung nach einer Föderation der italienischen Staaten unter dem Vorsitz des Papstes, eine Forderung, die ohne radikalen Umsturz realisiert werden sollte. Gioberti suchte die Interessen der Fürsten und die der Bürger auszugleichen, indem er die stufenweise Verwirklichung der wirtschaftlichen wie politischen Einigung und nicht echte Parlamente, sondern nur beratende Versammlungen vorschlug. Der sozialen Entwicklung des letzten Jahrzehnts Rechnung tragend, richtete er sich besonders an den Mittelstand, den er wie viele Liberale seiner Zeit als den eigentlichen Träger des Fortschritts begriff. Deutlich gab er zu verstehen, daß trotz des päpstlichen Vorsitzes Piemont eine weitgehende, besonders militärische Führungsrolle in Italien erhalten sollte, aber er vermied auch nun jeden Hinweis auf Mißstände im Kirchenstaat oder auf die Notwendigkeit der Vertreibung Österreichs. Solches Dissimulieren mußte letztlich in Aporien führen, erwies sich aber zunächst als überaus erfolgreich. Die Regierungen fanden keinen Vorwand zum Verbot des Buches, welches in kürzester Zeit in ganz Italien verbreitet wurde. Vor allem fanden Giobertis maßvolle Vorschläge breite Zustimmung im Bürgertum, wo man nach Mazzinis Provokation und nach dem wirtschaftlichen Aufschwung auf ein solches Programm politischer Evolution geradezu gewartet hatte. Die nationale Frage wurde durch Giobertis „Primat" aus einer Sache einer elitären Minderheit zur Sache der öffentlichen Meinung in allen Staaten Italiens. Da das Buch dabei, ganz abgesehen von Mazzinis grundsätzlicher Ablehnung, nicht ungeteilte Zustimmung fand, regte es zugleich eine Diskussion an, welche ebenfalls der nationalen Sache genutzt und bis zum Beginn der Revolutionsperiode angedauert hat. Kritik an Gioberti wurde dabei von den toskanischen Reformern wie Lambruschini, Ricasoli und Capponi geübt: sie warnten vor der im Primat propagierten politischen Stärkung der Kirche wie vor seinen Hoffnungen auf die italienischen Fürsten.

Im Gegensatz dazu propagierte Graf Cesare Balbo (1789—1853), dem Italiens Unabhängigkeit als Nahziel und als Voraussetzung für freiheitliche Entwicklungen erschien, in ›Le speranze d'Italia‹ (zuerst 1843) den auch von Gioberti als utopisch erachteten Plan einer gemeinsamen Erhebung der italienischen Fürsten gegen Österreich. Die Führerrolle dabei war Piemont zugedacht, welches nach Balbos Vorstellungen die österreichischen Regionen der Halbinsel erhalten und aus seiner Randstellung in die eines großen oberitalienischen Staates hineinwachsen sollte. Größere Wirkung, auch außerhalb Italiens, erzielte der als Autor romantisch-patriotischer Romane bereits bekannte Marchese Massimo D'Azeglio (1798—1866) mit seiner Schrift ›Degli ultimi casi di Romagna‹ (1846). Von einem soeben unterdrückten Aufstand und damit von der Realität im Staat des Papstes ausgehend, griff auch er die italienische Frage als solche auf. Er vertrat ebenfalls ein gemäßigtes, geheime Verschwörungen ausschließendes Programm; die weltliche Herrschaft des Papstes wollte er hinnehmen, aber vor allem Piemonts Macht stärken. Wie Gioberti und Balbo hoffte er, die Italiener politisch zu aktivieren und mit Hilfe der öffentlichen Meinung, deren direkte Möglichkeiten er überschätzte, nationale Unabhängigkeit und konstitutionelle Reformen erreichen zu können. Noch heftiger als Balbo kritisierte er die österreichische Herrschaft (erneut in der ebenfalls 1846 erschienenen Schrift ›I lutti di Lombardia‹), die er als eigentliche Ursache der italienischen Mißstände hinstellte. Mit dem entschiedenen Postulat der Führung Italiens durch das Haus Savoyen haben Balbo und D'Azeglio, die wie Gioberti in der revolutionären Krise von 1848 in die politische Führung aufgerückt sind, Cavours Programm in einem zentralen Punkte antizipiert. Aus der Annahme, daß nationale Einigung zu konstitutionellen Freiheiten führen werde, spricht derselbe Optimismus, der bei gleichzeitigen Vertretern des Liberalismus in Deutschland begegnet. Die auch dort verspürte Notwendigkeit, entweder der Einheit oder der Freiheit den Vorrang zu geben, verweist auf die besondere Lage dieser beiden Nationen, die als einzige unter den großen Europas noch keine gesamtstaatliche Organisation gefunden hatten.

Die Revolution von 1848

Die Revolution von 1848, der seit 1846 eine durch Mißernten, steigende Agrarpreise und industrielle Überproduktion ausgelöste wirtschaftliche Krise vorausgegangen war, hat mit Ausnahme Rußlands alle großen Länder des Kontinents ergriffen. Sie stand in einer von 1789 und 1830 hergeleiteten Kontinuität und hat die Modernisierungstendenzen der ersten Hälfte des 19. Jahrhunderts zum Höhepunkt geführt. Mit dem konstitutionellen Programm des bürgerlichen Liberalismus wurden dabei besonders in Italien und Deutschland die nationalen Forderungen verbunden, in den industriell fortgeschrittenen Ländern Westeuropas schon mehr die sozialen Anliegen der Arbeiterklasse.

An der Vorbereitung der europäischen Revolution hat Italien erheblichen Anteil gehabt, im Gegensatz zu 1821 und 1831, als die italienischen Aufstände mehr die Folgen von Bewegungen in anderen Ländern gewesen waren. So hat das Erstarken des italienischen Liberalismus in den vierziger Jahren zur Diskreditierung des nun als anachronistisch empfundenen Metternich-Systems beigetragen und die Sympathien der englischen Liberalen aktiviert, welche freilich am Gleichgewichtsdenken festhielten und darum Österreich nicht zu sehr schwächen wollten. Darüber hinaus haben die seit 1846 einsetzenden politischen Veränderungen in Italien die Entstehung einer revolutionären Situation direkt gefördert. Sie begannen damit, daß sowohl der Großherzog der Toskana wie der König von Piemont Kontakte zu gemäßigt-liberalen Kräften aufnahmen. Karl Albert erkannte, daß seine starre Innenpolitik in eine Sackgasse geführt hatte; stets antiösterreichisch gesinnt, widerstand er 1846 Wiener Versuchen, durch Einführung neuer Zölle und durch Blockierung des Eisenbahnbaus von Mailand nach Genua die österreichischen Gebiete weiter vom übrigen Italien abzuschnüren. Der König ermutigte Balbo und D'Azeglio; er glaubte, die nationale Politik anführen und dem Prestige Piemonts dienstbar machen zu können. Daß nationale Politik auch liberale Reformen erforderte, wollte er im Gegensatz zu seinem konservativen Minister Clemente Solaro della Margarita, der vor dem Kurswechsel warnte und 1847 entlassen wurde, noch nicht wahrhaben.

Die wirksamsten Anstöße sind jedoch ausgerechnet aus dem rückständigen Kirchenstaat gekommen, der Pontifikatswechsel von 1846 führte sie herauf. Noch einmal war das Konklave fast ganz von den Problemen des Kirchenstaats bestimmt, in dem nach dem Tode Gregors XVI. neue Unruhen ausbrachen. Die Zelanti setzten auf Gregors Staatssekretär Lambruschini; die von Bernetti geführte Mehrheit hielt jedoch eine vorsichtige Distanzierung vom verhaßten Regime des verstorbenen Papstes für erforderlich; ihre Kandidaten waren die als liberal geltenden Kardinäle Pasquale Gizzi und Giovanni M. Mastai-Ferretti, der schon am zweiten Tag des Konklaves gewählt wurde und den Namen Pius IX. annahm. Mastai hatte sich als Bischof von Imola (seit 1832) durch praktische Intelligenz, relative Aufgeschlossenheit und Bonhomie Sympathie erworben, aber seine politische wie theologische Bildung reichte nicht aus, um die in seinem langen Pontifikat auf ihn zukommenden Probleme adäquat zu bewältigen. Wohl wünschte er Reformen der öffentlichen Verwaltung und Milderung des polizeistaatlichen Regiments, aber er war nicht der Liberale, für den man ihn hielt: effektive Beteiligung des Volkes an der Regierung schien auch ihm mit der Stellung des Papstes unvereinbar zu sein. Sein italienischer Patriotismus war aufrichtig, aber wenig durchdacht, zu den Neoguelfen hatte er nie Kontakte aufgenommen.

Der neue Papst erließ alsbald eine politische Amnestie, er errichtete eine Kommission für Verwaltungsreformen und bewilligte der Stadt Rom eine Gemeindeverfassung. Zum Staatssekretär ernannte er Gizzi, zum Substituten den jungen, konsequent reformistischen Prälaten Giovanni Corboli-Bussi. Gizzi blieb allerdings kaum ein Jahr im Amt. Bis Ende 1848 lösten sechs Staatssekretäre einander ab, ihr rascher Wechsel zeigt die Sprunghaftigkeit der Politik jener Jahre. Obwohl die von Lambruschini mitverfaßte Antrittsenzyklika ›Qui pluribus‹ erneut Rationalismus und Liberalismus, dazu den erstmals in einem päpstlichen Dokument so genannten „Kommunismus" verwarf, erweckte Pius durch seine ersten Regierungsmaßnahmen Begeisterung und Hoffnungen auf weitere Reformen; das soeben von Gioberti entworfene Wunschbild schien sich zu erfüllen. Bald geriet der Papst zwischen solchen Hoffnungen und der Kritik der konservativen Kurialbürokratie in eine schwierige Lage, der er nicht gewachsen war. Im inneren Kreis seiner Mitarbeiter wurde schon 1847 deutlich, daß er kein konstitutionelles System einführen wollte. Der Papst war jedoch damals wie später für Beifall sehr empfänglich; die Führer der in Rom mehr improvisierten liberalen Bewegung vermochten ihn durch geschickt inszenierte Sympathiekundgebungen zu weiteren, in ihrer Tragweite von ihm nicht gleich erkannten Konzessionen zu bewegen. Noch 1847 wurden ein reguläres, auch Laien zugängliches Ministerium sowie ein Staatsrat bewilligt, dazu Presse- und Versammlungsfreiheit, zu Beginn des folgenden Jahres die generelle Zulassung der Laien zu den Beamtenstellen. Zeitweise konnte D'Azeglio die stadtrömische Entwicklung beeinflussen, aber die eigentlichen Führer wurden Mazziniamer und Demokraten, die sich momentan das neoguelfische Programm zu eigen machten, radikale Entwicklungen aber nie ausgeschlossen haben. In den fortgeschritteneren Gebieten des Kirchenstaats dagegen, so in Bologna, leiteten überzeugte, mit den Liberalen der Toskana und Piemonts kollaborierende «Moderati» die Bewegung, so Marco Minghetti (1818—86) und Luigi Carlo Farini (1812—66).

Dem neuen Kurs des Kirchenstaates schloß sich als erster der ohnehin reformistische Großherzog der Toskana an, der dabei Anregungen der Liberalen seines Landes um Ricasoli aufgriff und dieselben Konzessionen gewährte wie der Papst.

Die Bewegung in Mittelitalien, die auf die Lombardei und Venetien übergriff, wurde von Metternich mit Recht als Auftakt zu radikaleren Veränderungen beurteilt. Er reagierte gemäß seinem alten Konzept, indem er an die Solidarität der Garantiemächte von 1815 appellierte und gleichzeitig direkte Interventionen vorbereitete. Im August 1847 wurde die Stadt Ferrara von den Österreichern, denen dort nur die Festung zustand, vollständig besetzt. Diese Maßnahme, die einige Monate später rückgängig gemacht werden mußte, wirkte provokativ. Daß Pius IX. energisch protestierte, erhöhte noch die Hoffnungen, die allzu viele in der nationalen Bewegung auf ihn setzten; im September fanden auch in Mailand Kundgebungen für Pio nono und die unità d'Italia statt, ihre Unterdrückung durch die Österreicher verschärfte die Spannung. Auch durch Interventionen seiner Diplomaten und durch die Entsendung seines Vertrauten Fiquelmont nach Mailand konnte Metternich die Lage nicht stabilisieren; die von englischen Politikern ermutigten Liberalen Italiens verstärkten ihre Aktivität. Zahlreiche Broschüren erschienen, darunter eine weitere von D'Azeglio, in der er erneut sein gemäßigt-evolutionäres Programm vortrug; zur Gewinnung des europäischen Publikums wurde diese Schrift sogleich auch in englischer Sprache in London herausgebracht. Heftige Kritik an der österreichischen Fremdherrschaft wie am bourbonischen Polizeiregiment wurde gleichzeitig in zwei weiteren Schriften vorgetragen: ›L'Austria e la Lombardia‹ von Cesare Correnti und ›La protesta del popolo delle due Sicilie‹ von Luigi Settembrini.

Die Besetzung Ferraras ermutigte auch Karl Albert, dem es ja mehr um nationale als um liberale Politik ging, zu energischem Handeln; er bot dem Papst militärische Hilfe gegen eventuelle weitere Übergriffe Österreichs an. Anscheinend hoffte er, daß Österreich losschlagen werde und er dann als Verteidiger der nationalen Sache reagieren und womöglich ohne konstitutionelle Konzessionen die Lombardei gewinnen könne. In Verhandlungen zwischen dem Kirchenstaat, Piemont und der Toskana wurde im November 1847 eine Zollunion vereinbart.

In der Toskana gehörten seit dem Oktober führende Liberale bereits der Regierung an; in Piemont bewilligte Karl Albert nach etlichem Zögern wenigstens Verwaltungsreformen, auch wurde die Zensur gemildert. So schien Italien sich seit dem Herbst 1847 in zwei politische Gruppierungen zu teilen: Im Kirchenstaat, in der Toskana und in Piemont war eine evolutionäre Entwicklung in Gang gekommen, die den Wünschen der Neoguelfen und überhaupt der gemäßigten Liberalen entsprach; in den übrigen Staaten wurden Ansätze zu solcher Entwicklung unterdrückt, gerade dadurch entstanden Voraussetzungen für revolutionäre Ausbrüche.

Eine solche Entwicklung hatte zuerst in Süditalien begonnen, wo Ferdinand II. die anfänglich bei manchen Liberalen erworbenen Sympathien verloren hatte, weil er am absolutistisch-zentralistischen System festhielt. Settembrinis Schrift war ein Symptom der zunehmenden Unzufriedenheit, die am größten auf der Insel Sizilien war, wo sie zahlreiche Gründe hatte und Angehörige aller Klassen erfaßte. Unter dem Eindruck der liberalen Publizistik verbanden sich die alten Wünsche nach Autonomie erstmals mit dem Nationalgedanken, von dessen Verwirklichung eine aktive Minderheit die gleichberechtigte Integration der Insel in eine italienische Föderation erhoffte. Im September 1847 brach ein Aufstand in Messina aus, der nach Reggio übergriff. Er wurde blutig niedergeschlagen, aber allenthalben als Alarmsignal verstanden;

selbst Neapels Polizeiminister Del Carretto glaubte, Konzessionen an die Liberalen empfehlen zu müssen.

Bald erwies es sich als unmöglich, an dem von Pius IX., Leopold II. und Karl Albert erreichten Punkt anzuhalten. Die Diskussionen wurden zunehmend heftiger; stimulierend wirkten sowohl der Schweizer Sonderbundskrieg (November 1847) mit dem Sieg der liberalen über die katholisch-konservativen Kantone wie Giobertis Polemik gegen den für die Reaktion in Kirche und Staat verantwortlich gemachten Jesuitenorden.

Die Lockerung der Zensur ermöglichte auch in Piemont die Entstehung neuer Zeitschriften, deren wichtigste, ›Il Risorgimento‹ (seit Dezember 1847), der ganzen Nationalbewegung den Namen gegeben hat. Ihr Herausgeber war Balbo, ihr bedeutendster Mitarbeiter Graf Camillo Benso di Cavour (1810—61), der vom englischen Konstitutionalismus geprägt war. — Zahlreiche Kundgebungen, die oft von voreiligem Optimismus erfüllt waren, verbanden, ähnlich wie im Kirchenstaat, den Dank für das vom Monarchen Gewährte mit weiteren Forderungen. Die größte dieser Kundgebungen, welche das Pathos des Revolutionsjahres vorwegnahm, fand im Dezember 1847 in Genua statt, wo die Führung an die Mazzinianer Nino Bixio und Goffredo Mameli[7] überging, welche bald radikale Forderungen, so nach Ausweisung der Jesuiten, erhoben. Radikale und demokratische Forderungen wurden auch in Livorno verbreitet. Um sie aufzufangen, schlug Cavour die Gewährung einer Verfassung vor, aber dazu konnte Karl Albert sich noch nicht entschließen. — Im Lombardo-Veneto forderten die Beratungsgremien beider Regionen, in Mailand unter der Führung von Giovanni Battista Nazzari, in Venedig auf Anregung von Daniele Manin und Nicolo Tommaseo, eine effektive Autonomie und den Anschluß an die italienische Zollunion. Eine Diskussion darüber wurde aber gar nicht erst eröffnet, weil lokale Unruhen (Raucherstreik) zu heftiger Repression in Mailand und Pavia führten, welche die Gesamtlage weiter verschlechterte.

---

[7] Mameli (1827—49), der als Adjutant Garibaldis bei der Verteidigung der römischen Republik im Juni 1849 tödlich verwundet wurde, verfaßte im Dezember 1847 das republikanische Kampflied ›Fratelli d'Italia‹, welches 1946, nach der Abschaffung der Monarchie, Italiens Nationalhymne wurde.

Erst recht die blutigen Zusammenstöße, mit denen in Neapel patriotische Kundgebungen endeten, ließen die Moderati einen Ausbruch befürchten, der ihr evolutionäres Programm kompromittieren mußte. Auch machten sie sich klar, daß der neoguelfische Mythus schon wieder zu verblassen begann, denn Pius IX. lenkte nach den Angriffen gegen die Jesuiten deutlich in konservativere Bahnen zurück. Führende Moderati, so D'Azeglio, glaubten darum erst recht auf Karl Albert setzen zu sollen. Gioberti klammerte sich an seine Idee. Mazzini sah seine Bedenken bestätigt; da er aber keine Chance zur Realisierung der nationalen Einheit verpassen wollte, war er vorübergehend bereit, eine monarchische Lenkung der Nationalbewegung hinzunehmen; in der unentschiedenen Zwischenperiode des Jahres 1847 hatte er sogar Kontakte zu Gioberti und zum Papst geknüpft. Kompromißlos gegen den Neoguelfismus standen dagegen einige demokratische Publizisten wie der im Exil lebende Giuseppe Ferrari (La révolution et les réformes en Italie, Paris Januar 1848), der eine liberale Umgestaltung der Einzelstaaten und darüber eine republikanische Föderation für erreichbar hielt. Einen solchen, den Realitäten weit vorauseilenden demokratischen Föderalismus vertrat auch der schon erwähnte Cattaneo, der wenig später den mailändischen Aufstand angeführt hat.

Die revolutionäre Zuspitzung der Lage Italiens begann mit dem Aufstand Palermos im Januar 1848, zwei Monate später erreichte sie, der Pariser Revolution folgend, ihren Höhepunkt.

In Palermo erhoben sich am 12. Januar (Geburtstag des Königs!) Linksliberale und Demokraten um Giuseppe La Masa, Rosolino Pilo, Pasquale Miloro und Giacinto Carini, die schnell Zulauf von städtischen Proletariern und Landarbeitern erhielten. Es gelang den Führern, auch Moderati aus Bürgertum und Adel zu mobilisieren; aus den bereits genannten Gründen solidarisierten sich Angehörige aller Klassen gegen die bourbonische Herrschaft. Die Führer beriefen sich dabei auf die formal nie außer Kraft gesetzte autonomistische Verfassung von 1812; mit administrativen Konzessionen, die der König nun allzu spät gewährte, gaben sie sich nicht mehr zufrieden. Die bourbonische Verwaltung brach zusammen; die Truppen waren zu schwach, um größere Kämpfe wagen zu können, und räumten daher zuerst Palermo, dann die meisten anderen Städte; nur in der Festung Messina konnten sie sich halten. Der schnelle Sieg vergrößerte die soziale Unruhe, gegen die Adelige und Bürger sich schnell auf ein gemeinsames Programm einigten. Anfang Februar bestand bereits eine provisorische Regierung mit klarer Mehrheit der Moderati: Präsident war der adelige Admiral Ruggiero Settimo, Generalsekretär der großbürgerliche Mariano Stabile; von den nur zwei Demokraten unter 14 Ministern war einer Francesco Crispi (1819—1901), der damit seine vielgestaltige politische Karriere begann.

In Neapel konnten die dort massierten Truppen die Ruhe aufrechterhalten, aber unter dem zunehmenden Druck liberaler Gruppen gewährte Ferdinand II. ähnliche Konzessionen wie einige Monate zuvor Pius IX., Leopold II. und Karl Albert. Sein wiederum verspätetes Entgegenkommen provozierte weitere Forderungen, denen er nicht zu widerstehen wagte. Ausgerechnet der reaktionäre König von Neapel tat daher als erster den Schritt, vor dem die fortschrittlicheren Souveräne noch zögerten. Nach Umbildung der Regierung wurde am 27. Januar eine Verfassung versprochen und schon am 10. Februar erlassen. Sie folgte weithin der französischen Charte von 1830, sah das Zweikammersystem vor und gewährte bürgerliche Freiheiten, die allerdings nicht genau formuliert waren; dem König verblieben Exekutive, Sanktion der Gesetze und militärischer Oberbefehl.

Das Beispiel aus dem Süden wirkte beschleunigend auf die Entwicklung in den anderen Staaten. Reibungslos verlief sie in Florenz, wo der Großherzog ein der Verfassung Neapels ähnliches Statuto am 11. Februar versprach und sechs Tage später verkünden ließ.

Karl Albert wollte sich zunächst dem Trend nicht anpassen und erwog Ende Januar sogar seinen Rücktritt, aber nun riet selbst sein konservativer Innenminister Graf Giacinto Borelli, der Bewegung von unten zuvorzukommen. Der König berief daraufhin eine Verfassungskommission mit deutlich konservativem Übergewicht und ließ schon am 8. Februar die Grundzüge einer ebenfalls am französischen Vorbild orientierten Repräsentativverfassung verkünden, deren Inhalt — ähnlich wie in Neapel und Florenz — einen Kompromiß zwischen Krone, Adel und Bürgertum darstellte. Als einzige der italienischen Verfassungen von 1848 hat das am 4. März erlassene «Statuto Albertino» die Revolution überdauert, ein gutes Jahrzehnt später ist es infolge der inzwischen durchgesetzten nationalen Führungsrolle Piemonts auf ganz Italien ausgedehnt worden und bis zur Abschaffung der Monarchie (1946) in Kraft geblieben.

Die Staatsform wurde im Statuto als „monarchisch-repräsentativ" definiert. Dem König wurden dieselben Kompetenzen wie in der Verfassung Neapels vorbehalten, er blieb Staatsoberhaupt und Regierungschef. Ebenso deutlich wurde betont, daß der König allein die Verfassung gewährte und daß diese unwiderruflich, also jeder Veränderungskompetenz des Parlaments entzogen sein sollte. Die damit von Karl Albert intendierte Festschreibung ist aber insofern nicht erfolgt, als manche Bestimmungen sehr flexibel formuliert waren und darum durch Gesetze politischen Evolutionen angepaßt werden konnten; andererseits stellte die Unwiderruflichkeit eine Bindung des Monarchen dar. Karl Albert und sein Nachfolger haben sich loyal daran gehalten und dadurch die Entwicklung liberaler Strukturen im neuen Italien sehr gefördert.

Die Zusammensetzung der beiden Kammern des Parlaments entsprach den Interessen der beiden führenden Schichten, wobei im Senat der Adel, in der Kammer das besitzende Bürgertum am stärksten vertreten war. Die Senatoren wurden auf Lebenszeit vom König ernannt, die Abgeordneten nach einem Zensuswahlrecht gewählt. Indem das Statuto die Ministerverantwortlichkeit und die Vereinbarkeit von Ministeramt und Abgeordnetenmandat bestimmte, ermöglichte es die Entwicklung vom konstitutionellen zum parlamentarischen Regierungssystem.

Manchen liberalen Wünschen wurde auch insofern entsprochen, als die persönlichen Freiheitsrechte deutlicher und weiter gefaßt waren als in Neapel; das konservative Festhalten an der katholischen Staatsreligion wurde durch die Zusicherung der Toleranz für andere Konfessionen (Waldenser, Juden) gemildert.

Pius IX. schwankte zwischen Gewähren und Verweigern. Im März wurde ein neues Ministerium ernannt; von neun Mitgliedern waren nur mehr drei Geistliche, die sechs Laien gehörten zur liberalen Bewegung. Der Ministerpräsident, Kardinal Giacomo Antonelli (1806—76), betrieb jedoch schon damals ein vom Papst anscheinend gebilligtes, kurzsichtiges Doppelspiel: Vordergründig gab er liberalen Forderungen nach; aber wo er konnte, wirkte er retardierend. Unter dem Eindruck der aus Frankreich herüberwirkenden Revolution wurde noch im März ein Statuto erlassen, welches aber zwischen Absolutismus und Konstitutionalismus stehenblieb und insofern die Grenzen der Reformierbarkeit des Kirchenstaats aufwies: Zwar wurden eine gewählte und eine ernannte Kammer bewilligt, aber darüber das Kardinalskollegium als Senat errichtet; alle kirchlichen und alle „gemischten" Materien blieben dem Parlament entzogen. Selbst eine so begrenzte Mitbeteiligung der Bevölkerung hätte vielleicht einige Jahre zuvor beruhigend gewirkt, jetzt mußte sie neue Forderungen wecken, an deren Nichterfüllung wie an der überstürzten Gesamtentwicklung der neoguelfische Mythus in den folgenden Wochen zerbrochen ist. Zunächst erschien Pius IX. noch einmal als nationaler Führer, indem er Ende März Äußerungen tat, die als Billigung des Aufstandes im Lombardo-Veneto und des Krieges Piemonts gegen Österreich erschienen. Wie überall, wo Nation und Konfession eng verbunden sind, engagierten sich daraufhin viele Geistliche für die nationale Sache, nur die konservativen Kurienprälaten mahnten zu der vom Amt des Papstes geforderten Neutralität. Pius hatte sich in eine Situation manövriert, in der er sich für die Rolle des italienischen Fürsten oder des Kirchenoberhaupts entscheiden mußte. Letztlich blieb ihm keine Wahl: In einer von Antonelli redigierten großen Rede erklärte er Ende April, daß er allen Völkern zugetan sei und sich nie an einem Nationalkrieg beteiligen werde. Mit einem Mal schlugen die Sympathien der Italiener ins Gegenteil um: aus dem Mißverständnis vom „liberalen Papst" wurde das Zerrbild des „antinationalen Papstes".

Der Ausbruch der Revolution in Paris (24. Februar 1848) ermutigte die Liberalen in allen Staaten Italiens und Deutschlands, darunter in Österreich, wo nach zahlreichen Demonstrationen, Petitionen und Versammlungen am 14. März Metternich zurücktrat und am 16. März eine Verfassung angekündigt wurde. Wie in anderen Staaten gaben die Träger des alten Systems der unerwarteten Bewegung nach. Liberale übernahmen die Regierung, der Kaiserhof floh nach Innsbruck. Entgegen der unter den Bürgern schnell um sich greifenden Illusion waren die alten Kräfte aber nicht besiegt; in Österreich begann ihre Regeneration schon drei Monate später, wobei der Armee die entscheidende Rolle zufallen sollte.

Die März-Unruhen griffen schnell auf das Lombardo-Veneto über, wo kurz zuvor noch Truppen konzentriert und liberale Publizisten verhaftet worden waren. Diese wurden nun freigelassen. Zwei von ihnen,

Manin und Tommaseo, organisierten seit dem 17. März in Venedig den Aufstand, der bei Offizieren und Soldaten italienischer Nationalität sowie bei den Arbeitern des Arsenals Unterstützung fand; am 23. März wurde unter Manin eine provisorische Regierung gebildet.

In Mailand brach der Aufstand am 18. März aus, der Stadtrat unter dem Bürgermeister Gabrio Casati taktierte zögernd, an die Spitze des Kriegsrates trat Cattaneo. Die Ausgangslage war hier schwieriger, weil die Garnison zumeist aus Nichtitalienern bestand und der Gouverneur, Feldmarschall Radetzky, trotz seiner 82 Jahre große Energie und Umsicht besaß. In fünftägigen Straßenkämpfen konnten aber die an Zahl überlegenen Aufständischen die meisten Stadtteile in ihre Gewalt bekommen und Verbindung zu anderen Städten herstellen. Um nicht abgeschnitten zu werden, zog Radetzky die Garnison in das Festungsviereck an Etsch und Mincio (Mantua, Peschiera, Verona, Legnano) zurück, wo er auch die Truppen aus anderen aufständischen Städten sammelte. Die nationale Revolution, die auch die Herzogtümer Parma und Modena erfaßte, schien schlagartig gesiegt zu haben. Auch in Mailand wurde unter Casati eine provisorische Regierung gebildet. Der von etlichen Moderati empfohlenen Unterwerfung unter Karl Albert widersprach besonders der am Föderalismus festhaltende Cattaneo; man begnügte sich damit, Piemonts Hilfe zu erbitten.

Diese Hilfe, die am eindrucksvollsten Cavour im ›Risorgimento‹ forderte, zögerte Karl Albert, dessen Kalkül nicht aufgegangen war, noch um einige Tage hinaus. Am 24. März hat er dann aber doch den Krieg erklärt und diesen Schritt als nationale Tat begründet. Er fürchtete wohl auch, daß die Mailänder Aufständischen mit Hilfe Frankreichs eine lombardische Republik errichten würden, die anstatt Piemonts zum Zentrum der nationalen Bewegung werden konnte. Das Kriegsmotiv Karl Alberts war also zwiespältig, es verband dynastisch-machtstaatliche mit national-revolutionären Zügen; hinzu kam auch bei ihm die Illusion, daß Österreich bereits geschlagen sei.

Bald stellte sich heraus, daß die Vorbereitungen unzureichend und die Generäle schwach waren. Der Krieg wurde nicht energisch geführt, obwohl die piemontesischen Truppen den österreichischen einstweilen überlegen waren und Zuzug aus anderen italienischen Staaten erhielten. Die Piemontesen konnten zwar im April die Mincio-Linie nehmen und halten, aber weitere kleinere Siege wurden nicht genutzt. Dagegen gelang es Radetzky im Mai, Verstärkungen heranzuziehen, welche die Generäle Nugent und Thurn, von Görz kommend, durch die aufständischen Gebiete hindurchführten; schon dabei fielen manche kleineren Städte wieder an die Österreicher.

Auf der italienischen Seite begannen dagegen die inneren Querelen: Die Führer der Mailänder Republik blieben reserviert gegenüber dem in ihren Augen reaktionären Karl Albert und den Piemontesen überhaupt; sie bestanden darauf, eine eigene Armee aufzustellen und an der Seite der Piemontesen in den Krieg zu schicken. Die Piemontesen suchten demgegenüber die Rivalitäten der lombardischen Städte gegen Mailand auszuspielen. Vergeblich bemühte sich der im April nach Mailand gekommene Mazzini um einen vorläufigen Kompromiß. Er unterstützte nunmehr Karl Alberts Politik, weil damit eine «iniziativa italiana» erfolgt war; er hoffte, daß der gemeinsame Krieg gegen Österreich die Unabhängigkeit ganz Italiens erbringen werde; dann konnte man weiter sehen. Cattaneo und Ferrari bestanden indes darauf, daß ihr Föderalismus der italienischen Wirklichkeit mehr entspreche als Mazzinis Unitarismus und Karl Alberts Annexionspolitik, daß wichtiger als die Unabhängigkeit die demokratische Republik und zu ihrer Konsolidierung die Hilfe Frankreichs vonnöten sei.

Auch die Bundespolitik kam nicht voran. Der König von Neapel und seine Generäle wurden im Krieg nicht eben aktiv, weil sie an Siegen, die vornehmlich Piemont genutzt hätten, wenig Interesse hatten und weil sie ihre Aufmerksamkeit auf das aufständische Sizilien konzentrierten. Dort erklärte das Parlament am 18. April die Bourbonen für abgesetzt, aber Ferdinand II., der durch den Rückzug des Papstes aus der fürstlichen Einheitsfront seine Eigenständigkeit gefestigt sah, protestierte und rüstete zur Konterrevolution, die ihm durch Tumulte und Ausschreitungen in Neapel erleichtert wurde. Die Kammer wurde aufgelöst, dann zwar wiedergewählt, konnte dem steigenden Druck von Krone, Bürokratie und Armee aber auf Dauer nicht widerstehen; im März 1849 ist sie sine die vertagt worden. Schon im Mai 1848 berief Ferdinand ein neues Kabinett, welches die in den Norden entsandten Truppen zurückrief.

Die Last des Krieges gegen Österreich lag also auf Piemont und den Aufständischen des Lombardo-Veneto; die Erschwerung der Lage benutzten die Piemontesen, um die inneren Differenzen in ihrem Sinne zu überspielen. Im Mai wurden auf Betreiben der inzwischen von Balbo geleiteten Regierung in den Herzogtümern und in den Städten der Lombardei und Venezien summarische Plebiszite gehalten, die sich für den Anschluß an Piemont aussprachen. Damit wurde jene scheinbar demokratische Legitimierung eingeleitet, an der die piemontesisch gesteuerte Nationalbewegung auch in den weiteren Phasen der Staatsbildung festgehalten hat. Mazzini protestierte, weil er fürchtete, daß ein zu starker norditalienischer Staat der nationalen Einheit eher schädlich als nützlich wäre. Er warf Balbo den Bruch des bei Kriegsbeginn eingegangenen Burgfriedens vor; seit Ende Mai brachte er die Zeitung ›L'Italia del popolo‹ heraus, in der er wieder die unitarische Republik propagierte.

Erfolglos blieben englische Versuche einer Vermittlung zwischen den Kriegsparteien: die Lombardei sollte piemontesisch bleiben, Venezien zu Österreich zurückkehren. Karl Albert verhandelte zwar darüber, sah aber ein, daß ein solcher Kompromiß (wie ihn ein Jahrzehnt später Napoleon III. diktierte) ihn der Nationalbewegung entfremden und Mazzini Auftrieb geben würde. Andererseits lehnte er französische Bündnisangebote ab, auf die er wenige Monate später gern zurückgekommen wäre.

Unterdessen erstarkten nämlich in Österreich die konservativen Kräfte, welche zudem die einzelnen Nationalitäten gegeneinander ausspielten. Radetzky, ebenso nüchtern wie zäh und geduldig, verstärkte seine Stellung im Festungsviereck, im Juni begann er die Gegenoffensive. Der Sieg bei Vicenza (11. Juni) brachte den größten Teil Venetiens wieder in seine Hand — fast gleichzeitig mit der Niederwerfung des Prager Aufstandes durch den Fürsten Windischgraetz. Am 25. Juli schlug Radetzkys Armee die piemontesischen Truppen bei Custoza (südöstlich des Gardasees). Es gelang Karl Albert nicht, bei Mailand eine erneute Gegenwehr zu organisieren, er mußte sich mit seinem Heer und vielen lombardischen Freiwilligen nach Piemont zurückziehen, auch Freischärlerkämpfe unter Garibaldi waren vergebens. Am 6. August nahm Radetzky Mailand wieder in Besitz, drei Tage später mußte Piemont Waffenstillstand schließen. In den Herzogtümern kehrten die Monarchen zurück; nur Venedig konnte sich der österreichischen Besetzung noch entziehen, erneut wurde die wieder von Manin organisierte Republik ausgerufen.

Die Wende in der italienischen Revolution war damit bereits erzwungen, die Hoffnung des Frühjahrs auf nationale Einigung aus eigener Kraft zusammengebrochen.

Die Niederlage ließ die Kontraste zwischen Rechten und Linken offen zutage treten. Mazziniander und Demokraten versuchten die Bewegung erneut zu entfachen; noch hofften sie auf Frankreich, wiewohl dort nach den sozialistischen Juniunruhen die Demokraten bereits den Konservativen weichen mußten — die Wende zur Konterrevolution hatte ebenso europäische Dimensionen wie ein Vierteljahr zuvor der Ausbruch der Revolution! Einen gewichtigen Verbündeten fand Mazzini in Gioberti, der von den Bürgern enttäuscht war und sich darum den Demokraten zuwandte, die in Piemont für einige Monate die Oberhand gewannen. Durch ihr kriegerisches Auftreten gewannen sie sogar die Gunst des Königs, zweimal konnten sie die Regierung bilden, an deren Spitze im Dezember 1848 wieder Gioberti trat. In Verkennung der Kräfteverhältnisse arbeitete er auf einen neuen Krieg gegen Österreich hin, der dann im März 1849 zur völligen Niederlage Piemonts geführt hat.

Die Radikalisierung, welche die Linke gegen die beginnende Konterrevolution betrieb und die dann deren Sieg nur noch vollständiger gemacht hat, erreichte vor allem das staatlich schwächer strukturierte Mittelitalien, wo es nicht selten zu einer kurzen Tyrannei der Straße kam. Selbst in der sonst mehr ausgeglichenen Toskana leitete die Agitation für eine gesamtitalienische Nationalversammlung eine solche Entwicklung ein: Im Oktober 1848 mußte das liberale Kabinett Capponi zurücktreten. An seine Stelle traten Demokraten, von denen besonders Guerrazzi die Demagogie steigerte; im Februar 1849 floh der Großherzog nach Gaeta unter den Schutz des Königs von Neapel, ein Triumvirat übernahm in Florenz die Regierung.

Pius IX. hatte die Regierung im September 1848 dem Grafen Pellegrino Rossi übertragen, dessen gemäßigt-konstitutionelle Politik den Radikalen nicht genügte. Die Agitationen nahmen zu, auch infolge der durch die Revolution verschärften wirtschaftlichen Krise. Am 15. November wurde Rossi ermordet. Aufständische bedrohten Papst und Kardinäle. Pius stand vor den Trümmern seiner Politik; er floh ebenfalls nach Gaeta zu Ferdinand II., der sich inzwischen wieder so stark fühlte, daß er seit dem Herbst die Wiedereroberung Siziliens betrieb. Seit Oktober war Messina bereits in der Hand seines Generals Filangieri, nur ein von Frankreich und England vermittelter Waffenstillstand beließ die übrige Insel noch einige Monate den Revolutionären.

Im Exil von Gaeta, welches 17 Monate gedauert hat, erfolgte die reaktionäre Wandlung Pius' IX., die für die weiteren drei Jahrzehnte seines Pontifikats bestimmend geworden ist. Die Fehler seiner inkonsequenten Politik wollte er nicht wahrhaben, über die „Undankbarkeit" seiner Untertanen war er zutiefst enttäuscht. In allem kehrte er zum intransigenten Kurs seines Vorgängers zurück, von dem er sich in den theologischen Fragen ja nie getrennt hatte; Brücken zu maßvollen Reformern wurden abgebrochen, noch 1849 die Werke Giobertis und Rosminis indiziert. Unter dem Einfluß seiner Umgebung überzeugte der Papst sich vollends von der in konservativen Augen nur zerstörerischen Kraft der Ideen von 1789; Abwehr des Liberalismus war fortan seine Devise, bereits in einer programmatischen Rede in Gaeta kündigte sich die Stimmung des Syllabus an. Dieser Kurswechsel hat sich vorwiegend auf die innere Entwicklung der katholischen Kirche ausgewirkt, daneben aber auch die italienischen Verhältnisse zusätzlich kompliziert. Der Kardinal Antonelli, dem der Papst fortan die Politik überließ, wußte zwar gelegentlich pragmatisch zu handeln und geschickt zu lavieren; der Papst und er waren aber nun der Überzeugung, daß der Kirchenstaat nur durch die Rückkehr zum absolutistischen Regiment und durch auswärtige Interventionen zu halten sei. Die „Römische Frage" hat daher gerade in den beiden folgenden Jahrzehnten die Nationalstaatsbildung auch außenpolitisch erheblich belastet.

In Rom war nach der Flucht des Papstes in denkwürdiger Verbindung nationaldemokratischer Ideen und antiker Reminiszenzen die Republik ausgerufen worden, die in dem Maße, in dem die Revolution anderwärts zusammenbrach, die noch aktionsfähigen Freiheitskämpfer anzog. An ihre Spitze trat Anfang März 1849 Mazzini; gemeinsam mit Aurelio Saffi und Carl Armellini bildete er ein Triumvirat, in dem er bestimmte. Auch ihm verblieben nur wenige Monate, in denen er staatsmännisches Format bewiesen hat. Ganz von seiner Rom-Idee erfüllt, wollte er nicht nur Bildungswesen und Landverteilung reformieren, sondern die Republik zum aktiven Zentrum der noch verbliebenen national-revolutionären Energien machen und alle Kräfte für den Kampf gegen die Restauration sammeln. Das Militärwesen übernahm Garibaldi; die beispielgebende Tapferkeit, das organisatorisch-konspirative Geschick und die menschliche Lauterkeit, die er bei der Verteidigung Roms bewies, haben den Ruhm des Volkshelden begründet.

Der in die Katastrophe führende Schlußakt der italienischen Revolution begann am 12. März 1849 mit der Wiederaufnahme des Krieges durch Karl Albert, der zehn Tage später bei Novara die entscheidende Niederlage seines Heeres folgte. Dem König blieb nichts als die sofortige Abdankung, noch im selben Jahr ist er im Exil gestorben. Die Regierung übernahm sein ältester Sohn Viktor Emanuel II. (geb. 1820), der der König der nationalen Einigung geworden ist, vor allem, indem er am Statuto loyal festgehalten und es Männern wie Cavour, Garibaldi und auch Mazzini ermöglicht hat, diese Einheit zu verwirklichen. Am Anfang stand freilich die Anerkennung der Niederlage: Am 26. März 1849 unterzeichnete Viktor Emanuel einen insgesamt harten, jede weitere Kriegs- oder Expansionspolitik unmöglich machenden Waffenstillstand. In einigen Punkten kam Radetzky dem neuen König in der Hoffnung auf dessen im Vergleich zu seinem Vater konservativeren Neigungen entgegen; nach anfänglicher Härte lenkte auch Österreichs Ministerpräsident Fürst Felix Schwarzenberg so weit ein, daß der definitive Friedensschluß (6. Aug. 1849) für Piemont einigermaßen günstig ausfiel; nur mußte eine hohe Kriegsentschädigung gezahlt werden. Den Aufständischen sagte Kaiser Franz Joseph Amnestie zu. Die österreichischen Hoffnungen hat Viktor Emanuel allerdings nur insofern erfüllt, als er sich sogleich von der Linken trennte und ohne Rücksicht auf die Parlamentsmehrheit ein Ministerium berief, welches unter D'Azeglio die gemäßigt-nationale Zielsetzung nur zurückgestellt, nicht aber aufgegeben hat.

Österreichische Truppen, die von Pius IX. und Leopold II. zu Hilfe gerufen worden waren, besetzten noch im April 1849 die nördlichen Teile des Kirchenstaats sowie die Toskana, wo die Radikalen schon vorher den Moderati hatten weichen müssen, die auch ihrerseits den Großherzog zur Rückkehr einluden; im gleichen Monat eroberten die Truppen Ferdinands II. ganz Sizilien zurück. Nur die römische Republik und Venedig verblieben noch in der Hand der Revolutionäre. Der päpstlichen Bitte um Intervention kamen nunmehr auch Neapel, Spanien und vor allem Frankreich nach, wo im Dezember 1848 nach einem weiteren Rechtsruck der diesen Stimmungswandel geschickt nutzende Louis Napoleon Bonaparte zum Präsidenten (seit 1852 Kaiser Napoleon III.) gewählt worden war. Zwar empfand Bonaparte auch damals Sympathien für das Risorgimento, die schon wenige Jahre später voll wirksam geworden sind, aber da er seine Wahl großenteils der Kirche und der katholischen Landbevölkerung verdankte und während seiner ganzen Regierungszeit die Außenpolitik auch in den Dienst innerer Stabilisierung stellte, war das Eingreifen zugunsten des Papstes für ihn nur logisch; da er zudem zur Wiederaufnahme französischer Großmachtpolitik entschlossen war, kam die Rivalität zu Österreich als weiteres Motiv hinzu. Ein französisches Expeditionskorps unter dem General Oudinot landete Ende April in Civitavecchia. Sein erster Versuch, Rom über den Gianicolo[8] zu erobern, wurde aber ebenso abgeschlagen wie Angriffe bourbonischer Truppen, welche Garibaldi nach einem Sieg bei Velletri sogar ins neapolitanische Gebiet zurückdrängte, von wo sie aber mit spanischer Verstärkung bald wieder vorrückten. Auch Oudinot, der die Widerstandskraft der Republikaner unterschätzt hatte, verstärkte sein Korps auf ca. 35 000 Mann, denen in der Stadt schließlich ca. 20 000 Soldaten und Freiwillige gegenüberstanden. Nachdem ein diplomatischer Vermittlungsversuch in Paris desavouiert worden war, begannen die Franzosen Mitte Juni mit der Beschießung des Gianicolo, wo sie zehn Tage später die ersten Breschen schlagen konnten. Nach weiteren blutigen Kämpfen besetzten sie am 3. Juli die ganze Stadt; die am selben Tag verabschiedete republikanisch-demokratische Verfassung, die fortschrittlichste der ganzen italienischen Revolution, ist nicht mehr in Kraft getreten. Garibaldi gelang die Flucht nach Norden, auf

---

[8] Nachdem Rom 1870 Italiens Hauptstadt geworden war, ist darum gerade der Gianicolo dem Andenken der Garibaldiner gewidmet worden. Seine Alleen wurden mit Reihen von Porträtbüsten gesäumt, welche die Akteure der eigenen, als Erfüllung der nationalen Geschichte empfundenen Zeit zu verewigen suchen. An der höchsten Stelle des Hügels wurde 1895 das Garibaldi-Denkmal errichtet; seine beherrschende Position über dem Vatikan beleuchtet das Selbstverständnis der Generation, die ihren Staat dem Papsttum abgetrotzt hatte.

der seine Frau Anita gestorben ist; einige seiner Gefährten wurden von österreichischen Soldaten erschossen. Er selbst erreichte Piemont, welches politische Flüchtlinge aus allen Regionen Italiens aufnahm; die exponiertesten unter ihnen, darunter Mazzini und bald auch Garibaldi, mußten aber wieder ins Ausland gehen.

Die Republiken in Rom und Venedig sind zu Symbolen der nationalen Revolution geworden, die lange nachgewirkt haben; als im August 1849 auch Manin vor den österreichischen Belagerern kapitulieren mußte, war der Sieg der in Italien stärker denn je mit dem Odium der Fremdherrschaft belasteten konservativen Kräfte vollständig. Wie in den meisten Teilen Europas wurde in allen italienischen Staaten mit Ausnahme Piemonts die vorrevolutionäre Ordnung wiederhergestellt.

Trotzdem war die Gesamtlage anders als zwei Jahre zuvor! Die Revolution hatte eine unerwartete Kraft und Breitenwirkung bewiesen, deren dauerhafte Unterdrückung nicht mehr möglich war. Aktiver als zuvor hatte Italien zur gesamteuropäischen Bewegung beigetragen, ein Hauptanliegen des Risorgimento war damit erstmals Wirklichkeit geworden. Wie in anderen Teilen des Kontinents wurde ein Prozeß gesellschaftlicher Emanzipation eingeleitet, der höchstens verlangsamt, aber nicht mehr unterbunden werden konnte. Zudem waren Erfahrungen gesammelt worden, welche die weitere Entwicklung zum Einheitsstaat erheblich beeinflußt haben. Wie in Deutschland hatten die Kräfte des Bürgertums nicht ausgereicht, um das doppelte Ziel nationaler Einigung und freiheitlicher Staatsgestaltung zu verwirklichen; die Parole «L'Italia farà da sè» hatte sich als Illusion erwiesen. Ebenso war es Mazzinis Ideal von der neuen Brüderlichkeit der Nationen ergangen. Indem die national motivierten Revolutionen die Massen zu mobilisieren begannen, wurde auch deren explosive, 1789 vorgeprobte „Nationalisierung" gefördert. Die alten Antagonismen lebten fort; so bekräftigte die mehrheitlich liberale Frankfurter Nationalversammlung die Ansprüche auf Triest und das Trentino, d. h. auf die zum Deutschen Bund gehörenden italienischen Gebiete; eine Entfremdung der beiden Nationalbewegungen war danach unvermeidbar[9].

---

[9] Dazu hat auf der anderen Seite ausgerechnet Mazzini beigetragen, bei dem ebenfalls Ideal und politische Konsequenz auseinanderklafften: als einziger füh-

Die Folge war tiefe Ernüchterung, welche die „Realpolitik" der beiden folgenden Jahrzehnte mit ihrer kühlen Einkalkulierung außenpolitischer Verschiebungen begründet und die Verschmelzung der nationalen Idee mit der Wirklichkeit eines bestehenden Staates, in Italien Piemonts, gefördert hat. Das bedeutete Stärkung der Moderati, denn der eigentliche Verlierer von 1848/49 war, wie in Deutschland und Frankreich, der zur republikanischen Staatsneugründung drängende demokratische Radikalismus; die zeitweilige Radikalisierung hat die bis dahin nur unter den Konservativen verbreitete Revolutionsfurcht ins Bürgertum getragen. Sowohl die Politik Cavours wie erst recht die Bismarcks sind davon stark beeinflußt worden, mit dem fundamentalen Unterschied, daß Cavour im bürgerlichen Parlamentsstaat, Bismarck im monarchischen Obrigkeitsstaat die der Revolution vorbeugende Ordnung sah. Zu den Verlierern von 1848/49 gehörte in Italien aber auch der dort zuvor politisch relevante liberale Katholizismus: Nach dem Scheitern des Neoguelfismus hat sich der italienische Liberalismus unter Cavour in eine mehr laizistisch-säkularisierende Richtung entwickelt, welche die Gegensätze zu Rom vertieft, aber andererseits die Integration gemäßigter Linker ermöglicht hat. Das Risorgimento ist „ghibellinisch" geblieben.

*Die wirtschaftliche und soziale Entwicklung
von 1815 bis zur nationalen Einigung*

Der durch den aufgeklärten Absolutismus begonnene und in der französischen Zeit beschleunigte Modernisierungsprozeß war schon in den letzten Jahren vor 1815 durch Napoleons Kriege und die Kontinentalsperre abgebremst worden. Das folgende Jahrfünft brachte weitere Stagnation, die nicht nur durch die erneute Aufsplitterung, die rückständige Wirtschaftspolitik der meisten Regierungen, im Süden zudem durch die Wiederherstellung parasitärer Strukturen verschuldet war. Auch die europäische Konstellation war ungünstig: Mißernten hatten allgemeine Teuerung, umfangreiche und billige englische Ex-

---

render Vertreter des Risorgimento hat er in allen Phasen seiner publizistischen Tätigkeit — so 1831, 1848 und 1866 – für Italien die Brennergrenze und damit die Annexion deutscher und ladinischer Gebiete gefordert.

porte eine Krise der ohnehin noch nicht leistungsstarken Industrie zur Folge. Infolgedessen wurde wenig investiert. Der Lebensstandard der unteren Schichten sank weiter ab; im eben erst konsolidierten Bürgertum breitete sich die Unzufriedenheit aus, die eine der Ursachen der Revolution von 1820/21 gewesen ist.

Nach einem allgemeinen Preisverfall setzte aber mit den zwanziger Jahren wie in ganz Europa so auch in Italien ein neuer Aufschwung ein, der seit den dreißiger Jahren noch beschleunigt wurde; er wurde begünstigt durch neue Verkehrsmittel und durch niedrig bleibende Preise. Den auf Überproduktion beruhenden Krisen von 1826 und 1836 folgten längere Erholungsphasen; erst die Jahre 1846/47 brachten einen ernsten Rückschlag, der in die große politische Krise einmündete. Nach deren Abflauen setzte der Aufwärtstrend wieder ein, jedoch langsamer und unterbrochen durch die Krisen von 1853 und 1857; dabei wirkte sich die ganz Europa erfassende Erhöhung der Preise aus, die vor allem durch das Einströmen der Goldmengen aus Kalifornien und Australien verursacht war. Während die positive Entwicklung dann in Mitteleuropa bis in die siebziger Jahre dauerte, bedeuteten für Italien die Einigungskriege und die Krise von 1865/66 weitere Einschnitte.

Italiens Einstieg in den Aufwärtstrend war freilich dadurch konditioniert, daß sich sein Abstand von weiten Teilen Europas inzwischen noch vergrößert hatte. Während die industrielle Revolution von England auf den Westen des Kontinents übergriff, war Italien weiterhin ein Agrarland mit wenig mobilem Kapital. Das Fehlen der Rohstoffe Eisen und Kohle, die anderwärts die Grundlagen der Industrialisierung bildeten, machte es unmöglich, diesen Abstand schnell oder ganz aufzuholen. Grundlage des Aufschwungs konnte daher nur die Landwirtschaft sein, durch deren Modernisierung und kapitalistische Umstrukturierung wichtige Voraussetzungen für die Industrialisierung erst geschaffen wurden. Hauptsächlicher Träger dieses Modernisierungs- und Kapitalisierungsprozesses war die aus Adeligen und Bürgern in den Städten des Nordens zusammenwachsende Oberschicht, die somit wie die politische auch die wirtschaftliche Wiedereingliederung Italiens in die europäischen Entwicklungen vollzogen hat.

Die Zeit von 1820 bis zur nationalen Einigung stellt also auch für Italien eine recht einheitliche, von langsamer Expansion und maßvollem

Bevölkerungswachstum (1800: 18 Millionen, 1850: 23 Millionen, 1861: 25 Millionen) bestimmte Periode dar. Die Fortschritte in Produktion und Export wurden dadurch erleichtert, daß die Regierungen in Wien, Florenz, Neapel und Turin seit 1821 und mehr noch seit 1831 den wirtschaftlichen Aspirationen des Bürgertums entgegenkamen, weil sie sich davon eine politische Stabilisierung erhofften. In den fünfziger Jahren ist es dann die piemontesische Regierung gewesen, die auf Initiative Cavours eine äußerst dynamische, freihändlerische Wirtschafts- und Verkehrspolitik betrieben hat. Sie hat damit die Krisen der fünfziger Jahre sehr viel besser gemeistert als die übrigen nun in reaktionärer Defensive verharrenden Staaten; die Wirtschaftspolitik wurde darüber zum wirksamen Instrument im Kampf um die politische Führung.

Der Aufschwung erfolgte in den Staaten Italiens in unterschiedlicher Weise und Intensität. Ihr Handelsverkehr ging bis in die fünfziger Jahre weitaus mehr ins Ausland als in andere Staaten der Halbinsel, deren wirtschaftlicher Integration eben nicht nur politische, sondern auch wirtschaftspolitische und weiterhin geographische Hindernisse entgegenstanden; schon die großen Entfernungen waren noch nicht zu überwinden. Die einzelnen Regionen wurden an verschiedene ausländische Märkte angeschlossen und von außeritalienischen Entwicklungen in unterschiedlicher Weise betroffen. Der Einsatz mancher Moderati der vierziger Jahre für einen gesamtitalienischen Markt (vgl. S. 117) bekundete mehr den politischen Einheitswillen als die wirtschaftlichen Erfordernisse der einzelnen Regionen. Deren unterschiedlicher Aufschwung hat die schon in früheren Entwicklungen angelegten strukturellen Unterschiede noch vertieft, die nun zügig fortschreitende Modernisierung des Nordens vergrößerte den Abstand zum übrigen Italien. So wurden weitere Hypotheken angesammelt, zu deren Abtragung der Einheitsstaat nicht imstande gewesen ist. Sie sind hier einigermaßen breit zu behandeln, weil spätestens die Entwicklungen des 19. Jahrhunderts Italiens Wirtschafts- und Sozialstruktur bis in die Gegenwart bestimmen; sie haben die Diskrepanz zwischen einer hochmodernen und einer vorindustriellen Volkswirtschaft vorbereitet, welche eine der Hauptursachen für Italiens derzeitige Krise ist.

Die einzelnen Staaten

Das lombardo-venetianische Königreich

Hier vollzog sich der schnellste und weitestgehende Aufschwung. Er brachte der Habsburgermonarchie beträchtliche Steuern ein, ist aber auch von ihr erheblich gefördert worden — durch die schon erwähnte fortschrittliche Gesetzgebung und gute Verwaltung, durch Straßenbau, weitgehende Autonomie der Gemeinden und das den übrigen italienischen Staaten überlegene Schulsystem.

Dabei beschränkte der Aufschwung sich im wesentlichen auf die Lombardei, die seither vollends zu Mitteleuropa gehört. Grundlage blieb die aber nun erheblich modernisierte Landwirtschaft; daneben entstanden erste größere Industrien, der Urbanisierungsprozeß setzte ein (Mailand hatte zu Beginn des 19. Jh. ca. 134000, 1855 fast 210000 Einwohner). Dabei erfaßte die Modernisierung nicht die ganze Region; es ist zu unterscheiden zwischen dem großen und wirtschaftlich gewichtigsten Anteil an der Po-Ebene, dem Hügelland und dem Bergland.

Das Bergland (Provinz Sondrio, große Teile von Como und Bergamo) verarmte: Die Schafzucht ging zurück, weil das im Winter notwendige Weideland in der nun anders genutzten Ebene nicht mehr zur Verfügung stand; gegenüber den billigen Produkten, die auf den neuen Straßen ins Land kamen, blieben die vielen Zwergbetriebe nicht konkurrenzfähig. Die von Spekulanten betriebene Abholzung der Wälder brachte nur kurzfristig Gewinn; der Verkauf unbebauter Gründe, die bis dahin den Kleinbauern als Weideland gedient hatten, kam hier wie anderwärts nur einer kleinen wohlhabenden Schicht zugute.

Im Hügelland (restliche Teile der Provinzen Como und Bergamo, großer Teil von Brescia) erfuhr die Landwirtschaft erhebliche Intensivierung. Neben Getreide und Mais wurden nunmehr auch Wein und Zitronen angebaut, zudem Plantagen von Maulbeerbäumen für die Seidenraupenzucht angelegt. Das Land gehörte größtenteils städtischen Bürgern; der gängige Arbeitsvertrag war die auch in anderen Teilen Italiens übliche Halbpacht. Bei deren konsequenter Anwendung konnte diese Vertragsform, wie etwa das Beispiel der Toskana zeigt, auch dem Pächter Gewinn einbringen. Die lombardischen Besitzer behielten sich jedoch die gesamten Einkünfte aus der von ihnen neu eingeführten Seidenraupenzucht vor; das einträglichste Geschäft machten also sie allein. Auch konnten sie immer öfter einen Mischvertrag aus Halbpacht und Kornvermietung durchsetzen, wonach die Pächter zusätzlich Korn in einer vom Besitzer von Jahr zu Jahr bestimmten Menge liefern mußten. Viele Pächter verschuldeten sich infolgedessen und mußten Nebenarbeiten in den Städten und beim Straßenbau annehmen; die Fortschritte in der Landwirtschaft und besonders in der Seidenproduktion gingen auf Kosten der Bauern.

Die Ebene (Provinzen Mailand, Pavia, Lodi, Cremona, der größte Teil von Mantua, der Rest von Brescia) war bis zur forcierten Industrialisierung im letzten Drittel des Jahrhunderts eine der fruchtbarsten Landschaften Europas. Zwischen Ticino und Adda bestanden vor allem kapitalistisch organisierte und verpachtete Großbetriebe, zwischen Adda und der Grenze zum Veneto mehr mittlere Güter, die teils von den Besitzern selbst, teils in Halbpacht betrieben wurden. Die wichtigsten Produkte waren Reis, Getreide und Futtermittel, dazu ebenfalls Wein und Seide. Neue Formen der Bewässerung und der Fütterung sowie der Import von Tieren ermöglichten erhebliche Ausdehnung der Rinderzucht und darüber eine kontinuierliche Steigerung der Käse- und Butterproduktion. Die Großpächter waren kapitalistische Unternehmer, die von ihnen abhängigen Landarbeiter zerfielen in zwei Gruppen: die Festbesoldeten, die auch ein kleines Stück Land für sich bearbeiten konnten, und die Tagelöhner, die großenteils ins Proletariat absanken.

Die wichtigste Industrie war die exportorientierte, von der großen Nachfrage in ganz Europa profitierende Seidenindustrie. Das Lombardo-Veneto produzierte 1815 ca. 2,2 Mill., 1841 ca. 3,5 Mill., um die Mitte der fünfziger Jahre ca. 4,4 Mill. kg Seide; zwei Drittel davon erbrachte die Lombardei. Händler aus Mailand und Bergamo verkauften die Seide zunächst vor allem nach England; da das einheimische Bank- und Kreditwesen noch in den Anfängen steckte, konnten englische Händler die Preise bestimmen. Gegenüber der indisch-chinesischen Konkurrenz, die seit den dreißiger Jahren auf den englischen Markt drängte, wichen die lombardischen Exporteure nach Frankreich (besonders Lyon), Deutschland und Rußland aus. Gerade die Seidenindustrie hat die Lombardei in den europäischen Handelsverkehr integriert, war freilich von Veränderungen auf dem Weltmarkt abhängig. Über dem weiteren Erstarken der asiatischen Konkurrenz geriet sie in den sechziger Jahren in eine schwere Krise. Zwar wurde diese aufgefangen, aber infolge der Veränderungen durch Industrialisierung und nationale Einigung hat die Seidenproduktion die frühere Bedeutung nicht mehr zurückgewonnen; ihr Boom war charakteristisch für eine Übergangsphase zwischen agrarischem und industriellem Kapitalismus.

Die Baumwollindustrie war weniger umfangreich, wurde aber früh modernisiert. Seit den dreißiger Jahren arbeitete sie mit mechanischen Webstühlen, an die Stelle von Manufakturen traten Fabriken. Die aus den USA kommenden Rohstoffe wurden bis 1840 über Triest und Venedig, seitdem auf dem kürzeren Weg über Genua angeliefert.

In der Eisenverarbeitung gingen wie anderwärts die alten Produktionsweisen zurück, die bereits fortgeschrittene österreichische Industrie beherrschte zunächst den Markt. Seit der Mitte der vierziger Jahre entstanden in der Mailänder Zone erste größere mechanische Fabriken, oft mit ausländischen Unternehmern und Kapitalien. Sie haben die weitere Entwicklung angestoßen, die aber zunächst langsam verlief, da der Markt zu begrenzt und die Nachfrage gering war; der Eisenbahnbau kam wenig voran, auch das österreichische Schutzzollsystem wirkte hemmend.

Im Veneto verlief die Gesamtentwicklung ähnlich wie in der Lombardei, jedoch von einer viel rückständigeren Ausgangslage aus und entsprechend langsamer. Auch hier verarmte das Bergland (Provinz Belluno, Teile von Udine, Vicenza und Verona), im Gegensatz zur Lombardei war die Ebene (Provinzen Rovigo, Venedig, Teile von Padua, Verona und Udine) noch ungenügend bonifiziert. Vor allem im fruchtbaren Hügelland (Treviso, größere Teile von Vicenza und Padua, kleinere von Verona und Udine) wurde die Landwirtschaft intensiviert; die wichtigsten Produkte waren Wein, Obst, Mais und Getreide — dazu ebenfalls Seide, die größtenteils in die anderen Teile der Habsburgermonarchie verkauft wurde. Bescheidenen Aufschwung erfuhr auch die Produktion von Wolle und Baumwolle, in Venedig zudem der Schiffsbau. Gerade in Venedig (gegen Ende der Republik ca. 137000, 1860 ca. 125000 Einwohner) wirkte jedoch die frühere Stagnation fort, der Hafen stand weiterhin im Schatten von Triest. Die Städte der Terra ferma, vor allem Padua, übernahmen die wirtschaftliche Führung der

Region; die großräumig wirtschaftenden Agrarier waren meist Bürger dieser Städte.

Die zunehmende Produktion im Lombardo-Veneto beruhte also noch vorwiegend auf der Landwirtschaft und der Hausarbeit der Pächter und ihrer Familien, auf Handwerksbetrieben und Manufakturen, in denen ein allmählicher Konzentrationsprozeß erfolgte. Die erhebliche Akkumulation von Kapitalien kam weiterhin vor allem aus der Landwirtschaft; das dort erwirtschaftete Geld kehrte, wie schon seit über zwei Jahrhunderten, fast ausschließlich aufs Land zurück, es wurde für Grund und Boden, vor allem in Hypotheken, angelegt und blieb darum wenig beweglich. Auch die neuen Sparkassen (1823 Cassa di risparmio per le provincie Lombarde) arbeiteten vorwiegend für Landwirtschaft und Handel, von deren Kapital das der Industrie bis in die fünfziger Jahre abhängig blieb. Erst zur Finanzierung der Eisenbahnen (bis 1859 im gesamten Königreich nur ca. 500 km![10]) entstanden Aktiengesellschaften.

Die neue kapitalistische Schicht aus Adel und Großbürgertum hat ähnlich wie in Piemont auch die politische Einigung verfochten und nach deren Erreichung die Führung im neuen Staat angetreten.

Das städtische Kleinbürgertum versuchte, sich mit der führenden Schicht zu arrangieren und darüber der sozialen Deklassierung zu entgehen; die von Manufakturen abhängigen Handwerker wurden aber mehr oder weniger zu Arbeitern. Aus verarmten Kleinbauern entwickelte sich seit den vierziger Jahren in der Lombardei das Industrieproletariat. Um dieselbe Zeit entstanden erste Arbeiterhilfsvereine, aber sozial motivierte Unruhen hat es vor dem Ausbruch der bürgerlichen Revolution nicht gegeben. Dabei waren die Arbeitsbedingungen hart. Bedrückendes Zeugnis dafür ist das von wenigen sozial engagierten Publizisten vorbereitete Eingreifen der Regierung, die 1843 die Beschäftigung von Kindern unter neun Jahren verbot, für neun- bis zwölfjährige eine tägliche Höchstarbeitszeit von zehn, für zwölf- bis vierzehnjährige

---

[10] Über Triest bzw. Udine und Tarvis waren diese Eisenbahnen mit den übrigen Teilen der Monarchie verbunden (Bau der Semmeringbahn 1848—54). Derselben Funktion diente die Linie durchs Trentino und durch Tirol, doch wurde die Brennerstrecke erst 1867 fertig.

von zwölf Stunden festsetzte! Wie überall in Europa beruhte der bürgerliche Fortschritt auch auf der Ausbeutung der Armen, denen dagegen einstweilen nur konservative Kräfte wenigstens minimalen Schutz gewährten; im sozialen Versagen der Bürger wird bereits eine der Hauptursachen für das Scheitern des liberalen Staates sichtbar.

Das von der österreichischen Regierung forciert geförderte Triest (1824 50000, 1840 80000, 1870 123000 Einwohner) hat zwar zu keinem der italienischen Staaten gehört, aber gleichwohl für die Wirtschaft Oberitaliens große Bedeutung gehabt. Seine Oberschicht, die die Multinationalität der Monarchie widerspiegelte und eine bis heute nachwirkende Symbiose deutscher, italienischer und slavischer Kultur hervorgebracht hat, engagierte sich vor allem in Werftindustrie und Handelsschiffahrt (Lloyd Austriaco 1836, seit 1919 Lloyd Triestino) und im großräumigen Versicherungsgeschäft (Assicurazioni Generali 1831, Riunione Adriatica di Sicurtà 1838). Gewichtigen Anteil an der Entwicklung der Stadt hatte ihre recht starke Judengemeinde, die erst 1943/44 durch die Nationalsozialisten und ihre radikalfaschistischen Verbündeten dezimiert worden ist.

Piemont-Sardinien

Der zentralistisch verwaltete Staat zerfiel in viele kleine Provinzen und entsprechend viele Wirtschaftsräume, die Gesetzgebung war zunächst sehr viel restaurativer als in den österreichischen Gebieten. So wurden Kirchengüter restituiert, Fideikommisse wiedererrichtet, 1815, 1818 und 1823 fiskalistische Schutzzölle eingeführt. Erst unter Karl Albert wurden in den dreißiger Jahren das Handelsrecht dem des Lombardo-Veneto angeglichen, Ein- und Ausfuhr erleichtert, die Kompetenz der Zünfte beschränkt, der Ausbau des Verkehrsnetzes eingeleitet (1859 800 km Eisenbahn). Zur Bonifizierung der Ebene begann gleichzeitig die Anlage eines umfangreichen, erst in den sechziger Jahren fertiggestellten Kanalsystems.

Wirtschaftlich führte das eigentliche, ebenfalls noch ganz agrarische Piemont, wobei die Entwicklung, der Lombardei vergleichbar, in den einzelnen geographischen Zonen unterschiedlich verlief. Auch hier verarmte das Bergland. Im Hügelland wurden Getreide, Mais und viel Wein produziert, der großenteils in die Lombardei exportiert wurde. In der Po-Ebene erfolgten Konzentration des Besitzes, oft in der Hand städtischer Bürger, die üblichen Reinvestitionen aufs Land sowie erhebliche, jedoch nicht das Ausmaß der Lombardei erreichende Modernisierungen und Steigerungen der Produktion, so im Reisanbau. Auch hier wurden die Großpächter zu kapitalistischen Unternehmern, unter denen viele Bauern zu schlecht bezahlten Landarbeitern absanken.

Große Bedeutung erlangte wiederum die Seidenindustrie, die drei Viertel ihrer Produktion nach Frankreich exportierte, um 1840 über 400 000 kg, in der Mitte der fünfziger Jahre ca. 900 000 kg pro Jahr.

Die inlandorientierten Industrien, von denen nur Wolle und Baumwolle durch die Schutzzölle begünstigt wurden, stagnierten. In den vierziger Jahren entstanden in Genua die ersten eisenverarbeitenden Fabriken neuen Typs, die sich aber zunächst ähnlich langsam entwickelten wie die in der Lombardei. Erst nach 1850 begann, begünstigt durch Cavours Wirtschaftspolitik, die Entwicklung zu leistungsstarken Großunternehmen; in ihrem Gefolge entwickelte sich auch hier ein durch die Abwanderung vom Land schnell wachsendes Proletariat. — In Genua war schon nach der Ermäßigung der Einfuhrzölle eine größere, aber einseitig auf Getreideimporte vom Schwarzen Meer ausgerichtete Handelsflotte gebaut worden; aber insgesamt erschwerten die Schutzzölle die Aktivität des Hafens, die zudem bis in die vierziger Jahre durch die österreichische Verkehrspolitik behindert wurde.

Immerhin förderten Karl Alberts Reformen seit den dreißiger Jahren größere und modernere wirtschaftliche Unternehmungen des Adels und der Bürger. In Genua (1844) und in Turin (1847) wurde je eine große Bank gegründet, die dann unter Cavour zur Banca Nazionale fusionierten.

Auf der von den französischen Reformen nur oberflächlich berührten Insel Sardinien kam keine wirksame Modernisierung zustande. Um die Entstehung einer bürgerlichen Schicht zu ermöglichen, verfolgte die Regierung zwei Ziele: die Abschaffung der noch bestehenden feudalen Rechte und die Aufhebung des seit alters bestehenden allgemeinen Eigentums an Grund und Boden, der dann parzelliert und verkauft werden sollte. Das erste Ziel ließ sich durch Edikte von 1836 und 1839 durchsetzen. Sie leiteten die Rechtsangleichung ans Festland ein (1847), worauf die Insel aber ungenügend vorbereitet war. Die Parzellierung des Bodens kam nur langsam voran, weil die in ihrer Existenz bedrohten Hirten erbitterten Widerstand leisteten, der sich zu einer bis in die Gegenwart reichenden, aus Resignation und Anarchismus gemischten Grundhaltung gesteigert hat. Unter den rückständigen Verhältnissen der Insel war die von der Parzellierung profitierende Oberschicht besonders klein, dazu weder imstande noch willens, den vergrößerten Reichtum in neuartige Aktivität umzusetzen; die alten Gegensätze bestanden verschärft fort.

Die mittelitalienischen Herzogtümer waren zu klein für aktive Wirtschaftspolitik. Ihre Grenzen bedeuteten Barrieren, die den Modernisierungsprozeß behindert und zusätzlich dazu beigetragen haben, die Integration von Nord und Süd hinauszuschieben. Die Wirtschaftsordnung blieb agrarisch-traditional, auch in Parma, wiewohl dort Verwaltung und Gesetzgebung recht modern waren.

Toskana

Die auf florierender Landwirtschaft basierende Gesamtlage wurde schon durch den Freihandel kontinuierlich verbessert, dabei aber weniger verändert als in der Lombardei und in Piemont. Das lag an der Landesnatur (drei Zehntel Gebirge, sechs Zehntel Hügel, nur ein Zehntel Ebene, teils noch malariaversucht) und noch mehr an der ausgeglichenen Sozialstruktur, die sich im 18. Jahrhundert dank der Reformen Peter Leopolds durchgesetzt hatte.

Adel und Bürgertum der Städte hatten große Grundbesitzungen, die aber nicht als Latifundien betrieben und daher auch nicht kapitalistisch umstrukturiert wurden. Sie blieben in mittlere Gutshöfe unterteilt, auf denen Getreide, Wein, Öl und Obst produziert wurden. Die großen Besitzer konnten die mittleren und kleinen meist hinter sich bringen; der gängige Arbeitsvertrag blieb die Mezzadria. Die Einführung neuer Vertragsformen, die soziale Gegensätze hätte hervorrufen können, wurde vermieden, die Produktion nur insofern gesteigert, als das innerhalb der bestehenden Ordnung möglich war. Durch maßvolle Steuerpolitik begünstigte die Regierung das Bemühen um soziale Konservation. Dieses System, welches adäquate Grundlagen für die Politik der toskanischen Moderati gewährte, brachte keine sehr hohen, aber sichere Gewinne ein. Es entsprach den Interessen der vielen kleineren Städte mit ihrem überschaubaren Einzugsgebiet; es genügte auch den Bedürfnissen des Landes insgesamt [11].

Die Regierung Leopolds II. ließ die Bonifizierung der Maremmen und den Ausbau des Verkehrsnetzes einleiten und kontinuierlich fortführen, 1859 zählte das Großherzogtum 256 km Eisenbahn (um ein Fünftel mehr als Kirchenstaat und Neapel-Sizilien zusammen!). Die Verkehrsförderung nutzte dem Handel sowie den Manufakturen und Industrien, wo aber nur wenige Veränderungen erfolgten. Kleinbetriebe blieben die Regel, gut entwickelten sich die Herstellung von Wolle, Seide, Papier und Porzellan, daneben die vor allem durch den Hutexport bekanntgewordene Strohverarbeitung. Rohstoffe in Piombino und auf der Insel Elba begünstigten den bescheidenen Ausbau eisenverarbeitender Industrie.

Eine sehr aktive Rolle spielte weiterhin das durch den Freihandel begünstigte Livorno, wo der Hafen auf die Erfordernisse des eigenen Landes ausgerichtet, eine Werftindustrie aufgezogen und eine eigene toskanische Handelsflotte aufgebaut wurde; schneller als anderswo reagierte man somit auf den starken Rückgang des Zwischenhandels infolge der neuen Ferndampferlinien.

Moderner als in den übrigen Staaten Italiens war das Bankgeschäft, welches von der Regierung gefördert und vor allem von zwei Banken in Florenz und Livorno betrieben wurde, die 1858 zur Banca Nazionale Toscana vereinigt wurden; seit den vierziger Jahren entstanden Aktiengesellschaften, meist im Zusammenhang mit dem Eisenbahnbau.

[11] Diese Landwirtschaftsstruktur ist erst nach dem Zweiten Weltkrieg zusammengebrochen: Die mit moderner Sozialpolitik schwer vereinbare Halbpacht wurde abgeschafft, doch gab der Staat zu wenig Hilfe für Rationalisierungen. Die kleinen Höfe sind seitdem wegen zu hoher Produktionskosten nicht konkurrenzfähig, viele werden nicht mehr bewirtschaftet. Es halten sich nur Großbetriebe, zu denen reichere Besitzer mehrere früher auf verschiedene Pächter verteilte Höfe zusammengefaßt haben.
Vgl. Fritz Dörrenhaus, Villa und Villegiatura in der Toskana . . ., Wiesbaden 1976; Elmar Sabelberg, Der Zerfall der Mezzadria in der Toskana Urbana . . . (Kölner geographische Arbeiten), Köln 1975.

Der Kirchenstaat

Die päpstliche Regierung (vgl. S. 99) war gar nicht imstande, den wirtschaftlichen Modernisierungsprozeß zu fördern oder auch nur adäquat zu beurteilen. Ihm wurden vielmehr unter Leo XII. und Gregor XVI. (1823—46) eigentlich nur Hindernisse bereitet, welche die besondere Heftigkeit mancher revolutionären Entladung erklären. Letzteres gilt besonders für die Anteile an der von den Entwicklungen in den Nachbarstaaten beeinflußten Emilia-Romagna (Legationen Bologna, Ferrara, Forli und Ravenna). Hier wurde die Landwirtschaft modernisiert und auf kapitalistische Formen umgestellt, neben die Mezzadria traten Kleinpacht und Weiterverpachtung, die Landarbeiter waren unzufrieden und unruhig. Das erstarkende Bürgertum stand mehr oder minder offen gegen die Prälaten, die ihm die Beteiligung an Regierung und höherer Verwaltung verwehrten. Eine der vielen Bekundungen dieser Unzufriedenheit war der Aufstand von 1845, dem Massimo D'Azeglio das zuvor erwähnte Buch widmete. Guido Piovene hat den Radikalismus der Emilia als „emotional und verworfen" bezeichnet und von dem „rationalen, mathematischen und modernen" Radikalismus der Toskana abgesetzt; in der Tat haben politische und soziale Unzufriedenheit gerade in der Emilia ein revolutionäres Potential entwickelt, dessen sich zunächst die Mazziniauer, später Sozialismus, Faschismus und Kommunismus bedienen konnten.

Rom blieb eine Stadt der Vergangenheit; die von der Antike bis zum Barock entstandenen Gebäude, Plätze und Straßen bestimmten bis 1870 ihr Gesicht und ihre Maße. Die Bevölkerung nahm zu (1815: 130 000, 1846: 170 000, 1870: 226 000 Bewohner), aber die Stadt blieb unproduktiv; nur die Dienstleistungen für Pilger und Touristen erbrachten erhebliche Einkünfte, die aber zur Sanierung des staatlichen Defizits nicht reichten.

Gerade in der Hauptstadt und ihrer Umgebung blieben die parasitären Strukturen bestehen. Die adeligen Besitzer der großen Güter im Agro Romano verzehrten ihre Einkünfte in Rom. Die Bewirtschaftung der Güter lag bei den bürgerlichen Pächtern, den Mercanti di campagna, die über eigene Agenten nach Bedarf Saisonarbeiter aus den Abruzzen herbeidirigierten und in den vierziger und fünfziger Jahren hohe Verkaufsgewinne erzielten; sowohl der Kirchenstaat wie Neapel exportierten damals noch viel Getreide. Wie der Adel wollte auch die große Mehrzahl der Pächter keine Änderung dieser Verhältnisse, die reiche Einkünfte, den Erwerb eigener Güter und die Nachahmung adeliger Fideikommisse ermöglichten; im Zentrum des Kirchenstaates hat die Nationalbewegung kaum Anhänger gefunden. Zwischen dem Adel, der schmalen, vorwiegend aus Mercanti di campagna und Juristen bestehenden bürgerlichen Oberschicht und der Prälatur gab es enge personelle Verflechtungen, die ein labyrinthisches System gegenseitiger Gefälligkeiten begründet haben. Schutzzölle und indirekte Steuern begünstigten die zuvor genannten Gruppen.

Auf diesem Hintergrund versteht man den kürzlich von Alberto Moravia wiederholten Vorwurf, daß die Päpste die Entwicklung des Bürgertums verhindert hätten. Zumindest unter den besonderen Verhältnissen Roms konnte, ähnlich wie in Neapel, kein breites, klassenbewußtes und darum emanzipatorisches Bürgertum entstehen. Andererseits breitete sich in Rom der alte Pauperismus aus und brachte ein untätiges Halbproletariat hervor, dem die päpstliche Regierung nur billige Grundnahrungsmittel und religiös-populäre Feste zu bieten hatte; die umfangreiche karitative Tätigkeit der vielen geistlichen Institutionen war nicht auf strukturelle Verbesserungen angelegt. Die Produktion blieb auf der Stufe von Handwerksbetrieben und kleinen Manufakturen, die meisten Kapitalien blieben inaktiv. Über die Häfen Ancona und Civitavecchia wurde weitaus mehr importiert als exportiert. Das wachsende Staatsdefizit führte zu Verschuldung und Erhöhung der Steuern, deren Zahlung man aber durch Bestechung nicht selten entgehen konnte. Eine Reform der Finanzverwaltung, für die schon Metternich einen fähigen Mitarbeiter nach Rom geschickt hatte, kam nie zustande.

Neapel – Sizilien

Bei ähnlicher Grundstruktur wie im Kirchenstaat lebten die Städte samt ihren parasitären Unterschichten auf Kosten des Landes. Das gilt besonders für Neapel, welches das ganze 19. Jahrhundert hindurch die mit Abstand größte italienische Stadt blieb (1815: 323 000, 1843: 400 000, 1861: 447 000 Einwohner), in geringerem Umfang auch für Palermo (1830: 210 000, 1861: 194 000 Einwohner). In beiden Städten bildeten die oberste Schicht die hier besonders zahlreichen Adeligen, die ähnlich wie ihre römischen Standesgenossen von ihren Grundrenten einen aufwendigen, viel Personal beanspruchenden Lebensstil finanzierten.

In einigen festländischen Regionen erfolgten erhebliche Veränderungen in Landwirtschaft, Handel und Industrie, getragen auch hier vornehmlich von der in der französischen Zeit entstandenen schmalen großbürgerlichen Schicht, die allerdings mehr als anderswo feudale Verhaltensweisen annahm.

Die großen Entfernungen und das ungenügende Straßennetz verhinderten weiterhin die wirtschaftliche Integration. Weite Teile des Landes bezogen Getreide aus Sizilien, apulische Produkte wurden ebenfalls übers Meer ins Ausland exportiert.

In den küstennahen Provinzen Kampaniens und Apuliens, in geringerem Umfang auch Kalabriens, wurden neben Getreide nun auch Oliven, Trauben und Obst angebaut. Der ausgedehnte Getreideanbau im Landesinnern — Abruzzen, Molise, Basilikata, Teile Kalabriens — erbrachte wenig, da man an veralteten extensiven Methoden festhielt. Neben die Schafzucht trat die Rinderzucht, jedoch ebenfalls in herkömmlicher Weise. Die Bauern wohnten in großen, weit voneinander entfernten Dörfern, so daß ihre Arbeitskraft schon wegen der weiten Wege zu den Feldern nicht rationell eingesetzt wurde. Noch erwirtschafteten sie ein Existenzminimum, standen aber unter dem zunehmenden Druck der Verwalter der großen Güter. Wo intensiver produziert wurde, beruhte das vor allem auf der Ausnutzung der Landarbeiter. Es gab nur wenige konkurrenzfähige Kleinbauernhöfe. Die Lage der Kleinbauern und der Landarbeiter wurde zusätzlich erschwert durch die Bevölkerungszunahme und dadurch, daß die Nutzung der öffentlichen Gründe entfallen war. Rechtzeitige Neuerungen in Landwirtschaft, Viehzucht und Arbeitsvertrag unterblieben; die strukturelle Rückständigkeit hat den Zusammenbruch der Landwirtschaft vorbereitet, der seit den siebziger Jahren unter dem Druck billiger amerikanischer Exporte erfolgt ist.

Verantwortlich für diese Rückständigkeit waren die parasitäre Gesamtstruktur und ihre Nutznießer. Aus Adeligen und reich gewordenen Bürgern bestand die großenteils in der Hauptstadt lebende Schicht der „Galantuomini", denen die Erträge aus den Gütern genügten und die darum nichts in Neuerungen investierten. Genauso verhielten sich kirchliche Institutionen, die mit Hilfe der Bourbonen erheblichen Besitz wiedererwerben konnten. Der zahlreiche niedere Klerus war aber ähnlich arm wie die Bauern, die sich wohl darum nie gegen die Kirche erhoben haben. Die oft in die Klasse der «Galantuomini» aufsteigenden Verwalter suchten das Möglichste aus den Gütern herauszuholen.

Zur Ausbeutung des Landes gehörte auch die nun noch stärker als zuvor betriebene Abholzung der Wälder. Die neuen Besitzer wollten schnellstens von den erworbenen Ländereien profitieren, der bescheidene Aufschwung erhöhte die Nachfrage, die Viehzucht brauchte Weideflächen. Da die Grundherren die örtlichen Verwaltungen kontrollierten, wußten sie Verbote der fernen Regierung zu umgehen. Daß die Abholzung nach 1861 fortgesetzt wurde und das ökologische Gleichgewicht zerstört hat, ist symptomatisch dafür, daß die nationale Einigung dem Süden wenig eingebracht hat.

Auch in Süditalien erfolgte die industrielle Produktion fast nur in Kleinbetrieben, die Nachfrage war gering. Neapel hatte die höchsten Schutzzölle, erst seit der Mitte der vierziger Jahre wurde der Außenhandel durch Verträge mit Frankreich und England erheblich erleichtert. Von der schon 1824 erfolgten Liberalisierung der Ausfuhr profitierten die Seiden-, Woll- und Baumwollindustrie. Nur letztere wurde modernisiert, vor allem durch Schweizer Unternehmer, die in den Provinzen Caserta und Salerno Fabriken gründeten und leiteten. Die stagnierende Eisenindustrie wurde seit den zwanziger Jahren von der Regierung unterstützt, Staatsbetriebe arbeiteten für Armee und Marine. In den dreißiger Jahren folgten private Gründungen; die größte Fabrik in Neapel beschäftigte um 1850 ca. 1000 Arbeiter. Auch die Papierindustrie und die für den Export wichtige Lederverarbeitung wurden gesteigert. Der Außenhandel wurde im wesentlichen mit der eigenen Handelsflotte abgewickelt.

Diese an sich beträchtliche industrielle Entwicklung hat, anders als in der Lombardei und in Piemont, die inneren Verhältnisse des Landes kaum verändert. Sie blieb auf wenige Teile Kampaniens beschränkt und wurde großenteils von Ausländern betrieben. Zu langfristig angelegter Unterstützung, die leicht zu Veränderungen der Sozialstruktur hätte führen können, war die Regierung nicht bereit; sie suchte nur die Oberschicht zufriedenzustellen, indem sie Schutzzölle, aber wenig direkte

Steuern erhob. Der Staat, der große Summen für Armee, Polizei und Hofhaltung ausgab, hatte nur geringe Einnahmen und war daher nicht imstande, die für eine Modernisierung von Produktion und Handel notwendigen Investitionen vorzunehmen. Zwar fuhr Italiens erste Eisenbahn 1839 von Neapel nach Portici, aber ein organischer Fortschritt erfolgte nicht; beim Untergang des Königreiches waren nur die Linien von Neapel nach Salerno und nach Caserta mit zusammen knapp 100 km in Betrieb!

Die Wirtschaft der Insel Sizilien unterschied sich kaum von der des Festlandes. Der umfangreiche Getreideanbau war extensiv und darum langfristig wenig ergiebig. In einigen Küstenstreifen wurde der Anbau von Zitrusfrüchten, Öl und Wein intensiviert, nur in diesen Gebieten kamen mittlere und kleinere Bürger zu Besitz und Einfluß. Die sehr umfangreiche Produktion und Exportation von Wein in der Gegend von Marsala wurde größtenteils von englischen Firmen betrieben. Unmodern und begrenzt blieb auch die industrielle Produktion, größere Bedeutung gewann nur der Schwefelexport, vorwiegend nach England und Frankreich.

Das Feudalsystem war zwar durch die Verfassung von 1812 abgeschafft worden, aber seine Klassenstruktur wirkte weiter. Die Regierung betrieb zwar die Rechtsangleichung an das Festland, beließ aber die Insel in wirtschaftlicher Abhängigkeit und Rückständigkeit. Viele der verkauften Latifundien waren von Verwandten der früheren Besitzer erworben worden; vom Verkauf hatte auch das städtische Bürgertum profitiert, welches auch hier dem unteren Adel eng verbunden war und mit ihm zusammen die Gemeindeverwaltungen kontrollierte; auch viele kirchliche Institutionen blieben reich. Die Besitzanhäufung bei einer kleinen Oberschicht ging hier wie auf dem Festland zu Lasten der Landarbeitermassen, die schlecht verdienten und meist Analphabeten blieben.

Ganz unzureichend blieb schließlich im gesamten Königreich das Kreditsystem. Es gab nur eine staatliche Bank in Neapel, Palermo und Messina; erst 1857 wurde eine Filiale in Bari eröffnet.

Die feudal-parasitäre Sozialstruktur des Südens hat die Revolutionen von 1830 und 1848 überdauert. Die Oberschicht hielt größtenteils lange zur Regierung, die ihre Privilegien konservierte und vor Bewegungen von unten schützte. Nur wenige Adelige und Bürger wandten sich dem Liberalismus zu, um die fälligen Modernisierungen und auch eine nationale Entwicklung zu erreichen. Diese wurde gerade von einer Minderheit in Sizilien gewünscht, welche sich nur darüber die Befreiung von der Vorherrschaft Neapels erhoffte. Andererseits gab es auf der Insel auch eine konservativ-autonomistische Opposition, die letztlich in den erst nach dem Zweiten Weltkrieg durchgesetzten Regionalismus geführt hat. Stärker wurde die Opposition in der Oberschicht erst im reaktionären Jahrzehnt nach 1848, als immer deutlicher wurde, daß die bourbonische Regierung anachronistisch geworden und nicht mehr imstande war, die bestehende Ordnung dauerhaft zu schützen. Seitdem setzte eine vorsichtige Absetzungsbewegung ein, ohne die die Wende von 1860/61 zumindest nicht so schnell und glatt hätte erfolgen können. Die Motive waren bisweilen liberale und nationale Grundsätze, aber wohl oft noch stärker das Interesse an sozialer Konservation. Was mit den Bourbonen nicht mehr ging, sollte mit den Piemontesen versucht werden, deren großbürgerliche Führungsschicht sich auf solche Kompromisse gern eingelassen hat (vgl. S. 175 f.). „Wenn wir wollen, daß alles bleibt, wie es ist, dann muß sich alles verändern", sagt in Lampedusas ›Leopard‹ der Neffe des Fürsten zur Begründung seines Übergangs zur Nationalpartei. Das eingangs erwähnte Bestreben, Umbrüche zu überleben, ist selten auf eine prägnantere Formel gebracht worden.

Reaktion und Stagnation im Jahrzehnt nach 1849

Die vom Wiener Kongreß begründete italienische Ordnung hatte sich 1848 als anachronistisch erwiesen, blieb aber unfähig zur Reform. Die an sich schätzenswerte konservative Staatsidee ließ sich nur mehr mit repressiven Methoden verwirklichen und verlor dadurch Konsens und Prestige. Im Lombardo-Veneto regierte Radetzky bis 1856 mit dem Belagerungszustand, die dem Land auferlegten Reparationen belasteten besonders die städtischen Oberschichten. Mit einigem Erfolg suchte die Regierung sich auf die Bauern zu stützen und sie gegen die in den Städten verbreitete nationale und liberale Bewegung aufzuwiegeln, soziale und politische Gegensätze wurden miteinander verbunden. Hochverratsprozesse und Todesurteile gab es nicht nur unmittelbar nach der Revolution. Blutige Unterdrückung und Konfiskationen waren die Antwort auf weitere Aufstandsversuche (so in Mailand 1853), die meist von Mazzini inspiriert waren. Wieder zeigte sich, daß seine Unternehmungen mehr kosteten als sie einbrachten.

Erst als nach dem Krimkrieg Österreich außenpolitisch isoliert und Piemonts Stellung erheblich verfestigt war, erfolgte ein Kurswechsel. 1857 besuchte Kaiser Franz Joseph das Lombardo-Veneto und sprach zahlreiche Begnadigungen aus; wirtschaftliche Verbesserungen und Erweiterung der lokalen Autonomien wurden versprochen und eingeleitet. Neuer Vizekönig wurde der jüngere Bruder Franz Josephs und spätere Kaiser von Mexiko, Erzherzog Maximilian, der sich um Beruhigung bemühte. Das beschlagnahmte Vermögen politischer Flüchtlinge wurde zurückgegeben, aber die meisten von ihnen, die seitdem in Piemont lebten, antworteten mit ostentativen Aktionen zu Ehren des piemontesischen Königshauses, auf das sich ja inzwischen die patriotischen Hoffnungen konzentrierten. Österreichs Konzessionen kamen zu spät, aber wahrscheinlich wären sie auch ein Jahrzehnt früher zu spät gewesen.

Die Wiener Regierung war eben nur zu Konzessionen bereit, die mit dem übernationalen Prinzip der Monarchie vereinbar waren und keine Schwächung ihrer italienischen Position bedeuteten. Österreichische Truppen blieben auch in den Herzogtümern, der Toskana und den nördlichen Teilen des Kirchenstaates, um neuen Angriffen gegen das mühsam wiederaufgerichtete System zuvorzukommen. Gerade der Staat des Papstes, der zusätzlich durch eine französische Garnison in Rom geschützt wurde, bedurfte solcher Hilfen. Pius IX. und Antonelli verblieben auf dem 1849 eingeschlagenen reaktionären Kurs, der das politische Leben Roms bis 1870, die katholische Kirchenregierung bis zum Tode des Papstes (1878) bestimmt hat. Papale Kirchenkonzeption und autoritäre Defensive gegen weltanschaulichen und politischen Liberalismus blieben die Leitlinien. Die überall in Europa gegen Staatskirchentum und Liberalismus erstehende katholische Bewegung ließ sich auch in der Kirchenstaatsfrage aktivieren: Es kam zu ihrer Solidarisierung mit dem durch Italiens Liberale bedrohten Papst, von der schließlich noch Mussolini profitiert hat, dem die befriedigende Lösung der „Römischen Frage" die Sympathien vieler Katholiken auch außerhalb Italiens eingebracht hat.

In Neapel-Sizilien waren, wie gesagt, die Errungenschaften von 1848 am schnellsten rückgängig gemacht worden. Am wiedereingeführten Absolutismus hielt Ferdinand II. nunmehr bedingungslos fest; die Armee wurde mit Polizeiaufgaben betraut, die Abschnürung vom übrigen Italien rigoros fortgesetzt. Liberale Politiker, so Carlo Poerio und Luigi Settembrini, wurden vor Gericht gestellt und teils wegen Handlungen, die in der konstitutionellen Periode rechtens gewesen waren, zu mehrjährigen Strafen verurteilt, zahlreiche Beamte entlassen. Selbst königstreue Beamte und Offiziere wurden abberufen, sobald sie Kritik übten, darunter der Fürst von Satriano, der 1849 Sizilien wiedererobert hatte. Das Regime stützte sich auf die zusammenschrumpfende konservative Schicht, auf Militär und Polizei. Korruption und Denunziantentum waren weit verbreitet, die Klügeren aus der Führungsschicht zogen sich auf vorsichtiges Abwarten zurück. Die konservative Idee diskreditierte sich nirgends so sehr wie in Neapel. Das dortige System mit seiner Willkürjustiz wurde von Politikern und Publizisten in ganz Europa heftig angegriffen, so von Gladstone, aber auch von deutschen Beobachtern wie Ferdinand Gregorovius; verachtungsvoll bezeichnete man den morschen Staat als eine „zweite Türkei". Der Thronwechsel zu Franz II. brachte keine wesentliche Änderung; der junge König war guten Willens, aber unerfahren. In der kurzen ihm verbleibenden Zeit wußte er sich nicht zu entscheiden, ob er den konservativen Ratschlägen aus Wien oder den konstitutionellen aus London folgen sollte.

In der Toskana versuchte Leopold II. zu seiner alten Politik der vorsichtigen Reformen zurückzukehren, aber Revolution und ausländische Intervention hatten das früher recht gute Verhältnis zwischen Monarchie und Bürgertum nachhaltig belastet. Die Moderati unter Ricasoli mußten erkennen, daß aus ihrem relativ kleinen Staat keine nationale Erneuerung hervorgehen konnte; nach vorübergehender Resignation setzten auch sie darum auf Cavour und Piemont.

Überhaupt trugen Stagnation und Reaktion in den übrigen italienischen Staaten erheblich dazu bei, daß die politische Bewegung sich ganz ins Königreich Piemont verlagerte. Nur dort waren Verfassung und Parlament, die Instrumente für die den Moderati vorschwebende Modernisierung, erhalten geblieben. Viele aus dieser für die weitere Entwicklung entscheidend gewordenen Gruppierung sind darum nach 1849 nach Piemont gegangen, zunächst die Flüchtlinge aus der nahen

Lombardei. Ihre Integration hat sehr dazu beigetragen, daß Piemont ein italienischer Staat im vollen Sinne des Wortes geworden ist.

Auch in der Literatur, die mit Alessandro Poerio, Goffredo Mameli und Luigi Mercantini in der Revolutionszeit eine neue romantisch-patriotische Welle erlebt hatte, trat nach 1849 zunächst eine klassizistische Erstarrung ein. Aus ihr ragten schon die ersten ›Rime‹ (1857) von Giosuè Carducci (1835—1907) hervor; den klassischen Stil benutzte er, um seiner als dekadent empfundenen Gegenwart die Größe der Vergangenheit entgegenzuhalten und daran das zu schaffende Italien auszurichten. Seine größten Wirkungen hat er jedoch erst in den sechziger und siebziger Jahren erzielt, in denen er als leidenschaftlicher Interpret nationaler, oft schon nationalistischer Ideen aufgetreten ist. In den fünfziger Jahren waren es eher die großen Opern von Giuseppe Verdi (1814—1901)[12], die im Bürgertum als Demonstration erneuerter nationaler Kultur empfunden worden sind.

Piemonts Aufstieg unter Cavour

Im Jahre 1849 war auch die Lage in Piemont zunächst noch unklar. Die von Gioberti geführte Linke wollte sich mit den Realitäten nicht abfinden; obwohl sie die Mehrheit der Bevölkerung nicht hinter sich hatte und obwohl die internationale Lage vollends seit dem Rechtsruck in Frankreich ganz ungünstig für sie war, hoffte sie weiterhin auf Aufstände. So verweigerte die demokratische Kammermehrheit die Ratifizierung des Friedens mit Österreich, auf der anderen Seite plädierten die Konservativen für die Aufhebung der Verfassung. Zwischen diesen beiden Extremen blieben Viktor Emanuel und der von ihm im Mai 1849 gegen die Kammermehrheit zum Ministerpräsidenten berufene D'Azeglio auf einem realistischen Mittelweg. Sie hielten an der Verfas-

---

[12] Die bedeutendsten dieser Opern wurden im Jahrzehnt nach 1850 vollendet: ›Rigoletto‹ 1851, ›Il Trovatore‹ und ›La Traviata‹ 1853, ›I Vespri Siciliani‹ (wegen der österreichischen und der neapolitanischen Zensur zunächst unter anderem Namen!) 1855, ›Simone Boccanegra‹ 1857, ›Un ballo in Maschera‹ 1859, ›La forza del destino‹ 1861.

sung fest und plädierten über Neuwahlen erfolgreich an die Mitverantwortung der Bürger: die neue Kammer ratifizierte den Friedensvertrag. Daß wenig später Karl Albert im Exil starb, begünstigte den Stimmungsumschwung zugunsten der Monarchie und der Moderati, denn der tote König wurde schnell zum Märtyrer der nationalen Sache verklärt, dem die Linke keine vergleichbare Symbolfigur entgegenzustellen hatte.

Die Regierung D'Azeglio wollte maßvolle Modernisierung. Sie versuchte daher, die in Piemont ja ganz rückständige Kirchengesetzgebung zu reformieren und etliche mit der modernen Staatsidee unvereinbare Privilegien der katholischen Kirche, so ihr Ehemonopol und das forum ecclesiasticum, abzuschaffen. Nachdem Verhandlungen mit Pius IX. ergebnislos geblieben waren, brachte der Justizminister Graf Siccardi entsprechende Gesetzentwürfe ein, die nach sehr heftigen Diskussionen im März 1850 angenommen wurden. Ein konservativer Flügel der Moderati versagte sich der Regierung, die die Entwürfe nur mit den Stimmen der Linken durchbringen konnte; ein neuer Ansatz zur Zusammenarbeit war damit gegeben. Am eindrucksvollsten hatte Cavour in der Kammer für die Gesetze plädiert. Entgegen konservativer Kritik bezeichnete er sie als keineswegs revolutionär, vielmehr als zeitgemäße Reform: ein Leitmotiv seiner gesamten Politik klang an.

Der Erfolg in der Kammer erleichterte Cavour den Aufstieg. Obwohl der König ihn für zu progressiv und präpotent hielt, wurde er im Sommer 1850 Minister, zunächst für Landwirtschaft, dann auch für Finanzen. In diesen Ressorts konnte er den Freihandel einführen, Verbesserungen der Agrarproduktion, Eisenbahnbau und Bankgründungen fördern und damit die wirtschaftliche Modernisierung des Landes einleiten. Er betrachtete diese auch als Mittel zur politischen Modernisierung, welche Savoyen-Piemont zur Schaffung der italienischen Staatsnation befähigen sollte. Über den Konstitutionalismus der Moderati ging er dabei hinaus, er wollte das volle parlamentarische System.

Der aus altem Adel stammende, mit französischen und schweizerischen Familien verwandte Cavour war mehr praktisch als historisch-ästhetisch gebildet und daher frei von jener Überschätzung Italiens, von der sich Mazzini wie Gioberti leiten ließen. Konsequent um die Integration Piemonts und Italiens in das moderne Europa bemüht, verachtete er Schwärmerei und Revoluzzertum. Sein Lebensweg erscheint geradlinig: Aus Abneigung gegen den Absolutismus war er als junger Offizier aus der Armee ausgeschieden. Er hatte seine Güter bewirtschaftet und über dem Studium der französischen und noch mehr der englischen Verhältnisse seine politischen Leitbilder geformt, die er seit 1848 als Journalist, als Abgeordneter und nun als Minister zu realisieren suchte. Sein Liberalismus hatte einen stark konservativen Einschlag, die soziale Revolution sollte unter allen Umständen verhindert werden. Verfassungs- und Nationalstaat erschienen ihm als zeitgemäße Ordnungsmodelle. Die durch die Verfassung umschriebene Freiheit der Bürger und das die Schichten von Besitz und Bildung repräsentierendeParlament sollten die politische Evolution herbeiführen, steuern und kontrollieren.

Schon 1851 begannen die Differenzen Cavours mit dem patriarchalischeren D'Azeglio, dazu mit Konservativen und Partikularisten, die erst recht nach Bonapartes Staatsstreich (2. Dezember 1851) eine Rechtsverschiebung forderten. Demgegenüber tat Cavour sich mit dem Führer der gemäßigten Linken, Urbano Rattazzi (1808—73) und dessen gemäßigt-demokratischen Anhängern wie Carlo Cadorna (1809—91) und Giovanni Lanza (1810—82) zu einer Aktionseinheit zusammen, welche zunächst die mit den Siccardischen Gesetzen begonnene Politik fortsetzen sollte. Dieses neuerdings gelegentlich als erstes «Centro-sinistra» bezeichnete «Connubio», welches D'Azeglio ausgebootet hat, war aber nicht nur kurzfristig angelegt. Durch die Fusion von Liberalen, etlichen Moderati und Demokraten hat Cavour die starke liberale Fraktion geschaffen, aus der die «Destra storica» erwachsen ist, welche zuerst Piemont, dann Italien bis 1876 regiert hat. Das parlamentarische System war faktisch vom König akzeptiert, als Cavour mit Hilfe der neuen Mehrheitsfraktion im November 1852 Ministerpräsident wurde; er hat fortan, mit Ausnahme einer kurzen Periode im Jahre 1859, bis zu seinem Tode die piemontesische Politik geleitet.

Überzeugt von der Legitimität der auf neuem bürgerlichen Konsens beruhenden Staatsautorität, hat Cavour von seinen Kompetenzen stets vollen, manchmal skrupellosen Gebrauch gemacht[13]. Ebenso Optimist

---

[13] Cavour ist (ähnlich wie Bismarck!) von den seitherigen Historikergenerationen verschieden beurteilt worden. Auf die Hagiographie der direkten Nach-Risorgimento-Zeit folgte die „idealistische" Generation mit verschiedenen Ak-

wie Pragmatiker, war er aber davon überzeugt, daß die Realisierung seines Programms große Umsicht erforderte. Von da her erklärt sich sein Bemühen um Abstützung im politisch fortgeschrittenen Westeuropa, in England und vor allem in Frankreich, wo Bonaparte, nunmehr Napoleon III., freilich in schwieriger Lage war zwischen dem Papst, den er unterstützte, und der italienischen Nationalbewegung, mit der er weiterhin sympathisierte. Aus Bonapartes „Rechtskurs" zog Cavour ganz andere Konsequenzen als seine konservativen Gegner: er begründete in Westeuropa eine Konsolidierungsphase, die zu maßvoller politischer Transformation geradezu ermutigte, weil soziale Umwälzungen nun nicht zu befürchten waren.

Ähnlich wie Bismarck hat Cavour sich als Meister der Außenpolitik erwiesen. Solange aber die Voraussetzungen für die Auseinandersetzung mit Österreich nicht gegeben waren und Frankreichs Unterstützung noch nicht sicher war, blieb er auf die innere Modernisierung konzentriert, welche die Sympathien der Liberalen in Frankreich und England vergrößerte. Österreichs Repressionen im Jahre 1853 und ihr nega-

zentsetzungen: Croce und Omodeo betrachteten ihn als Vorkämpfer bürgerlicher Freiheit, deren Betonung sie als Mittel publizistischer Opposition gegen den Faschismus benutzten, während Gentile ihn als Schöpfer des nationalen Machtstaates feierte, den der Faschismus vollendet habe. Die von Marxisten und Katholiken begonnene Revision des nationalen Geschichtsbildes in der 2. Nachkriegszeit führte zu einer Umbewertung. Am weitesten geht der Engländer Denis Mack Smith, der — mit entgegengesetzter Wertung und auf niedrigerem intellektuellen Niveau als Gentile — Italiens Geschichte im 19. Jh. unter der Perspektive des Faschismus sieht und Cavour vorhält, durch das «Connubio» die Formierung einer politischen Opposition und die Bildung eines Zweiparteiensystems verhindert zu haben. Demgegenüber stellt Romeo in seiner großen, auf ausgedehntem Quellenstudium beruhenden und nunmehr maßgebenden Cavour-Biographie (Bd. 2, 1977) fest, daß die Voraussetzung für das Zweikammersystem in Piemont gar nicht gegeben war: Abgesehen von der sich Cavour anschließenden Gruppe um Rattazzi gab es keine konstituionelle Linke, sondern nur radikale Republikaner, die den bestehenden Staat ebenso scharf bekämpften wie die Konservativen. Eine konstitutionelle Linke hat sich in Italien erst um 1864 gebildet und ist dann 1876 an die Regierung gelangt. — Eine knapp und gut zusammenfassende Darstellung der Politik Cavours und der Entwicklung Piemonts zwischen 1849 und 1859 hat ebenfalls 1977 Emilia Morelli vorgelegt.

tives Echo in Europa ermöglichten dann zum ersten Mal eine Konfrontation. In Wien war man so ungeschickt, der Turiner Regierung eine Aktivlegitimation dazu mitzuliefern, indem auch Güter lombardischer Flüchtlinge sequestriert wurden, die piemontesische Bürger geworden waren. Piemont brach die diplomatischen Beziehungen ab, Cavour trat mit einer Heftigkeit auf, die einige Jahre zuvor die äußerste Linke gekennzeichnet hatte: Er beschuldigte Österreich wegen seiner Besatzungen in den Herzogtümern und im Kirchenstaat der permanenten Verletzung der Verträge von 1815, auf die es sich stets berief; auch gab er zu verstehen, daß Piemont bei günstiger Gelegenheit die Sache der italienischen Einheit wieder aufgreifen werde. Über die französische Garnison im Kirchenstaat verlor er kein Wort!

Eine erste, dabei sehr problematische Gelegenheit, die italienische Frage aufzurollen, hat der Krimkrieg (Herbst 1853—Frühjahr 1856) erbracht, der zunächst Piemont gar nichts anging. Hauptkontrahenten waren das expansive Rußland, welches die Türkei bedrängte, und England, welches dieser dagegen zu Hilfe kam. Frankreich schloß sich England an, aber darüber kam es nicht zu der von Cavour erhofften Konfrontation liberaler und konservativer Mächte. Auch die österreichische Regierung unter Franz Joseph und Graf Buol entschloß sich nämlich wegen ihrer Balkaninteressen im Dezember 1854 zur (äußerst folgenschweren, weil die Allianz mit dem zaristischen Rußland beendenden) diplomatischen Unterstützung der Westmächte, entzog sich aber der aktiven Teilnahme am Krieg, u. a. mit dem Hinweis auf möglicherweise von Piemont drohende Gefahren. Die Westmächte drängten seitdem auf eine Beteiligung Piemonts, auf die England schon seit längerem hinarbeitete. Viktor Emanuel, stets mehr Soldat als Politiker, war gern bereit, auch weil er sich mit der parlamentarischen Regierungsform noch nicht abfand und seine 1852 geschwächte Stellung aufwerten wollte. Starke Widerstände erhoben sich aber in Regierung und Parlament: Sollte Piemont eventuell an Österreichs Seite kämpfen? Wie war der Krieg nach den kostspieligen inneren Reformen zu finanzieren? Die Lage wurde noch dadurch kompliziert, daß gleichzeitig Kirchengesetzentwürfe der Linken zur Diskussion standen, die die Säkularisation der meisten Klöster vorsahen; sie sind im Mai 1855 angenommen worden[14].

---

[14] Daß fast gleichzeitig (August 1855) Österreich das die Monopolstellung der

Die Konservativen warfen Cavour unverantwortliche Überhöhung der Staatsausgaben vor, aus der nun die Einziehung kirchlichen Vermögens heraushelfen sollte; auch der König war nicht für die Klosteraufhebungen. Um so wichtiger war für Cavour die Übereinstimmung mit dem König in der Kriegsfrage. Nicht spontan, wie eine langlebige Legende behauptete, sondern unter vielfachem inneren wie äußeren Druck hat er im Januar 1855 den Kriegseintritt durchgesetzt. Wenig später wurde ein 15000 Mann starkes Korps unter dem General Alfonso LaMarmora (1804—78) auf die Krim geschickt, wo es an den entscheidenden, freilich nicht mehr lange dauernden Kämpfen tapfer und erfolgreich teilgenommen hat. Novara war wettgemacht, die innere Opposition zum Schweigen gebracht, Piemont militärisch wie politisch aufgewertet; auf dem Pariser Friedenskongreß (Februar—März 1856) konnte es erstmals auf der Ebene der europäischen Mächte mitreden.

Cavour schloß sich dort eng an Napoleon III. an und erreichte mit seiner Hilfe die formelle Gleichberechtigung mit den Großmächten. Der Kaiser der Franzosen erwog seit dem Krimkrieg, die noch offenen nationalen Probleme als Hebel für europäische Veränderungen im französischen Großmachtinteresse einzusetzen. Diese Absicht und die Isolation, in die Österreich ob seines halbherzigen Handelns geraten war, nutzten Cavour ebenso wie seine eigene Vorsicht: In einem Memorandum zur italienischen Frage, das Napoleon von ihm erbat, formulierte er nur die maßvollen Vorschläge nach Abzug der österreichischen Besatzungstruppen, nach Aufhebung der Konfiskationen und nach Reformen im Kirchenstaat und in Neapel. Die alte, durch Napoleons Ambitionen erneuerte französisch-österreichische Rivalität in Italien wußte er damals wie später geschickt auszunutzen.

Zu Ende des Kongresses, als gemeinsame Maßnahmen gegen die internationale revolutionäre Propaganda erörtert wurden, konnte Cavour sein großes Anliegen auch öffentlich zur Sprache bringen und den Regierungsmethoden Österreichs, Neapels und des Kirchenstaates die Verantwortung dafür aufbürden, daß sich in Italien revolutionäre Stimmung ausbreitete. Konkrete Abhilfe war damit nicht zu erreichen, aber eine Kongreßresolution erwähnte die italienische Frage wenigstens

katholischen Kirche sanktionierende Konkordat schloß, ist überaus bezeichnend für den ideologischen Abstand beider Staaten.

als internationales Problem; die liberale öffentliche Meinung erkannte Cavour und Piemont als Vertreter Italiens an! Zugleich wurde deutlich, daß Piemont von England zwar weiterhin Sympathie, aber keine direkte Hilfe erwarten konnte, denn die Regierung Palmerston blieb an einem starken Österreich als Gegengewicht gegen Rußland auf dem Balkan interessiert. Um so mehr empfahl sich die Anlehnung an Frankreich, die sich in der durch Krimkrieg und Pariser Frieden veränderten Gesamtlage durchaus günstig ausgewirkt hat. Nachdem die russische Expansion gestoppt war, löste sich nämlich das Bündnis der Westmächte bald auf. Frankreich fand dafür in Piemont einen Satellitenstaat, der seinerseits dadurch im Rahmen dessen, was der mächtige Verbündete hinnahm, größere Bewegungsfreiheit gewann.

Schon die Fortsetzung der zuvor skizzierten Wirtschafts- und Kirchenpolitik wie die Abschaffung von Adelsprivilegien hatten Cavour zunehmenden Konsens gemäßigter Linker eingebracht. In dieselbe Richtung wirkte sein erfolgreiches nationalpolitisches Auftreten, noch in den fünfziger Jahren schlossen sich ihm der frühere Republikaner Manin sowie die einflußreichen sizilianischen Emigranten La Farina und Crispi an. Ein wichtiges Instrument zur Propagierung der piemontesisch-konstitutionellen Politik wurde die 1857 gegründete «Società nazionale», die unter der Führung des Marchese Giorgio Pallavicino, eines früheren Häftlings vom Spielberg, für den Anschluß Italiens an Piemont eintrat; ihr einflußreicher Sekretär La Farina trat in enge Beziehungen zu Cavour[15]. Innere Widerstände waren freilich auch in der zweiten Hälfte der fünfziger Jahre noch zu überwinden; sie kamen sowohl von der mazzinianischen Linken, die sich im «Partito d'azione»[16] neu formierte, wie von der immer noch starken Rechten. Die Mazzinianer waren empört über Cavours Politik der kleinen Schritte und besonders über sein Bündnis mit Napoleon III., in dem sie nur den Zerstörer der römischen Republik sahen; nicht ohne Grund fürchteten sie, daß der Kaiser nicht die Einigung Italiens, sondern nur eine erhebliche Ver-

---

[15] Die Società Nazionale ist zum Vorbild für den „Deutschen Nationalverein" geworden, der 1859 unter dem Eindruck des italienischen Krieges entstanden ist.
[16] Ein knappes Jahrhundert später hat diesen Namen eine linksliberal-republikanische Gruppierung der Resistenza angenommen und auch dadurch deren Legitimation aus dem Risorgimento behauptet. Vgl. S. 297.

größerung Piemonts anstrebte. Um dem entgegenzuwirken, kehrten sie zu ihrer Spannungsstrategie zurück und organisierten Attentate, verloren aber durch den unbesonnenen und darum schnell gescheiterten Einfall Carlo Pisacanes nach Kalabrien 1857 erneut an Prestige. Im gleichen Jahr erzielte die Rechte, welche die traditionale Ordnung soweit wie möglich erhalten wollte, einen großen Wahlerfolg. Cavour hat daraufhin den den Konservativen besonders verhaßten Rattazzi zur Demission genötigt, seinen Kurs aber im wesentlichen fortsetzen können. Mitentscheidend war, daß Viktor Emanuel trotz gelegentlicher Differenzen weiterhin zu ihm stand, ebenso die von Loyalität zur Krone geleitete Armeeführung um LaMarmora.

Ausgerechnet im rückständigen Italien hat somit Cavours neue liberale Partei aus Adeligen und Bürgern die Nationalstaatsbildung im politischen Gleichklang mit dem liberalen Westen Europas einleiten können — ganz im Gegensatz zu Preußen-Deutschland, wo wenige Jahre später Wilhelm I., Bismarck und die Armee über die Reichsgründung, bei der sie nur ein vorübergehendes Zweckbündnis mit den Liberalen schlossen, die Herrschaft der traditionellen Eliten verfestigt haben.

Im Januar 1858 drohte die piemontesisch-französische Annäherung jäh unterbrochen zu werden. Ein aus der Romagna stammender Ex-Mazzinianer, Felice Orsini, verübte in Paris ein Bombenattentat auf Napoleon III., welches zwar diesen selbst nicht traf, aber mehrere Menschen tötete und zahlreiche verletzte und in ganz Europa größtes Aufsehen erregte, zumal da schon andere Anschläge italienischer Revolutionäre vorausgegangen waren. Die proösterreichische Partei in Paris um den Außenminister Graf Walewski schien noch einmal die Oberhand zu gewinnen; Cavour sah sich zur Unterdrückung radikaler Stimmen gezwungen, so der Italia del popolo Mazzinis. Die Reaktion in den Tuilerien fiel aber anders aus, als Walewski hoffte und Cavour fürchtete. Napoleon ließ sich nicht nur durch den großen Mut Orsinis beeindrucken, der nach dem Todesurteil nicht um Gnade bat, sondern ihn beschwor, „seinem Vaterland die Unabhängigkeit wiederzugeben", ohne die „die Ruhe Europas und die Ruhe Ew. Majestät nur eine Chimäre wären"! Schon das Attentat als solches hat die Entscheidung des Kaisers zu aktivem Eingreifen in Italien beschleunigt. Es schien an der Zeit, den revolutionären Kräften Wind aus den Segeln zu nehmen und eine Lösung der italienischen Frage einzuleiten, die sein politisches und soziales System weiter konsolidieren konnte; von weiteren Motiven wird bald die Rede sein.

Die italienische „Revolution"
Vom Krieg gegen Österreich (1859)
zur Konstituierung des Königreichs Italien (1861)

Schon im Juli 1858 lud Napoleon Cavour, der sich nach Absicherung bei Viktor Emanuel auf solche persönliche Diplomatie gern einließ, zu geheimer Besprechung ins Vogesenbad Plombières ein. Er eröffnete ihm, daß er Piemont in einem Krieg gegen Österreich beistehen werde, sofern dieser nicht im Dienst der Revolution stehe, sondern durch das nationale Prinzip und die Wünsche der Bevölkerung vor Europa gerechtfertigt werden könne; Piemont sollte den Krieg provozieren, aber so, daß man Österreich die Schuld zuschieben könne. Als direkte Ziele bezeichnete der Kaiser die Vertreibung der Österreicher aus Italien, dessen Neuorganisation in drei oder vier Staaten und deren Zusammenfassung in einem Bund. Piemont sollte durch den Anschluß des Lombardo-Veneto, der Herzogtümer und der Legationen zu einem großen oberitalienischen Staat mit ungefähr 11 Millionen Einwohnern erweitert, aus der Toskana und den übrigen Teilen des Kirchenstaates ein mittelitalienisches Königreich gebildet werden, Neapel bestehenbleiben. Der Papst sollte nur Rom behalten und mit dem Vorsitz im neuen Bund abgefunden werden; noch einmal tauchten die Ideen der «Lega Italica» wie des Neoguelfismus auf, freilich völlig verändert durch die Einordnung in den Imperialismus Bonapartes. Als Gegenleistung forderte dieser die Abtretung von Savoyen und Nizza; auch drängte er auf die Heirat einer Tochter Viktor Emanuels mit seinem Vetter Jérôme, den er in einem zweiten Schritt zum König Mittelitaliens erheben wollte. Cavour glaubte, dieses Heiratsprojekt seinem König zumindest empfehlen und alles andere akzeptieren zu sollen, wiewohl Savoyen das Stammland der Dynastie war, die Zession Nizzas dem nationalen Prinzip widersprach und Italiens Einigung nicht in Aussicht gestellt wurde. In der ihm eigenen Mischung von Realismus und Optimismus überzeugte er sich davon, daß Viktor Emanuel, einmal de jure Souverän der reicheren und stärkeren Hälfte Italiens, de facto der Souverän der ganzen Halbinsel sein werde. Nachdem der König zugestimmt hatte, wurde im Dezember 1858 ein förmlicher, ebenfalls geheimer Bündnisvertrag geschlossen, in dem Piemont sich auch zur Bestreitung der Kosten des geplanten Krieges verpflichten mußte. Dieser Vertrag bedeutete einen ersten Höhepunkt der ausgreifenden Politik, die Napoleon seit seinem Machtantritt intendiert und seit dem Krimkrieg initiiert hatte. Ihre Motive und Ziele sind oft erörtert worden: Aushöhlung des Gleichgewichts von 1815 und Wiederherstellung der damals abgeblockten französischen Hegemonie, zu diesem Zweck Schwächung Österreichs, Distanzierung von England sowie die Schaffung von Satellitenstaaten. Die dabei gewährte Unterstützung gemäßigter nationaler Bewegungen gegen sozialrevolutionäre Kräfte wie überhaupt der erhoffte außenpolitische Prestigegewinn sollten auch in Frankreich, wo die Wirtschaftskrise von 1857 Bürger und Bauern beunruhigte, stabilisierend wirken, politische Veränderung und soziale Konservation einander ergänzen. In vielem und gerade in den Italien-Plänen lebte das „bonapartistische" Modell des großen Oheims wieder auf. Im Gegensatz zu diesem scheint aber der Neffe den Krieg um solche Machterweiterung letztlich gescheut zu haben, jedenfalls zögerte er bald wieder. Kamen ihm Skrupel ob des zu erwartenden großen Blutvergießens, oder zweifelte er nur am Gelingen des risikoreichen Planes? Immerhin widerrieten den Kriegsvorbereitungen die Konservativen um Walewski und die starke katholische Partei, welche die Schwächung der päpstlichen Stellung fürchtete. Während Cavour, gestützt auf die französischen Zusagen, seitdem aufrüstete und Österreich nach Kräften provozierte, steckte Napoleon zurück, als die englische Regierung im März 1859 einen europäischen Kongreß zur Diskussion der italienischen Frage vorschlug. Cavour, der sich schon um die Früchte seiner Politik gebracht sah, wehrte sich mit allen Mitteln. Er ermutigte Garibaldi zu Aufständen in den Herzogtümern, drohte mit Veröffentlichung des Geheimvertrags und sagte den Sieg Mazzinis voraus.

In der zugespitzten Lage beging die verunsicherte österreichische Diplomatie am 23. April den kapitalen Fehler, Piemont in einem auf drei Tage befristeten Ultimatum zur Verringerung seines Heeres und zur Entlassung der Freiwilligen aufzufordern. Darüber kam der Mechanismus der piemontesisch-französischen Allianz doch noch in Gang, formal war Österreich der Angreifer! Im Mai begann der „zweite Unabhängigkeitskrieg", als dessen Ziel Napoleon die Befreiung Italiens „bis zur Adria" proklamierte, der erste Krieg, in dem der Eisenbahntransport die schnelle Konzentration von Truppenmassen ermöglichte und vor allem die Franzosen begünstigte. Da der österreichische Kommandeur Graf Gyulai ungeschickt taktierte, gelang den Verbündeten unter MacMahon bei Magenta (Prov. Novara) am 4. Juni ein erster großer Sieg, der die Eroberung Mailands ermöglichte. Nach dem Rückzug über den Mincio wurde die nun von Kaiser Franz Joseph und General Benedek geführte österreichische Armee am 24. Juni in der Doppelschlacht von Solferino-S. Martino (Prov. Mantua) erneut geschlagen, konnte sich aber ins Festungsviereck zurückziehen. Die blutige Massenschlacht, die verlustreichste des ganzen Risorgimento, hatte fast 5000 Tote und 25000 Verletzte gefordert, von denen viele wegen der ganz unzureichenden Versorgung noch ihren Wunden erlegen sind. Der Anblick des Grauens auf dem Schlachtfeld hat den jungen Genfer Kaufmann Henri Dunant (1828—1910) dazu bewogen, eine mutige Initiative zugunsten der Kriegsverletzten ins Werk zu setzen, die 1864 zur Gründung des Internationalen Roten Kreuzes und zur ersten Genfer Konvention geführt hat. Wie schade, daß die Historiker sich nicht daran gewöhnen konnten, in Dunant den einzigen Sieger von Solferino zu sehen!

Der Krieg hatte die auf den günstigen Moment nur wartenden Kräfte der nationalen Revolution freigesetzt und in Mittelitalien eine neue Aufstandsbewegung ausgelöst, die meist von Mitgliedern der «Società nazionale» geführt wurde, im Bürgertum breite Zustimmung fand und im allgemeinen unblutig verlief. Noch im Juni sahen sich in den Herzogtümern und selbst in der Toskana die Monarchen, in den Legationen (Emilia-Romagna) und in den Marken die obersten päpstlichen Beamten zur Abreise gezwungen. Provisorische Regierungen unter liberalen, zu Cavour haltenden Politikern, so Ricasoli in Florenz und Farini in Bologna, proklamierten den Anschluß an Piemont. Nur das ebenfalls aufständische Umbrien konnten päpstliche Truppen noch einmal unterwerfen.

Nicht nur, daß diese auf *einen* starken Staat zielende Anschlußbewegung gar nicht ins Kalkül Napoleons paßte und die Fortsetzung des Krieges mit der angeschlagenen Armee (gegen die starken österreichischen Festungen!) erhebliche Risiken barg, die europäischen Kabinette meldeten ihren Willen zur Eindämmung oder zur gemeinsamen Entscheidung des Konflikts nun noch energischer als im Frühjahr an. Die liberale englische Regierung Palmerston hätte zwar einen starken oberitalienischen Staat begrüßt, wollte aber sowohl französische Expansion wie Ausweitung des Krieges vermeiden. Zar Alexander II., der sich dem Bündniswerben Napoleons entzogen hatte, suchte ihn durch einen persönlichen Abgesandten zum Einlenken zu bewegen. In Deutschland hatte der Krieg eine neue patriotische Welle ausgelöst, die den Nationalkrieg am Rhein forderte; die immer noch starken Großdeutschen sahen sich in ihrer durch die Erinnerung an den ersten Napoleon begründeten Überzeugung gestärkt, daß Österreichs oberitalienische Stellung für ganz Deutschland wesentlich sei und dessen Verteidigung gegen französisches Ausgreifen auch am Po und an der Etsch erfolgen müsse. Trotzdem hatten der preußische Prinzregent (der spätere König und Kaiser Wilhelm I.) und seine Regierung sich zunächst zurückgehalten, boten aber nun gegen eine für Preußen günstigere Machtverteilung im Deutschen Bund ihre Intervention an und setzten damit sowohl Österreich wie Frankreich unter Druck.

Napoleon III., der zudem auch in Frankreich weiterhin auf Opposition stieß, steckte daraufhin zur Überraschung aller schnell zurück; er glaubte, daß der zum Massenkrieg gewordene Konflikt noch auf alte Weise unter Souveränen beendet werden könnte. Über die Köpfe seiner Verbündeten hinweg bot er Franz Joseph einen Kompromiß an, auf den dieser sofort einging, weil er ihn vom preußischen Druck befreite und die österreichische Macht in Italien wenigstens zu einem erheblichen Teil erhielt. Auch ersparte er die Demütigung einer Neuverteilung österreichischer Gebiete auf einem europäischen Kongreß. Im Vorfrieden von Villafranca (11. Juli) trat Franz Joseph nur die de facto verlorene Lombardei an Napoleon ab, der sie an Viktor Emanuel weitergeben sollte; Venetien mitsamt dem Festungsviereck blieb österreichisch. Die beiden Kaiser vereinbarten die Restitution der habsburgischen Souveräne in der Toskana und in Modena; sie sprachen sich für die Gründung eines italienischen Staatenbundes aus, dessen Ehrenpräsident der Papst werden und dem der Kaiser von Österreich angehören sollte. Dem Papst wurden lediglich zeitgemäße Reformen im Kirchenstaat anempfohlen; auf Napoleons Vorschlag einer

Verselbständigung der Legationen hatte Franz Joseph sich nicht eingelassen.

Viktor Emanuel blieb nichts übrig, als den Kompromiß hinzunehmen. Bei den überzeugten Liberalen Italiens und Europas hat Napoleon III. sich aber durch diesen „Verrat" an dem von ihm selbst proklamierten nationalen Prinzip um jeglichen Kredit gebracht, die Radikalen haßten ihn nun erst recht. Nicht abgefunden hat sich auch Cavour, auf dessen Entfernung zudem die Österreicher drängten. Am 13. Juli ist er zurückgetreten, LaMarmora bildete mit Rattazzi eine neue Regierung, die schwach war und ganz abhängig von dem ebenfalls unsicher taktierenden König.

Der definitive österreichisch-französische Friedensvertrag, der nach längeren, von Napoleon zögernd geführten Verhandlungen am 10. November 1859 in Zürich geschlossen und gleichzeitig durch zwei Verträge mit Piemont erweitert wurde, bestätigte den Vorfrieden und regelte vor allem die Abtretung der Lombardei. Zu diesem Zeitpunkt stand aber bereits fest, daß die anderen Abmachungen von Villafranca nicht durchführbar waren, weil die nationalrevolutionäre Entwicklung über sie hinweggegangen war. Die noch von Cavour mit Waffen versorgten provisorischen Regierungen der mittelitalienischen Gebiete hatten weiterhin den vollen, dabei disziplinierten Konsens der Bürger, die von der Rückkehr der früheren Regierungen nichts wissen wollten. Vorläufige Volksvertretungen bekräftigten den Willen zur Vereinigung mit Piemont. Napoleon war irritiert: Unter Berufung auf Villafranca versuchte er die Anschlußbewegung zu bremsen, war aber andererseits weder willens noch imstande, ihr energisch zu begegnen. Für bewaffnete Intervention, wie Österreich sie forderte, um wenigstens die Toskana zu retten, war er verständlicherweise nicht zu gewinnen. Die schwer berechenbare Lage wurde durch das Kirchenstaatproblem zusätzlich kompliziert: Gegen die drohende Teilannexion appellierten Pius IX. und Antonelli an die Solidarität der Katholiken und vergrößerten dadurch die Spannungen in Frankreich, während Mazzini und Garibaldi bereits die Revolutionierung des ganzen Kirchenstaates vorbereiteten.

Um einen Kompromiß, der weder die Katholisch-Konservativen noch die National-Liberalen zufriedengestellt hätte, nicht allein verantworten zu müssen, zog der Kaiser der Franzosen im Spätherbst das Projekt eines europäischen Kongresses wieder hervor, der alle Fragen gütlich regeln sollte. Sowohl England als nun auch Österreich stimmten zu, jedoch mit konträren, die weiteren Verhandlungen blockierenden Zielen: Franz Joseph und sein neuer Außenminister Graf Rechberg wollten weiterhin die Restitution in der Toskana und in den päpstlichen Provinzen, Palmerston und sein Außenminister John Russell eine Lösung, die den Wünschen der Bevölkerung nicht widersprach. Napoleon lavierte, aber gegen Jahresende entschloß er sich zu energischem Vorgehen und zur Option für den englischen Standpunkt, von dem er sich auch den dringend gebrauchten eigenen Gewinn errechnete. Verhalf er Piemont zum Besitz Mittelitaliens, so konnte er dafür wenigstens die Abtretung Savoyens und Nizzas fordern, für die ja die im Vorjahr stipulierten Voraussetzungen seit dem Verzicht auf die Eroberung Venetiens nicht mehr gegeben waren. Die anderen Probleme beiseite schiebend, lenkte der Kaiser darum die Aufmerksamkeit auf den Anachronismus der päpstlichen Herrschaft, die ja besonders die englischen Politiker aus einer Mischung liberaler Prinzipien und antikatholischer Ressentiments entschieden verwarfen. Napoleon, zu dessen Regierungstechnik der gezielte Einsatz der öffentlichen Meinung gehörte, bediente sich dazu der Publizistik. Die anonyme Broschüre ›Le Pape et le Congrès‹ (Dezember 1859), von der sofort bekannt wurde, daß sie auf sein direktes Geheiß geschrieben worden war, bekannte sich zwar zur weltlichen Souveränität des Papstes, betonte aber, daß dafür der Besitz Roms, unter der Garantie der katholischen Großmächte und der zu schaffenden italienischen Konföderation, genügen werde. Die Autorität des Papstes, so ließ Napoleon verbreiten, werde um so größer sein, je kleiner seine Staaten wären! Wieder einmal gedachte also der Kaiser auch den Zwiespalt aufzulösen, in dem er sich wegen der gleichzeitigen Unterstützung des Papstes und der Nationalbewegung befand. Sein Postulat war, wie die seitherige Geschichte gezeigt hat, vernünftig; aber Pius IX. war ebensowenig wie die meisten Souveräne in vergleichbaren Situationen bereit, eine solche Schmälerung seiner Rechtsposition hinzunehmen, auch Österreich nicht, welches sich nun vom Kongreßprojekt zurückzog.

Um so leichter fiel es Napoleon, nach Abstimmung mit England seine Lösung durchzusetzen und dafür selbst die Regierung Piemonts zu gewinnen; an ihrer Spitze stand seit dem Januar 1860 wieder Cavour, der die Passivität der Regierung LaMarmora mit zunehmender, auch den König nicht schonender Schärfe angegriffen hatte. Im März sagte Cavour in neuen Geheimverträgen mit Napoleon die Abtretungen zu; fast gleichzeitig fanden nach Abstimmung zwischen ihm, Ricasoli und Farini in der Emilia und der Toskana Plebiszite statt, bei denen die große Mehrheit für die daraufhin sogleich vollzogene Vereinigung mit Piemont votierte. Parlamentswahlen, die auf Drängen des Ministerpräsidenten noch im gleichen Monat in den alten wie den neuen Gebieten folgten, brachten ihm und den beiden von ihm inspirierten Formationen, der «Società nazionale» und der 1859 entstandenen «Unione liberale», einen überwältigenden Erfolg ein; die Rechte wie die Linke wurden abgedrängt.

Nord- und Mittelitalien war — mit Ausnahme Venetiens und der noch dem Papst verbleibenden Regionen: Marken, Umbrien, Latium — zu einem Staat zusammengefaßt, der auf dem nationalen Prinzip, aber auch auf der in den Plebisziten artikulierten, von Viktor Emanuel durchaus nicht begrüßten Volkssouveränität beruhte. Zugleich erzwang Cavour mit seiner großen Mehrheit die volle Reaktivierung des vom König in der Krise des Vorjahres nicht ungern außer Kraft gesetzten Parlamentarismus und damit die erneute Konsonanz nationaler und liberaler Politik. Obwohl das nationale Prinzip weitere Vergrößerungswünsche enthielt, fanden die meisten europäischen Mächte sich mit der momentan beruhigenden Vereinfachung der politischen Landkarte Italiens schnell ab; die Proteste Österreichs und der Kirchenbann, den der Papst über die für die Beraubung des Patrimonium Petri Verantwortlichen verhängte, hatten keine direkte politische Wirkung. Der neue, mit dem Namen Piemont-Sardinien nur mehr unzureichend umschriebene Staat mußte freilich als erstes den Napoleon zugesicherten Preis entrichten: Savoyen und Nizza.

Um auch dieses Kompensationsgeschäft alter Art mit neuer plebiszitärer Legitimation zu versehen, wurden in den abzutretenden Gebieten ebenfalls Abstimmungen angesetzt, die unter dem Druck der Regierungen den gewünschten Verlauf nahmen.

Seit dem Beginn des Krieges gegen Österreich war die inneritalienische Entwicklung vornehmlich von Cavour und seinen politischen Freunden bestimmt worden. Ihr dabei gewonnenes und soeben noch bekräftigtes Prestige hat jedoch durch die Zession von Savoyen und Nizza, in der Cavour selbst eine harte, aber realpolitisch verantwortbare Notwendigkeit sah, erhebliche Einbuße erlitten. Kritik kam sowohl von den am alten, übernationalen Savoyen hängenden Konservativen wie vor allem von der Linken, die sich im Mißtrauen gegen Cavour und in der Abneigung gegen Napoleon III. bestätigt sah und die allgemeine Verbitterung für sich auszunutzen versuchte; als ihr radikalster Sprecher trat in der Kammer der aus Nizza stammende Garibaldi auf.

Es war jedoch ein „Zufall", daß wenige Wochen nach der Abtretung Savoyens jener dramatische Akt der italienischen Revolution begann, der tatsächlich der Linken großen Auftrieb gegeben hat: Garibaldis „Zug der Tausend" nach Sizilien, der zum Staunen der Zeitgenossen das Ende der bourbonischen Herrschaft in Süditalien heraufgeführt hat. Sizilianische Aufständische erbaten im April 1860 Hilfe, doch Garibaldi zögerte, da er an den Erfolgschancen zweifelte und zunächst noch an weiteren Widerstand gegen die Zession Nizzas dachte. Am 6. Mai ist seine größtenteils aus erprobten Teilnehmern früherer Aufstände bestehende Freiwilligentruppe dann aber doch auf zwei Dampfern von Genua aufgebrochen und fünf Tage später in Marsala gelandet. Garibaldis bekannteste Unterführer waren Nino Bixio und Giacinto Carini.

Cavour hat das abenteuerliche Unternehmen keineswegs, wie man lange geglaubt hat, von Anfang an unterstützt. Aus inneren und äußeren Gründen hielt er eine Beruhigungsphase für erforderlich; gerade nach dem Streit um Nizza wollte er Erfolge der Linken verhindern, die letztlich Mazzini zugute kommen mochten. Erschwerend kam hinzu, daß Viktor Emanuel mit Garibaldi sympathisierte; er wollte ihn als Gegengewicht gegen Cavour benutzen, dem auch er wegen der Abtretung grollte. Im Kabinett waren die Meinungen geteilt.

Sogleich nach der Landung erklärte Garibaldi sich zum Diktator Siziliens im Namen Viktor Emanuels. Am 15. Mai gelang ihm bei Calatafimi (Prov. Trapani) ein erster Sieg über ein bourbonisches Truppenkontingent, der sich als großer moralischer Erfolg erwies: Freiwillige strömten ihm zu und vergrößerten sein Korps, die Oberschicht verlegte sich aufs Abwarten, die bourbonische Armeeführung war verunsichert. Ende Mai konnten die Garibaldiner in dreitägiger Schlacht Palermo samt den dort gelagerten Reserven an Geld und Kriegsmaterial erobern, die bourbonischen Truppen kapitulierten und zogen ab. Nicht nur Garibaldis Führerqualitäten, sondern ebenso die auf ein großes Ziel ausgerichtete Tapferkeit seiner Leute und die Ratlosigkeit seiner Gegner hatten zum schnellen Fall der Hauptstadt geführt. Auf der Insel bestand inzwischen eine prärevolutionäre Gesamtlage; sie hat Garibaldi breiten Konsens eingebracht, der aber auf folgenschweren Mißverständnissen beruhte: Die Landarbeiter erhofften von seinen Freiheitsparolen eine Neuverteilung des Bodens, die großstädtischen Subproletarier eine Verbesserung ihrer Lebensbedingungen; sein eigentliches Ziel, die nationale Einigung, lag außerhalb ihres Erwartungshorizonts. Noch vor der Eroberung der gesamten Insel traten diese Mißverständnisse ein erstes Mal zutage: Unter Berufung auf das geltende Recht widersetzten sich viele Sizilianer der Wehrpflicht, welche Garibaldi und die von ihm eingesetzte provisorische Regierung unter Crispi anordneten, um mit einem regulären Heer den Krieg fortzusetzen und aufs Festland zu tragen. Lokale Unruhen wurden mit einer Härte niedergeschlagen, die über die der bourbonischen Polizei bei weitem hinausging. In der Furcht vor weiteren Aufständen fanden sich Garibaldiner und Grundbesitzer erstmals zusammen: die für die weitere Geschichte des Südens so folgenschwere Konstellation kündigt sich an!

Garibaldis Hauptgegner wurde aber gerade in den folgenden Wochen und Monaten Cavour; die entscheidende Kraftprobe zwischen den beiden Parteien im Risorgimento, der gemäßigt-liberalen und der demokratischen, begann. Den von Cavour nach Sizilien entsandten LaFarina ließ Garibaldi im Juli ausweisen. Daß er dann Depretis als „Prodiktator" akzeptierte, verschleierte die Gegensätze nur: Der Ministerpräsident wollte die schnelle Vereinigung der Insel mit Piemont und darüber die Normalisierung unter der Kontrolle seiner Regierung und des Parlaments. Der Diktator bestand auf einstweiliger Eigenständigkeit Siziliens und auf Fortsetzung des nationalrevolutionären Krieges. Cavour kam zustatten, daß die Liberalen einmütig zu ihm standen, während der Linken wieder die einheitliche Führung fehlte. Garibaldi hatte kein langfristiges politisches Konzept; er wollte alle noch nicht piemontesischen Gebiete revolutionieren, Mazzini drängte auf Einfall in den Kirchenstaat.

Auf Bitte des Königs von Neapel schaltete sich wieder Napoleon III. als Vermittler ein; auf seinen Rat hin wurden Ende Juni in Neapel eine Verfassung angekündigt und eine neue Regierung aus Liberalen und Konservativen berufen, die aber den raschen Staatsverfall nicht mehr aufhalten konnte. Cavour schwankte zwischen begrenzter Zusammenarbeit mit der neuen Regierung und dem Versuch, durch ihm ergebene Liberale in Neapel einen propiemontesischen Aufstand anzuzetteln; es ging darum, Garibaldi auszumanövrieren. Konsequentes Vorgehen erwies sich aber als äußerst schwierig, nicht nur, weil es den offenen Konflikt mit dem Volkshelden zu vermeiden galt: Napoleon III., auf dessen Zustimmung Cavour mehr denn je angewiesen war, mahnte zur Einhaltung des Völkerrechts, die konservativen Regierungen protestierten immerhin verbal gegen die Beraubung des Königs von Neapel; auch erwiesen sich die dortigen Liberalen als zu schwach, um im Sinne Cavours handeln zu können. So hat der Ministerpräsident nur den von Mazzini inspirierten und von dessen Anhänger Agostino Bertani vorbereiteten Einfall in den Kirchenstaat, nicht aber Garibaldis Übergang aufs Festland verhindern können. Seit der Augustmitte überquerten die Garibaldiner die Meerenge von Messina. Die bourbonische Armeeführung wich aus; viele ihrer Soldaten, die nicht wußten, wozu sie noch kämpfen sollten, liefen davon. Die meisten Grundbesitzer zogen die Konsequenzen aus der Einsicht, daß die alte Regierung ihre Stellung nicht mehr schützen konnte; sie arrangierten sich mit den Eroberern. Garibaldi nutzte die Lage zum schnellen Vormarsch. Mit einer Vorhut erreichte er schon am 7. September Neapel, dessen leicht begeisterungsfähige Bevölkerung ihn ebenso enthusiastisch begrüßte wie so manchen früheren Eroberer. Franz II., der die ihm von seinem General Pianell angeratene Entscheidungsschlacht südlich der Hauptstadt nicht gewagt hatte, zog sich mit dem Gros der ihm verbliebenen Truppen in den durch die Festungen Gaeta und Capua geschützten Norden seines Reiches zurück.

Cavour reagierte sofort auf diese spektakulären Erfolge. Ende August entschloß er sich, Truppen in den Kirchenstaat und die Abruzzen zu entsenden, um wenigstens dort Garibaldi zuvorzukommen, Komplikationen um Rom zu verhindern und den nationalen Umbruch wieder an die konstitutionelle Regierung zu binden, freilich nicht in gefährlichem Alleingang, sondern nach diplomatischer Absicherung bei Napoleon III., die allein ein militärisches Eingreifen Österreichs ausschließen konnte. Der Kaiser der Franzosen, dem die italienische Bewegung entglitten war und der ebenfalls die Eindämmung der revolutionären Kräfte wünschte, erklärte sich nun auch mit der Annexion Umbriens und der Marken einverstanden — unter der von Cavour akzeptierten

Bedingung, daß das eigentliche Patrimonium Petri, Rom und Latium, dem Papst verbliebe und notfalls von Piemont gegen Angriffe geschützt werde. Napoleon entzog sich mit dieser Vereinbarung dem Dilemma, entweder den Papst im Stich zu lassen (was er nicht wollte und wegen der französischen Katholiken kaum gekonnt hätte) oder aber für den Papst gegen Garibaldi zu kämpfen (was ihn wohl endgültig um seinen Kredit bei den Nationalbewegungen gebracht hätte). Diplomatische Unterstützung erhielt Cavour auch von der englischen Regierung: Sie sprach sich nun offen für einen starken italienischen Staat aus, von dem sie eine Stärkung des europäischen Gleichgewichts erhoffte, warnte freilich ebenso deutlich vor weiteren Gebietsabtretungen an Frankreich wie vor einem neuen Konflikt mit Österreich.

Unter dem Vorwand, Aufständen vorzubeugen, rückten piemontesische Truppen unter dem Kriegsminister Fanti Mitte September in den Kirchenstaat ein; die päpstliche Armee, in der unter General Lamoricière, einem französischen Legitimisten, viele nichtitalienische Freiwillige kämpften, wurde bei Castelfidardo (Prov. Ancona) geschlagen. Während in Umbrien und in den Marken provisorische Regierungen eingesetzt wurden, stießen die Truppen über die Grenze Neapels nach Süden vor; den Oberbefehl übernahm nun Viktor Emanuel selbst, die faktische Leitung hatten Fanti und der Innenminister Farini, beide heftige Gegner Garibaldis. Aus dem revolutionären Aufstand wurde der Nationalkrieg der königlichen Armee; die liberale Presse überzeugte die Mehrzahl der Bürger davon, daß nur auf diesem Wege der Zusammenstoß mit Frankreich und die Revolution im Inneren zu vermeiden seien. Auch im Parlament, welches Anfang Oktober in Turin zusammentrat, brachte Cavour die große Mehrheit hinter sich: klarer denn je bekannte er sich nun zur Einigung ganz Italiens, ließ aber offen, wann und wie Venedig und Rom gewonnen werden könnten. Der Ministerpräsident brachte ein Gesetz durch, welches die Regierung ohne Änderung von Staatsstruktur und Verfassung zur Annexion weiterer Gebiete ermächtigte, sofern deren Bewohner sich zuvor für den Anschluß an Piemont aussprachen. Die Plebiszite, die meist manipuliert waren und an denen jedenfalls nur eine Minderheit der Bevölkerung teilnahm, sollten den Annexionen eine neuartige, demokratisch erscheinende Legitimation verleihen.

Der die bürgerlich-liberale Vorherrschaft absichernde Weg zur Einigung war damit sanktioniert. Garibaldi hat ihn auch durch den eindrucksvollen Sieg, den seine Truppen (inzwischen ca. 20 000 Soldaten) Ende September am Volturno über die bourbonische Armee (ca. 30 000 Soldaten) erfochten hatten, nicht mehr durchkreuzen können, zumal sich hinter seiner Front Widerstand artikulierte, der auf einer Mischung aus voreiligen, darum schnell enttäuschten Hoffnungen und aus der besonders in den Unterschichten verbreiteten Loyalität zum alten Königshaus beruhte und die sog. Brigantenaufstände der folgenden Jahre vorbereitet hat. Nach Kräften geschürt wurde diese Stimmung von Franz II. und seinen Getreuen, die sich in der Festung Gaeta noch bis zum Februar 1861 verteidigt haben; nach der Kapitulation zog sich der letzte König der beiden Sizilien mit seiner Gattin, einer bayerischen Prinzessin, nach Rom zurück, wo ihnen Pius IX. Asyl gewährte.

Unter der Kontrolle der Armee fanden in den meisten Provinzen des Südens noch im Oktober 1860 die Plebiszite statt, in denen die allein befragte Oberschicht mit großer Mehrheit für den Anschluß an Piemont stimmte. Am 7. November zog Viktor Emanuel in Neapel ein, nur ein Jahr nach dem Züricher Friedensschluß, der ihm bloß Oberitalien eingeräumt hatte!

Garibaldi verzichtete auf die Diktatur; die vorläufige Statthalterschaft im Süden erhielt nicht er, sondern Farini — ein weiterer Schritt zur Normalisierung, nach dem sich der Sieger vom Volturno verbittert auf sein Gut Caprera (kleine Insel vor der Nordspitze Sardiniens) zurückzog; seine politische Rolle war ausgespielt. Immerhin empfahl er seinen Anhängern die Unterordnung unter den König. Manche von ihnen sind ebenso wie viele Angehörige der bourbonischen Armee in die piemontesisch-italienische Armee aufgenommen worden, die dadurch allerdings an Geschlossenheit verlor.

Im Februar 1861 trat in Turin das erste aus nahezu ganz Italien entsandte Parlament zusammen, welches Viktor Emanuel zum König von Italien proklamierte. An der savoyischen Tradition festhaltend, blieb er der zweite dieses Namens; auch die Bezeichnung „König von Italien" (nicht: der Italiener) war konservativ intendiert, die Formel „... durch Gottes Gnade und durch den Willen des Volkes" eine mehr verbale Konzession an die Volkssouveränität. Vergebens hatte die Linke eine verfassunggebende Versammlung gefordert. Die Einigung war eben weitgehend eine „königliche Eroberung"; sie beruhte auf dem von Cavour durchgesetzten Kompromiß zwischen der savoyischen Staatstradition und der neuen, sehr schmalen liberal-parlamentarischen Führungsschicht: Aufgrund eines extrem hohen Zensussystems waren 1861 kaum 2 Prozent der italienischen Bevölkerung wahlberechtigt! Das neue Italien war ein Parlamentsstaat, jedoch ohne eigentliche Parteien oder Fraktionen, weil die Organisation der Kammer auf den Beziehungen von Mehrheit zu Minderheit und von der Regierung zum einzelnen Abgeordneten beruhte. Zur Beratung der Gesetzentwürfe teilte die Kammer sich in neun durch Los zusammengesetzte und oft rotierende «Uffici», ständige Ausschüsse spielten nur eine beschränkte Rolle. Diese Arbeitsweise hat die Entwicklung organisierter Parteien erschwert und die Selbstisolierung der parlamentarischen Führungsschicht gefördert, die fünfzig Jahre später eine der Hauptursachen für das Scheitern des liberalen Systems geworden ist.

Frankreich und England haben den neuen Staat schnell anerkannt. Von den deutschen Staaten folgte Preußen nach einigem Zögern, die meisten Mittelstaaten hielten sich zurück und schauten auf Österreich, welches ebenso protestierte wie der Papst und die vertriebenen Monarchen.

Innere Probleme im neuen Nationalstaat

Vielfältige und schwer lösbare Probleme ergaben sich aus der grundverschiedenen politischen und sozialen Entwicklung der nun vereinigten Regionen. Die schmale Führungsschicht erfuhr zunächst keine Erweiterung, sie blieb mehrheitlich piemontesisch, war pflichtbewußt und unbestechlich, aber oft provinziell. Die Führer des Risorgimento kannten den von ihnen „befreiten" Süden nicht; zudem hinderte ihre bürgerliche Klassengebundenheit sie daran, dessen tiefe soziale Gegensätze adäquat zu erfassen. Auch in den neuen Provinzen kooperierten sie nur mit der dort noch schmaleren Oberschicht. Es dauerte ungefähr eine Generation, bis wenigstens die unteren und mittleren Stellen der inzwischen umfangreichen Staatsverwaltung von Angehörigen der Unterschichten aus dem Süden eingenommen wurden; sie nutzten damit den einzigen Vorteil, den ihnen der Großstaat bot, brachten freilich ihre alte klientelistische Mentalität in die Bürokratie des neuen Italien ein.

Die 1860/61 geschwächte Linke opponierte weiterhin gegen Cavours System, aber sie wurde von Demagogen geführt, die vieles — darunter die möglichst baldige Eroberung Roms und Venedigs — forderten, aber mit Ausnahme Crispis wenig Realitätssinn und noch weniger Verwaltungserfahrung mitbrachten; Verschwörer und revolutionäre Literaten konnten sich schwer an den politischen Alltag gewöhnen.

Eine tiefe Kluft trennte die Führungsschicht von der Mehrzahl der Bevölkerung, die Volksmassen standen außerhalb des politischen Lebens. Die Bevölkerung des Königreichs bestand nach der Volkszählung von 1861 zu 78 Prozent aus Analphabeten. Nur in Piemont und den zuvor österreichischen Gebieten konnte ungefähr die Hälfte lesen und schreiben, in den früher päpstlichen Provinzen waren 80 Prozent, in den früher bourbonischen und auf der Insel Sardinien 85—90 Prozent Analphabeten. Eine als Integrationsmittel intendierte Sprachen- und Bildungspolitik, an der sich in den sechziger Jahren der Literaturhistoriker Francesco De Sanctis (1817—1883, Unterrichtsminister 1861/62) und der alte Manzoni beteiligt haben, konnte unter diesen Voraussetzungen nur wenig ausrichten.

Die Kassen waren 1861 infolge des Krieges leer, aber die Regierung brauchte riesige Summen für die Aufgaben, die sich aus der neuen Großräumigkeit wie aus dem liberalen Staatsverständnis stellten: Sie mußte eine einheitliche Verwaltung schaffen, Schulwesen und Fürsorge organisieren, dazu Eisenbahnen bauen. Gerade im Süden sind diese Aufgaben nur zum geringen Teil gelöst worden! Um sie in Angriff zu nehmen, wurden drückende Steuerlasten aufgebürdet, im Süden zudem die Kirchengüter konfisziert, die seit der bourbonischen Restauration und infolge der seitherigen Stiftungen wieder erheblich angewachsen waren. Den Profit hatten abermals der Staat und die adelig-großbürgerlichen Landbesitzer. Von ihnen abgesehen, brachte die neue Ordnung dem Süden zunächst nur Nachteile, so daß mit der Einigung das bis heute auf Italien lastende Mezzogiorno-Problem entstand: Die Unternehmer aus dem Norden begannen, die neuen Provinzen auszubeuten. Die wenigen Industrien des Südens waren auf den sogleich eingeführten Freihandel nicht vorbereitet und verfielen; die Hoffnungen vieler in seinen Unterschichten auf eine Umverteilung des Landbesitzes erfüllten sich nicht; mit der formellen „Freiheit", die ihnen die Bürger statt dessen gewährten, wußten sie nichts anzufangen. Nur die Universität Neapel, seit längerem ein Zentrum bürgerlicher Kultur, konnte auch im geistigen Leben des Großstaates ihren Rang behaupten.

Die antibürgerliche und traditionalistische Protesthaltung der süditalienischen Kleinbauern und Landarbeiter griff unter diesen Umständen schnell um sich. Vom bourbonischen Hof aus seinem römischen Exil unterstützt, weitete sie sich im festländischen Süden zum offenen Aufstand der „Briganten" gegen die neue Ordnung aus. Er ist in einen jahrelangen Partisanenkrieg übergegangen, von beiden Seiten mit größter Grausamkeit geführt worden und hat wohl ebenso viele Tote gefordert wie die Einigungskriege! Der Aufstand bildete nur insofern keine ernsthafte Gefahr, weil seine Anführer sich bloß in der Negation einig waren, aber in Europa verbreiteten sich erste Zweifel an der Haltbarkeit des neuen Staates. In Sizilien gab es einstweilen nur passiven Widerstand gegen die Einziehung zum Militär. Schon wenige Jahre später, im Herbst 1866, ist aber auch in Palermo ein offener Aufstand ausgebrochen, bei dem katholisch-konservative, demokratische und autonomistische Kräfte zusammenwirkten. Die Repression unter dem General Raffaele Cadorna war außerordentlich hart, aber danach sah die Regierung sich erstmals zur Einleitung größerer, dann jedoch ungenügend gebliebener Maßnahmen zur wirtschaftlichen Modernisierung veranlaßt.

Den im Überschwang der nationalen Einigung damals wie später von vielen Italienern überschätzten äußeren Handlungsraum begrenzten sowohl die ungelösten inneren Probleme wie die Abhängigkeit von Frankreich. Napoleon III. wollte keine weitere Ausdehnung Italiens nach Rom und Venedig, weil er nach wie vor auf die katholische Prtei setzte, einen neuen Konflikt mit Österreich vermeiden wollte und weil der neue Staat ja schon erheblich größer geworden war, als er gewünscht hatte. Cavour paßte sich umsichtig an. Er glaubte, die Abhängigkeit hinnehmen zu müssen, wiewohl sie heftige Ressentiments hervorbrachte, die von der Linken gegen ihn ausgespielt wurden und lange fortgewirkt haben. Der Ministerpräsident wollte das Erreichte konsolidieren und darum eine Politik kleiner Schritte führen. Er meldete weiterhin Italiens historischen Anspruch auf Rom an, versicherte aber, daß Turin Regierungssitz bleiben werde, und versuchte darüber, Napoleon zum

Abzug der in ganz Italien als Provokation empfundenen Garnison aus Rom zu bewegen. Gleichzeitig plädierte Cavour in vielzitierten Reden für die „freie Kirche im freien Staat": Friedliches Einvernehmen zwischen Staat und Kirche sollte die Unabhängigkeit des Papstes garantieren und den Kirchenstaat überflüssig machen. Über private Kanäle wurden 1860/61 Verhandlungen mit der Kurie geführt, die aber wieder ergebnislos blieben. Pius IX. und Antonelli dachten nicht daran, sich auch den Rest ihres Staates entwinden zu lassen, solange sie auf Napoleons Hilfe rechnen konnten. Mazzini, Garibaldi und deren Freunde sahen in Cavours Verhandlungen nur falsche Nachgiebigkeit, noch im Frühjahr 1861 spitzten sich die alten Kontraste wieder zu, auch der König wollte die Bindungen an Frankreich lockern. Inmitten dieser Auseinandersetzungen ist Cavour am 6. Juni 1861 unerwartet gestorben. Sein Tod hat die italienische Politik der weitsichtigen Konsequenz des vorangegangenen Jahrzehnts beraubt; eine direkte Folge waren häufige Regierungswechsel, die sich zu einem Grundübel des neuen Italien ausgewachsen haben. Seine liberale Partei, später mehr als „Historische Rechte" (Destra storica) bezeichnet, hat sich aber noch 15 Jahre an der Macht halten und die Einigung abschließen können. Die Ministerpräsidenten bis zum Regierungsantritt der Linken im Jahre 1876 sind sämtlich frühere Mitarbeiter Cavours gewesen. Mit der einen Ausnahme des wieder mehr nach links gehenden Rattazzi teilten sie seine politischen Grundsätze: Vorherrschaft einer parlamentarisch abgesicherten bürgerlichen Elite, Sanierung der Staatsfinanzen, notfalls unter großen Opfern der Bevölkerung, vorsichtige Bindung an Frankreich.

Erster Nachfolger Cavours wurde Ricasoli, der jedoch eine schwächere parlamentarische Basis hatte und sich durch seine Unbeugsamkeit wenig Freunde erwarb. Gegen die Briganten entsandte er unter General Cialdini eine Armee von 100000 Mann; als liberaler Reformkatholik hatte er sowohl Demokraten wie Konservative und natürlich den Papst gegen sich. Auch mit Napoleon überwarf er sich, weil dieser ihm den Truppenabzug verweigerte, den er Cavour in Aussicht gestellt hatte. Nur neun Monate ist Ricasoli im Amt geblieben, doch ein vieldiskutiertes Werk hat ihn überdauert: die zentralistische Verwaltungsorganisation mit dem Präfektensystem nach französischem Muster, die dem ganzen Land auferlegt wurde; eine regionalistische Alternative Minghettis wurde verworfen. Die Entscheidung des ursprünglich selbst föderalistisch eingestellten Ricasoli war charakteristisch für die damalige Führungsschicht. Gerade weil die zentrifugalen Kräfte noch stark waren und im Brigantenkrieg beängstigende Ausmaße annahmen, glaubte sie, den Einheitsstaat nur durch straffste Zusammenfassung konsolidieren zu können. Die vielfältigen Eigenständigkeiten, welche die soziale und kulturelle Entwicklung der Halbinsel charakterisiert hatten, sollten ausgelöscht werden; der Regionalismus wurde mit dem Odium nationaler Unzuverlässigkeit belastet. Die für Bürokraten typische Hoffnung, auf diesem Weg ein italienisches Einheitsbewußtsein schaffen zu können, erwies sich jedoch als Illusion. Die Konzentration aller Entscheidungskompetenzen in einer fernen Hauptstadt schuf eine weitere Kluft zwischen «paese legale» und «paese reale» und damit ein weiteres säkulares Problem. Die Bevölkerung wurde dem Staat mehr entfremdet als angenähert; die Interdependenz bürokratischer Autokratie und anarchistischer Rebellion verfestigte sich. Insofern konnten die Politiker, die gleichzeitig Deutschland geeinigt haben, realistischer handeln, indem sie von den bestehenden Staaten ausgingen und diese in ein föderalistisches System eingebracht haben.

Ricasolis Nachfolger wurde der „linkere" Rattazzi, der zunächst dem König wie Napoleon genehm war. In bedenklicher Überschätzung seiner Möglichkeiten versuchte er aber bald, Cavours gewagtes Spiel in vergröberter Form fortzusetzen, die Radikalen gewähren zu lassen und dann die Diplomatie vor vollendete Tatsachen zu stellen. Garibaldi sah sich ermutigt und organisierte im Süden eine zweite militärische Expedition, die den Rest des Kirchenstaates erobern sollte. Als daraufhin Napoleon mit massiver Intervention drohte, blieb der Regierung nichts übrig, als ihre Südarmee unter Cialdini den Garibaldinern entgegenzuwerfen, welche in einem kurzen, aber die Nation innerlich spaltenden Gefecht am Aspromonte in Kalabrien (August 1862) besiegt und fortan streng überwacht wurden. Rattazzi mußte zurücktreten. Nach einem kurzen Zwischenspiel Farinis hat das Kabinett Minghetti (März 1863—September 1864) in Verhandlungen mit Napoleon und seinem neuen Außenminister Drouyn de Lhuys wenigstens eine vorläufige Regelung der intrikaten Römischen Frage herbeigeführt. In der „Septemberkonvention" (1864) sagte Frankreich den Abzug seiner römischen Garnison binnen zwei Jahren zu. Dafür verpflichtete sich Italien, jeden Angriff auf Rom zu verhindern, somit selbst für den Fortbestand des Kirchenstaates zu garantieren und den Sitz der Regierung aus dem peripheren Turin ins zentral gelegene Florenz zu verlegen. Gerade diese Bestimmung, mit der Minghetti auch eine „Entpiemontisierung" Italiens beabsichtigte, wurde als Verzicht auf Rom empfunden und hat in ganz Italien, besonders in Turin, größte Erbitterung hervorgerufen; auch Minghetti mußte zurücktreten. Nachfolger wurde LaMarmora, dessen Regierung (bis Sommer 1866) die administrative und rechtliche Integration im wesentlichen abschließen konnte. Auf der Grundlage des piemontesischen Rechts wurden 1865 das im wesentlichen dem Code Napoleon folgende Zivilrecht, das Handelsrecht und die Strafprozeßordnung vereinheitlicht, ebenso die Währung. Ein einheitliches Strafrecht scheiterte am Streit um die in der Toskana abgeschaffte, sonst aber noch fortbestehende und von den Konservativen hartnäckig verteidigte Todesstrafe; es ist erst 1889 (Codice Zanardelli, ohne Todesstrafe) zustande gekommen.

Anhaltender Widerstand gegen die Septemberkonvention ist in Frankreich von der katholischen Partei, in Italien von der Linken gekommen, deren gemäßigter Flügel sich in den deshalb fortgesetzten Auseinandersetzungen zur erstarkenden parlamentarischen Opposition innerhalb des Systems entwickelt hat. Obwohl die Vereinbarungen vom September 1864 durch die Verlegung der Hauptstadt nach Florenz und den Abzug der Franzosen aus Rom (Ende 1866) erfüllt wurden, trat die von Napoleon erhoffte Beruhigung nicht ein, das Problem des päpstlichen Rom lastete weiter auf ihm. Die radikalen Aktivisten um Mazzini und Garibaldi konnten von den italienischen Regierungen nicht unter wirksamer Kontrolle gehalten werden. 1867, als erneut Rattazzi ein halbes Jahr am Ruder war, unternahm Garibaldi wiederum einen Angriff auf Rom, der zwar von dessen reorganisierter Armee unter ihrem letzten Kommandeur, dem deutschen General Kanzler, bei Mentana (ca. 30 km nördlich von Rom) abgeschlagen wurde. Ein sofortiger Regierungswechsel in Florenz und das harte, die Linken und deren Sympathisanten weiter verbitternde Durchgreifen des neuen Ministerpräsidenten, General Luigi Federico Menabrea, konnten aber nicht verhindern, daß Napoleon erneute Intervention für unumgänglich hielt: Seit Ende 1867 standen wieder französische Truppen zum Schutz des Papstes in Rom.

Nicht nur der territoriale Streit mit dem Papst wurde durch die Annexionen von 1860 und durch Garibaldis Einfälle verschärft, auch der ideologische Konflikt zwischen Liberalismus und Ultramontanismus spitzte sich zu. Im Dezember 1864, also wenige Monate nach der „Septemberkonvention", erließ Pius IX. die Enzyklika ›Quanta cura‹, welche an ›Mirari Vos‹ Gregors XVI. anschloß und in feierlichem Ernst die modernen „Irrtümer" verurteilte; ein Verzeichnis solcher Irrtümer, der „Syllabus errorum", war beigefügt. Der Syllabus verurteilte nicht nur Pantheismus und Rationalismus, Sozialismus und Kommunismus, sondern auch die liberalen Forderungen nach staatlicher Schulhoheit, nach Trennung von Kirche und Staat sowie nach rechtlicher Gleichstellung nichtkatholischer Konfessionen. Die sich unter besonnenen Katholiken langsam ausbreitende Meinung, daß der Verlust des Kirchenstaats der Kirche nicht schaden würde, wurde genauso verworfen wie die Behauptung, daß der Papst sich mit dem Fortschritt, dem Liberalismus und der modernen Kultur versöhnen könne und müsse. Die autoritär-defensive Abgrenzung, welche die Kurie Pius' IX. gegenüber der modernen Geisteswelt glaubte vornehmen zu müssen, erreichte damit ihren Höhepunkt. Das legitime Anliegen des Papstes, christliche Grundlehren festzuhalten, wurde verdunkelt durch die Übergriffe in Kultur und Politik. Die undifferenzierten Formulierungen des Syllabus ermöglichten es sowohl kirchlichen Integralisten wie Antiklerikalen, ihn in ihrem Sinne auszulegen; in allen europäischen Staaten faßten ihn die Liberalen wie die Vertreter der modernen philosophischen Richtungen als Kampfansage auf und reagierten mit entsprechender Schärfe. Italiens regierende Rechtsliberale sahen die Richtigkeit ihrer Säkularisierungspolitik bestätigt und führten 1866 die Zivilehe ein, aber den von den Radikalen geforderten vollständigen Bruch mit der Kirche wollten sie auch jetzt vermeiden. Heftige antikirchliche Propaganda wurde von der sich ausbreitenden Freimaurerei und von jenen Demokraten betrieben, die sich im «Libero Pensiero» zusammenfanden. Unter deutschen und französischen Einflüssen verbreiteten sich Positivismus und Materialismus; die Hegelsche Philosophie, die von De Sanctis auch mit nationalpolitischer Zielsetzung gefördert worden war und besonders an der Universität Neapel, so von Bertrando Spaventa, betrieben wurde, trat in den Hintergrund. Den neuen Richtungen, denen sich auch frühere Hegelianer wie der Historiker Pasquale Villari und der an Virchow geschulte Mediziner Salvatore Tommasi (beide ebenfalls in Neapel) anschlossen, widersprach Mazzini, der unentwegt an seinem religiösidealistischen Nationalismus festhielt, sein geistiger Einfluß auf die zweite Generation des Risorgimento ließ darüber nach. Gewichtiger als solche Differenzen zwischen den Vertretern der neuen Ideen war aber die Vertiefung des Gegensatzes zwischen der «Italia cattolica» der großen Mehrheit und der «Italia liberale» einer politisch und geistig neue Wege gehenden, dabei von Fortschrittsoptimismus erfüllten Minderheit; das Hineinwirken der römischen Frage hatte zur Folge, daß in den 1860er Jahren die Fronten des Kulturkampfes, der sich damals zum europäischen Phänomen entwickelte, in Italien schärfer ausgezogen worden sind als anderswo.

*Der Abschluß der nationalen Einigung
durch den Erwerb Venetiens (1866) und Roms (1870)*

Nach dem Schock der Septemberkonvention mußte die Regierung LaMarmora sich mit doppelter Energie um den Gewinn Venetiens bemühen. Nicht nur die römische, sondern auch die venetianische Frage war jedoch vielschichtig; Italien konnte sie nur durch Verständigung mit dem Kontrahenten oder durch Ausnutzung von Verschiebungen oder Konflikten im Mächtesystem lösen. Da Sondierungen um eine friedliche Zession gegen Entschädigung (Herbst 1864) in Wien sogleich abgewiesen wurden, wandte LaMarmora seine ganze Aufmerksamkeit der Entwicklung in Deutschland zu: Der Führungskonflikt zwischen Österreich und Preußen, der durch das Bündnis beider im Krieg um Schleswig-Holstein nur überdeckt war, verschärfte sich schon bald wieder. LaMarmora ließ daher im Januar 1865 Preußen für den Fall eines Krieges die Unterstützung Italiens anbieten; sein Schritt war voreilig, jedoch mit Napoleon III. abgestimmt, der sich vom Streit der beiden deutschen Großmächte erneut eine Schiedsrichterrolle in Mitteleuropa und Landgewinn erhoffte.

Bismarck, seit Herbst 1862 preußischer Ministerpräsident, hatte ebenfalls Italien bereits als Partner für den Fall eines Krieges mit Österreich einkalkuliert; er hat aber nicht geradlinig auf den risikoreichen Bruch hingesteuert, sondern lange friedliche Alternativen erwogen und darum die Beziehungen zu Italien bis ins Jahr 1866 denen zu Österreich untergeordnet. Seine Reaktion auf LaMarmoras Angebot war dilatorisch. Um den Faden nicht abreißen zu lassen, regte er zunächst Wirtschaftsverhandlungen an; sie führten im Dezember 1865 zu einem Handelsvertrag zwischen dem Deutschen Zollverein und Italien, der auf der freihändlerischen Linie der damaligen preußischen Wirtschaftspolitik lag und daher den Wünschen des liberalen Bürgertums in beiden Ländern entsprach, Italien zudem die diplomatische Anerkennung der deutschen Mittelstaaten einbrachte. Zuvor hatte Bismarck den Italienern im Sommer 1865 den baldigen Krieg in Aussicht gestellt, dann aber doch noch einmal eine Verständigung mit Österreich (Gasteiner Konvention, August 1865) herbeigeführt, die La Marmora tief enttäuschte; überhaupt hat beiderseitiges Mißtrauen alle folgenden Verhandlungen belastet. In Berlin war man besorgt wegen Italiens Abhängigkeit von Frankreich; in Florenz fürchtete man, daß Bismarck die italienische Karte nur als diplomatisches Druckmittel gegen Österreich ausspielen werde. Noch im Herbst 1865 ließ daher LaMarmora erneut in Wien sondieren, aber wieder lehnten Franz Joseph und der überhaupt im Verhältnis zu seinem Vorgänger Rechberg viel härtere Außenminister Graf Alexander v. Mensdorff-Pouilly eine Zession entschieden ab; sie glaubten, um so fester auftreten zu können, weil sie sich seit Gastein vom Druck aus dem Norden frei wähnten. Die letzte Möglichkeit, Venetien um einen politischen Preis abzutreten und alle Kräfte auf Deutschland zu konzentrieren, ist damals in Wien vertan worden.

Schon gegen Jahresende begann die unüberbrückbare Verhärtung des österreichisch-preußischen Gegensatzes. In eklatantem Widerspruch zur Verfassung des Deutschen Bundes entschloß Bismarck sich zum Krieg, den er und Moltke seit Februar 1866 ebenso umsichtig wie skrupellos vorbereitet haben. Dazu gehörte ein Geheimbündnis mit Italien, welches am 8. April 1866 in Berlin geschlossen wurde, italienischerseits führten der Gesandte Barral und der General Govone die Verhandlungen. Italien verpflichtete sich zu militärischem Beistand, falls Preußen innerhalb von drei Monaten Krieg gegen Österreich begann. Als Siegespreis wurde Venetien zugesichert, die weitergehende Forderung nach dem zum Deutschen Bund gehörenden Trentino lehnte Bismarck ab. Unmißverständlich war ausgesagt, daß die Führung im Bündnis und die Initiative zum Krieg bei Preußen lag.

Von den vielfältigen, teils gegenläufigen Initiativen der folgenden Monate können hier nur die wichtigsten angedeutet werden. Preußen stellte an Österreich immer weitergehende Forderungen nach Bundesreform im Sinne der eigenen Hegemonie, deren Nichterfüllung dann den Vorwand für Bundesbruch und Krieg abgeben sollte; Italiens Presse forderte baldiges Losschlagen, so daß Österreich zum Präventivkrieg gereizt und Bismarcks Zeitplan gefährdet wurde; wie 1859 bemühte sich England um einen europäischen Kongreß über Venetien. Erfolgreicher war Napoleon III., wiewohl er eine klare Parteinahme vermied. Von der inzwischen isolierten österreichischen Regierung erreichte er die geheime Zusage, im Falle eines Sieges in Deutschland Venetien abzutreten; dafür sagte er nur seine Neutralität zu sowie sein Bemühen, auch Italien aus dem Krieg herauszuhalten. Diesem Bemühen hat sich die italienische Regierung jedoch widersetzt; sie hoffte, daß der Krieg gegen Österreich, an der Seite des militärisch starken Preußen und im Namen des gemeinsamen nationalen Prinzips, den Staat des Risorgimento aufwerten werde. Auch in Italien verbreitete sich damals die für die nationalstaatliche Epoche charakteristisch gewordene Kriegsmystik; sie verband sich mit voreiliger, rhetorisch aufgeputzter Siegeszuversicht. Der „dritte Unabhängigkeitskrieg", bei dessen Beginn (20. Juni 1866) LaMarmora das Oberkommando übernahm und Ricasoli erneut die Regierung überließ, verlief aber militärisch für Italien äußerst ungünstig. Schon wenige Tage nach seinem Ausbruch erfocht die österreichische Südarmee unter Erzherzog Albrecht bei Custoza, auf einem der Schlachtfelder von 1848, einen eindrucksvollen Sieg (24. Juni), der die ohnehin uneinige italienische Führung in lähmende Unsicherheit versetzte; in Berlin, wo die letzten österreichisch-französischen Kontakte nicht ganz unbekannt geblieben waren, wuchs der Argwohn. Es dauerte fast einen Monat, bis die italienische Flotte aktiv wurde, auch sie wurde von den Österreichern unter Admiral Tegetthoff am 20. Juli bei der Adriainsel Lissa (dalmat.: Vis) eindeutig geschlagen. Gerade die Niederlagen ließen die Öffentlichkeit weitere Kämpfe fordern, Garibaldi drang ins Trentino ein, aber es war bereits zu spät, auf Siege zu hoffen. Der unerwartet schnelle Sieg Preußens bei Königgrätz (3. Juli) hatte den Krieg entschieden; der dem Kardinal Antonelli nachgesagte, von ihm freilich dementierte Kommentar «casca il mondo!» war insofern richtig, als auf dem böhmischen Schlachtfeld die konservativ-übernationale

Ordnung Europas zerbrochen worden war — damit auch die Voraussetzung für den Bestand des Kirchenstaates, dessen Untergang nach dem Rückzug Österreichs aus Italien nur mehr eine Frage der Zeit sein konnte. Dieser Rückzug war trotz der österreichischen Siege an der Südfront nicht mehr zu vermeiden: Sogleich nach Königgrätz rief Franz Joseph Napoleons Vermittlung an und erklärte sich zur Abtretung Venetiens bereit. Bismarck drängte auf baldigen Frieden, um die politischen Früchte des Sieges nicht zu verspielen und französischen Kompensationsforderungen zuvorzukommen. Am 25. Juli setzte er in Nikolsburg den Vorfrieden durch, in dem u. a. die Zession Venetiens vereinbart wurde; auf Preußens Druck mußte Italien zwei Wochen später ebenfalls Waffenstillstand schließen und die besetzten Teile des Trentino räumen. Am 3. Oktober folgte der österreichisch-italienische Friedensschluß, dem die Zession des Veneto auf dem Umweg über Napoleon, d. h. so wie 1859 die der Lombardei, voranging. Italien erhielt Venetien nur als Folge des preußischen Sieges und der französischen Vermittlung. Das bedeutete gerade nach den übertriebenen Hoffnungen bei Kriegsbeginn eine arge Demütigung, die durch die in den neuen Provinzen wiederum sogleich durchgeführten Plebiszite kaum verschleiert und durch heftige Auseinandersetzungen um die Schuld an den Niederlagen noch vertieft wurde. Die Folge war ein nationales Trauma, ohne das die 1914/15 von Mussolini und D'Annunzio geschürte Kriegsbegeisterung und der kurze Siegesrausch von 1918/19 schwer zu verstehen sind. In der österreichischen Armee ist die Erinnerung an den von ihr gewonnenen, aber von den Diplomaten verlorenen Italien-Krieg ebenfalls lebendig geblieben, auch sie ist daher 1915 mit dem Willen zur Revanche in den Krieg gegen Italien gezogen.

Italien wurde 1866 äußerlich vollends zur Großmacht, aber seine Politiker und Militärs hatten gezeigt, daß sie auf deren Führung nicht hinreichend vorbereitet waren. Es fehlte ihnen weiterhin an Verständnis für die Volksmassen, die außerhalb des politischen Lebens blieben, wohl aber finanziell immer mehr belastet wurden. Die ohnehin prekäre Finanzlage des jungen Staates war schon durch eine kurzfristig in ganz Europa spürbare Rezession und Kapitalverknappung 1865/66 weiter verschlechtert worden; trotzdem riskierte die classe dirigente den Krieg, dessen hohe Kosten eine krisenhafte Verschärfung zur Folge hatten. Die erste, jedoch nicht ausreichende Reaktion von Parlament und Regierung bestand im Sommer 1866 in der Verordnung des corso forzoso: Das Papiergeld war nicht mehr in Silber oder Gold konvertierbar (bis 1883). Zwei Jahre später setzte der energische Finanzminister im Kabinett Menabrea, Graf Cambray-Digny, Erhöhung der bestehenden und Einführung neuer Steuern durch, darunter der den Brotpreis erhöhenden Mahlsteuer. Zugleich wurde die Tabakregie einem Bankenkonsortium übertragen, welches dafür vorab eine erhebliche Summe zu zahlen hatte; politische Führung und Kapitalismus rückten enger zusammen. Quintino Sella (1827—1884, unter den Politikern der Destra storica wohl als einziger stark nach Deutschland orientiert, Finanzminister und führender Kopf im Kabinett Lanza 1869—73), betrachtete ausgeglichene Finanzen als unabdingbare Voraussetzung für staatliche Konsolidierung und ließ daher die Steuerschraube weiter anziehen. Die Unzufriedenheit im Volk, für die schon der zuvor erwähnte Aufstand in Palermo (September 1866) symptomatisch gewesen war, hat sich gerade nach der Einführung der Mahlsteuer ausgebreitet und weitere Unruhen hervorgebracht, bei denen nicht selten die Rückkehr der früheren Fürsten gefordert wurde. Daß zur Behebung der finanziellen Misere unter Sella auch wieder Kirchengüter eingezogen wurden, hat ebenfalls nicht nur den Konflikt mit Rom verschärft, sondern auch den Abstand zwischen Führungsschicht und Volk vergrößert. Manche Unruhen der Jahre 1869/70 bekundeten auch republikanische Tendenzen. Sie wurden weiterhin propagiert vom immer noch aktiven Mazzini und seiner «Alleanza Repubblicana», welche die früheren Ansätze internationaler Zusammenarbeit der Republikaner fortzusetzen versuchte, dabei aber wenig Erfolg hatte. Auch die Mehrzahl der Arbeiter glaubte nicht an Mazzinis Versprechung, daß die Republik ihre Probleme lösen würde; manche Arbeitervereine näherten sich vielmehr seit den sechziger Jahren der von ihm heftig bekämpften sozialistischen Internationale an, für die mit großem Erfolg der seit 1864 in Florenz lebende Michail Bakunin geworben hat.

Italiens Beziehungen zu Österreich und Preußen hatten nach 1866 eine den damaligen Bündnissen entgegengesetzte Entwicklung genommen. In Wien war auf die Niederlage ein Kurswechsel erfolgt, die neue mehr liberale Führung unter dem Reichskanzler Beust hat den Verlust Venetiens schnell verwunden und vorübergehend ein recht gutes Verhältnis zum früheren „Erbfeind" im Süden hergestellt. Von Frankreich wurde die neue Entwicklung nach Kräften gefördert; ein Dreierbündnis, welches die Dynamik Preußens bremsen und möglicherweise die Revanche für Königgrätz herbeiführen sollte, wurde das Ziel Beusts und Napoleons III. Die in Italien regierende Rechte betrachtete das preußische Bündnis als eine durch die Umstände des Jahres 1866 nahegelegte Episode und entzog sich weiterem Werben Bismarcks. Sie sah ihren natürlichen Verbündeten weiterhin in Frankreich, der zugleich nationalen wie antirevolutionären Macht, welche trotz des Bonapartismus manche von Napoleon III. geschickt zur Schau gestellte und in den späten sechziger Jahren erheblich verstärkte liberale Elemente bewahrt hatte. Die Dreierverhandlungen führten nur wegen Differenzen in der römischen Frage nicht zu einem Bündnis. Zwar wollte selbst Österreich nun die italienischen Ansprüche anerkennen, aber Frankreich lehnte es weiterhin ab, die päpstliche Herrschaft ganz aufzugeben.

Beim Ausbruch des französisch-deutschen Krieges im Juli 1870, der Napoleon dann doch zum Abzug seiner Garnison aus Rom nötigte, war Italien somit frei von internationalen Verpflichtungen. Seine führenden Minister, Lanza, Sella und Emilio Visconti Venosta (1829—1914, Außenminister 1863/64, 1869—76 und wieder 1896—1901), entschieden sich für die Neutralität, wiewohl der französische Kaiser dringend um Beistand ersuchte, den Viktor Emanuel dem Mitbegründer seines Staates gern gewährt hätte! Für die Neutralität sprach aber zuviel: Die Finanzmisere des Staates und die Kriegsmüdigkeit des Volkes; die antibonapartistische Haltung der von Bismarck ermutigten Linken, die für den Fall eines Kriegseintritts offenen Aufstand androhte — vor allem die überraschend schnellen deutschen Siege. Die Schlacht bei Sedan (2. September) besiegelte das Schicksal Napoleons III. und seines Kaisertums, sie führte darüber auch das Ende des Kirchenstaates herauf. Ein zweites Mal besorgten die Waffen des ungeliebten Preußen den Abschluß der italienischen Einigung.

Italiens Politiker waren ohnehin entschlossen, die neue europäische Krise für eine Lösung der römischen Frage zu benutzen. Die Gesamtsituation war dafür auch insofern günstig, als die römische Kurie inzwischen politisch vollends isoliert war: Das von Pius IX. einberufene (erste) vatikanische Konzil (Dezember 1869—Juli 1870) hatte den ideologischen Konflikt zwischen Ultramontanismus und Liberalismus auf seinen Höhepunkt geführt. Die am Tag vor der französischen Kriegserklärung erfolgte dogmatische Definition der päpstlichen Unfehlbarkeit, vor der auch viele Katholiken, darunter Bischöfe und hochqualifizierte Theologen, gewarnt hatten, wurde mehr noch als der Syllabus als frontaler Angriff gegen die moderne Kultur empfunden, die Stimmung des Kulturkampfes breitete sich aus. Selbst Österreich distanzierte sich, indem es demonstrativ das Konkordat von 1855 kündigte.

Nach Sedan sah die italienische Regierung sich zudem unter den täglich zunehmenden Druck der Linken gesetzt, die nun den sofortigen Einmarsch in den Kirchenstaat forderte; die Garibaldiner rüsteten zu eigenen Aktionen. Ihnen mußte die Regierung zuvorkommen; auf Legalität bedacht, unternahm sie einen letzten, vergeblichen Versuch, dem Papst gegen die Garantie seiner geistlichen Unabhängigkeit die Zustimmung zur Besetzung abzuringen. Zugleich informierte sie die europäischen Regierungen von ihrer Absicht, im Interesse der Sicherheit und der inneren Ordnung Italiens den Kirchenstaat zu okkupieren. Sie stieß nirgends auf ernsthaften Widerspruch, wenngleich an verschiedenen Höfen, auch an dem des evangelischen Preußen, Bedenken gegen die Verletzung des konservativen Prinzips aufkamen, welche die Entthronung des „Priesterkönigs" zweifellos bedeutete. Seit der Monatsmitte rückten italienische Truppen unter dem General Raffaele Cadorna ins päpstliche Gebiet ein. Pius IX. wollte demonstrieren, daß er nur der Gewalt wich; er ordnete symbolischen Widerstand an, der eingestellt wurde, sobald die Italiener am 20. September in die römische Stadtmauer die „historische" Bresche bei der Porta Pia geschossen hatten. Die tausendjährige weltliche Herrschaft der Päpste war gebrochen, jedoch ohne die von Mazzini erhoffte Attitüde nationaler Größe; er und Garibaldi haben schwer daran getragen, daß sie wieder ins Abseits gedrängt worden waren. Ein Plebiszit, nach den Ereignissen von 1860 und 1866 schon fast Routine geworden, bekräftigte schon Anfang Oktober den Anschluß.

Pius IX. fand sich keineswegs mit dem Geschehen ab. Noch im Oktober bezeichnete er sich als den „Gefangenen im Vatikan" und exkommunizierte in feierlichster Form alle, die zur Beraubung des Patrimonium Petri beigetragen hatten; immerhin widerstand er der Versuchung, außerhalb Italiens, etwa in Österreich, Asyl zu suchen. Regierung und Parlament versuchten daraufhin, das Verhältnis zu Papst und

Kirche einseitig zu regeln. Im Mai 1871 erging das vieldiskutierte Garantiegesetz, welches dem Papst freie Ausübung der Kirchenregierung, seine Stellung als Souverän mit aktivem und passivem Gesandtschaftsrecht, exterritorialen Besitz des Laterans, des Vatikans und der Villa in Castel Gandolfo, dazu eine jährliche Dotation in der Höhe seiner bisherigen Einnahmen zusicherte. Der Papst lehnte ab, weil es ihm unmöglich erschien, seine Souveränität vom Gesetz eines Staates abhängig zu machen. Kraft eigenen Rechts hat er sie weiter ausgeübt und die Kirchenregierung aus dem ihm verbliebenen Vermögen sowie aus den umfangreichen Spenden der Katholiken („Peterspfennig") finanziert. Sein diplomatischer Aktionsradius war freilich einstweilen sehr beschränkt; nur wenige Staaten, in Europa Österreich-Ungarn, Frankreich, Spanien und Portugal, unterhielten ein Jahrzehnt nach 1870 noch diplomatische Vertretungen beim Hl. Stuhl.

Italiens liberale Regierung dachte nicht an eine systematische Kirchenverfolgung nach dem Muster des preußisch-deutschen Kulturkampfes, doch hat das gleichzeitigen preußischen und badischen Gesetzen durchaus vergleichbare Gesetz über die Aufhebung und Enteignung geistlicher Orden (Mai 1873) das Verhältnis zur Kirche noch einmal verschärft. Pius IX. ist bei der aus seiner Sicht nur konsequenten Negation der neuen Ordnung geblieben. Mit dem „Non expedit" (1874) verbot er den Katholiken praktisch die Teilnahme am politischen Leben des italienischen Staates; auch deshalb gerieten sie in das Ghetto einer traditionalistischen Subkultur, welches die Radikalen unter den Liberalen, besonders die Linke, ihnen zugedacht hatten. Da den liberal-reformistischen Tendenzen im Katholizismus durch den Sieg des Ultramontanismus und durch die Säkularisierungspolitik der Liberalen ohnehin der Boden entzogen war, war die Folge die Entstehung einer intransigent-katholischen Bewegung, welche im Namen der Kirchenfreiheit den Nationalstaat grundsätzlich verwarf. Einige Jahre später hat sie bereits Massen mobilisiert, auch weil sie deren soziale Probleme weitaus tatkräftiger anging als die liberale Führungsschicht. Diese glaubte, die „Schwarzen" mehr fürchten zu müssen als die „Roten", die Spaltung der Italiener in zwei Lager wurde vertieft. Der Pontifikatswechsel von 1878 hat daran nichts geändert. Zwar hat der seinem Vorgänger geistig und diplomatisch überlegene Leo XIII. (bis 1903) eine umsichtige Annäherung seiner Kirche an neue politische und soziale Wirklichkeiten vollzogen; sein Anspruch auf den Kirchenstaat erschien infolge des seitdem wiedergewonnenen Prestiges des Hl. Stuhls den italienischen Regierungen um so gefährlicher.

Nach einigem Zögern wurde Italiens Hauptstadt im Sommer 1871 von Florenz nach Rom verlegt; die seit 1848/49 von allen Gruppen des Risorgimento verfochtene Idee der «Roma capitale» (freilich nicht in Mazzinis Version der «Roma del popolo») siegte über die Bedenken derer, die sich vom engen, dabei ungeregelten Nebeneinander von König und Papst wenig Gutes versprachen. Viktor Emanuel bezog den Quirinal, die bisherige päpstliche Sommerresidenz. Viele Behörden wurden zunächst in den Gebäuden enteigneter Klöster untergebracht, da die Mittel zum Bau eines rational-modernen Regierungsviertels nicht ausreichten.

Tatsächlich ist «Roma capitale» zu einer weiteren Hypothek des neuen Nationalstaates geworden. Bauten, Straßen und Plätze einer einzigartig-glanzvollen, von der Antike bis zum Barock reichenden Vergangenheit bestimmten auch um 1870 noch die Maße der Hauptstadt. Die urbanistischen und sozialen Transformationen des 19. Jahrhunderts hatten sie noch nicht erreicht, unzureichend waren die Verkehrswege in die meisten Regionen der Halbinsel. Viel Neues mußte daher schnell geschaffen, dabei viel Altes zerstört werden. Zur Last wurde Rom aber vor allem, weil es sich aufgrund seiner fortwirkenden kosmopolitischen und parasitären Traditionen und wegen der apolitischen Mentalität seiner meisten Bewohner als wenig geeignet für die Steuerung eines modernen Staates erwies. Dienstleistungen, Bauindustrie und Bürokratie, deren Aufblähung also nur nutzen konnte, sind bis heute die wichtigsten Wirtschaftszweige der Stadt, die weder zum kulturellen noch zum industriellen Zentrum des neuen Staates geworden ist. Römischer Immobilismus und Klientelismus sind daher von vielen Kritikern zu den Ursachen italienischer Krisenanfälligkeit gerechnet worden, so zuletzt in dem essayistischen Sammelband ›Contro Roma‹ (1975). Alberto Ronchey, ein führender Journalist aus Turin, bezeichnet darin in polemischer Überspitzung die Hauptstadt als „halb Museum, halb südamerikanisches Suburbia, mehr europäid als europäisch".

*Die wirtschaftliche Entwicklung in den ersten beiden Jahrzehnten
nach der Einigung*

Der langsame, aber kontinuierliche, dabei regional unterschiedliche Aufschwung der vorangegangenen Jahrzehnte wurde zwischen 1860 und 1880 fortgesetzt, unterbrochen nur durch die Krise von 1865/66. Die wichtigsten Neuerungen bestanden darin, daß die rechtsliberalen Regierungen die piemontesischen Modernisierungsinstrumente der fünfziger Jahre, Eisenbahnbau und Freihandel, auf das ganze Land übertrugen. Der endlich realisierte gesamtitalienische Markt wirkte beschleunigend, kam aber vorwiegend dem Norden zugute, da der Süden auf den Freihandel nicht vorbereitet war. Die Landwirtschaft, daneben zunächst noch die Seidenproduktion, bildeten weiterhin die Grundlage, kapitalistische Unternehmer aus diesen Bereichen beeinflußten nach wie vor die Politik der Regierungspartei. Erst nach 1870 begann ein qualitativer Umschichtungs- und Konzentrationsprozeß.

Der Eisenbahnbau, von dem man sich auch Konsolidierung der staatlichen Einheit versprach, wurde sogleich intensiviert: 1861 waren 2136 km, 1870 6176 km, 1885 9920 km in Betrieb. Gerade die Eisenbahnen, zu deren Bau und Betrieb der Staat immense Zuschüsse leistete, nutzten zunächst ganz vorwiegend dem Norden. Im Süden wurden nämlich im wesentlichen die Küstenlinien mit kleinen Stichbahnen ins Landesinnere angelegt, so daß den Unternehmern aus den fortgeschrittenen Regionen die Durchdringung des Südens, die Ausnutzung seiner Ressourcen und die Gewinnung seiner Märkte erheblich erleichtert wurde. An die wegen der Landesnatur allerdings schwerer zu realisierenden Querverbindungen, die Austausch zwischen den seit langem abgekapselten Städten Kalabriens, der Basilikata und Apuliens ermöglicht hätten, ging man kaum heran; sie fehlen bis heute. Die Eisenbahnen wurden von konzessionierten ausländischen Gesellschaften gebaut, die an der aufwendigen Entwicklung einer italienischen Maschinenindustrie nicht interessiert waren. Von wenigen Ausnahmen abgesehen (so Ansaldo in Genua), wurden Lokomotiven, Waggons, Gleise und Eisen für Brückenbauten aus dem Ausland bezogen, italienische Arbeitskräfte, Firmen und Materialien nur an einfachen Arbeitsvorgängen beteiligt, so an der Herstellung der Schwellen, für die im Süden weiterer Wald abgeholzt und weiterer ökologischer Schaden angerichtet wurde. In der

Lombardei entstand immerhin eine Zementindustrie, aber anders als im übrigen Europa hat der Eisenbahnbau unter den besonderen Bedingungen Italiens, entgegen der Propaganda seiner Befürworter, nicht direkt zur Hochindustrialisierung hingeführt.

Der Freihandel sollte das große Anliegen des Risorgimento, die Reintegration Italiens in den gesamteuropäischen Modernisierungsprozeß, auf wirtschaftlichem Gebiet verwirklichen; er hat diese Aufgabe aber nur zum Teil erfüllen können. Die Industrialisierung förderte er kaum, denn er beruhte auf einer internationalen Arbeitsteilung, zu der Italien vorwiegend mit der fortgeschrittenen Landwirtschaft seiner nördlichen Regionen beitrug. Agrar- und Textilprodukte des Nordens wurden in größerem Umfang als zuvor exportiert und darüber weitere Kapitalien akkumuliert; Industrieerzeugnisse, die im Ausland besser und billiger zu kaufen waren, wurden weiterhin importiert. In den übrigen Landesteilen setzte eine Stagnation ein; sie wurde durch den zunehmenden Steuerdruck, dem gerade mittlere und kleine Betriebe im Süden und auf den Inseln nicht gewachsen waren, noch verschlimmert und bildete eine der Voraussetzungen für die große Agrarkrise der achtziger Jahre. In einigen südlichen Provinzen bemühte man sich seit den siebziger Jahren, durch Modernisierung der Obst- und Weinproduktion Zugang zum internationalen Markt zu erhalten, der dann ein Jahrzehnt später infolge des Protektionismus verschlossen wurde.

Der bescheidene Aufschwung der Industrie profitierte zunächst eher vom corso forzoso, der eine faktische Abwertung der Lira bedeutete und darüber die einheimischen Produkte verbilligte. Noch günstiger wirkte sich die gesamteuropäische Hochkonjunktur der frühen siebziger Jahre aus, weil sie den Druck der nun überall ihre Absätze steigernden internationalen Konkurrenz auf den italienischen Markt verringerte. Im Norden enstanden damals größere Aktiengesellschaften, Agrar- und Handelskapital wurde in industrielle Unternehmungen investiert, erstmals beteiligten sich italienische Banken in großem Umfang an dieser Umschichtung. Damit begann besonders in der Lombardei eine qualitative Beschleunigung des Wachstums, die, trotz der bald wieder einsetzenden generellen Abschwächung, nach der Fertigstellung des Gotthardtunnels (1882), der die direkte Verbindung nach Mitteleuropa brachte, konsolidiert worden ist.

Seiden-, Baumwoll-, Woll- und Papierindustrie übernahmen technische Neuerungen und konnten Produktion wie Qualität erheblich steigern, es entstanden erste Gummiwerke (Pirelli 1872) und Großbetriebe zur Herstellung von Zucker und Lebensmitteln (Cirio 1874). Beträchtlich war auch der Aufschwung der von der Urbanisierung profitierenden Bauindustrie. Nur langsam entwickelten sich dagegen die Eisenindustrie und die Maschinenindustrie, die Qualität ihrer Produkte blieb meist gering. Den Abstand von Mitteleuropa kennzeichnet das Fehlen der Stahlindustrie, die in anderen Ländern, so in dem auch darüber zur Führungsmacht des Kontinents aufsteigenden Deutschland, bereits eine entscheidende Rolle zu spielen begann.

Der industrielle Aufschwung setzte neue und entwicklungsfähige Akzente, blieb aber, insgesamt gesehen, in bescheidenen Dimensionen. Der italienische Kapitalismus war zur Schaffung einer modernen Schwerindustrie nicht imstande, sie ist erst seit den 1880er Jahren mit massiver staatlicher Intervention erstanden. Nach dem früher Gesagten versteht sich zudem fast von selbst, daß der Aufschwung der siebziger Jahre im wesentlichen auf die Lombardei, Piemont und Ligurien beschränkt blieb. Seine Zentren wurden Mailand (1854: 209000, 1875: 277000, 1885: 355000 Einwohner), Turin (1868: 191000, 1881: 254000 Einwohner) und Genua (1861: 151000, 1881: 180000 Einwohner) mit ihrer kapitalistischen Oberschicht, ihren Industrien, Verkehrsverbindungen und technischen Ausbildungsmöglichkeiten; sie formierten das Dreieck, welches bis in die Gegenwart für die wirtschaftliche Modernisierung entscheidend geblieben ist. Mailand wurde außerdem schon damals zum Stützpunkt der ausländischen Industrien, die auf den italienischen Markt drängten.

Die langsame Aufwärtsentwicklung wurde unterbrochen durch die seit 1873 einsetzende Stagnation in der Weltwirtschaft, welche dem Freihandel den Boden entzogen und ihn durch ein protektionistisches System konkurrierender Nationalwirtschaften ersetzt hat. In Italien, wo 1878 erste, noch geringe Schutzzölle eingeführt und 1882 begrenzte Anteile einheimischer Produkte beim Eisenbahnbau vorgeschrieben wurden, traf die Krise vorwiegend neue Gesellschaften und Banken, von denen nicht wenige in Konkurs gingen. Am besten hielten sich die Industrien, die in den vorangegangenen Jahren einen hohen Konzentrationsgrad und eine sichere finanzielle Basis erreicht hatten. Zur Beruhigung trug Minghettis Bankengesetz (1874) bei, welches die vielfach gewünschte Vermehrung des Papiergeldes in Grenzen hielt und die inflationäre Entwicklung abbremste.

Ein wenig aktiviert wurde in den siebziger Jahren auch die staatliche Wirtschaftspolitik: Es wurden erste umfangreiche und gründliche Erhebungen und Statistiken über die verschiedenen Wirtschaftszweige erstellt, dazu Untersuchungen über die Lage der Arbeiter. Ihnen folgten aber keine Hilfsmaßnahmen, da diese sich mit dem liberalen Credo nicht vereinbaren ließen. Die auf sich gestellten Arbeiterorganisationen, unter denen es ursprünglich mazzinianische, demokratische, anarchistische und sozialistische Gruppen gab, schlossen sich daher mehrheitlich der internationalistisch-revolutionären Tendenz an. Sowohl deren Führer, so Andrea Costa, wie die seit Mazzinis Tod von Aurelio Saffi geführten Republikaner probten 1873/74 den Aufstand. Direkte Folge war harte staatliche Repression, die im liberalen Italien ebenso schnell einsetzte wie im konservativen Deutschland, im Gegensatz zu dort aber nicht von effizienter Sozialpolitik begleitet worden ist.

*Letzte Jahre und Sturz der «Destra storica» (1876)
Eine Zwischenbilanz ihres Einigungswerkes*

Auseinandersetzungen um Lanzas und Sellas Finanzpolitik hatten im Sommer 1873 zu einem Regierungswechsel geführt, bei dem die Rechte sich aber noch ebenso behaupten konnte wie bei den Wahlen im Dezember 1874. Immerhin standen seitdem den ca. 270 gouvernementalen Abgeordneten ca. 230 mehrheitlich im Süden und auf den Inseln gewählte Oppositionelle gegenüber, die jedoch in mehrere Gruppen zerfielen. Festgefügte Parteien gab es ja nicht. Ministerpräsident war seit 1873 wieder Minghetti, der auch das Finanzministerium übernahm und mit dem erwähnten Bankengesetz zunächst breiten Konsens fand; Außenminister blieb Visconti Venosta.

Trotz Unruhen unter den Arbeitern des Nordens und den Subproletariern des Südens und trotz der Stimmengewinne der Opposition änderte die Regierungspartei weder ihre Grundsätze noch ihre Methoden; oberstes innenpolitisches Ziel blieb der Ausgleich des Staatshaushalts, der 1875 erreicht worden ist. Die Führer der Rechten gingen davon aus, daß das Land seit 1870 politisch saturiert war, daß die zuvor unter dem Druck der Linken öfters akzeptierte revolutionäre Attitüde abzulegen sei und daß Italien nunmehr eine sehr vorsichtige Innen- und Außenpolitik führen müsse. An feste Bündnisse dachten sie vorläufig nicht. Italien war die schwächste unter den europäischen Großmächten; in seiner Diplomatie entwickelte sich schon damals die dann traditionell gewordene Tendenz, daraus eine Stärke zu machen, indem man zwischen den Gruppierungen der anderen Großmächte verblieb und deren Gegensätze auszunutzen versuchte. Andererseits war die außenpolitische Lage um 1870 durch den unlösbar erscheinenden Konflikt mit dem Papst erschwert, welcher Italien die Gegnerschaft der katholischen Parteien in ganz Europa eintrug. Direkte Gefahr drohte darüber aus Frankreich, wo die klerikalen Gruppen so stark waren, daß sie 1873 die Wahl des konservativ-monarchischen Marschalls MacMahon zum Präsidenten der Republik entschieden. Ihre Feindschaft verband sich mit der auf der ganzen französischen Rechten verbreiteten Enttäuschung über Italiens „Undankbarkeit"; wie so oft, fühlten viele Franzosen sich berechtigt, «Revanche» zu fordern!

Minghetti, Visconti Venosta und die meisten ihrer politischen Freunde waren im Grunde immer noch frankophil. Sie sahen sich unter diesen Umständen aber zu einer außenpolitischen Neuorientierung veranlaßt, die in den Jahren 1873—75 eingeleitet worden ist und erste Voraussetzungen für den Dreibund geschaffen hat. Erleichtert wurde sie dadurch, daß die nach 1866 begonnene Verbesserung der Beziehungen zu Österreich-Ungarn anhielt; noch war das Problem der «terre irredente», d. h. der noch nicht „befreiten" [17] Gebiete von Trient und Triest, welches seit den 1890er Jahren das Verhältnis beider Staaten wieder unheilbar belasten sollte, von geringer politischer Relevanz. Im September 1873 reiste Viktor Emanuel in Begleitung seiner führenden Minister nach Wien und Berlin. Solche Staatsbesuche waren damals noch recht selten, und so wurde die Reise, die ausgiebige politische Gespräche mit Andrassy und Bismarck ermöglichte, in allen europäischen Hauptstädten aufmerksam verfolgt und in Verbindung gebracht mit den Bemühungen Bismarcks um eine antifranzösische Kontinentalkoalition, die kurz darauf zum Dreikaiserabkommen geführt haben. Viktor

---

[17] Wörtlich der „unerlösten" Gebiete. Die Wortwahl erweist wiederum die religiöse Überhöhung, welche die nationale Idee in Italien gefunden hat — von Mazzini bis Mussolini!

Emanuels Reise nach Berlin erbrachte zwar keinen Bündnisabschluß[18], wohl aber die Konstatierung gemeinsamer Interessen und die Zusage gegenseitiger Unterstützung. Sie demonstrierte die Hinwendung zu den Mittelmächten, die 1875 durch Gegenbesuche Franz Josephs und Wilhelms I. unterstrichen wurde. Diese fanden aus Rücksicht auf den Papst nicht in Rom, sondern in Venedig und Mailand statt; aber gerade die Begegnung des österreichischen Kaisers mit seinem früheren Gegner in dem erst neun Jahre zuvor abgetretenen Venedig schien die seither erreichte Versöhnung zu besiegeln. Italiens Opposition, die seit Rattazzis Tod (1873) von Agostino Depretis (1813—1887) und von Crispi geführt wurde, begrüßte die außenpolitische Umorientierung, ja sie ging ihr noch nicht weit genug. Die Linke plädierte schon damals für ein volles Bündnis mit Bismarck, den sie wegen der Entmachtung Napoleons III. wie wegen des Kulturkampfes gleichermaßen hochschätzte.

Um so heftiger wurden die innenpolitischen Gegensätze. Gegen die in ihren Augen zu autoritäre Regierung, deren rigorose Steuerpolitik und gegen die Vernachlässigung des Südens taten sich die linken Gruppen zusammen, im Mai 1874 brachten sie Minghetti eine erste empfindliche Abstimmungsniederlage bei. Großes Aufsehen erregte der anscheinend nicht unberechtigte Vorwurf, daß Politiker der Rechten im Interesse der Machterhaltung in Sizilien mit der Mafia zusammengearbeitet hätten. Zum Hauptstreitpunkt wurde aber seit 1875 die Verstaatlichung der Eisenbahnen, für die Minghetti und seine Freunde, darunter Silvio Spaventa (Minister für öffentliche Arbeiten), sich energisch einsetzten; nachdem ihnen der Budgetausgleich gelungen war, sahen sie darin eine folgerichtige Fortsetzung ihrer bisherigen Finanzpolitik. Indem sie dem Monopol der Eisenbahngesellschaften ein Ende bereiten wollten, folgten sie einer durchaus modernen volkswirtschaftlichen Konzeption, die sich um dieselbe Zeit auch in anderen europäischen Staaten durchsetzte; zudem bedeutete die Tatsache, daß die strategisch besonders wichtigen oberitalienischen Bahnen vom Pariser Bankhaus Rothschild kontrolliert wurden, ein Sicherheitsrisiko. Trotzdem widersprach die Linke dem Projekt leidenschaftlich. Sie

---

[18] Für ein Bündnis, welches auch Bismarck noch nicht eingehen wollte, plädierte Italiens hochqualifizierter Botschafter in Berlin, de Launay, der sein Land dort von 1868 bis 1892 vertreten hat.

warnte vor den hohen Kosten und forderte statt dessen eine radikale Änderung der Finanz- und Steuerpolitik zugunsten breiterer Volksschichten und unterentwickelter Regionen. Der äußerst geschickte Depretis gewann dafür auch manche Abgeordnete, die bisher mit der Rechten gestimmt hatten. Im März 1876 erlitt die Regierung die entscheidende Niederlage, die nicht nur die Verstaatlichung der Bahnen um fast dreißig Jahre (bis 1905) hinausgeschoben hat. Das Kabinett Minghetti mußte zurücktreten, nach den inzwischen nicht mehr umstrittenen parlamentarischen Regeln übertrug der König dem Führer der zur Kammermehrheit gewordenen Opposition die Nachfolge. Der Regierungswechsel von 1876 bedeutete zum ersten Mal einen effektiven Machtwechsel: Von den Politikern der Rechten, die den jungen Staat seit seiner Konstituierung regiert hatten, hat in den folgenden fünfzehn Jahren keiner mehr einem Kabinett angehört.

Die Polemik der Sieger von 1876 konnte nicht das letzte Wort über Cavours Partei und deren Politik sein. Die idealistische und liberale Geschichtsschreibung, von Croce und Omodeo bis zu Alberto M. Ghisalberti und Franco Valsecchi, hat die Nationalpolitik der «Destra storica» als zeitgemäßes Modernisierungswerk gewürdigt (vgl. S. 162f.); Historiker anderer Nationen haben sich diesem Urteil angeschlossen, in Deutschland von Heinrich v. Treitschke und Franz X. Kraus bis zu Theodor Schieder und Golo Mann.
Nach der Zäsur des Jahres 1945 begann eine Umbewertung, vornehmlich durch Historiker aus den Lagern der nun erst politisch zum Zuge kommenden Katholiken und Sozialisten, die 1861/70 „besiegt" oder ausmanövriert worden waren. Am weitesten gingen dabei die Marxisten, denen Antonio Gramsci (1891—1937), der erste Führer und Chefideologe des italienischen Kommunismus, die Grundlage geliefert hatte, indem er das Risorgimento als „ausgebliebene Agrarrevolution" abqualifiziert und seinen Führern die Unterdrückung der demokratischen Alternative wie generelles Versagen gegenüber dem Süden vorgeworfen hatte. Gramscis Thesen sind von etlichen kommunistischen Autoren mit dogmatischer Starrheit wiederholt worden. Darüber hinaus haben sie aber eine vielseitige, sozialgeschichtliche Prozesse einbeziehende Diskussion eröffnet, zu der von marxistischer Seite die fundiertesten Beiträge Ernesto Ragionieri und Giorgio Candeloro geleistet

haben; letzterer mit einer imponierenden Synopse politischer, gesellschaftlicher und wirtschaftlicher Entwicklungen.

Überzeugend sind den marxistischen Interpretationen Giuseppe Galasso mit Studien zu den Problemen des Mezzogiorno und Rosario Romeo mit vielbeachteten Werken über die Industrialisierung Italiens und über die politische Geschichte des Risorgimento entgegengetreten. Beide warnen vor zurückprojizierten Wünschbarkeiten und betonen, daß in der konkreten Lage um 1860 die Modernisierung des Südens nur durch dessen Integration in ein fortgeschrittenes Wirtschaftssystem eingeleitet werden konnte. Galasso hat hierzu aufgewiesen, daß gerade die zeitweilig zu Garibaldi haltenden radikaldemokratischen Kleinbürger die entschiedensten Gegner einer Agrarrevolution waren, daß die Bauern des Südens, die also bei keiner der Gruppen des Risorgimento Unterstützung fanden, den neuen Staat total ablehnten und daß darum dessen Führungsschicht dem Süden die Einigung und zu deren Konsolidierung den Zentralismus hätte aufzwingen müssen. Romeo betont gegenüber den neueren sozialgeschichtlichen Ansätzen die politisch motivierte Initiative der elitären Bewegung unter Cavour, die durch nationale Einigung und liberale Verfassung erst die Voraussetzungen für die Überwindung traditioneller Rückständigkeiten geschaffen und das moderne Europa um Italien erweitert habe. Da die Nationalbewegung weitaus fortgeschrittener war als alle übrigen Gruppen der italienischen Gesellschaft, sei autoritäres Regiment zur Durchsetzung ihrer Konzeptionen zeitweilig unvermeidbar gewesen. Der von Denis Mack Smith herausgestellten autoritären Kontinuität vom Risorgimento zum Faschismus scharf widersprechend, erinnert Romeo daran, daß Cavour, ganz anders als die späteren Nationalisten, dem Nationalstaat eine zu bürgerlicher Freiheit und politischer Partizipation hinführende Erziehungsaufgabe zudachte. In der Tat verkörpert der piemontesische Staatsmann die Mischung von idealistischem Nationalliberalismus und ökonomischen Modernisierungstendenzen, an der die «Destra storica» auch nach seinem Tode festgehalten hat. Gleichwohl ist nicht zu verkennen, daß sie aufgrund ihrer Klassengebundenheit die selbstgestellte nationalpolitische Aufgabe nur zum geringen Teil und die sozialen Probleme, die sich für den Süden aus der Integration in den Großstaat ergaben, überhaupt nicht gelöst hat. Auch Romeo verschweigt nicht, daß die Integration der Massen unvollkommen geblieben ist.

Fünftes Kapitel

INTEGRATIONSPROBLEME — INDUSTRIALISIERUNG — IMPERIALISMUS

Das erste Jahrzehnt der Linken

Ebensowenig wie die Rechte war die Linke eine geschlossene Partei, eine solche hat der italienische Liberalismus zum Schaden des Landes überhaupt nicht hervorgebracht. Immerhin führte die Wende von 1876 zu einer klaren Scheidung in linksliberale Progressisten (Sinistra), oppositionelle Destra und radikale Demokraten (Estrema sinistra). Wie die Besiegten von 1876 gehörten auch die Sieger dem bürgerlichen Lager an, wobei die Rechte mehr das Großbürgertum Nord- und Mittelitaliens vertrat, die Linke mehr mittlere Bürger, im Süden aber auch Agrarier und somit sehr unterschiedliche Interessen. Die Zugehörigkeit zur gleichen Schicht begründet aber bekanntlich oft keine Identität der politischen Zielsetzung und Mentalität, in denen vielmehr zwischen den beiden Gruppierungen erhebliche Unterschiede bestanden. Die Rechten hatten ihre Erfahrungen als Minister, Beamte oder Unternehmer erworben, sie vertraten eine Politik der Ordnung und der Stabilität, in der Römischen Frage tendierten sie zur Mäßigung. Die Führer der Linken kamen aus dem demokratischen, garibaldinischen oder mazzinianischen Lager, viele von ihnen hatten auf den Barrikaden gekämpft und waren im Exil gewesen; mit der Monarchie hatten sie sich abgefunden, aber im Parlament fast immer in der Opposition gestanden und neigten auch deshalb zur Agitation; sie haben denn auch lang anhaltende Unruhe in Italiens Regierung gebracht. Mit reformerischem Pathos hatten sie gegen die Sparprogramme der Rechten eine „neue" Politik des Fortschritts und der Partizipation gefordert, noch im Wahlkampf des Herbstes 1876 machten sie auch unhaltbare Versprechungen. Es begann eine Politik höherer Staatsleistungen bei verminderten Einnahmen, welche die von der Rechten wohlgeordnet zurückgelassenen Staatsfinanzen an den Rand des Bankrotts gebracht haben. Wie alle Linken wollten die neuen Führungskräfte mehr Macht für den Staat. Zumeist Freimaurer, waren sie heftig antiklerikal und drängten zu weiterer Säkularisierung, im Katholizismus erblickten sie eine unberechenbare Gefahr für das neue Italien — überhaupt war die Führungsschicht von 1876 die letzte, die noch um die Einheit des Landes gebangt hat. Giolitti brauchte das nicht mehr.

Bald brachen Differenzen in der neuen Führungsschicht aus, vor allem, nachdem der hohe Wahlsieg von 1876, zu dem der Innenminister Giovanni Nicotera (1828—1894) durch massive, über entsprechende Aktionen der Rechten noch hinausgehende Wahlbeeinflussung beitrug, die Macht konsolidiert hatte, so daß Geschlossenheit vielen nicht mehr nötig erschien. Die „rechtere" Gruppe um Nicotera verlor bald ihren Einfluß, aber die stark persönlich gefärbten Spannungen zwischen den Flügeln um den behutsameren Depretis und den radikaleren Benedetto Cairoli (1825—1889) haben das Regieren zunächst erheblich erschwert. Von elf Kabinetten zwischen 1876 und 1887 wurden acht von Depretis, drei von Cairoli geleitet, welcher über Frankreichs Festsetzung in Tunis 1881 stürzte und seitdem das Amt des Regierungschefs dem Rivalen überlassen mußte. Eine relative Stabilisierung[1] begann, der «Trasformismo» Depretis' leitete eine Rückverschiebung der politischen Gewichte zur Mitte ein.

Der Ministerpräsident reagierte damit auch auf die Unruhen, die das innerlich ja ohnehin wenig gefestigte Land in den ersten Jahren nach 1876 durchzogen haben, auch infolge der nicht oder noch nicht erfüllten Hoffnungen, die man zuvor erweckt hatte. Außerdem begann sich Ende der siebziger Jahre am linken Rand der neuen Mehrheit und mehr noch links davon jener Irredentismus zu regen, der eine der stärksten

---

[1] Hier ist daran zu erinnern, daß deutsche Stabilitätsmaßstäbe nicht auf Italien (oder auch Frankreich!) passen, wo häufige Regierungswechsel die Regel geblieben sind, oft durchaus nicht nur zum Schaden des Landes und seiner politischen Kultur. Von seiner Konstituierung bis zum Machtantritt Mussolinis zählte das Königreich Italien 59 Kabinette, von denen nur sieben mehr als zwei Jahre in unveränderter Besetzung amtiert haben. Auch Perioden außergewöhnlicher Stabilität — die der Destra storica (1861—1876), die Crispis (1887—1896) und die Giolittis (1903—1914) — erlebten mehrere Regierungswechsel, bei denen sich bisweilen auch die jeweilige Opposition durchsetzen konnte. Auch De Gasperi hat 1945—1953 mit neun verschiedenen Kabinetten regiert.

Triebkräfte des italienischen Nationalismus geworden ist[2]. Er zog die äußersten Konsequenzen aus mazzinianischen Traditionen. Sein erster fanatischer Propagandist, Matteo Renato Imbriani-Poerio (1843 bis 1901), agierte nicht nur gegen Habsburg, sondern gegen die Monarchie überhaupt; es entstand ein Klima, in dem sich radikaldemokratische Gruppen organisierten und 1878 ein Attentat gegen König Humbert versucht wurde. Die unbedingte Absage an solchen Radikalismus war gerade für eine linke Gruppierung, die konstitutionell und Regierungspartei geworden war, unerläßlich.

Unter den Ministern dieser Dekade sind hervorzuheben Pasquale Stanislao Mancini (1817—1888), der das Völkerrecht auf die neuen Grundlagen der Nationalität und der Volkssouveränität zu stellen suchte, und Giuseppe Zanardelli (1826—1903), der konsequent für die weitere Liberalisierung von Staat und Recht gewirkt hat und ebenso wie der sozialpolitisch aktive Domenico Berti (1820—1897) nach dem Rechtsrutsch von 1883 zurückgetreten, aber mit Crispi 1887 wiedergekehrt ist; auch De Sanctis (gest. 1883) kehrte ins Kabinett zurück. Der dynamischste Politiker der Linken, Crispi, 1876 Kammerpräsident, 1877 Innenminister, wurde 1878 in einen auch von innerparteilichen Gegnern ausgenutzten Bigamieprozeß verwickelt und mußte für ein knappes Jahrzehnt ins zweite Glied zurücktreten.

Der Übergangscharakter der späten 1870er Jahre wurde noch dadurch akzentuiert, daß 1878 kurz nacheinander Viktor Emanuel II. und Pius IX., die Antagonisten einer ganzen Epoche, starben[3]. Der neue

---

[2] Seine erste Symbolfigur wurde der an Mazzini und Garibaldi orientierte Triestiner Guglielmo Oberdan (geb. 1858), der 1882 bei der Feier der 500jährigen Zugehörigkeit Triests zu Österreich ein Attentat gegen Kaiser Franz Joseph plante, zum Tode verurteilt wurde und trotz der Warnungen einsichtiger Beamter, im sonst ganz ruhigen Triest keinen Märtyrer zu schaffen, hingerichtet worden ist. Depretis und Mancini haben mit Rücksicht auf den Dreibund nichts für Oberdans Begnadigung getan, Nationalisten und Faschisten haben ihn später zum Nationalhelden hochstilisiert. — Eine neue Studie von Alfred Alexander hat nachgewiesen, daß Oberdans Attentatsplan von einem Agent provocateur, der in Rom als Irredentist auftrat, an die österreichische Polizei verraten worden ist.

[3] Daß Viktor Emanuel entgegen seinem Wunsch nicht in der Grablege seiner Dynastie, der Superga-Basilika bei Turin, sondern im römischen Pantheon be-

König Humbert (Umberto) I. war konservativer und deutschfreundlicher als sein Vater und hat daher die Dreibundpolitik der folgenden Jahre energisch unterstützt, die Verfassung hat er respektiert und erst beim nationalen Notstand nach der Niederlage bei Adua (1896) in die Regierung eingegriffen. Seiner Gattin und Cousine Margherita gelang es, größere Teile der seit 1870 abseits stehenden römischen Aristokratie sowie führende Vertreter des kulturellen Lebens an den Hof zu ziehen, allen voran Carducci, den früheren Republikaner, der ihr Oden gewidmet hat. So wuchs der Monarchie eine stabilisierende Rolle zu, die der neuen Führungsschicht genutzt hat; die traditionelle Cosmopolis Rom nahm erstmals auch liberale Züge an und begann darüber mit Paris zu konkurrieren.

Der neue Papst Leo XIII. hat an den Grundsätzen seines Vorgängers und auch an dessen Ansprüchen gegenüber Italien festgehalten, sie aber ungleich geschmeidiger und in Anpassung an veränderte politische Realitäten vertreten, die Kurie löste sich vorsichtig aus der unbedingten Solidarität mit dem Ancien régime. Zwar war Leos Hoffnung auf Versöhnung von Kirche und moderner Kultur und auf deren Rechristianisierung wegen der tiefen ideologischen Differenzen großenteils illusionär, aber schon im ersten Jahrzehnt seines Pontifikats erreichte er vieles: Durch geschickte kirchenpolitische Verhandlungen (so mit Bismarck über die Beilegung des deutschen Kulturkampfes) und neuartige, seitdem vatikanische Maxime gebliebene Neutralität gegenüber verschiedenen politischen Verfassungen, durch Rekurs auf den Thomismus samt seiner Naturrechts- und Soziallehre wie durch organisiertes Ausgreifen in neue Bereiche der Massengesellschaft gewann der Katholizismus neuartige soziale Bedeutung. Gerade auf ein Land wie Italien, in dem die Kirche noch starken und unerschütterten Rückhalt in allen Schichten hatte, mußte diese Wende sich auswirken, so daß manche Befürchtungen linker Politiker verständlicher erscheinen. Zu deutlich kontrastierten gerade in Rom die Geschlossenheit auf der vatikanischen mit dem Parteienstreit und den Regierungswechseln auf der italieni-

stattet und das Grab mit der Langobardenkrone geschmückt wurde, bezeugt den Verzicht auf savoyische Traditionen zugunsten des neuen Nationalstaats und dessen Anspruchs, Roms und Italiens ganze Geschichte zu verkörpern.

schen Seite. Die linken Regierungen reagierten mit Verschärfungen, die aus ihrer Sicht konsequent waren, aber keineswegs integrierend wirken konnten: Die religiösen Eidesformeln wurden abgeschafft, die theologischen Fakultäten der Universitäten aufgelöst, die restlichen Kirchengüter verkauft, der Religionsunterricht wurde für fakultativ erklärt. Zudem duldete die Regierung selbst in Rom aufsehenerregende und neue päpstliche Proteste provozierende Ausschreitungen: Bei der Überführung der Leiche Pius' IX. vom Vatikan nach San Lorenzo kam es 1881 zu Straßenschlachten, weil Linksradikale und fanatisierter Pöbel den Sarg in den Tiber werfen wollten[4].

Die Erweiterung der politischen Basis

Trotz innerer Spannungen und Anpassung früherer Ideale an die praktischen Möglichkeiten hat die Linke zwischen 1876 und 1882 einige weitreichende Reformen eingeleitet und daneben die Enqueten über verschiedene Wirtschaftszweige fortgesetzt. Depretis erwies sich dabei als Meister kleiner Schritte und begrenzter Kompromisse mit der Rechten, die den 1882 zum Programm erhobenen «Trasformismo» vorbereiteten. Die verhaßte Mahlsteuer, deren Wegfall vor 1876/77 am lautesten versprochen worden war, wurde 1880 ermäßigt und mit Wirkung von 1884 abgeschafft; der Ausfall mußte aber durch neue indirekte Steuern aufgefangen werden. Der corso forzoso (Zwangskurs) wurde 1883 außer Kraft gesetzt, die Kaufkraft der Lira und der Import ausländischer Kapitalien nahmen daraufhin zu.

Die wichtigsten Maßnahmen, die freilich auch die Grenzen des Reformismus aufwiesen, waren die Einführung der Volksschulpflicht und die Erweiterung des Wahlrechts. Das Schulgesetz des Unterrichtsmini-

---

[4] Als antipäpstliche Kundgebung konzipiert und mit entsprechenden Protesten beantwortet wurde auch die von Crispi geförderte Errichtung eines Denkmals für Giordano Bruno am Ort seiner Hinrichtung auf dem römischen Campo dei Fiori, an dessen Einweihung 1889 zahlreiche antiklerikale Organisationen, an der Spitze die Rothemden Garibaldis, teilnahmen.
Die Heftigkeit der Gegensätze ließ die Katholikenführer nicht erkennen, daß in diesem Falle Schweigen angemessener gewesen wäre.

sters Coppino (1877) begnügte sich damit, die ersten beiden Volksschuljahre verpflichtend zu machen und den Eltern, die dieses Minimum unterliefen, Geldbußen anzudrohen; in der parlamentarischen Diskussion erhob sich die resignative, aber den «paese reale» spiegelnde Warnung, daß Vermehrung der Bildung ohne sozialen Fortschritt zur Revolution führen könne. Selbst zur vollen Durchführung der legge Coppino fehlten Geld und administrative Strukturen, im Süden weiterhin auch die sozialen Voraussetzungen. Ein Jahrzehnt später (Statistiken von 1888/89) gingen im Landesgesamtdurchschnitt 48 Prozent der sechs- bis zehnjährigen Kinder zur Schule; im Norden waren es 54 Prozent, in Mittelitalien 50 Prozent, im Süden aber nur 41 und auf den Inseln 36 Prozent.

Noch folgenschwerer war die Wahlreform, über die in der Kammer 1881 leidenschaftlich diskutiert worden ist. Die Linke wollte eine ihrer Ideologie und den Interessen ihrer Anhänger Rechnung tragende Erweiterung des Wahlrechts, jedoch keineswegs das allgemeine Wahlrecht, wie es am energischsten die radikalen Randgruppen, so die garibaldinische Lega democratica um Felice Cavallotti und Giovanni Bovio, forderten. Für möglichst breiten Zugang zu den Urnen plädierten aber auch einige Rechtsliberale wie Stefano Jacini, die sich vom Votum der „kleinen Leute" ein sozialkonservatives Resultat erhofften, sowie die wenigen politisch bereits aktiven Katholiken, diese teils aus demselben Motiv, teils weil sie zugleich die von den Liberalen vernachlässigten Mittel- und Unterschichten zu politischer Partizipation führen wollten. Die nicht durch die Kirchenstaatsproblematik behinderten, in den Kulturkämpfen seit den 1860er Jahren erstarkten katholischen Parteien Belgiens, der Schweiz und Deutschlands zeigten ja bereits, daß die liberale Klassenregierung keineswegs nur von links in Frage gestellt wurde! Demgegenüber beharrte auch die neue Regierungsmehrheit auf dem elitären Charakter des italienischen Liberalismus und auf dem Führungsanspruch des dritten Standes, der durch ökonomische und politische Leistungen den neuen Staat ermöglicht hatte und trug. Die inzwischen längst antirevolutionäre Partei Depretis' und Zanardellis fürchtete vom allgemeinen Wahlrecht ein Erstarken der Radikalen und vor allem, falls einmal das „Non Expedit" entfiel, eine katholische Parlamentsmehrheit. Gerade Zanardelli beschwor daher die nur von einer liberalen Elite zu garantierende Freiheit und verwies auf Frankreich, wo die Massen diese in Gefahr brächten; die Mehrheit der Rechten stimmte ihm gern zu. Das neue, 1882 zum ersten Mal angewendete Wahlgesetz hielt daher an Zensus und «capacità» (Besitz und Bildung) als Voraussetzungen für die Zulassung zur Wahl grundsätzlich fest, halbierte jedoch die aufzuweisende Steuersumme und bezeichnete zweijährigen Schulbesuch als ausreichende Bildungsgrundlage. Die Zahl der Wahlberechtigten stieg von 600000 auf knapp 3 Millionen, d.h. von 2,2 Prozent auf knapp 7 Prozent der Bevölkerung.

Die Basis war damit erweitert, blieb aber dennoch schmal, für die Präfekten leicht zu überschauen und zu beeinflussen. Die potentielle Alternative des Katholizismus übte noch gut zwei Jahrzehnte Abstinenz. Überhaupt blieb Desinteresse weit verbreitet, vor allem im Süden, wo die Mehrzahl der Bevölkerung infolge der großen Agrarkrise, die wenig später ausbrach und vom Staat in keiner Weise gemeistert wurde, erst recht in Apathie versank. Schon der Verkauf der restlichen Kirchengüter, der die Zahl kleiner Besitzer vergrößern sollte, jedoch gerade im Süden ein weiteres Mal nur der bereits vermögenden Minderheit zugute gekommen ist, hatte den «assenteismo» nur bestärkt.

«Trasformismo»

Die Integration der Massen ist auch durch den «Trasformismo» behindert worden, den Depretis 1882 zum Programm erhoben hat. Begrenzte Kompromisse mit der Rechten schienen ihm nun nämlich nicht mehr zu genügen, da er als eine der Folgen der Wahlreform eine Stärkung der extremen Linken (Radikale, Republikaner, Sozialisten) erwartete, welche denn auch im Oktober 1882 besonders in der Lombardei und der Emilia beträchtlich gewannen und die Zahl ihrer Abgeordneten auf ca. vierzig verdoppeln konnten; unter ihnen war der erste Sozialist im italienischen Parlament, Andrea Costa. Depretis plädierte demgegenüber schon im Wahlkampf für den Zusammenschluß der Linken und der Rechten zu einer „neuen, großen, nationalen Partei". Er verwies auf den bei der Wahlreform gefundenen Kompromiß und betonte, daß überhaupt die Gemeinsamkeiten weitaus größer seien als die Differenzen und daß der Radikalismus der gemeinsame Feind sei, welcher innere Stabilisierung und äußere Reputation (u. a. bei den eben gewonnenen

Partnern im Dreibund!) gefährde. Er berief sich auf Cavours «Connubio» und bezeichnete die seine als eine fortschrittliche Regierung, die niemanden ablehne, der sich verändern (trasformarsi) und fortschrittlich werden wollte.

Während konsequente Progressisten wie Zanardelli und Cairoli, zeitweilig auch Crispi, heftig opponierten, fand Depretis Zustimmung bei den meisten seiner Anhänger und bei der Mehrzahl der Rechten, welche die von den Radikalen drohende Gefahr noch stärker betonte und die Chance größeren Einflusses auf die Regierung nutzen wollte; als ihr Wortführer trat Minghetti auf. Die Situation von 1882 war tatsächlich der von 1852 insofern verwandt, als weiterhin kein Zweiparteiensystem möglich war, weil eine aktionsfähige (konservative oder katholische) Alternative innerhalb des Systems fehlte. Depretis besaß aber weder das politische Ethos noch die Fähigkeiten Cavours, seine Partner waren zumeist beati possidentes; während dreißig Jahre zuvor reformistisches Potential integriert worden war, wurde es nun eher abgestoßen. So kam keine „neue" Partei zustande, sondern nur eine Mehrheit des «juste milieu», die formal progressiv blieb, im Sinne der Wahrung des bürgerlichen Besitzstandes aber eher konservativ war. Sie hatte ihr Zentrum in der Regierung und hat die 1876/77 begonnene Parteibildung unterlaufen, überhaupt die Rolle von Parteien wieder auf ein Minimum reduziert. Depretis blieb nämlich auch sorgfältig um Kontakte zu den „Linken" im eigenen Lager wie zu relativ Gemäßigten unter den Radikalen bemüht. Darin zeigt sich die transformistische Regierungstechnik, die durch Verschleiern von Gegensätzen, geschicktes Lavieren und klientelistischen Stimmenfang kurzfristige Erfolge erzielt und darum ihren Begründer überdauert hat. Immer wieder haben seitdem italienische Regierungsparteien versucht, die Grenzen zur Opposition zu verwischen, sie zu unterlaufen, Teile davon, besonders Führungsgruppen, zu sich herüberzuziehen, ohne jedoch ihre Basis zu integrieren und eine wirkliche Lösung anstehender Probleme zu suchen[5].

Daß republikanische und internationalistische Gruppen genauso unterdrückt wurden wie vor 1876, erklärt sich aus dem Willen zur

---

[5] Gut vergleichbar erscheinen die Versuche traditioneller Führungsschichten, Mussolinis Faschismus und Berlinguers Kommunismus in ihr jeweiliges System zu integrieren.

Systemerhaltung. Der dieses System letztlich unterhöhlende Klassencharakter der neuen Mehrheit zeigte sich aber darin, daß auch die Linksliberalen nicht die Kraft zu effizienter Sozialpolitik aufbrachten, wie sie im damaligen Europa die konservativen Mächte begonnen haben. Entsprechende Initiativen des Ministers Berti, die u. a. auf eine Arbeiterunfallversicherung nach deutschem Vorbild zielten, blieben in den Ansätzen stecken, nach seinem Rücktritt (1884) wurden nur ein Gesetz über Begrenzung der Kinderarbeit und eines über die Anerkennung der Hilfskassen verabschiedet. Zu Bertis Gegnern gehörten nicht nur liberale Unternehmer, sondern besonders auch Linksradikale, die seine Vorschläge als unzureichend verwarfen. So führte der Egoismus der neuen Oberschicht bei Arbeitern und Arbeitervertretern zu einer Reaktion, die bis heute die Lösung sozialer Probleme in Italien zusätzlich erschwert: Die Reformfähigkeit des liberalen Staates wird von vielen grundsätzlich bezweifelt und jeder Reformansatz als Mittel bloß systemstabilisierender Korrumpierung diskreditiert[6].

Der Dreibund

Zwischen der transformistischen Rechtsverschiebung und der Dreibundpolitik bestand ein enger Zusammenhang. Als die Linken an die Regierung kamen, hatten die meisten von ihnen, auch Depretis und Cairoli, kein außenpolitisches Programm; deshalb wie aus innerer Verlegenheit hielten sie sich zunächst ganz zurück. Zwiespältig war ihr Verhältnis zu Frankreich: Mehr noch als die Rechten liebten sie es wegen der Traditionen von 1789, mehr noch als jene fürchteten sie es wegen seiner derzeitigen konservativen Regierung und der Unterstützung, die sie dem Papst gewährte. Der „Erbfeind" Österreich war den meisten

---

[6] Während in Deutschland eine so vereinfachende Sicht erst infolge der Marxismus-Renaissance des letzten Jahrzehnts in den Vordergrund getreten ist, war sie in Italien auch zuvor verbreitet. Symptomatisch sind das Unverständnis und das Mißtrauen, mit denen, bis weit in die DC hinein, auf Ludwig Erhards „soziale Marktwirtschaft" reagiert worden ist.

›Die Anfänge staatlicher Sozialreform im liberalen Italien‹ hat Volker Sellin sehr gründlich dargestellt (1971), dabei aber deren Eigenständigkeit und Effizienz gelegentlich überschätzt.

Linken doppelt suspekt, wegen seiner konservativen und übernationalen Strukturen wie wegen Trient und Triest. Neues Mißtrauen erregten Österreichs Ausdehnungstendenzen auf dem Balkan, wo die Italiener angesichts des russisch-türkischen Krieges und der Auflösungssymptome im Osmanischen Reich für nationale Staatsbildungen plädierten. Sie hofften, darüber dort Einflußzonen gewinnen zu können; hierin wie in den afrikanischen Aspirationen werden geopolitisch vorgezeichnete Linien deutlich, die bis zu Mussolinis Imperialismus geführt haben. Fasziniert waren dagegen nicht wenige Linke von dem ebenso konservativen, aber nationalen, antifranzösischen und (noch) kulturkämpferischen Deutschland; die Ordnungsmacht Preußen imponierte ihnen, wiewohl sie deren ideologische und soziale Grundlagen nicht mochten — wieder einmal zeigt sich die Zwiespältigkeit des italienisch-deutschen Verhältnisses! Im Bismarck-Reich erblickten so unterschiedliche Männer wie Crispi und Leo XIII. den Hort der Stabilität, dem sie sich anzunähern suchten. Crispi, der eigentliche Schöpfer des Dreibundes, wollte die Systemverfestigung im Innern, bei der gerade er vor äußerster Härte nicht zurückschreckte, durch eine entsprechende außenpolitische Option absichern und darüber den Handlungsraum gewinnen, nach dem der Großmachtanspruch verlangte. Schon auf einer 1877 unternommenen Sondierungsreise in die europäischen Hauptstädte ließ er sich am stärksten von Bismarck beeindrucken, der ihm für den Fall eines französischen Angriffs die deutsche Solidarität versicherte, von italienisch-österreichischen Konflikten aber unter keinen Umständen wissen wollte. In Wien stieß Crispi auf strikte Ablehnung der mit dem dortigen Staatsprinzip unvereinbaren italienischen Gebietswünsche, davon abgesehen aber auf dieselbe Bereitschaft zur Zusammenarbeit, die schon Visconti Venosta gefunden hatte. Der damit abgesteckte Rahmen ist durch den deutsch-österreichischen Zweibund, mit dem Bismarck und Andrássy 1879 das monarchische Mitteleuropa defensiv zusammengefaßt und den Kontinent langfristig beruhigt haben, verfestigt worden.

Die konkreten Anlässe zur Aktivierung der italienischen Außenpolitik erbrachten der Berliner Kongreß (1878) und noch mehr die Errichtung des französischen Protektorats in Tunis (1881). In Berlin konnte Italien zwar erstmals an einem Kongreß der Großmächte teilnehmen, welcher die Folgen des russisch-türkischen Krieges regelte und das Mächtesystem in Europa neu umschrieb, ging aber, da ohne Programm und Verbündete, leer aus, während Österreich die Besetzung Bosniens und der Herzegowina zugesprochen wurde. Noch tiefer ging die Enttäuschung über Frankreichs Festsetzung in Tunis, welches die Italiener als ihre Interessensphäre betrachteten und spätestens beim Zusammenbruch des Osmanischen Reiches[7] zu besetzen gedachten. Tunis schien „zum Greifen" nahe, die Mehrzahl der nach dort eingewanderten Europäer waren Italiener, der Besitz der ins Meer vorgeschobenen Bastion hätte zusammen mit Sizilien und Pantelleria die Kontrolle der Wege vom westlichen ins östliche Mittelmeer ermöglicht.

Depretis wollte trotzdem bei seiner «piede-in-casa»-Politik bleiben, aber heftige Diskussionen in Parlament und Presse erwiesen, daß die Zeit dafür vorüber war und die Mehrheit den Anschluß an die Kaiserreiche wünschte. Die nur in einem starken Bündnisverband mögliche Ausdehnung nach Afrika erschien weitaus wichtiger als das vorderhand unlösbare Irredenta-Problem. Mit Recht wurde betont, daß der Balkan, auf den Österreich drängte, für Italien weniger wichtig war als das von Frankreich beanspruchte Nordafrika und daß eine aktive italienische Balkan-Politik nur mit, nicht aber gegen Österreich möglich werde. Auch befürchtete man eine Annäherung der Kaiserreiche an den Papst, mit dem Österreich ohnehin korrekte Beziehungen unterhielt und mit dem Bismarck um die Beendigung des Kulturkampfes verhandelte. Weitere Isolation wurde als Selbstaufgabe bezeichnet, wobei zu bedenken ist, daß Frankreichs Ausgreifen nach Tunis (oder auch der durch den Berliner Kongreß ermöglichte Vorstoß Englands nach Cypern) nur Teile jener gleichzeitigen und konkurrierenden Expansionspolitik aller Großmächte gewesen sind, die die beginnende Epoche des Imperialismus charakterisiert hat.

Eine Reise König Humberts nach Wien leitete die Bündnisinitiative ein, die von Außenminister Mancini und den Botschaftern Graf Robilant in Wien und Launay in Berlin fortgesetzt worden ist. In der Hauptstadt des „Erbfeindes" ist der Dreibundvertrag, der Italiens Außenpolitik für zwei Jahrzehnte bestimmen sollte, am 20. Mai 1882 unterzeich-

---

[7] Sowohl Tunesien wie Libyen, Italiens zweite große Aspiration in Nordafrika, gehörten noch zur Türkei, Tunis mit Autonomie unter einem Bej (Stammesfürst), Libyen in Form der beiden Provinzen Cyrenaika und Tripolitanien.

net worden. Darin wurde Italien für den Fall eines unprovozierten französischen Angriffs die militärische Hilfe Deutschlands und Österreichs zugesagt, entsprechende Hilfe versprach Italien bei einem französischen Angriff auf Deutschland (Art. 2). Die drei Partner sicherten einander wohlwollende Neutralität zu, falls einer von ihnen Krieg führte (Art. 4); wenn eine der drei Mächte in einen Krieg mit mehreren Gegnern geriet, waren die anderen zur Unterstützung verpflichtet (Art. 3). Der Vertrag war zunächst auf fünf Jahre befristet; ein von Italien angeregtes Zusatzprotokoll, wonach er sich nicht gegen England richten durfte, entsprach ganz der Intention Bismarcks, England an die Mittelmächte heranzuziehen. Eine gegenseitige Besitzstandsgarantie, die Italien zusätzlich wegen Rom gewünscht und als Mittel konservativer Politik angepriesen hatte, wurde von Österreich und Deutschland mit Rücksicht auf den Vatikan abgelehnt, doch stand mit dem Vertragsabschluß fest, daß beide in der Römischen Frage nicht aktiv werden würden. Noch wichtiger waren für Italiens Führung der Schutz vor Frankreich, die Überwindung der Isolation als Voraussetzung normaler Großmachtpolitik und die in der Präambel bekundete sozialkonservative Tendenz. Auch für Bismarck, der Italien noch skeptisch betrachtete und sein militärisches Potential mit Recht nicht hoch einschätzte, war äußere und innere Stabilisierung der eigentliche Zweck des Vertrags: Österreich wurde vor italienischen Ansprüchen gesichert[8] und damit ein Krisenherd im Herzen des Kontinents gelöscht, das monarchische Prinzip wurde durch die Einbindung des innerlich noch schwachen Italiens gestärkt, Frankreich samt dem Republikanismus weiter isoliert.

Die Aufwertung Italiens ermöglichte erste Schritte in die Kolonialpolitik, die der ganz dem Risorgimento verbundene und darum noch nicht imperialistisch denkende Mancini allerdings nur zögernd tat. Mit dem Kauf von Assab am Roten Meer (1882) und dem Erwerb eines zweiten dortigen Hafens, Massaua (1884/85) begann die Landnahme in Ostafrika, vorerst in Eritrea; erste Handelsstützpunkte in Somalia folg-

---

[8] Die von Rom seit 1882 fallengelassenen irredentistischen Gruppen haben fortan über geheime Kanäle Gelder aus Frankreich erhalten, welches die Dreibundpolitik zu durchkreuzen suchte, nach 1896 mit wachsendem Erfolg. Vollends sind die Pariser Rechnungen 1915 aufgegangen!

ten bald; die Basis für Vorstöße nach Abessinien war damit gewonnen. Im Mittelmeer wollten Depretis und Mancini sich einstweilen mit dem status quo begnügen, schon wegen neuer und heftiger sozialer Spannungen im Lande scheuten sie Risiken. Ihre Vorsicht rief erneut Enttäuschung hervor, die von Crispi geschürt wurde; von ihm wird bald zu zeigen sein, daß er die inneren Probleme gerade durch „große" Außenpolitik auffangen wollte. Die von ihm 1887 durchgesetzte Wende wurde aber schon vorbereitet, seit Mancini im Herbst 1885 zurücktrat und sein Nachfolger der der Rechten nahestehende General und Diplomat Graf Carlo Felice Nicolis de Robilant (1826—1888) wurde, der sein Land seit 1871 erfolgreich in Wien vertreten hatte. Ganz europäisch orientiert, kümmerte er sich wenig um Ostafrika; nachdem dort bei Dogali im Januar 1887 äthiopische Truppen eine erstmals in ihr Land eindringende italienische Einheit vernichteten, konnte er nicht mehr lange im Amt bleiben. Robilant erreichte aber noch eine wesentlich verbesserte Erneuerung des Dreibundes, für die er seit 1886 stärkere Berücksichtigung italienischer Interessen im Mittelmeer und auf dem Balkan forderte. Dieses Mal stimmte Bismarck zu und zog die Verhandlungen nach Berlin, wegen der 1885 ausgebrochenen europäischen Doppelkrise — in den russisch-österreichischen wie in den deutsch-französischen Beziehungen — wollte er sein Bündnissystem soweit als möglich konsolidieren. Am 20. Februar 1887 wurden zusammen mit dem erneuerten Dreibund ein deutsch-italienisches und ein österreichisch-italienisches Separatabkommen geschlossen. Österreich sicherte für jede Veränderung im Orient Italien eine Kompensation zu; Deutschland übernahm die noch weitergehende Verpflichtung, im Falle weiteren französischen Ausgreifens in Nordafrika jede italienische Gegenaktion zur Erhaltung der eigenen Machtstellung zu unterstützen. — Aus der fünf Jahre zuvor gelegten Voraussetzung war die konkrete Grundlage für Großmachtpolitik geworden, welche durch die fast gleichzeitige, den status quo zusätzlich sichernde und darum ebenfalls von Bismarck begünstigte Mittelmeerentente zwischen England, Italien und Österreich noch verfestigt wurde.

Schutzzoll — Agrarkrise — Anfänge der Schwerindustrie

Am Freihandel, der Italiens Einstieg in die Weltwirtschaft ermöglicht hatte und erhebliche Gewinne brachte, wollten die Mehrzahl der Verantwortlichen auf der Rechten und der Linken auch in den späten siebziger Jahren noch festhalten. Reformistische Nationalökonomen in Padua und Pavia, so Fedele Lampertico und der junge Luigi Luzzatti, die maßvolle staatliche Eingriffe in den Wirtschaftsprozeß vorschlugen und dabei teils deutschen Kathedersozialisten folgten, hatten einen schweren Stand. Nur langsam verbreitete sich die Einsicht, daß Italiens Konkurrenzfähigkeit gegenüber fortgeschritteneren Nationen wie England und Deutschland den Aufbau einer Schwerindustrie voraussetzte, der ohne Protektionismus nicht möglich war. Der von Depretis vorbereitete und von Cairoli 1878 durchgesetzte Zolltarif, der einige Konzessionen an den Protektionismus machte und die Einfuhr von Rohstoffen gegenüber der von Fertigprodukten erleichterte, zog erste Konsequenzen aus dieser Einsicht wie aus der Stagnation in der Weltwirtschaft.

Daß Italiens wirtschaftliche Lage sich in den achtziger Jahren grundlegend veränderte, lag aber keineswegs nur an den Folgen dieser Stagnation. Entscheidend wurden vielmehr die große Agrarkrise und die forcierte Industrialisierung, die nunmehr von den Regierungen nachdrücklich unterstützt worden ist.

Wie früher gezeigt, war die Landwirtschaft nur in den nördlichen Regionen, vor allem in der Lombardei und in Piemont, in geringerem Umfang auch in der Emilia, strukturell modernisiert worden. Die Gebiete mit rückständiger Organisation und Produktionsweise überwogen, sie umfaßten den ganzen Süden mit seinem extensiven Getreideanbau und große Teile Venetiens. Diese Zonen gerieten zu Beginn der 1880er Jahre in eine ausweglose Krise, weil sie in keiner Weise der Konkurrenz billigen amerikanischen Getreides gewachsen waren, welches seitdem infolge des Ausbaus der amerikanischen Eisenbahnen und der transatlantischen Schiffsverbindungen in enormen Mengen auf die europäischen Märkte strömte. Italiens Jahresproduktion an Weizen und Mais ging zwischen 1880 und 1890 um ein rundes Fünftel zurück, die Preise dafür sanken um ein Drittel bzw. um die Hälfte, der Getreideimport wurde fast verdreifacht! Als 1887 ein vollends protektionistischer Zolltarif eingeführt wurde, reagierte Frankreich, Italiens wichtigster Handelspartner, mit drastischer Drosselung der Importe aus Italien; auch die Weinpreise verfielen nun. Preisabschläge waren auch bei den Zitrusfrüchten hinzunehmen, doch ließen diese sich weiterhin exportieren; ihr Anbau ist fortan endlich intensiviert worden.

Die extensive Getreideproduktion des Südens, von der die Masse der dortigen Bevölkerung lebte, ist in den achtziger Jahren zusammengebrochen, und damit begann jene bis heute anhaltende Depression, aus der schon vor dem Ersten Weltkrieg Millionen keinen anderen Ausweg als die Emigration gefunden haben[9]. Die Abwanderung von Arbeitskräften ist im Norden, wo sie weniger massiv war, zu weiterer Rationalisierung benutzt worden, im Süden nur zur Verfestigung der anachronistischen, aber für die Besitzer weiterhin bequemen Latifundienwirtschaft.

Inmitten der Krise wurden 1884 die Ergebnisse einer großen Agrarenquete vorgelegt, die eine in den reformistischen Anfängen 1877 eingesetzte Parlamentskommission unter Stefano Jacini erarbeitet hatte. In ihrem Bericht wurde Modernisierung nach dem Muster der Nordregionen empfohlen, wobei der Staat Steuern ermäßigen, Bonifizierungen finanzieren und Kommissionen zur Schlichtung von Arbeitskämpfen und Kontrolle der Emigration einsetzen sollte. Im übrigen setzte Jacini auf Selbstinitiative und auf Kapitalhilfen aus Industrie und Handel, doch haben seine Hoffnungen sich nicht erfüllt.

---

[9] Zwischen 1876 und 1914 sind 3,6 Mill. Italiener emigriert, mehr als drei Viertel davon allerdings erst nach der Jahrhundertwende. Bis dahin stiegen die Zahlen langsamer, aber der Anteil der fast immer als definitiv zu betrachtenden Auswanderungen nach Übersee nahm kontinuierlich zu.

Zeitraum	Auswanderungen im Jahresdurchschnitt	Davon nach Übersee
1876—1880	108 800	26 600
1881—1885	154 100	59 000
1886—1890	221 700	131 000
1891—1895	256 500	147 400
1896—1900	310 400	161 900

Depretis' Regierungen waren zu wirksamer Hilfe in der bislang schwersten sozialen Krise des Einheitsstaates weder willens noch fähig; sie hatten sich für ein anderes Modernisierungskonzept entschieden. Seit den außenpolitischen Enttäuschungen der Jahre 1878—81 investierten die Regierungen alle verfügbaren Mittel in die Vergrößerung von Heer und Marine und die Afrika-Unternehmungen, dazu in weiteren Eisenbahnbau und die Schaffung der für die ehrgeizige Außen- und Kolonialpolitik unerläßlichen Schwerindustrie. An sich war deren Förderung richtig, aber sie wurde gefährlich, weil sie hektisch und ohne jede Rücksicht auf andere Wirtschaftszweige betrieben wurde und weil sie sich mit der Option für Großbetriebe und Monopole verband. Die Initiativen kamen meist von expansiv denkenden und daher besser zur Linken als zur sparsamen Rechten passenden Unternehmern, die Aufhebung des Zwangskurses wirkte stimulierend. Wegen der rückständigen Ausgangslage, dem Rohstoffmangel und der weiterhin relativ großen Kapitalarmut war aber ein schneller Aufschwung, den die Regierungen aus außen- und rüstungspolitischen Motiven wünschten, nur mit staatlicher Hilfe möglich. Aus weitgehender Interessenidentität kam es sogleich zu einer außergewöhnlich engen Allianz von politischer Macht und organisiertem Kapitalismus, die Tendenz zu staatlichen Eingriffen in die Wirtschaft und die Interessen der Schwerindustrie an Beeinflussung der Regierungspolitik ergänzten einander. An die Allianz von Staat und Großindustrie haben in sehr verschiedener Weise sowohl der Faschismus wie die Democrazia Cristiana angeknüpft, auch die einseitige, das Sozialgefüge verzerrende Option für die Schwerindustrie ist noch in der zweiten Nachkriegszeit wiederholt worden.

Schon die auf dem Höhepunkt der Tunis-Krise erfolgte Fusion der beiden größten Reedereien zur «Navigazione Generale Italiana» wurde von der Regierung durch die Übertragung fast aller staatlich subventionierten Linien stark begünstigt. Dieselbe Monopolstellung und staatliche Kreditgarantien erhielten die großen Eisenbahngesellschaften, die beim weiteren Ausbau erstmals größere Kapitalien aus dem nunmehr verbündeten Deutschland verwendeten. 1884 gründete Stefano Breda mit direkter Unterstützung des Staates und zweier Großbanken die Stahlwerke in Terni (Umbrien), bei denen der Staat die Ausrüstung der Kriegsschiffe bestellte; der vom Marineminister Brin nachdrücklich geförderte Konzern erwarb die Kontrolle der Großwerften in Genua und

220 Integrationsprobleme — Industrialisierung — Imperialismus

Livorno und ist bis in den Ersten Weltkrieg Hauptlieferant der Kriegsmarine geblieben. Die Eisenproduktion stieg von 95 000 Tonnen (1881) auf 176 000 Tonnen (1888), die Stahlproduktion von 3600 Tonnen (1881) auf fast 158 000 Tonnen (1889). Ein unsolider Bauboom in Rom und Neapel[10] begleitete den hektischen Aufschwung, dessen Profite nur einer kleinen Schicht zugute kamen; ohne flankierende Sozialpolitik wurden die Klassengegensätze nur verschärft. Die Schwerindustriellen überredeten den stets freihändlerisch gesinnt gewesenen Depretis zum protektionistischen Zolltarif von 1887, der nur ihnen nutzen konnte, jedoch einen zehnjährigen Zollkrieg mit Frankreich ausgelöst und die

[10] In Rom, dessen Einwohnerzahl sich zwischen 1870 und 1900 auf ca. 420 000 fast verdoppelte (aber hinter der aller anderen europäischen Hauptstädte noch weit zurückblieb) erfolgten in den 1880er Jahren erste Straßendurchbrüche durch das historische Zentrum (v. a. Corso Vittorio Emanuele) und einige von der Spekulation kräftig ausgenutzte Stadterweiterungen, die aber im wesentlichen noch innerhalb der spätantiken Mauer Kaiser Aurelians und deren barocker Erweiterung rechts des Tiber verblieben, so das zahlreiche barocke Villen zerstörende Quartier um die neue via Veneto und die um 1885 eröffneten, bis heute berühmten Alleen auf Gianicolo und Pincio mit den Porträtbüsten der Risorgimento-Kämpfer. 1885 wurde mit dem Bau des 1911 vollendeten Nationaldenkmals begonnen; seine beherrschende Stellung über Forum und Kapitol, der etliche Renaissance- und Barockbauten geopfert wurden, ist für die Überschätzung der nationalen Einigung ebenso symptomatisch wie das den Gianicolo beherrschende Garibaldi-Denkmal.

Über die damals beginnende Zerstörung großer Teile der alten Bausubstanz Roms unterrichtet eindrucksvoll Paolo Portoghesi, Roma un'altra città (Rom 1968).

In Neapel ist noch jeder Bauboom seit der Einigung, zuletzt der unter dem «comandante» Achille Lauro in den 1950er Jahren, unsolide gewesen, weil nie die wegen der Bevölkerungsdichte [1871: ca. 448 000, 1901: 563 000, 1931 (nach Eingemeindungen): 839 000, 1961: 1 100 000 Einwohner] unerläßlichen Infrastrukturen für Hygiene, Arbeitsbeschaffung, Schul- und Sozialversorgung mitgeschaffen wurden. Der Staat war zu schwach, um die Anwendung seiner entsprechenden Gesetze zu erzwingen. Auch erhebliche Finanzhilfen aus Rom, die verschiedentlich, so schon nach der Cholera von 1884 gewährt wurden, haben keine Gesamtsanierung bewirkt. Im Dschungel lokaler Klientelen und Machtkämpfe ist darüber aus einer der schönsten Städte Italiens das stets seuchenbedrohte „Kalkutta" Europas geworden.

Kehrseiten des Fortschritts heraufbeschworen hat. Die Krise der Landwirtschaft, welche große Märkte verlor und fortan die teuren einheimischen Maschinen kaufen mußte, erreichte den Höhepunkt, die Lebenshaltung verteuerte sich, der Abzug der traditionellen französischen Kapitalbeteiligungen führte in der Industrie selbst zu einem Vakuum. Das System der italienischen Banken, von denen mehrere zusammenbrachen, war noch zu schwach, um auszuhelfen, so daß neue Staatsinterventionen notwendig wurden, die weitere Staatsverschuldung zur Folge hatten. Seit dem Ende der achtziger Jahre ging die Agrarkrise in eine gesamtwirtschaftliche Rezession über.

Die forcierte Industrialisierung im Norden und an einigen Punkten Mittelitaliens und die Agrarkrise im Süden haben dessen Abstand vom übrigen Land vertieft; ausgerechnet unter der Regierung der Linken, die Hilfe für die rückständigen Regionen versprochen hatten, wurde die Spaltung in eine hochmoderne und eine archaische Volkswirtschaft vorbereitet. Die «questione meridionale» ist daher in jenen Jahren Gegenstand einer heftigen Diskussion geworden, die bis heute andauert. Unter den ersten «Meridionalisti» sind hervorzuheben der den Historikern als Biograph Savonarolas und Machiavellis bekannte Pasquale Villari (1826—1917) mit seinen ›Lettere meridionali‹ (1878) und Giustino Fortunato (1848—1932) mit dem Werk ›La questione demaniale nelle provincie meridionali‹ (1882), beide haben sich auch weiterhin an der Diskussion beteiligt[11]. Fortunato stellte die radikale These auf, daß der Süden nicht erst wegen schlechter Regierung und Trägheit seiner Bewohner, sondern von Natur aus arm sei[12].

---

[11] Vgl. von Villari ›Scritti sulla questione sociale in Italia‹ (1902), von Fortunato ›Il Mezzogiorno e lo Stato Italiano‹ (1911). Zu den Diskussionen über die Probleme des Mezzogiorno: Giuseppe Galasso, Passato e presente del meridionalismo, 2 Bde. Neapel 1978.
[12] In diesem Zusammenhang ist die wohl überspitzte These von Arnold J. Toynbee (Hannibals legacy, London 1965) zu erwähnen, daß die soziale Problematik Süditaliens mit dem Gegensatz von Latifundien und verarmtem Bauerntum eine direkte Folge des Zweiten Punischen Krieges sei.

Die Ära Crispi (1887—1896)

Autoritarismus — Imperialismus — Innere Reformen

In der allgemeinen Erregung nach der blutigen Niederlage bei Dogali hat der inzwischen fast 75jährige, verbrauchte Depretis sein achtes und letztes Kabinett nur mit Hilfe des auch schon 68jährigen Crispi bilden können, der ins Innenministerium zurückkehrte, Zanardelli wurde wieder Justizminister. Dabei war eine Erweiterung der transformistischen Basis nach rechts und links hinzunehmen, die sich als recht solide erwies. Nach Depretis' plötzlichem Tod trat Crispi im Sommer 1887 die Nachfolge an, zeitweise verwaltete er daneben auch das Innen- und das Außenministerium. Nach einer vorwiegend finanzpolitischen Auseinandersetzung mit der Rechten mußte er im Januar 1891 zurücktreten, wurde aber im Dezember 1893 erneut Ministerpräsident und Innenminister; nach der Niederlage bei Adua, welche die Katastrophe seines Afrika-Imperialismus bedeutete, ist er im März 1896 definitiv gestürzt worden.

Die Italiener begnügen sich, wie früher gesagt, im allgemeinen mit einem Minimum an Staatlichkeit, aber wenn innere Krisen und äußere Frustration so auf ihnen lasten wie um 1885 oder nach 1919, regt sich auch bei ihnen der Wunsch nach einem starken (jedoch, wenn es nötig erscheint, wieder abzuschiebenden!) Führer, dem Francesco Crispi voll entsprach. Wie kein zweiter der aus dem Risorgimento hervorgegangenen Politiker verkörperte er Autoritarismus, Imperialismus und Kolonialismus, aber auch den Willen zu effizienter Staatlichkeit wie zu inneren Reformen, welche eine straffere Staatsführung erleichtern sollten. Crispis Persönlichkeit und Konzeptionen haben Italien einen neuen politischen Stil aufgeprägt und sind ein Jahrzehnt lang bestimmend gewesen, denn die Regierungen des Marchese Antonio Starabba di Rudinì (1839—1908) und Giovanni Giolittis (1842—1928), von denen die erste (1891/92) nach rechts, die zweite (1892/93) zur Mitte tendierte, blieben ein Zwischenspiel. Der krisenhaften Zuspitzung im Inneren zeigten sie sich nicht gewachsen. Giolittis Ansätze zur Integration neuer Kräfte, die er ein Jahrzehnt später wiederaufnehmen konnte, waren verfrüht; auch schwächte die scheinbare Verquickung in einen römischen Bankskandal seine Stellung.

Immerhin wurde unter Rudinì 1891 der Dreibund vorzeitig erneuert und in seine endgültige Fassung gebracht; Bismarcks Nachfolger Caprivi, dem Crispis Dynamismus zunächst wenig gefallen hatte, kam dabei den Italienern entgegen, weil nach Crispis Rücktritt ein kurzes Werben Frankreichs um Italien eingesetzt hatte. Die bilateralen Zusatzabmachungen von 1887 wurden nunmehr in den Vertrag eingefügt, indem dessen neuer Artikel 7 Italiens Anrecht auf Konsultation und Kompensation im Falle österreichischer Gebietsveränderungen auf dem Balkan bestätigte. Neu war auch der den Weg nach Libyen wesentlich erleichternde Art. 9, in dem deutsche Unterstützung für eine italienische Festsetzung in Nordafrika generell zugesichert, d. h. nicht mehr von vorheriger weiterer Expansion Frankreichs abhängig gemacht wurde.

Als Crispi die Regierung antrat, hatte er lange Entwicklungsprozesse durchlebt. Aus dem demokratischen Lager des Risorgimento hervorgegangen, vertrat er einen jakobinischen und darum explosiven Patriotismus; aus langer Bindung an Mazzini war ihm die gefährliche Überzeugung geblieben, daß die nationale Einigung als Hebel für Italiens Expansion im Mittelmeer zu benutzen sei. Crispis Charisma und Demagogie hoben sich von der Sachlichkeit der Rechten ebenso ab wie vom Transformismus, der die Entscheidungen unter Ausschluß der Öffentlichkeit in Parlamentszirkeln herbeigeführt hatte; er blieb insofern ein Mann der Masse, als er ihren plebiszitären Konsens suchte, den er in vielen Reden zu stimulieren wie zu steuern wußte; wäre er nicht bloß Minister eines konstitutionellen Königs gewesen, könnte man seine Regierungsweise als bonapartistisch bezeichnen. Aus einer Mischung von Überzeugung und Opportunismus hat Crispi die nationalistische Stimmung benutzt, die sich in Italien ähnlich wie in Deutschland als Reflex der verspäteten Nationalstaatsbildung ausbreitete und schon die Diskussionen um Tunis und Ostafrika erfüllt hatte; in seinen Reden behandelte er gern außenpolitische Themen. Für Italien personifiziert Crispi den Übergang vom emanzipatorischen Nationalprinzip des Risorgimento zum Nationalismus des 20. Jahrhunderts. Sowohl die wenig später auf der Rechten aufgestandenen, organisierten Nationalisten wie die Faschisten haben sich daher auf ihn berufen können und damit eine Tradition skizziert, die tatsächlich Italiens Außenpolitik von 1880 bis 1940 mitgeprägt hat; eine Tradition, zu der auch die stete Überschätzung der eigenen

Kräfte gehört hat und die mit dem bitteren Ende der weithin in Crispis Bahnen verlaufenen imperialen Träume des Duce keineswegs sofort aufgehört hat. Crispis Nationalismus entsprach ganz den Interessen der Schwer- und Werftindustrie; um mit ihrer Hilfe große Politik machen zu können, wurde er der entschiedenste Protektionist, der schon deshalb den Konflikt mit Frankreich verschärfen mußte.

Diese Verschärfung, die 1889 und 1890 bis an die Schwelle des Krieges geführt hat, war Teil einer Konfliktstrategie, bei der Crispi ganz auf den von ihm nicht mehr defensiv, sondern offensiv verstandenen Dreibund und auf das diesem wohlgesinnte England setzte. Mit starken Verbündeten im Rücken erhoffte er größere Mitsprache in Europa und Gewinne im Mittelmeerraum, vor allem in Libyen. Er stellte sich daher spontan hinter die Balkanpolitik Wiens, trat dem Bündnis Österreichs mit Rumänien bei und vertiefte überhaupt die Zusammenarbeit mit den Mittelmächten, besonders mit Deutschland, so durch die Militärkonvention von 1888. Bei Bismarck, den er schon 1887 erneut besuchte, fand er volle Unterstützung, da der Kanzler seit den Pariser Regierungswechseln von 1885 und 1886 mit dem schärferen Revanchismus des neuen Kriegsministers Boulanger zu rechnen hatte und Frankreich wieder einzukreisen suchte. Die erhofften raschen Erfolge brachte Crispis Aktivismus aber nicht ein. An den Rändern des Mittelmeeres waren keine leichten Eroberungen zu machen, denn Frankreich tat ihm nicht den Gefallen, durch weitere Expansion einen Vorwand für die Besetzung Libyens zu liefern; der Zollkrieg schädigte Italien weitaus mehr als Frankreich.

Schneller setzten die inneren Reformen ein, deren Umfang an die Euphorie des Regierungswechsels von 1876 erinnerte. Gerade dabei war Crispis Leitmotiv eher plebiszitär als demokratisch. Er wollte den Konsens zur Regierung, vor allem deren Aktionsradius erweitern und das Land beruhigen, auch, wenn nötig, disziplinieren. Schon die ersten Maßnahmen stärkten die Exekutive gegenüber dem unter dem Transformismus übermächtig gewordenen Parlament. Bereits im Sommer 1887 erhielt der Innenminister das Recht zur Absetzung der Präfekten und damit noch größere Möglichkeiten politischer Pression; wenig später wurden die Kompetenzen des Ministerpräsidenten erheblich erweitert und in den Ministerien anstelle der beamteten Generalsekretäre parlamentarische Unterstaatssekretäre berufen, welche den politischen Charakter der Regierung verstärkten [13] und ihren demokratischen Anspruch unterstreichen sollten. Einen tatsächlichen Schritt zur Demokratisierung bedeutete die Erweiterung des Wahlrechts in Kommunen und Provinzen (1889) mit der freilich die städtischen Bürger weiterhin bevorzugenden Bestimmung, daß fortan in den Gemeinden mit mehr als 10000 Einwohnern und in allen Provinzhauptorten die Gemeinderäte die Bürgermeister zu wählen hatten. Die nach dem Vorbild der meisten europäischen Staaten durch Gesetze von 1889 und 1890 eingeführte Verwaltungsgerichtsbarkeit stärkte die Rechtsstaatlichkeit.

Auch das Strafrecht wurde 1889 endlich vereinfacht. Der meist nach seinem Initiator benannte codice Zanardelli, der bis in die faschistische Zeit gegolten hat, beruhte auf dem piemontesischen Strafrecht von 1859, milderte aber dessen Klassencharakter, indem er Eigentumsdelikte weniger hart bestrafte und auf Sanktionen gegen Streiks verzichtete; aus dem strukturell moderneren Recht der Toskana wurde der Verzicht auf die Todesstrafe übernommen. Strafandrohungen gegen regierungsfeindliche Äußerungen des Klerus bezeugen den Antiklerikalismus Crispis und Zanardellis, der überhaupt die Innenpolitik zunehmend mitgeprägt hat, nachdem ein erster Versuch zur Verständigung von Quirinal und Vatikan 1887 gescheitert war. Um die staatliche Fürsorge von chronischer Finanznot zu befreien und das Monopol des Staates auf diesem Gebiet zu erzwingen, wurden 1890 alle „frommen Stiftungen" (mit insgesamt ca. 3 Mrd. Lire!) konfisziert und den neugegründeten kommunalen «Congregazioni di carità» übertragen. Diese letzte große Besitzumschichtung hat die Säkularisationspolitik des Risorgimento abgeschlossen. Indem sie radikaler als frühere Maßnahmen ins kirchliche Leben eingriff, hat sie die Mehrheit der italienischen Katholiken in ihrer Abwehrhaltung bestärkt, aber auch Crispis Mehrheit geschwächt; die Rechtsliberalen wandten sich von ihm ab.

Der Ministerpräsident ließ sich dadurch nicht abschrecken. Er glaub-

---

[13] Dabei ist es bis heute geblieben: Die den deutschen Staatssekretären entsprechenden Unterstaatssekretäre in den römischen Ministerien sind nicht Fachbeamte, sondern Parlamentarier.
Die Amtsbezeichnung „Staatssekretär" ist in Italien den Ministern vorbehalten.

te, die politischen und sozialen Probleme des Landes im Rahmen seines Systems und seiner Optionen lösen zu können, und bekämpfte jede Grundsatzopposition mit gleicher Härte, ebenso wie die katholische die sozialistische und die irredentistische. Hand in Hand mit der (unzureichenden) Ausdehnung der Fürsorge ging die schon unter Depretis begonnene, aber nun intensivierte Unterdrückung von Streiks und anderen Protestaktionen der Industrie- und Landarbeiter, die infolge der verschärften Wirtschaftskrise vor allem in Nord- und Mittelitalien, wo Klassenbewußtsein und Organisation der Arbeiter fortgeschritten waren, zunahmen. Im Jahre 1890 wurden 139 Streiks gezählt, darunter nicht wenige in den landwirtschaftlichen Großbetrieben der Lombardei. Die administrative Repression war seitens der Linksliberalen Italiens härter als im kaiserlichen Deutschland unter dem Sozialistengesetz, ihre Auswirkung war ähnlich. Die Welle von Verhaftungen und Verurteilungen, die seit 1889 Führer und Aktivisten des 1886 verbotenen, aber im Untergrund weiter tätigen partito operaio traf, hat den Widerstandswillen bestärkt und das Klima geschaffen, in dem die Gründung einer einheitlichen, marxistischen Arbeiterpartei (1892) reifte. Wieder an der Regierung, hat Crispi auch diese nach Kräften verfolgt und 1894 verboten, ebenso die von Giolitti mehr oder weniger geduldete Aufstandsbewegung der ersten «Fasci siciliani», in denen sich Arbeiter aus Landwirtschaft und Schwefelgruben zusammentaten. 1893 ließ Crispi auf der Insel den Ausnahmezustand erklären. Die Härte der seitdem eingreifenden Militärjustiz entsprach der Stimmung im Bürgertum, wo die Furcht vor Sozialismus und Revolution sich ausbreitete und von Crispi geschickt ausgenutzt worden ist.

Seit 1893 nahm Crispi auch die Sanierung der überstrapazierten Staatsfinanzen und des Bankwesens in Angriff, unterstützt vom neuen Schatzminister Sydney Sonnino (1847—1922), dessen Realismus das Temperament des Ministerpräsidenten gelegentlich gedämpft hat. Der Bilanzausgleich konnte aber nur über unpopuläre Steuererhöhungen angegangen werden und ist erst 1898/99 voll gelungen. Wegen der Bankenkrise wurde zeitweise der corso forzoso wiedereingeführt. Die Liquidierung der bankrotten Emissionsbanken wurde der Banca d'Italia übertragen, deren Kompetenzen dafür erweitert wurden; zu den Folgen gehörte die Steigerung staatlichen Einflusses auf die Emissionspolitik. Gesamtwirtschaftlich noch wichtiger war die Reorganisation des Kreditwesens durch die Einführung der «Banca mista» nach dem Vorbild der deutschen Universalbanken, die sich nicht aufs herkömmliche Bankgeschäft beschränkten, sondern durch Mobilisierung großer Kapitalmengen die langfristige Finanzierung der Industrie betrieben. Es entsprach dem Dreibundklima, daß unter starker deutscher Beteiligung als erste Banken dieses Typs 1894 die «Banca Commerciale Italiana» (Rom) und 1895 der «Credito Italiano» (Mailand) entstanden sind.

Aus Crispis Ordnungs- und Dreibundpolitik ergab sich seine ebenso unbedingte Ablehnung des Irredentismus. In dessen antiösterreichischen, republikanischen und frankophilen Tendenzen erblickte er ernste Gefahren für das innere und äußere Gleichgewicht, ja für den Fortbestand Italiens, weil ein Krieg um Triest und Trient den Dreibund gesprengt, Österreich an Frankreichs Seite geführt und damit alle antiitalienischen Kräfte freigesetzt hätte; auch mußte eine Schwächung Österreichs das Vordringen Rußlands ins Mittelmeer erleichtern. Alle irredentistischen Organisationen und Kundgebungen wurden daher verboten. Imbriani, seit 1889 Abgeordneter, ist darüber einer der leidenschaftlichsten Gegner Crispis geworden. Beide beriefen sich auf Mazzini, aus dessen Programm sie so entgegengesetzte Konsequenzen zogen. Imbriani warf dem Ministerpräsidenten Servilität gegenüber Österreich und Unterdrückung der Volksbewegungen und damit doppelten Verrat an Mazzini vor; Crispi bezeichnete die Irredentisten als Söldner Frankreichs und seine eigene Politik als einzig realistischen Weg[14] zu der von Mazzini geforderten Größe Italiens.

---

[14] Zudem konnte Crispi darauf verweisen, daß die guten Beziehungen mit Wien begrenzte Initiativen zugunsten der Italiener in der Habsburgermonarchie ermöglichten.

Vieler Initiativen dieser Art bedurfte es freilich gar nicht, weil die administrative, sprachliche und kulturelle Autonomie des Trentino und Triests voll funktionierte und die Mehrzahl der Bevölkerung beider Gebiete loyal zur Monarchie stand. Erst seit der Jahrhundertwende, als der Antagonismus der Nationalismen ganz Europa erfüllte, hat die national-italienische Bewegung im Trentino das liberale Bürgertum und die Sozialisten, in Triest einen Teil der Liberalen, nicht aber die wirtschaftlich führende Schicht erfaßt; auch die Katholiken, welche die Mehrheit der Bevölkerung bildeten, blieben weiterhin abwartend.

Aus der neueren Forschung über den Irredentismus sind Arbeiten von Angelo Ara, Umberto Corsini und Maria Garbari hervorzuheben.

Der Imperialist Crispi ist ein Musterbeispiel dafür, daß die monokausalen Erklärungen des Imperialismus ebensowenig ausreichen wie die dabei in jüngster Zeit oft vorkommende Überschätzung des Ökonomischen. Gerade bei ihm zeigt sich der unauflösliche Zusammenhang politischer, ökonomischer und sozialimperialistischer Faktoren. Durch Italiens Beteiligung an der von allen Großmächten versuchten Aufteilung der Welt in nationale Einflußsphären wollte er die gerade erworbene Großmachtstellung konsolidieren und trieb insofern Politik des nationalen Prestiges; er wollte die Schwerindustrie ausbauen und betrieb daher ökonomische Modernisierung und Expansion; er wollte von inneren Konflikten ablenken und sie zugleich durch die Schaffung von Siedlungskolonien mildern, insofern war er Sozialimperialist. Es ist äußerst schwierig, vielleicht unmöglich, den Stellenwert der verschiedenen Ziele und Motive genau zu bestimmen, wiewohl die Entscheidungen der Jahre 1888—1896 vermuten lassen, daß das nationale Prestige eine unverantwortlich große Rolle gespielt hat.

Sobald Crispi einsah, daß koloniale Ausdehnung in Nordafrika nicht möglich war, konzentrierte er seit 1888 seine Aufmerksamkeit auf Ostafrika, wo die im Vorjahr verlorenen Gebiete inzwischen zurückerobert waren, im übrigen aber zwei Konzepte unvermittelt gegeneinanderstanden. Der realistische Kommandeur des Expeditionskorps, General Antonio Baldissera, wollte die damaligen Kämpfe unter den ostafrikanischen Stämmen ausnutzen und ihre Erschöpfung abwarten, um dann Italien als wohltätige Ordnungsmacht präsentieren und einen Teil des äthiopischen Hochlandes gewinnen zu können. Der ehrgeizige diplomatische Vertreter Italiens, Pietro Antonelli, wollte schnell mehr erreichen, nämlich den Unterkönig Menelik von Schoa in seinem Kampf gegen den Negus Johannes unterstützen und als Preis dafür ein italienisches Protektorat über ganz Äthiopien durchsetzen [15].

Crispi stimmte Antonelli zu, aber sein „großer" und laut propagierter

---

[15] Der aus Venetien stammende Baldissera hatte seine Offizierskarriere in der österreichischen Armee begonnen und 1866 gegen Italien gekämpft. Antonelli, ein Neffe des Kardinalstaatssekretärs Pius' IX., hatte seit 1879 an ostafrikanischen Expeditionen teilgenommen und oft mit Menelik verhandelt, seine diplomatische Karriere verdankte er Crispi. Der Werdegang beider ist symptomatish für die Umbrüche, welche viele aus der Risorgimento-Generation durchlebt haben.

Plan erwies sich bald als wenig durchdacht. Nur anfangs begünstigten die Umstände die Italiener. Nach dem unerwarteten Tod des alten Negus konnten sie die Anarchie ausnutzen und Keren und Asmara erobern, im übrigen verhalfen sie Menelik mit Geld und Waffen zur Durchsetzung seiner Herrschaft und bewogen ihn dafür im Mai 1889 zum Freundschafts- und Handelsvertrag von Uccialli. Die italienischen Eroberungen wurden darin anerkannt, aber nur der italienische Text des § 17 ließ sich als Begründung eines Protektorats interpretieren, welche Crispi den europäischen Mächten sogleich mitteilte; der amharische Text, auf dem der bald der Hilfe nicht mehr bedürfende Menelik beharrte, las sich anders. Ob der offenbar seinen Partnern überlegene neue Negus das Mißverständnis absichtlich herbeigeführt hatte, ist nie geklärt worden; aber daß Crispi und sein Vertreter leichtfertig und voreilig gehandelt hatten, stand bald fest und bedeutete eine Schlappe, die durch die definitive Konstituierung der Kolonie Eritrea (1890) nur zum Teil ausgeglichen wurde.

Nachdem die Regierungen Rudinìs und Giolittis sich zurückgehalten hatten, hat Crispi 1893 seine alte Politik sogleich wiederaufgenommen. Die Anfänge schienen ihm recht zu geben. Die nun von Oreste Baratieri, einem Kameraden Crispis vom Zug der Tausend, geführten Truppen errangen etliche Siege über äthiopische Teilfürsten (Ras), am 1. März 1895 wurde Adua erobert und der ganze Tigre, eine Kernlandschaft Äthiopiens, annektiert. Die daraufhin überschäumende koloniale Begeisterung im Bürgertum brachte Crispi im Mai 1895 einen letzten hohen Wahlsieg ein, dem seine Härte gegen Sozialisten und Anarchisten ebenso vorgearbeitet hatte wie seine geschickte Politik der Bankensanierung. Auch die noch verbleibende Opposition, aus deren radikaler Gruppierung Felice Cavallotti im Juni 1895 eine «campagna morale» von unerhörter Härte gegen den skandalverdächtigen Ministerpräsidenten eröffnete, glaubte dieser am besten durch weitere koloniale Erfolge zum Schweigen bringen zu können. Dabei war Italiens ostafrikanische Position nicht so rosig, wie sie erschien. Von den Partnern im Dreibund, dessen Stärke infolge der Fehler der Nachfolger Bismarcks bereits nachließ, war keine Hilfe zu erwarten; England begann sich vom Dreibund abzuwenden. Frankreich, welches seit der Verständigung mit Rußland (1894) erstarkt war und die Kündigung des tunesisch-italienischen Handelsvertrags erzwang, unterstützte nunmehr, um Rom weiter unter Druck zu setzen, Menelik, der in der Stunde der Gefahr die meisten Teilfürsten hinter sich brachte und seit dem Sommer 1895 mit einem unerwartet starken Heer die Italiener angriff. Im November erlitten sie beim Amba Alagi eine erste blutige Niederlage, nach der sich in Rom die Kolonialfront noch einmal zusammenschloß und Verstärkungen des Expeditionskorps bewilligte. Während Baratieri wie auch einflußreiche Politiker, so Sonnino, nur mehr defensiv weiterkämpfen wollten, war Crispi so unvorsichtig, Friedensangebote Meneliks abzulehnen. Er zog auch militärische Entscheidungen an sich und drängte auf Angriff und Sieg, „bereit zu jedem Opfer, um die Ehre des Heeres und das Prestige der Monarchie zu wahren" (Telegramm 25. Febr. 1896)! So kam es am 1. März zur Schlacht bei Adua, in der Kaiser Menelik die in Schwarzafrika singuläre Unabhängigkeit seines Reiches gerettet und den italienischen Träumen von einem großen ostafrikanischen Kolonialreich ein jähes Ende bereitet hat. Die numerisch weit unterlegenen und ungeschickt operierenden Italiener wurden vernichtend geschlagen; von 16 000 Italienern fielen mehr als 4000, dazu weit über 2000 Askari; 1500 Italiener wurden verwundet, ca. 1800 gerieten in die Gefangenschaft der Abessinier, die mehr als 9000 Soldaten verloren.

Die unerwartete Katastrophe erwies die Diskrepanz zwischen hegemonialem Anspruch und mittelstaatlicher Realität, die sowohl im Ersten Weltkrieg wie unter dem Faschismus wiedergekehrt ist. Die Niederlage hat neuerlich ein nationales Trauma begründet, welches Mussolini dann auf seine Weise überwunden hat. Adua entschied auch über das Schicksal Crispis und seiner Regierungsform, die nach 1893 vollends zur „demokratischen Diktatur" gesteigert worden war und oft mit der Clemenceaus verglichen wird. Unter leidenschaftlichen Angriffen, die nun in Straßendemonstrationen wie im Parlament gegen ihn erhoben wurden, hat er am 5. März 1896 seinen Rücktritt angeboten, den der König sogleich annahm.

Die Opposition der Sozialisten und der Katholiken

Im letzten Jahrzehnt des 19. Jahrhunderts konsolidierten sich die beiden großen Oppositionen gegen das liberale Klassensystem, aus denen sich die ersten Massenparteien und die beiden sich darum ansiedelnden Subkulturen entwickelt haben. Auf der sozialistischen Seite kam es schon damals zur Parteibildung, auf der katholischen infolge des „Non expedit" zunächst nur zu einer Wählerorganisation mit einer schnell wachsenden Zahl von Vereinen für die verschiedensten gesellschaftlichen Bereiche.

Während der 1889 einsetzenden Repressionswelle gegen den partito operaio hat zunächst Filippo Turati (1857—1932) mit seiner Mailänder Lega socialista und der Zeitschrift ›Critica sociale‹ (1891) den Zusammenschluß aller sozialistischen Gruppen zu einer Partei vorangetrieben. Dabei zog er einen klaren Trennungsstrich zu dem in Italien weit verbreiteten Anarchismus. Turati, ein Advokat bürgerlicher Herkunft, war vom bürgerlichen Radikalismus zum Sozialismus übergegangen. Er wurde dabei stark beeinflußt von der revolutionserfahrenen russischen Emigrantin Anna Kuliscioff (1857—1925), die seit 1885 seine Lebensgefährtin war, sowie von der deutschen Sozialdemokratie, welche überhaupt in Ideologie und Organisation das lange wirkende Vorbild des italienischen Sozialismus geworden ist. Der Name des 1896 gegründeten, zunächst von Leonida Bissolati geleiteten Parteiorgans ›Avanti‹ (Vorwärts) bezeugt es bis heute. Das deutsche Beispiel lehrte, was eine große sozialistische Partei zu erreichen imstande war und daß eine solche Partei trotz gesetzlicher Repression erstarken konnte. Der zweite „Gründungsvater" war der aus der Schule Spaventas in Neapel hervorgegangene Antonio Labriola (1843—1904), Hegelianer und seit 1873 Professor der Philosophie in Rom, der sich vielleicht als erster Universitätslehrer Europas zum Marxismus bekannte und als dessen eigenständiger Interpret internationales Ansehen erwarb.

In den Arbeitskämpfen der späten 1880er Jahre haben Turati und Labriola zusammengefunden, wenngleich eine grundsätzliche Differenz und Ursache späterer Spaltungen nie ganz ausgeräumt worden ist: Turati wollte begrenzte Zusammenarbeit mit der bürgerlichen Demokratie, Labriola hielt die Gegensätze zwischen Bürgertum und Proletariat für unüberwindlich. Auf dem Parteigründungskongreß in Genua (August 1892) haben Turati und Kuliscioff aber ein marxistisches Programm vorgelegt, welches die Sozialisierung der Produktionsmittel forderte und Labriolas Zustimmung fand. Der Kongreß in Reggio Emilia (September 1893) hat diese Haltung noch verschärft und den Namen «Partito Socialista Italiano» beschlossen, die Fasci Siciliani wurden als Klassenkampf begrüßt und unterstützt. In einer Zeit krisenhafter Zuspitzung der sozialen Gegensätze trat somit eine kämpferisch-maximalistische Arbeiterpartei auf, der der bürgerliche Staat, welcher selbst keine effiziente Partei hervorbrachte, nur repressiv zu begegnen wußte. Die von Crispi schon 1894 durchgesetzten und seinem politischen Temperament ganz entsprechenden Ausnahmegesetze sind in der auf seinen Sturz folgenden kurzen Reaktionsperiode erst recht angewendet worden, haben aber die Partei nicht zerschlagen können: 1900 gewann sie 32 Sitze in der Kammer.

Nachdem erste Versuche einer Verständigung von Staat und Kirche 1887 gescheitert waren und 1891 mit Stefano Jacini der bedeutendste Vertreter eines transigenten «Clerico-moderatismo» gestorben war, gewannen die von Leo XIII. ermutigten Intransigenten für lange die Führung des italienischen Katholizismus und seiner sozialpolitischen Dachorganisation, der «Opera dei Congressi». Auch sie war dem deutschen Vorbild der Katholikentage verpflichtet; 1874 gegründet, war sie 1884 organisatorisch gestrafft worden, der dabei errichteten Sektion für christliche Soziallehre wuchs infolge der Industrialisierungsprobleme die größte Bedeutung zu. In voller Unterordnung unter den lehramtlich äußerst aktiven und dabei alle sozialen Bereiche ansprechenden Papst lehnten die Führer der Bewegung — darunter Giovanni Battista Paganuzzi, Giuseppe Toniolo und Filippo Meda — die liberale Klassenordnung und den Kapitalismus fast noch entschiedener ab als den Sozialismus, in dem sie mehr eine Folge der von den Liberalen begangenen Ungerechtigkeiten erblickten. Auf die neuen sozialen Probleme suchten sie „katholische" Antworten zu geben, welche die traditionelle Ordnung erhalten, dabei die Interessen aller Gruppen, gerade der von den Liberalen vernachlässigten Unterschichten, berücksichtigen und dadurch auch dem Sozialismus entgegenwirken sollten. Zum Programm der Bewegung wurde Leos XIII. Sozialenzyklika ›Rerum novarum‹ (15. Mai 1891). Ausgehend von der thomistischen Naturrechtslehre, bekräftigte der Papst darin einerseits gegen den Sozialismus die Legitimität des Privateigentums, andererseits gegen die kapitalistische Praxis das Recht der Arbeiter auf einen für den Unterhalt ihrer Familien ausreichenden Lohn

Die katholische Bewegung 233

und auf Eigentumsbildung. Schutz der Arbeiter vor Ausbeutung wurde als Pflicht des Staates bezeichnet, zur Lösung der Arbeiterfrage die Mithilfe der Kirche angekündigt, die an diesen Grundsätzen orientierten Arbeiterorganisationen wurden ermutigt[16]. Die beiden letzten Postulate haben sich schnell ausgewirkt: In den 1890er Jahren entstanden vor allem in der Lombardei und im Veneto zahlreiche Volksbanken, Unterstützungskassen und Genossenschaften, welche Bauern und Kleinpächter von den Zinsforderungen der Großbanken unabhängig machten, dazu Berufsschulen und seit der Jahrhundertwende auf Anregung Toniolos auch Gewerkvereine. Die katholische Vereinsbewegung war schwächer, aber stabiler als die sozialistische. Unter der Landbevölkerung der nördlichen Regionen blieb sie am weitesten verbreitet, während sie den Patriarchalismus des Südens nicht aufzubrechen vermochte. Noch zu Beginn des Weltkrieges bezeichneten sich mehr als 80 Prozent der «casse rurali» als katholisch; nach Statistiken von 1911 zählten die sozialistischen Gewerkschaften ca. 817 000, die katholischen ca. 104 500 Mitglieder.

In sehr verschiedener Weise haben die sozialistische und die katholische Bewegung Anstöße zur sozialpolitischen Ausweitung des liberalen Staates, zur Humanisierung der Arbeitswelt und zur Partizipation der Unterschichten gegeben. Dabei blieben die Katholiken, bei denen

[16] Über die damalige Abdrängung des «Clerico-moderatismo», d. h. der Tendenz zur Verständigung der Katholiken mit der Bourgeoisie, sind Historiker marxistischer (Candeloro), liberaler (Pescosolido) und katholischer Provenienz (Fonzi) sich einig. Ein eklatantes Beispiel für den „Revisionismus" der gesellschaftsgeschichtlich orientierten «Storia d'Italia. Einaudi» ist die darin von Giovanni Miccoli aufgestellte These, daß der Kurs Leos XIII. das Bündnis mit dem liberal-konservativen Bürgertum begründet hätte, dessen Konsequenzen die Bündnisse mit Faschismus und DC gewesen seien. Eine so vereinfachende Sicht unterscheidet zu wenig zwischen verschiedenen historischen Situationen. Man könnte ihr u. a. entgegenhalten, daß auch der katholische Antikapitalismus Kontinuitäten geschaffen hat: Zu seinen Exponenten gehörten Bischof Radini Tedeschi, der Lehrer und Vorbild Johannes' XXIII. war, wie auch der Verleger und Politiker Montini, der seinen Sohn, den späteren Papst Paul VI., jenen Antiliberalismus gelehrt hat, ohne den vielleicht weder dessen Skepsis gegenüber dem politischen System des Westens noch seine Ostpolitik verständlich war.

überhaupt neben den modernisierenden die retardierenden Elemente stark waren, unter den besonderen Bedingungen Italiens noch an der Schwelle zum Parlament stehen. Beide Oppositionen haben zudem die erwähnten Subkulturen entwickelt, von denen die katholische wegen der Indienstnahme der traditionellen kirchlichen Lebensformen die umfassendere war; den Zugang zur bürgerlich-liberalen Nationalkultur der Zeit haben sie nicht gefunden und wegen der ideologischen Gegensätze zunächst auch nicht finden können. Während die Sozialisten sich diesen Zugang aber seit dem Ersten Weltkrieg entschlossen eröffnet haben, sind die Katholiken noch länger in dem Ghetto geblieben, welches der „Kulturkampf" zwischen Liberalismus und Ultramontanismus vorbereitet hatte; kulturelle Inferiorität oder zumindest Unverständnis gegenüber neuen Entwicklungen hat noch die Politik der Democrazia Cristiana belastet.

1896—1902: Ein Intervall der Gegensätze

Annäherung an Frankreich — Reaktionäre Krisenstrategie und deren Scheitern — Demokratisierungsversuche: Die Anfänge Giolittis

Nach Crispis Sturz lag eine Rechtsverschiebung nahe, die ohnehin den bislang loyal zurückgehaltenen Gefühlen des Königs entsprach. An die Spitze der Regierung berief er erneut di Rudinì, der aber in der konfusen Situation nur eine heterogene, das Regieren erschwerende Mehrheit zustande brachte und bis zu seinem Rücktritt im Sommer 1898 sein Kabinett dreimal umbilden mußte. Zur neuen Koalition gehörten nicht nur die rechten Gruppen und die Linksliberalen um Zanardelli und Giolitti; Rudinì war auch auf enttäuschte Ex-Crispianer und sogar auf die radikalen Linken um Cavallotti und Colajanni angewiesen, die nur für ihn stimmten, weil sie um jeden Preis Crispis Rückkehr verhindern wollten.

Vordringlichste Aufgabe der neuen Regierung war die Liquidierung des ostafrikanischen Krieges, bei der Rudinì einen vernünftigen, durch kleinere italienische Siege nach Adua erleichterten Mittelweg zwischen dem Revanchismus der Kolonialisten und der Verzichthaltung der Linken gegangen ist: Im Frieden von Addis Abeba (25. Oktober 1896) mußte Italien auf den Vertrag von Uccialli verzichten und Äthiopiens Unabhängigkeit anerkennen, behielt aber die Küstenkolonie Eritrea. Dort begann eine lange friedliche Entwicklung, die erst abgebrochen wurde, als Mussolini zu Crispis Expansionismus zurückkehrte.

Mit der Kolonialpolitik, die fortan wieder mehr auf Nordafrika, dazu auf den Balkan (Albanien) blickte, hat Italiens gesamte Außenpolitik 1896 Veränderungen erfahren, die erstmals auf die Konstellationen von 1914/15 verweisen. Das lag nicht nur daran, daß Rudinì und der nach zwanzigjährigem Abseits ins Außenministerium zurückkehrende Visconti Venosta frankreichfreundlicher eingestellt waren und daß sogleich nach Crispis Sturz die französische Diplomatie das schon 1891 versuchte Werben um Italien wiederaufnahm. Italien hatte in Ostafrika ja auch verloren, weil es von seinen Verbündeten im Stich gelassen worden war und weil seine Kräfte nun einmal zu einer Aktion gegen englische und französische Interessen nicht ausreichten. Wilhelm II., der schon Rußland abgestoßen und dadurch dessen auch für die Entwicklung im Mittelmeer folgenschwere Annäherung an Frankreich (1894) erleichtert hatte, blieb aber bei seiner sprunghaften, auf der Illusion freier Bündniswahl beruhenden Außenpolitik, welche die Beziehungen zu England ständig verschlechterte; in wenigen Jahren wurde Bismarcks außenpolitisches Erbe vertan. Der Kaiser und seine Berater, darunter Bülow, der immerhin Italien recht gut kannte, mit einer Stieftochter Marco Minghettis verheiratet und 1894—97 Botschafter in Rom war, erkannten die Gefahren nicht, die sich daraus gerade auch für den Dreibund ergaben. Eine Bündnispolitik gegen England konnte und wollte Italien sich nicht leisten. Aufmerksam wurde daher in Rom registriert, daß England das französische Protektorat über Tunis anerkannte, ohne daß der geschwächte Dreibund widersprach; auch die Mittelmeerentente von 1887 mit ihrer Status-quo-Garantie schien vergessen.

Rudinì und Visconti Venosta fanden sich daraufhin noch 1896 zu einem Handelsvertrag mit Tunis bereit, in dem auch Italien Frankreichs dortige Stellung anerkannte und die meisten Positionen seiner eigenen Siedler aufgab; nur die Behinderung der Exporte nach Tunis konnte gelockert werden. Der Verzicht schuf eine Voraussetzung für die Normalisierung der Beziehungen zu Frankreich, die dann mit dem Handelsvertrag von 1898 begonnen hat; der zehnjährige Zollkrieg wurde beendet.

In der Innenpolitik versuchte Rudinì zunächst auszugleichen, dabei besonders den sizilianischen Aufständischen entgegenzukommen und eine staatliche Dezentralisierung einzuleiten, die aber von der Kammermehrheit nun auch deshalb verworfen wurde, weil sie auch bei den gegnerischen Gruppen der Katholiken wie der Sozialisten Zustimmung fand. Eine Einigung der liberalen *classe dirigente* mit wenigstens einer der beiden Oppositionen war wegen der gegensätzlichen Positionen nicht möglich, auch in der Regierungskoalition kam es zu heftigen Spannungen und Spaltungen. Schon Anfang 1897 plädierte Sonnino für die Rückkehr vom parlamentarischen zum konstitutionellen Regime nach dem Vorbild des Deutschen Reiches («Torniamo allo Statuto»). Auch die Forderung nach Rückkehr zum Repressionskurs Crispis breitete sich aus. Nur so glaubte die bürgerliche Elite, die rechtzeitige Sozialpolitik versäumt hatte, den sozialen Unruhen beikommen zu können, die tatsächlich immer noch zunahmen. Erste Anzeichen eines neuen Wirtschaftsaufschwungs, von dem bald zu reden sein wird, erreichten nämlich die Massen noch nicht. Im Norden erstarkte die Streikbewegung, im Süden die Agitation der Landarbeiter, beide nunmehr unterstützt von der Sozialistischen Partei. Die Katholikenführer predigten zwar nicht den Aufruhr, taten aber auch nichts zur Verteidigung des Staates. Die Revolutionsfurcht im Bürgertum wurde noch gesteigert durch die verstärkte Aktivität der italienischen Anarchisten, die im April 1897 ein erstes Attentat auf König Humbert versuchten; 1894 hatten sie den französischen Staatspräsidenten Carnot ermordet, 1898 fiel ihnen Österreichs Kaiserin Elisabeth zum Opfer.

In Mailand mit seiner gut organisierten Arbeiterschaft erreichte die Krise 1898 ihren dramatischen Höhepunkt. Nach ersten Massendemonstrationen beim Begräbnis Cavallottis, der im Duell mit einem konservativen Abgeordneten ums Leben gekommen war, wurde Anfang Mai, nach der Tötung eines Studenten und der Verhaftung einiger Arbeiter, der Generalstreik proklamiert. Er ging in offenen Aufstand über, der heftiger wurde als der, welcher sich fünfzig Jahre zuvor gegen Radetzky gerichtet hatte, und auf andere Städte übergriff. Schneller und heftiger reagierte auch die Regierung. Nach Ausrufung des Belagerungszustandes hat der General Bava Beccaris mit regulären Truppen und Einsatz von Artillerie den Aufstand niedergeworfen, ca. 100 Personen wurden getötet, ca. 500 verletzt. Zu den prominentesten Opfern einer großangelegten Verhaftungswelle gehörten neben Turati, Kuliscioff, Bissolati und zahlreichen anderen Sozialisten auch radikale und katholische Politiker und Publizisten; „rote" und „schwarze" Organisationen wurden aufgelöst. Bava Beccaris erhielt vom König einen Orden.

Wegen Differenzen über den weiterhin einzuschlagenden Kurs zerfiel jedoch Rudinìs Kabinett; die Nachfolge erhielt im Juni 1898 der General Luigi Girolamo Pelloux (1839—1924), der zwei Jahre lang Ministerpräsident und Innenminister geblieben ist. Er war bislang kein Scharfmacher gewesen. Aus der Mentalität, die er sich in langer militärischer Karriere angeeignet hatte, erblickte er aber nunmehr seine einzigen Aufgaben in der vollen Wiederherstellung der Ordnung und der Verteidigung der monarchisch-staatlichen Institutionen. Ein weitergehendes Konzept, welches etwa den Wurzeln der Unruhen nachgegangen wäre, besaß er nicht; obwohl er sich nur dem Staat verpflichtet fühlte, begann er daher eine Politik, die wiederum ganz den Interessen der besitzenden Oberschicht entsprach. 1899 erreichte er eine gesetzliche Beschränkung der Presse-, Vereins- und Versammlungsfreiheit. Zanardelli und Giolitti entzogen ihm aber ihre anfängliche Unterstützung, seit er konsequent auf ein autoritäres Regime hinarbeitete, von dem allein er und wohl auch der König die Sicherung des Einheitsstaates erwarteten, wiewohl es in der konstitutionell fortgeschrittenen Lage Italiens ein Anachronismus gewesen wäre und neue Konflikte provoziert hätte. Immerhin respektierte Pelloux die Verfassung insofern, als er auf der parlamentarischen Ebene kämpfte, wo der Widerstand der konstitutionellen und der radikalen Linken zunahm; der Obstruktionismus der letzteren erwies sich dabei als sehr wirkungsvoll. Von den führenden Abgeordneten hielt nur mehr Sonnino zur Regierung. Pelloux war aber kein Bismarck, der zwanzig Jahre zuvor in einer vergleichbaren, aber objektiv weitaus weniger kritischen Situation durch Manipulation der bürgerlichen Revolutionsfurcht einen plebiszitären Rechtsrutsch erreicht hatte, zu dem sich freilich das allgemeine Reichstagswahlrecht besser eignete als Italiens Zensussystem. Bei den Wahlen im Juni 1900 verbesserte sich die radikale Opposition — Republikaner, Radikale und Sozialisten — von 67 auf 96 Mandate, auch die Linksliberalen um Zanardelli blieben stark. Mit seiner zusammengeschrumpften Mehrheit glaubte Pelloux seinen Kurs nicht fortsetzen zu können. Er trat zurück, und das bedeutete mehr als einen Regierungswechsel. Es war das Eingeständnis, daß die von Crispi begonnenen und seit 1898 überzogenen Versuche, Italiens Integrations- und Partizipationsprobleme mit reaktionären Mitteln zu lösen, am Widerstand der Linksliberalen und der neuen Volksbewegungen gescheitert waren. Einen Monat nach Pelloux' Rücktritt wurde König Humbert von Anarchisten ermordet, welche ihre Tat als Rache für das „Blutbad" von Mailand verstanden, aber selbst dieser erschreckende Höhepunkt einer langen Spirale von Agitation und Repression löste keine Reaktion im Stil von 1898 aus. Die allgemein als Provisorium aufgefaßte Regierung des achtzigjährigen Senators Giuseppe Saracco, der im Juni 1900 auf Pelloux gefolgt war und sich um die Normalisierung des parlamentarisch-politischen Lebens bemühte, war zu einschneidenden Maßnahmen weder willens noch fähig; daß die Generalität (damals wie später) die Schwelle zum Staatsstreich nicht zu überschreiten gedachte, hatte Pelloux selbst durch seinen Rücktritt gezeigt. Wie eindeutig das Wahlergebnis von 1900 in eine liberalisierende Richtung wies, hat Saracco erfahren, als er den Präfekten von Genua deckte, der die dortige sozialistische Arbeitskammer verboten hatte. Gerade aus der konstitutionellen Linken erhob sich heftiger Einspruch, der die ohnehin schmale Basis der Regierung erschütterte. Als überzeugendster Sprecher trat Giolitti auf. Er warnte vor jeder Art von Rückkehr zu Repressionsmaßnahmen und zur Solidarisierung des Staates mit den Unternehmern; sein Plädoyer zugunsten der Arbeiterorganisationen und ihrer Einbindung ins System enthielt bereits wesentliche Punkte des Integrations- und Reformprogramms, mit dem er seitdem als unbestrittener Führer des linksliberalen Flügels aufgetreten ist und dessen Realisierung er bald einleiten konnte. Zwar hatten die Rechtsliberalen immer noch die Kammermehrheit, und Sonnino meldete ihren Führungsanspruch deutlich an. Der junge König Viktor Emanuel III., der, vielleicht aus Ressentiment gegen seine Eltern, eher zur Ausrichtung seines Großvaters tendierte, sich in seiner langen Regierungszeit (1900 bis 1944/46) freilich als sehr anpassungsfähig erwiesen hat, trug aber den Erneuerungstendenzen im Lande Rechnung, indem er im Februar 1901 Zanardelli, den alten und kompromißlosen Vorkämpfer des Progressismus, zum Ministerpräsidenten ernannte. Giolitti wurde Innenminister und der eigentliche Kopf des Kabinetts. Er war von der piemontesischen Staatstradition geprägt und schon deshalb dem König sympathisch, er verfügte über große administrative wie politische Erfahrung. Sogleich begann er, die Bürokratie auf seinen Kurs festzulegen und sich damit ein Instrument zu schaffen, welches er ebenso geschickt wie konsequent zu nutzen verstand.

Die Regierung Zanardelli-Giolitti (bis November 1903) hat die Evolution zur Demokratie einzuleiten versucht. Dabei wurden sogleich die beiden Positionen innerhalb des immer noch allein als staatstragend auftretenden liberalen Lagers deutlich, deren Exponenten der „rechte" Sonnino und der „linke" Giolitti waren. Beide gingen davon aus, daß der Staat soliderer Grundlegung bedurfte; einig waren sie (wie alle Liberalen Italiens!) darin, daß die Monarchie und der durch sie zusammengehaltene Staat des Risorgimento unbedingt zu erhalten seien, aber zur Erreichung dieses durchaus konservativen Ziels wollten sie sehr verschiedene Wege gehen. Sonnino forderte die Zusammenfassung aller staatstragenden Kräfte zu einem konservativen «fascio», darüber Stärkung des Staates mit Straffung von Gerichtswesen und Verwaltung, sodann eine vom Staat ausgehende und auf Normen und Institutionen beruhende, dabei den Arbeitern weit entgegenkommende Sozialpolitik; eine Modernisierung von oben also, die teils wiederum am deutschen Vorbild orientiert war und Elemente enthielt, auf denen auch die faschistische Ordnungspolitik aufbauen konnte. — Ganz anders der Pragmatiker Giolitti, der wenig hielt von so weitgespannten Plänen, wie sie gerade in Italien in Krisenzeiten recht oft formuliert, dann aber meist nicht ausgeführt werden. Er wollte eine Sozialpolitik der kleinen Schritte, welche die Lage der Arbeiter schnell verbessern, darüber den Konsens zum System erweitern und die Anziehungskraft radikaler Gruppen verringern sollten; die Arbeiter sollten davon überzeugt werden, daß unter einer liberalen Monarchie die Vertretung ihrer Interessen und sozialer Fortschritt möglich sei. Reformen sollten nicht vom Staat allein, sondern von allen daran interessierten gesellschaftlichen Gruppen getragen und verantwortet werden; nachdem die Sozialistische Partei in der Krise der späten neunziger Jahre erstarkt war, sollte sie als Sprecherin der Arbeiter akzeptiert werden. Die für Giolitti zeitlebens charakteristische, erst gegenüber dem aufsteigenden Faschismus überstrapazierte Fähigkeit geduldigen Taktierens verband sich also mit einem modernen, auf breite Partizipation zielenden Gesamtkonzept. Es sollte das einzige realistische Konzept zur Überwindung des Gegensatzes zwischen bürgerlicher Oberschicht und oppositionellen Volksbewegungen bleiben, welches der italienische Liberalismus hervorgebracht hat.

Eine so intendierte Reformpolitik konnte schon wegen des Widerstands von rechts nicht gegen die ganze linke Opposition geführt werden. Giolitti legte größten Wert auf die Mitwirkung der Sozialisten, auch hat er sich oft der Methoden des «Trasformismo» bedient. Einen Teilerfolg in dieser Richtung erzielten er und Zanardelli bereits 1901. Die Sozialisten erklärten sich zum ersten Mal bereit, eine bürgerliche Regierung von Fall zu Fall zu unterstützen. Das bedeutete aber keineswegs den Sieg des Revisionismus, wie ihn Turati bereits anstrebte; schon zwei Jahre später setzte sich erneut die maximalistische Richtung durch, u. a. mit der voreiligen Behauptung, daß die gouvernementale Haltung zu wenig einbrächte. Immerhin hat die Regierung Zanardelli den Arbeitern das Streikrecht garantiert; Giolitti bezeichnete die Arbeitskämpfe als Auseinandersetzungen privater Interessengruppen und sorgte dafür, daß staatliche Organe nur eingriffen, wenn die öffentliche Ordnung bedroht war. Von den Rechten wurde diese Maxime als Abdankung des Staates diffamiert. Sie hatte zur Folge, daß die Streiks zunahmen (1900: 410 Streiks mit ca. 43000 Teilnehmern, 1901: 1671 Streiks mit ca. 400000 Teilnehmern) und meist erfolgreich für die Arbeiter ausgingen; längst fällige Lohnerhöhungen wurden durchgesetzt, weitere Organisationen gegründet (1900: 17, 1902: 76 Arbeitskammern mit über 300000 Mitgliedern). Davon abgesehen mußte die Regierung Zanardelli sich schon wegen der unsicheren Mehrheitsverhältnisse mit Ansätzen begnügen, so mit der Ausdehnung der Unfallversicherung auf alle Arbeiter in der Industrie, nicht aber in der Landwirtschaft. Der Plan einer großen Steuerreform wurde mit Rücksicht auf die Rechten fallengelassen, ein Gesetzentwurf zur Ehescheidung zurückgestellt, weil man das Verhältnis zum Vatikan nicht verschärfen wollte. Die Südfrage, zu der Francesco Saverio Nitti (1868—1953), Gaetano Salvemini (1873—1957) und Sonnino neue Lösungsvorschläge machten, wurde angegangen, doch blieb es bei Einzelmaßnahmen zugunsten besonders gefährdeter Zonen (darunter wieder für Neapel), welche die Gesamtlage nicht verbessern konnten. Immerhin zeugte es von neuartigem Engagement, daß Zanardelli 1902 als erster Ministerpräsident den Süden bereiste; er dürfte ähnliche Hoffnungen erweckt haben wie Mussolini, der noch zwanzig Jahre später als erster Ministerpräsident Italiens Sardinien besucht hat.

Die innenpolitische Entspannung wurde erleichtert durch eine unerwartet positive Entwicklung der Wirtschaft. Nach fast zehnjähriger Krise setzte im Rahmen eines weltwirtschaftlichen Aufschwungs um 1895/96 die „industrielle Revolution" Norditaliens ein, die mit einer Unterbrechung im Jahre 1907 bis 1912/13 angedauert hat und insofern eine wichtige Grundlage der gesamten „Giolitti-Ära" geblieben ist. 1897 entstanden die Stahlwerke in Piombino, 1898 die in Elba, mit staatlicher Hilfe. 1899 gründete Giovanni Agnelli das Fiat-Werk. Die 1900 von Terni aus gegründeten Stahlwerke in Savona fusionierten 1902 mit denen in Elba zum Ilva-Konzern, der mit staatlicher Konzession die Erzgruben der Insel ausbeutete und mit Hilfe der Fonds aus einem Sondergesetz für Neapel (1904) das einzige Stahlwerk für den Süden in Bagnoli bei Neapel errichtete. Die Tatsache, daß die Hochindustrialisierung auf den Norden beschränkt blieb (wodurch der Abstand des Südens noch vergrößert wurde!), und der Vergleich mit den "take-off"-Zeitpunkten in anderen europäischen Ländern (Frankreich ca. 1830, Deutschland ca. 1850) weisen erneut die Rückständigkeit Italiens auf. Die These von Alexander Gerschenkron, daß die Einführung der «Banca mista» die entscheidende Voraussetzung für den Aufschwung gewesen sei, ist nach den Einwänden von Romeo, Zangheri, Confalonieri und Pescosolido nicht mehr haltbar. Gerade Romeo hat nachgewiesen, daß nun der gesamtwirtschaftliche Entwicklungsprozeß seit der nationalen Einigung zur Auswirkung kam, der durch Kapitalakkumulation in der Landwirtschaft, Erneuerung der Produktionsweisen und Schaffung von Infrastrukturen charakterisiert war; zum Umschlag dieses Prozesses in die Hochindustrialisierung hat der Protektionismus wohl ebenso beigetragen wie der neue Bankentypus. Jedenfalls stieg nach Gerschenkrons Berechnungen der Index der industriellen Produktion, der von 4,6 in der ersten Expansionsperiode (1881—88) in den Krisenjahren 1888—96 auf 0,3 gesunken war, in den Jahren 1896—1907 auf 6,7. Erstmals wurden die alpinen Wasserkräfte in großem Umfang für die Stromerzeugung eingesetzt, die von 66 Mill. kWh (1898) auf 2000 Mill. kWh (1913) stieg. Davon abgesehen gab es die größten Zuwachsraten in der chemischen, der metallverarbeitenden und der mechanischen Industrie.

In der Außenpolitik, für die Visconti Venosta auch in den Kabinetten Pelloux und Saracco zuständig blieb, wurde der 1896 eingeschlagene neue Kurs fortgesetzt. Im Dezember 1900 kam ein italienisch-französisches Kompensationsabkommen zustande, welches Frankreichs Anspruch auf Marokko anerkannte, dafür Italien freie Hand in Tripolis einräumte und die Grenzen der künftigen, aber nun in greifbare Nähe rückenden italienischen Kolonie bestimmte. Zwar wurde der Dreibund, der seit Crispis Sturz wieder mehr und mehr unter dem Irredentismus, zudem nun auch unter der Konkurrenz der österreichischen und der italienischen Expansionsabsichten in Albanien litt, im Juni 1902 verlängert, aber schon im November desselben Jahres erfolgte eine weitere Annäherung an Frankreich, die Italiens Wert als Dreibundpartner entscheidend verringert hat. Wie 1900 wurde die Form eines geheimen Notenwechsels gewählt[17], in dem der neue Außenminister Giulio Prinetti und Frankreichs Botschafter Camille Barrère die Abgrenzung der Interessen in Nordafrika bestätigten und darüber hinaus beiderseitige strikte Neutralität vereinbarten[18]. Barrère, der sein Land von 1897 bis 1924 in Rom vertreten hat und auf der französischen Seite der konsequenteste Verfechter der Herauslösung Italiens aus dem Dreibund gewesen ist, hatte mittels der kolonialen Konzession den ersten Durchbruch erzielt; Frankreich konnte seine Truppen von der Alpengrenze abziehen! Die Absprachen mit Frankreich paßten insoweit zu den innenpolitischen Veränderungen, als die strikte Bindung an die Kaisermächte Konservatismus impliziert hatte, der nun durch erneute Annäherung an die politischen Systeme Westeuropas abgelöst wurde.

Italien, welches in seiner Staatsgründungsperiode ein Satellit Frank-

---

[17] Es wird manchmal übersehen, daß nicht nur in konstitutionellen Monarchien wie Deutschland, sondern auch in parlamentarischen Staaten wie Italien wichtigste außenpolitische Entscheidungen im engen Kreis von Staatsoberhaupt und (einigen) Ministern zustande kamen und die Parlamente keinen Einfluß darauf nehmen konnten.

[18] Neutralität wurde nicht nur zugesagt, falls der andere Staat angegriffen würde, sondern auch, falls er „infolge einer unmittelbaren Herausforderung" von sich aus Krieg erklärte. Diese Zusagen war mehr dem Buchstaben als dem Geist nach mit der Beistandsverpflichtung des Dreibunds vereinbar; letztere galt ja für den Fall eines Angriffs auf Deutschland und Österreich, der nicht von diesen Mächten provoziert war.

reichs, unter Crispi ein ungestümer Verbündeter Deutschlands gewesen war, begann mit den Vereinbarungen von 1900 und 1902 eine neue Außenpolitik, die gut zu seiner Stellung als schwächster unter den Großmächten zu passen schien. Bei Verbleib im Dreibund, den die Regierung Zanardelli und ihre Nachfolgerinnen nur mehr defensiv verstanden, rückte es faktisch in eine Mittelstellung zwischen den beiden Machtgruppierungen, die sich inzwischen formiert hatten. Die italienische Diplomatie war seitdem bestrebt, ihre Wahlfreiheit zu erhalten und die Bipolarität des europäischen Staatensystems zu ihrem Vorteil auszunutzen. Diese Haltung, die auch dem traditionellen Pragmatismus der Italiener entsprach, begründete eine weitere Tradition, in die sich noch Mussolini gestellt hat, indem er Deutschland und die Westmächte lange gegeneinander auszuspielen versuchte. Daß solche Taktik nicht immer größeren Handlungsraum bewirkt, zeigte sich freilich schon vor 1914: England und Frankreich waren im Mittelmeer kaum zu weiteren Konzessionen bereit. Die seit der Jahrhundertwende einsetzende Verhärtung der Mächtegruppen in Machtblöcke mit stets wachsender Konfliktgefahr schränkte die Handlungsfreiheit von mehr oder weniger neutralen Staaten ein; wollten sie von akuten Krisen profitieren, so wurde die eindeutige, dabei nicht voll kalkulierbare Option unerläßlich (sowohl 1914/15 wie 1939/40). Auch hat die neue außenpolitische Methode Italiens Reputation nicht erhöht; sie wirkte als opportunistisches Doppelspiel, dem oft auch die mißtrauten, welche momentan davon profitierten.

Die Ära Giolitti (1903—1914)

Integrationspolitik und deren Grenzen

Giovanni Giolitti, der mit 61 Jahren im November 1903 Ministerpräsident und wiederum Innenminister wurde, hat ein gutes Jahrzehnt lang Inhalt und Stil der italienischen Politik bestimmt. Insofern ist er äußerlich mit Crispi zu vergleichen, wie ja überhaupt seit dem Sturz der Destra eine zunehmende Personalisierung zu verzeichnen ist: erst Depretis, dann Crispi, nun Giolitti. Auch er hat vorübergehende Ablösungen hinnehmen müssen. Er führte seine Regierungsämter vom November 1903 bis zum März 1905, vom Mai 1906 bis zum Dezember 1909 sowie vom März 1911 bis zum März 1914. In die Intervalle fielen Regierungen unter Alessandro Fortis (1905/06) und Luigi Luzzatti (1910/11), die sich als Platzhalter Giolittis verstanden, aber auch zwei kurzlebige Kabinette seines Gegenspielers Sonnino (Februar—Mai 1906, Dezember 1909—März 1910).

Die Ära Giolitti hatte im weiteren Sinne schon 1901 begonnen, nach dem zuvor Gesagten bedürfen ihre Grundlinien nur noch kurzer Skizzierung. Im Gegensatz zu Crispi kann man von einem Primat der Innenpolitik sprechen, bei dem es vornehmlich um sozialpolitischen Ausgleich ging und um Festigung des liberalen Staates durch die Integration des Reformsozialismus, des bürgerlichen Radikalismus und von Teilen der katholischen Bewegung. Zu Recht hielt Giolitti diese Erweiterung und damit den Übergang vom Staat einer Elite zum Staat des Volkes für historisch notwendig, gegenüber den Angriffen der Rechten auf seine Konzessionen an die Sozialisten verwies auch er auf Cavours Connubio. Seine Ziele verfolgte er mit unpathetischer Nüchternheit, welche der Rhetorik vieler seiner Landsleute ganz entgegengesetzt war und die Massen nur schwer erreichte. Charakteristisch dürfte seine 1911 in einer Kammerrede erhobene Forderung gewesen sein, daß die Regierenden „keine Vorläufer sein [sollen], sondern solche, die ihre eigene Zeit verstehen, die sich der Verhältnisse im Lande bewußt sind und diesen wirksamen Beistand leisten". Auch sonst hat er sich gegenüber Vorwürfen politischer Gegner zu einer pragmatischen Politik bekannt, hinter der freilich die Überzeugung von der Integrationskraft des liberalen Systems stand.

Die „Verhältnisse im Lande" unterschieden sich weiterhin erheblich von denen der anderen Staaten Europas: Fünfzig Jahre nach der Einigung mit ihrem aufoktroyierten Zentralismus bestand die in Jahrhunderten erwachsene Fragmentierung fort. Unter dem schmalen Überbau des Parlaments gab es politisches Leben nur auf den traditionellen Ebenen der Gemeinden und Provinzen, allein die Sozialisten besaßen eine einigermaßen effiziente Parteiorganisation. Die Bevölkerung war weiter gewachsen (1871: 26,8 Mill., 1901: 32,4 Mill.), aber wahlberechtigt waren immer noch nur 7 Prozent, von denen durchschnittlich die Hälfte zu den Urnen ging. Trotz Industrialisierung und Hochkonjunktur, welche die soziale Mobilisierung anregten und den organisierten Arbeitern neue Chancen eröffneten, blieb Italien ein vorwiegend agrarisches

Land mit traditionellen Lebensformen, welche erst nach dem Zweiten Weltkrieg aufgegeben worden sind! 1911 waren noch 55,4 Prozent der Bevölkerung in der Landwirtschaft (1901: 59,5 Prozent), 26,9 Prozent in der Industrie (1901: 24,5 Prozent) tätig. Kleinbetriebe waren in der Überzahl.

Giolitti war sich der Rückständigkeit des Landes bewußt; aber ob er der richtigen Diagnose die adäquate Therapie folgen ließ, ist bis heute umstritten. Immerhin versprach er sich nichts von der Ablenkung nach außen, im Gegensatz zu Crispi, noch mehr zu Salandra und Sonnino, die ihn 1914 ablösen konnten. Andererseits war und blieb Giolitti davon überzeugt, daß ein Land wie Italien am besten durch ein von ihm persönlich beherrschtes Parlament und durch die von Rom gesteuerten Präfekten zu regieren sei. Erst 1912 wurde das fast allgemeine Wahlrecht eingeführt; bis dahin konnte das „Volk" nur sehr begrenzt mitwirken und nur insoweit, als es bereits in Gruppen organisiert war. Es gelang Giolitti nämlich, sich eine doppelte Basis zu schaffen: Im Norden eine seiner Konzeption entsprechende Koalition zwischen einem Teil der Unternehmer und den Arbeiterorganisationen — im Süden dagegen eine Masse gouvernementaler, zumeist agrarischer Abgeordneter, deren Wahl durch Pressionen der Präfekten, deren parlamentarisches Wohlverhalten durch Berücksichtigung ihrer Interessen gesichert wurde. Überhaupt dominierte die Tendenz, die Parlamentsmehrheit zu privilegieren und damit gefügig zu machen, so daß eine „parlamentarische Diktatur" zustande kam. Diese Regierungsweise, die zweifellos korrumpierende Züge trug, ist von Giolittis Gegnern heftig kritisiert worden — nicht nur von der Rechten, sondern auch von rigorosen Liberalen wie Gaetano Salvemini und Luigi Albertini, dem einflußreichen Chefredakteur des Mailänder ›Corriere della Sera‹, oder von tendenziell demokratischen Katholiken wie Don Luigi Sturzo (1871—1959). Etliche Historiker sind ihnen gefolgt[18a]. Gewiß ist zuzugeben, daß die Rücksichtnahme auf die Agrarier des Südens zusammen mit der Industrialisierung bloß des Nordens den Abstand zwischen den beiden Landesteilen noch vergrößert und damit Italiens ärgstes Problem weiter ver-

---

[18a] In der neueren Forschung über Giolitti, zu der zwei deutsche Historiker, Edgar R. Rosen und Hartmut Ullrich, gewichtige Beiträge geleistet haben, überwiegen die positiven Urteile.

schärft hat. Andererseits ist zu bedenken, daß Giolitti, um seine Ziele wenigstens teilweise zu realisieren, auf eine im Süden nur in der geschilderten Weise zu findende Mehrheit angewiesen war und daß infolge der dort vorherrschenden politischen Mentalität noch die demokratischen Regierungsparteien der zweiten Nachkriegszeit, vor allem die darob oft gescholtene DC, aber auch der PSI ähnliche, klientelistische oder personalistische Methoden angewendet haben. Wieder erweist sich säkulare Rückständigkeit, zu deren Überwindung es einer langen Evolution bedurft hätte, zugleich freilich erneut die Unfähigkeit des italienischen Liberalismus zu effizienter Organisation. Giolitti fand keine Partei vor, die seine Politik abgestützt hätte; er hat es nicht verstanden, und das war wohl sein folgenschwerster Fehler, eine solche, d. h. eine (links-)liberale Partei zu schaffen. So blieb nichts anderes übrig, als stets zwischen Rechts und Links zu taktieren.

Vor allem die Zusammenarbeit mit den Sozialisten erwies sich als problematisch. Zweimal, 1903 und 1911, scheiterte Giolittis kühner Versuch, sie direkt an der Regierung zu beteiligen, weil Turati, der dazu bereit gewesen wäre, dafür keinen Rückhalt in der Partei fand. Überhaupt hielten die Streitigkeiten zwischen dem reformistischen und dem maximalistischen Flügel an, die wiederum stark von den entsprechenden Richtungskämpfen in der deutschen Sozialdemokratie beeinflußt waren. 1903 schienen die Maximalisten die Stärkeren zu sein, einer der ihren, Ferri, verdrängte Bissolati aus der Leitung des ›Avanti‹. Andererseits bedeutete es einen großen Erfolg der Gemäßigten und auch der Regierung, daß der 1904 von den Maximalisten proklamierte politische Generalstreik zusammenbrach. Schon 1904 und 1906 wurden daraufhin Kompromisse zwischen beiden Flügeln geschlossen. 1908, auf dem Kongreß in Florenz, setzten sich die Gemäßigten durch und formulierten konkrete Reformwünsche, darunter das allgemeine Wahlrecht, mit denen der Ministerpräsident weithin übereinstimmte. Allzu optimistisch meinte er daraufhin in der Kammer, daß die Sozialisten Marx „in die Rumpelkammer" gestellt hätten und „vernünftig" geworden seien. 1911 wurde zwischen Giolittis Linksliberalen, den Sozialisten und den inzwischen auch auf nationaler Ebene organisierten Radikalen enge Zusammenarbeit verabredet, die aber sehr bald wieder gefährdet wurde, einmal, weil die Außenpolitik und besonders der Griff nach Libyen Sprengstoff enthielt, zum anderen, weil die sozialistischen Maximalisten, darunter Benito Mussolini, noch längst nicht aufgegeben hatten.

Litt Giolittis Verhältnis zu den Sozialisten vor allem unter deren inneren Spannungen, so war das zu den Katholiken beiderseitig belastet. An eine umfassende Verständigung, welche die politischen Ansprüche Leos XIII. und der kulturelle Antimodernismus seines seit 1903 regierenden Nachfolgers Pius' X. unmöglich zu machen schienen, glaubte der Progressist Giolitti nicht. Er übersah aber nicht, daß die große Mehrzahl der Katholiken trotz der Römischen Frage loyale Bürger waren. Die sozialistischen Rückfälle in die Opposition benutzte er daher, um die antisozialistischen Katholiken ebenfalls in sein System einzubeziehen und als Gegenpol zur Linken einzusetzen; Abschwächungen seines Progressismus waren dabei freilich unvermeidlich. Veränderungen im katholischen Lager nutzte der Ministerpräsident mit gewohntem Geschick aus. Zwar hat Pius X. mit der Rückkehr zu autoritärer Defensive und mit der Absage an alle ihm als „modernistisch" erscheinenden Strömungen die geistige Ghettosituation des Katholizismus verschärft. Die «Lega democratico-nazionale», die den Weg zur demokratischen Partei einschlug, wurde verboten, ihr Führer, der Priester Romolo Murri (1870—1944), der allerdings durch irrationales, später dem Faschismus zugute gekommenes Pathos legitime Reformanliegen verdunkelte, 1909 exkommuniziert. Pius X., der sich schon als Patriarch von Venedig mit den staatlichen Organen recht gut gestellt hatte, war aber insofern Realist, als er die innere Geschlossenheit zu verstärkter politischer Präsenz benutzen wollte. Den Anspruch auf den Kirchenstaat kehrte er nicht heraus; er milderte das „Non expedit", so daß sich eine katholische Wählerorganisation unter dem Grafen Ottorino Gentiloni bilden konnte und 1904 und 1909 erstmals einige ihrer Kandidaten ins Parlament gewählt wurden. Dem praktischen Realismus des Papstes setzte freilich sein Autoritarismus Grenzen: Eine katholische, aber von der Hierarchie unabhängige Partei (wie das deutsche Zentrum) blieb damit zumindest in Italien, welches die Kurie damals wie später als ganz katholisches und darum ihren Ordnungsmodellen anzupassendes Land betrachtete, unvereinbar. Die Abdrängung der demokratisierenden Kräfte hat einen neuen «Clerico-moderatismo" hervorgebracht; im «Patto Gentiloni», mit dem die Katholiken 1913 offiziell ins politische

Leben des Nationalstaats eintraten, fand er seinen ersten Ausdruck: Die Stimmen der Katholiken wurden darin den liberalen Kandidaten zugesagt, die sich auf katholische Grundforderungen, so in der Schul- und Familienpolitik, festlegten. Mit dieser neuen Form des «Trasformismo» entstand nun doch eine Allianz von katholischer und liberaler Bourgeoisie, der es auch stark um die Erhaltung des sozialen Besitzstandes ging; mehr noch als Giolitti ist sie darum Sonnino und ein Jahrzehnt später dem Faschismus zugute gekommen. Gegner dieser Allianz waren nicht nur Eiferer wie Murri, sondern auch Realisten wie Don Sturzo, der spätere Gründer der katholischen Volkspartei (1919). Seit 1905 versuchte er, den Klerus im Süden zu mobilisieren und gerade mit Hilfe des „Non expedit" die Eigenständigkeit der Katholiken zu wahren; Giolittis Angebote sollten zurückgewiesen, statt dessen demokratische Partizipationsformen angestrebt werden.

Trotz des ständigen Zwangs zum Taktieren hat Giolitti in der Innenpolitik viel erreicht. Die allgemeine Beruhigung, eine Konsequenz der Entspannung gegenüber Vatikan und Sozialisten wie auch der gewerkschaftlichen Erfolge, wirkte sich dabei sehr positiv aus. Der Staatshaushalt wurde saniert, die Verwaltung (aus deren obersten Rängen Giolitti nicht selten Minister, so den Außenminister Tommaso Tittoni, auswählte) funktionierte besser denn je. Der so gestärkte Staat war endlich imstande, die öffentlichen Dienste von nationaler Bedeutung privaten Interessengruppen zu entziehen und die so rückständig gebliebene Sozialgesetzgebung wiederaufzunehmen. Telefonbetrieb und Eisenbahnen wurden verstaatlicht. Die Nachtarbeit sowie die Arbeitszeit für Frauen und Kinder wurden beschränkt, Ansätze zum Arbeitsrecht geschaffen. Der Ausbau der Sozialversicherung führte zur Gründung des nationalen Versicherungsinstituts (1912) und zu einem Staatsmonopol für Lebensversicherungen, welches auch zur Finanzierung der Arbeiterversicherung dienen sollte, dessen Realisierung aber von Giolittis Nachfolgern verhindert worden ist. Der Unterrichtsminister Luigi Credaro begann mit der überfälligen Reform der Volksschulen, deren Leitung den dazu meist unfähigen Gemeinden 1910 entzogen und den Provinzen übertragen wurde. Den Höhepunkt der Reformen bildete das Wahlgesetz von 1912, welches die Restriktionen von 1882 im wesentlichen aufhob und alle Männer, die älter als 30 Jahre waren oder Militärdienst geleistet hatten, d. h. auch die immer noch analphabetischen Massen, zu den Wahlen zuließ. Die Zahl der Wahlberechtigten stieg von 3,3 auf 8,6 Millionen und damit auf ca. 24 Prozent der Gesamtbevölkerung; auch wurden Diäten eingeführt, welche die Wahl von Abgeordneten ohne Vermögen erleichtern sollten. Das fast allgemeine Wahlrecht war freilich für Italiens oligarchisches Regierungssystem nicht unproblematisch: Es gab immer noch keine bürgerliche Partei, welche die neuen Wähler hätte auffangen können, von denen die meisten bislang völlig außerhalb des politischen Lebens gestanden hatten und infolgedessen leicht manipulierbar waren. Das galt besonders im Mezzogiorno, dessen Subproletariat von Giolittis Neuerungen nicht profitiert hatte. Für den Süden, wo die Erdbeben von 1905 und 1908 (in Messina 50000, in Reggio Calabria 12000 Tote!) zusätzliche Probleme schufen, waren nämlich nach 1903 die Maßnahmen zugunsten besonders bedürftiger Zonen nur vermehrt worden (u. a. großer Aquädukt für Apulien), aber es kam nicht zu der von den Meridionalisten geforderten strukturellen Modernisierung der Landwirtschaft. Giolitti mußte eben auf die Grundbesitzer Rücksicht nehmen; auch setzte er wie so manche seiner Vorgänger und Nachfolger vor allem auf den industriellen Aufschwung, dem die Interessen des Südens geopfert wurden, so konkret im Handelsvertrag mit Spanien (1906), welcher den Agrarimport von dort erleichterte, um die Exportchancen der norditalienischen Industrie zu erhöhen. Deren Aufstieg wurde weiterhin von der Kreditpolitik der Großbanken neuen Typs gesteuert, neben der Banca Commerciale und dem Credito Italiano vor allem vom Banco di Roma und von der Società Bancaria Italiana. Die Krise von 1907 begünstigte die Entwicklung zum „organisierten Kapitalismus". Die Staatseingriffe nahmen zu, der Prozeß der Konzentration und der Kartellbildung wurde intensiviert, besonders in der Textil-, Eisen- und Stahlindustrie. So entstand 1911 ein Eisenindustrie-Trust, dem als größte Werke die von Elba (Ilva), Piombino und Savona angehörten, die Finanzierung sicherte ein von der Banca d'Italia geführtes Konsortium. Die der Banca Commerciale nahestehenden Terni-Werke und Elba, die durch gemeinsame Kontrolle mehrerer Werften auch untereinander verbunden waren, fungierten überhaupt mehr und mehr als Dachgesellschaften.

Außenpolitik zwischen den Fronten —
Die Eroberung Libyens

In der Außenpolitik war Giolitti sehr vorsichtig, aber er hat sie keineswegs vernachlässigt. Das wäre auch kaum möglich gewesen in einer Zeit, in der die Expansion als eigentliches Signum einer Großmacht galt und in der gerade auch in Italien der Nationalismus und damit die Vertreter solcher Expansionspolitik erstarkten und die Regierung unter Druck setzten.

Durch die die Aspirationen Wilhelms II. durchkreuzende englisch-französische «Entente cordiale» (1904), die in ihrem Kern eine kolonialpolitische Verständigung über Ägypten (für England) und Marokko (für Frankreich) war, sahen Giolitti und Außenminister Tittoni die Richtigkeit des Taktierens zwischen den Fronten bestätigt. Zur Enttäuschung Deutschlands unterstützten sie auf der Konferenz von Algeciras (1906) die französischen Ansprüche auf Marokko, vor allem, um den eigenen Ausgriff nach Libyen zu erleichtern. Demselben Ziel diente das Geheimabkommen von Racconigi (24. Oktober 1909), in dem Rußland und Italien, zwischen denen sonst ein kühles Verhältnis bestand, ihre Balkan- und Mittelmeerinteressen abstimmten. Die antiösterreichische Tendenz war symptomatisch für die fortschreitende Entfremdung unter den Verbündeten. Zwar wollte Giolitti am Dreibund, der auch 1912 erneuert wurde, festhalten, da er Sicherheit und Ansprüche gewährte; aus innerer Konsequenz hat er 1914/15 den Kriegseintritt gegen die Mittelmächte zu verhindern gesucht. Seine Außenpolitik mußte aber das Mißtrauen der Verbündeten erregen, besonders in Österreich, wo der Irredentismus (dessen Erstarken Giolitti vergeblich zu dämpfen suchte!) zusätzlich irritierte. Heftige Gegner Italiens, von dem sie befürchteten, daß es früher oder später der Monarchie in den Rücken fallen werde, waren der Thronfolger Franz Ferdinand und der Generalstabschef Graf Conrad v. Hötzendorff; er hat mehrmals einen Präventivkrieg empfohlen, den aber Kaiser Franz Joseph aus konservativem Rechtsempfinden verwarf. Auch Franz Ferdinand wollte so weit nicht gehen. Aber als Sohn einer Tochter des letzten Königs von Neapel und als Erbe der Modeneser Habsburger (daher Erzherzog von „Österreich-Este") wie auch als konservativ-katholischer Legitimist verachtete er den Staat, der seine Vorfahren und dazu den Papst entthront hatte und der von Liberalen, darunter nicht wenigen Freimaurern, regiert wurde. Der energische Außenminister v. Aehrenthal setzte seit 1906 eine aktive Außenpolitik und in deren Zusammenhang 1908 die volle Annexion von Bosnien und der Herzegowina durch, die faktisch wenig änderte, aber die konkurrierenden Staaten unnötig provozierte. Auch Tittoni, der eine österreichisch-russisch-italienische Balkanentente gewollt hatte und nun vergebens Kompensationen forderte, war brüskiert und wurde zudem von den Nationalisten der Schwäche beschuldigt; zu den direkten Reaktionen gehörte das Zweierabkommen mit Rußland.

Die eigentliche Aushöhlung des Dreibunds erfolgte aber nicht auf der Ebene der Diplomatie, sondern auf der der politischen Mentalität und der öffentlichen Meinung, die eben im liberalen Italien direkt in die Politik hineinwirkten. Die Sympathien für das Bündnis reduzierten sich auf konservative Kreise, aber die Mehrzahl der liberalen Bürger und besonders die jungen Intellektuellen dachten anders: Österreich war wegen des unlösbar erscheinenden Irredenta-Problems ohnehin verhaßt; das Deutschland Wilhelms II. galt zwar als großes und darum mit Eifer studiertes Vorbild wissenschaftlichen und technischen Fortschritts, jedoch gerade nicht als politisches Modell, welches mehr denn je die Westmächte darstellten. In Deutschland, wo mehr obrigkeitsstaatlich regiert wurde, ist die politische Relevanz dieser Mentalität und ihrer Artikulation in der einflußreichen Presse Italiens bis 1914 unterschätzt worden, während die französische Diplomatie sie verstand und durch Barrère zu beeinflussen wußte, u. a. mit umfangreichen Geldzahlungen an Politiker, Redakteure und Journalisten.

Mit Rußland hatte auch die letzte Großmacht Italien freie Hand in Libyen zugesichert. Giolitti, der jedes Abenteuer scheute, hat aber mit den Planungen für die Okkupation erst begonnen, nachdem Frankreich 1911 Marokko auch militärisch besetzte. Stark beteiligt an diesen Planungen war der Außenminister Antonio Paternò Castello Marchese di San Giuliano (1852—1914, Minister seit 1910), der zuvor Botschafter in London und Paris gewesen und eindeutig prowestlich orientiert war. Libyen war seit 1911 die letzte von europäischer Besetzung freigebliebene und darum noch erreichbare Region Nordafrikas, auch waren nun die 1902 verabredeten Voraussetzungen für eine italienische Aktion vollständig erfüllt. Giolittis Vorsicht mißfiel den vielen seiner Landsleute, die sich von einer neuen und heftigen, nunmehr organisierten Welle des Nationalismus erfassen ließen. Zur Aktion drängten fast alle bürgerlichen Gruppen, die Mehrzahl der Presse und ein Teil des Finanzkapitals, namentlich der Banco di Roma, der seit 1906 stark in Libyen engagiert war und nun von der Regierung ultimativ die Sicherung der dortigen Investitionen forderte. Mit deren Schutz begründeten Giolitti und San Giuliano im September 1911 ein Ultimatum an die Türkei, nach dessen Ablehnung im Oktober die Okkupation Libyens begann. Um den unerwartet heftigen Widerstand zu brechen, griffen die Italiener zu harten Repressalien; zudem besetzte ihre Marine Rhodos und die Inseln des Dodekanes. Die Türkei war damit empfindlich unter Druck gesetzt; da sie zusätzlich von Bulgarien, Serbien, Griechenland und Montenegro in den ersten Balkankrieg (1912/13) verwickelt wurde, entschloß die Pforte sich zum Nachgeben. Im Frieden von Lausanne (18. Oktober 1912) willigte sie in die Abtretung Tripolitaniens und der Cyrenaika ein, über die Italien inzwischen bereits seine Souveränität proklamiert hatte. Die der Türkei zugesagte Räumung der besetzten Inseln führte Italien, welches sich in der stärkeren Position befand, nicht aus; 1923 bekam es sie auch völkerrechtlich zugesichert.

Mit der Eroberung Libyens errang der italienische Imperialismus seinen ersten großen Erfolg, der von Nationalisten, Liberalen und Katholiken begeistert begrüßt wurde und weitere Hoffnungen weckte. Giolitti bekam bald zu spüren, daß die Expansion seine Integrationspolitik gefährdete, nicht nur, weil die Rechte weiteren Auftrieb erhielt. Die Sozialisten hatten den Krieg sogleich verworfen, die Revisionisten wurden nunmehr von ihren Gegnern in der Partei als Wegbereiter für Kapitalismus und Imperialismus diffamiert. 1912 setzte sich erneut der revolutionäre Flügel durch; zu seinen Führern gehörte Mussolini, der zuvor bereits, zusammen mit Pietro Nenni, einen politischen Generalstreik gegen den Krieg versucht hatte. Die Reformsozialisten mußten sich unter Bissolati als eigene Partei organisieren. Mussolini übernahm die Redaktion des ›Avanti‹.

Da Frankreich im libyschen Krieg den Türken Material geliefert hatte, gehörte zu den Nebenwirkungen eine Aktivierung des Dreibundgedankens und der Zusammenarbeit mit Österreich. Sie richtete sich während des Balkankrieges auch stark gegen serbische Aspirationen auf

Albanien, wurde aber schon 1912 durch ein Neutralitätsabkommen Italiens mit Serbien wieder entwertet.

Die liberale Kultur und neue Gegenkräfte: Nationalismus, Futurismus, Irredentismus

Die aus dem Risorgimento erwachsene liberale Kultur erlebte in den beiden Jahrzehnten vor dem Ersten Weltkrieg ihre letzte Blüte. Ihr größter Denker, der als Philosoph, Historiker und Zeitkritiker gleichermaßen bedeutende Benedetto Croce (1866—1952), veröffentlichte in der Ära Giolitti seine ersten großen Werke; seit 1903 gab er die größtenteils von ihm selbst geschriebene und das gesamte geistig-literarische Leben beeinflussende Zeitschrift ›La critica‹ heraus (bis 1944). Croce, der im Hause seines Verwandten Silvio Spaventa aufgewachsen war und sich dann an De Sanctis, Herbart und Labriola orientiert hatte, ist über seine Auseinandersetzung mit dem historischen Materialismus und seine Hegel-Studien zum Überwinder des Positivismus in Italien geworden, zunächst zusammen mit Giovanni Gentile (1875—1944), der später aus Hegels Staatslehre andere Folgerungen gezogen hat und der Ideologe des Faschismus geworden ist. Aus der Nähe zum deutschen Idealismus, zu dessen Verbreitung er erheblich beigetragen hat, hat Croce einen dialektischen Idealismus entwickelt, der als einzige Realität den objektiven Geist und als dessen einzigen Ausdruck die Geschichte begriff. Der objektive Geist wird geradezu als immanenter Gott gesehen und dem transzendenten Gott der Christen entgegengesetzt.

Croce interpretierte Aktivität und Freiheit als Leben des Geistes und jeden historischen Fortschritt als Ergebnis der ganzen früheren Geschichte. Stark geprägt von Traditionen Neapels, vertiefte er den Gedanken Vicos, daß man nur erkennt, was man geschaffen hat, und daß der Mensch die Geschichte innerlich durchschaut, weil er ihr Gestalter ist. Aus der Überzeugung, daß der Geist vernünftig handelt und dem Guten zum Sieg über das Böse verhilft, kam Croce zu einem optimistischen Fortschrittsglauben. In dem als ethisch begriffenen liberalen Staat erblickte er die dazu allein passende politische Ordnung, die er darum ebenso gegen den Marxismus wie später gegen den Faschismus verteidigt hat[19]. Giolittis Politik bejahte er aus innerer Überzeugung; seit 1910 Senator, ist er in seinem letzten Kabinett 1920/21 Unterrichtsminister gewesen.

Croces Philosophie war zu idealistisch und elitär, Giolittis Politik zu maßvoll und prosaisch für eine Zeit, in der die darauf nicht vorbereiteten Massen ins politische Leben eintraten und in der andere Intellektuelle die Maßlosigkeit und den Aufstand gegen die Vernunft predigten, wie in ganz Europa so gerade in Italien, dessen besondere, mit Deutschland vergleichbare Anfälligkeit für den Nationalismus schon erwähnt wurde. Es genügt, an Mazzini und Gioberti, an Crispi und Imbriani zu erinnern. Im neuen Jahrhundert wurden zudem Nietzsche und mehr noch Charles Mauras, Léon Daudet und Maurice Barrès rezipiert, wie überhaupt der französische Nationalismus, der sich in der Action française eine Organisation geschaffen hatte und intellektuell höher stand als der deutsche, weitaus mehr als dieser ausgestrahlt hat. Gabriele D'Annunzio (1863—1938), Giovanni Papini (1881—1956), die Futuristen um den Romancier Filippo Tommaso Marinetti (1876—1944), daneben Enrico Corradini (1865—1931) und Giuseppe Prezzolini (geb. 1882) beherrschten die literarische und publizistische Szene. Ihr Dynamismus und ihre Polemik gegen das satte Bürgertum beeindruckten besonders die Jugend. Überhaupt begann seitdem eine durch Giolittis oligarchischen Regierungsstil erleichterte Abwendung geistig führender Schichten vom Parlament, die für Italiens Weltkriegseintritt wie für den Aufstieg des Faschismus konstitutiv geworden ist. Aus der Kammer der Abgeordneten sollten die politischen Entscheidungen in geschickt inszenierte Versammlungen auf Straßen und Plätzen verlegt werden.

D'Annunzio, egozentrischer Künder eines „heidnischen" Sinnen-

---

[19] Auch zwei seiner historischen Hauptwerke, die ›Storia d'Italia dal 1871 al 1915‹ (1928) und die auch ins Deutsche übersetzte ›Storia d'Europa nel secolo XIX‹ (1932), schrieb Croce in offener Auseinandersetzung mit dem Faschismus, demgegenüber er darin den freiheitlichen Charakter des Risorgimento und überhaupt die Tradition des europäischen Liberalismus verteidigte. — Mussolini ließ ihn immerhin publizieren, er blieb Senator (und sprach sich als solcher z. B. öffentlich gegen die Lateranverträge aus), auch ›La critica‹ konnte weiter erscheinen. Auch hieran zeigt sich, daß das faschistische Italien kein eigentlich totalitärer Staat gewesen ist; im Deutschland Hitlers wäre Vergleichbares undenkbar gewesen.

kults und eklektischer Deuter der Zeitströmungen, besonders des französischen Symbolismus, war an die Stelle Carduccis getreten, dem er wohl auch dichterisch überlegen war. Als selbsternannter «Vate dell'Italia nuova» pries er sein Vaterland als „auserwählte Nation", die sich an dem seine Zeit durchziehenden Expansionismus Europas aktiv beteiligen sollte; überhaupt erblickte er im Kampf das eigentliche, der Elite zum Siege verhelfende Lebenselement, Bourgeoisie und Demokratie verachtete er. In totaler Verbindung von Kunst und Aktion hat er 1914/15 für den Kriegseintritt agitiert, als tollkühner Pilot am Krieg teilgenommen und 1919/20 als Freischarenführer die Internationalisierung von Fiume verhindert. Dem Faschismus hat er die Methoden irrationaler Massenbeeinflussung und Ansätze zu einem Ritual vermittelt, doch blieb sein Verhältnis zu Mussolini, der ihn zeitweise geschätzt, vor allem aber benutzt hat, spannungsreich. Auch Papini, der als heftiger Antipositivist die gesamte bisherige Philosophie ablehnte und mit Hilfe einer Lebensphilosophie die Italiener aufrütteln und erneuern wollte, pries den Krieg als Reinigungsbad der dekadent gewordenen Menschheit; zunächst ebenfalls antichristlich eingestellt, ist er 1919 zum Katholizismus zurückgekehrt. Als Kritiker arbeitete er zeitweise eng mit Prezzolini zusammen. Kurze Zeit gehörte er zum Kreis der Futuristen, die Marinetti 1909 mit seinem ›Manifesto futurista‹ um sich geschart hatte. Darin wurden radikale Erneuerung aller Kunstgattungen und der Bruch mit allen Traditionen gefordert, Kampf und Gefahr, Technik und Krieg mit revolutionärem Pathos verherrlicht. Ein neuer Romantizismus breitete sich aus, der sich gleichermaßen gegen Rationalismus und bürgerliche Ordnung wendete und den Gedanken durch die Aktion, die als „langweilig" empfundene Politik Giolittis durch Kampf und Expansion ersetzen wollte. Auch die Futuristen haben dem Faschismus vorgearbeitet, der freilich durch die Rezeption der hier skizzierten Kräfte auch kulturelle Erneuerungstendenzen angenommen hat, wie sie dem auf primitiven Germanenkult fixierten Nationalsozialismus stets fremd geblieben sind.

1910 fand in Florenz der erste gesamtitalienische Nationalistenkongreß statt, auf dem die «Associazione Nazionalista Italiana» gegründet worden ist. Ihr Theoretiker und Führer Corradini und seine Mitstreiter, darunter Luigi Federzoni (1878—1967) und Alfredo Rocco (1875 bis 1935), die gleich ihm unter Mussolini Minister geworden sind, zogen gegen Giolittis Integrationspolitik mit antiparlamentarischen und sozialdarwinistischen Argumenten zu Felde. Ihre Anhänger fanden sie, wie gesagt, meist im Bürgertum, wiewohl sie den Nationalismus auch als proletarische Kraft hinstellten, neue, vom Liberalismus vernachlässigte Schichten anzusprechen versuchten und in innerer wie äußerer Politik gegen die «beati possidentes» polemisierten. Anders als Giolitti und der von ihnen besonders heftig befehdete Sozialismus erwarteten sie die Lösung der italienischen Probleme nicht von demokratisierenden Reformen, sondern, in engem Anschluß an die zuvor erwähnten Literaten, von Autoritarismus, kämpferischer Moral und Expansion. Sie gaben vor, die nationale Gemeinschaft[20] vor den Gefahren zu schützen, die ihr von angeblich extremem Individualismus drohten.

Nationalismus, Imperialismus und Irredentismus verbanden sich zu einer neuen, gut organisierten[21] Rechtsfront, die ähnlich wie in Deutschland beim organisierten Kapitalismus wichtige Unterstützung fand. Lauthals beriefen ihre Führer sich aufs Risorgimento, wiewohl sie dessen liberalen Kern eliminierten und sich entgegen dessen Idealen über die Rechte anderer Völker hinwegsetzten und Gebiete beanspruchten, die keineswegs von Italienern bewohnt waren; fragwürdige geographische und historische Argumente wurden bemüht. Die Nationalisten forderten den Kampf der jungen, proletarischen gegen die alten, plutokratischen Nationen; durch koloniale Expansion nach Afrika mit brutaler Niederwerfung eventuellen Widerstands wollten sie mit den Großmächten gleichziehen und zugleich der Emigration beikommen; sie proklamierten die Notwendigkeit eines italienischen Mittelmeerimperiums. Dieses ganz vom Primat der Außenpolitik beherrschte Programm, dessen demagogische Wirkkraft anläßlich des libyschen

---

[20] In diesem Zusammenhang war öfters und großsprecherisch, so bei Rocco und Marinetti, von Würde und Expansion der «razza italiana» die Rede, doch war auch dieser Rassebegriff historisch-national, nicht biologisch gemeint und hat darum nicht wie in Deutschland in einen antisemitischen Rassismus geführt.
[21] Wichtige nationalistische Unterorganisationen waren die «Società Dante Alighieri», die «Lega Navale», der «Club Alpino Italiano» und die «Società geografica».

Neue Gegenkräfte: Nationalismus, Futurismus, Irredentismus 257

Krieges erfolgreich erprobt wurde, hat sich wenige Jahre später Mussolini zu eigen gemacht; 1923 ist die nationalistische Bewegung in der faschistischen Partei aufgegangen.

Corradini selbst hat den Irredentismus in den Dienst des Nationalismus gestellt, aber mit äußerster Konsequenz und seltener Perfidie hat der aus Rovereto stammende Ettore Tolomei (1865—1952) die beiden Strömungen miteinander verbunden. Nachdem er zunächst das italienische Gymnasium in Tunis organisiert hatte, formulierte er seit den 1890er Jahren ein expansionistisches Programm, welches den Kamm der Zentralalpen mit Brenner und Reschen als natürliche, geographisch wie historisch legitime Nordgrenze Italiens bezeichnete[22]. Den Kampf um Südtirol hat Tolomei seitdem zu seiner Lebensaufgabe gemacht, in deren Dienst er vor allem seine 1905 gegründete Zeitschrift ›Archivio per l'Alto Adige‹ stellte. Darin versuchte er entgegen dem eindeutigen historischen Befund den italienischen Charakter Südtirols zu erweisen und Italiens öffentliche Meinung zur Forderung der Brennergrenze zu bewegen, u.a. durch die konsequente Übersetzung der deutschen Ortsnamen ins Italienische. Das allgemeine Anschwellen des Nationalismus, welches auch zu einer deutsch-österreichischen Sprachoffensive im Trentino führte, begünstigte Tolomeis Unternehmen. Er gewann das Vertrauen führender Politiker, so Sonninos und Orlandos, und wurde 1918/19 als Experte der italienischen Friedensdelegation beigegeben; die von ihm vorgelegten Karten mit den falschen Namen (darunter z.B. «Vetta d'Italia» für den Glockenkarkopf in den Ahrntaler Alpen!) haben dazu beigetragen, den nicht eben in europäischer Geographie bewanderten Präsidenten Wilson von der Berechtigung der italienischen Grenzforderungen zu überzeugen! An der Italianisierung Süd-

---

[22] Dabei war Tirol, insofern der Schweiz, bes. Graubünden, und Savoyen vergleichbar, als Paßstaat in den Alpen entstanden und hatte sich, von den inneren Alpentälern ausgehend, zu beiden Seiten des Kammes ausgedehnt. Brenner (1374 m) und Reschen (1520 m) hatten als bequemste und stets benutzte Alpenübergänge Verkehr und Ansiedlung nie behindert und darum nie den Charakter einer Grenze angenommen.
Nach der letzten Volkszählung vor dem Ersten Weltkrieg wohnten zwischen Brenner und Salurn, d.h. in dem von Tolomei in «Alto Adige» (Oberetsch) umbenannten Südtirol 220000 Deutsche, 9400 Ladiner und 7000 Italiener!

tirols hat Tolomei, der 1923 Senator wurde, seitdem entscheidend mitgewirkt.

Tolomeis Demagogie übertönte die wenigen Irredentisten, die den Idealen des Risorgimento treu geblieben sind. Wenigstens zwei Trentiner sind hier zu erwähnen: der Soziologe Scipio Sighele (1868—1913), Mitgründer der Associazione Nazionalista, die er aber wegen ihrer Vermengung von Irredentismus und Imperialismus bald verließ, und vor allem der Reformsozialist und Geograph Cesare Battisti (1875 bis 1916), einer der Männer im Spannungsfeld von sozialistischem Internationalismus und nationalem Patriotismus. Er trat zunächst für die Autonomie, dann für die Loslösung der italienischsprachigen Gebiete von Österreich ein und forderte zugleich, teils gemeinsam mit Salvemini und gegen Giolittis „Diktatur", die Demokratisierung Italiens. Obwohl österreichischer Reserveoffizier, wollte er nach dem von ihm mitpropagierten Weltkriegseintritt Italiens für seine Ideale kämpfen und trat darum in die italienische Armee ein; im Sommer 1916 gefangengenommen, wurde er zusammen mit seinem Gefährten Fabio Filzi in Trient wegen Hochverrats zum Tode verurteilt und hingerichtet. Battisti gilt seitdem als nationaler Märtyrer, den die Faschisten wirkungsvoll zu vereinnahmen suchten, wiewohl er in eine Tradition gehört, die eher von Mazzini zur Resistenza geführt hat; Mussolini, der seine demokratische Gesinnung und seine maßvolle Haltung in der Grenzfrage totgeschwiegen hat, ließ ihm pompöse Denkmäler errichten [23].

Giolittis Ablösung

Die Wahlen im Oktober 1913, die ersten aufgrund des allgemeinen Wahlrechts, erbrachten im Bürgertum die das Klima der Zeit reflektie-

---

[23] Sowohl Battistis Mausoleum oberhalb von Trient wie das ebenfalls ihm gewidmete, die Südtiroler bis heute unnötig provozierende „Siegesdenkmal" in Bozen samt der diesem zugeordneten Bauten und Plätze sind charakteristische Beispiele der neoklassizistischen Repräsentationsarchitektur des Faschismus, welche Bauformen der römischen Antike in trivialisierender Vergröberung wiederholt.

rende Rechtsverschiebung, zugleich verbesserte der wieder oppositionelle Sozialismus seine Position. Zwar erhielt das liberale Lager insgesamt 304 Sitze, aber dabei erstarkten die rechten, mit dem Imperialismus paktierenden Gruppen um Sonnino und Salandra. Viele der neuen liberalen Abgeordneten verdankten ihre Wahl den Stimmen der Katholiken und waren an die Verabredungen des Patto Gentiloni gebunden; sie waren daher den progressiven Liberalen ebenso suspekt wie den Linksparteien, die sich insgesamt (Sozialisten, Reformsozialisten, Radikale, Republikaner) von 115 auf 169 Sitze verbessern konnten. Die transformistische Einbeziehung der Katholiken erwies sich aber auch insofern als zwiespältig, als gerade ihre Stimmen den rechteren Kandidaten zugute kamen — wie in anderen vom Kulturkampf betroffenen Ländern waren die Katholiken auch in Italien sehr anfällig für den Nationalismus, mit dem sie ihre von den Gegnern lange bezweifelte nationale Zuverlässigkeit zu beweisen hofften; auch ließen sie sich durch die Propagierung von Autorität und Tradition gern beeindrucken!

Zunächst konnte Giolitti noch im Amt bleiben. Nicht zu Unrecht behauptete aber wenige Wochen nach der Wahl Labriola in einer Kammerrede, daß es nunmehr ein katholisches, ein sozialistisches und ein imperialistisches Italien gebe und daß der «Giolittismo» nur mehr eine anachronistisch gewordene, „mittelmäßige parlamentarische Kombination" sei. Die geschwächte Regierungsmehrheit zerbrach denn auch schon im Februar 1914, als die Radikalen, welche die Unterstützung durch katholische Abgeordnete ablehnten, auch wieder in die Opposition gingen.

Giolitti trat zurück, ohne sich geschlagen zu geben. Er selbst empfahl dem König für die Nachfolge Salandra, offenbar in der für seinen Stil charakteristischen Hoffnung, daß er gerade gegenüber einem Exponenten der Rechten erneut eine progressive Mehrheit zusammenbringen und ähnlich wie 1906 und 1910 die Macht zurückgewinnen könne.

Daß seine Hoffnung sich nicht erfüllte, lag keineswegs nur daran, daß ein halbes Jahr später der Weltkrieg ausbrach und dadurch auch in den nicht sofort beteiligten Staaten Konstellationen und Handlungsräume der Politiker entscheidend verändert wurden. Giolittis Politik hatte sich abgenutzt und war infolge des Rechtsrutsches seit dem libyschen Krieg und infolge des allgemeinen Wahlrechts in die Krise geraten, erschwerend wirkte ein seit Kriegsende einsetzender wirtschaftlicher Rückgang. So wie die ganze liberale Oberschicht den Integrations- und Distributionsproblemen im entstehenden Massenstaat nicht gewachsen war, so auch nicht sein Regierungssystem. Weder die sozialistische Partei noch die katholische Bewegung konnte voll gewonnen werden, andererseits bildeten weder der innerlich zerrissene Sozialismus noch der gerade erst in die Politik eintretende Katholizismus praktikable Alternativen. Giolittis Methoden reichten nicht aus zur Synchronisierung sozialer, wirtschaftlicher und politischer Modernisierung; ihre eher noch vertiefte Diskrepanz hat, wie schon erwähnt, ähnlich wie in Deutschland die rechtzeitige Ausbildung einer starken und organischen Demokratie verhindert. Gerade die aus der Hochkonjunktur des Nordens erwachsenden neuen Mittelschichten waren nicht integriert, die Gegensätze zwischen Nord und Süd aber noch verschärft worden: zwei soziale Dauerprobleme, die der Faschismus nur zu lösen versprach, mit denen aber auch die DC nicht fertig geworden ist. Nicht Giolittis auf halbem Wege stehenbleibender Integrationskurs brachte die Massen hinter sich, sondern nach wie vor die beiden „historischen" Oppositionen und in zunehmendem Maße der neue Nationalismus.

Die liberale Oberschicht hatte sich in Regierung und Parlament, in der hohen Bürokratie und in Teilen des industriellen Managements selbst isoliert. Die sozialen und politischen Widersprüche führten darüber zu einer latenten Systemkrise, über die auch Giolitti zuletzt nur mehr hinweglavierte. Immerhin handelte er, Richtungen weisend und Situationen offenhaltend, verantwortlicher und realistischer als seine Nachfolger, die die Ablenkung nach außen vorzogen und durch den Weltkriegseintritt den Umschlag in die akute Krise heraufgeführt haben.

Sechstes Kapitel

DER ERSTE WELTKRIEG

Die Regierung Salandra-Sonnino und Italiens Kriegseintritt

Antonio Salandra (1853—1931) aus Foggia, renommierter Professor des Finanz- und Verwaltungsrechts in Rom, hatte seit 1889 als liberalkonservativer Abgeordneter zu den Anhängern Sonninos gehört und war in dessen beiden kurzlebigen Kabinetten und schon davor unter Pelloux Minister gewesen. Wie nicht wenige Bildungsbürger ließ er sich vom Nationalismus stark beeindrucken. Seitdem auch Sonnino in Konkurrenz mit Giolitti seit 1911 fürs allgemeine Wahlrecht eintrat, hatte er eine die Tradition der alten Rechten beschwörende «politica nazionale» proklamiert, mit der er sich für die Nachfolge Giolittis aufzubauen suchte. Ganz im Gegensatz zu diesem gab er sich der ebenso borniert wie gefährlichen Illusion hin, daß die bürgerliche Oberschicht weiterhin allein regieren könne. Er wollte daher wieder einen patriarchalischeren, nur in der Wirtschaftspolitik liberal bleibenden und darum den meisten Unternehmern willkommenen Kurs einschlagen und keineswegs mit Sozialisten und Progressiven, sondern mit Nationalisten und katholischer Bewegung koalieren; aus Giolittis Kabinett übernahm er nur den Außenminister San Giuliano. Salandra, der bis zum Juni 1916 Ministerpräsident und Innenminister geblieben ist, hat tatsächlich die Integrationspolitik Giolittis abgeblockt. Schon in der Krise um den Kriegseintritt 1915 zeigte sich aber, daß der Gewinner nicht seine mehr traditionale Koalition, sondern ein viel radikalerer Nationalismus war, mit dem er sich dann aber ebenso leicht arrangiert hat wie die eigentlichen Nationalistenführer: Salandra hat dem Faschismus sehr wohlwollend gegenübergestanden und ist 1928, auf dem Höhepunkt der Kompromisse Mussolinis mit den alten Machteliten, Senator geworden.

Für Salandra traf es sich nicht schlecht, daß im Juni 1914 ein Zusammenstoß zwischen antimilitaristischen Demonstranten und der Polizei in Ancona sich zu einer gewalttätigen Aufstands- und Streikbewegung ausweitete, die an die Tumulte von 1898 erinnerte und auf ganz Mittel-

und Oberitalien übergriff. Am heftigsten verlief diese «Settimana rossa» in der Romagna, deren anarchische und republikanische Tendenzen wieder durchschlugen, nunmehr geschürt von den radikalen Sozialisten um Mussolini, die den Aufstand als Bestätigung ihrer revolutionären Strategie auslegten; dabei bewies er nur ein weiteres Mal, daß das liberale Italien den Anliegen der Unterschichten weitaus weniger entgegengekommen war als die konservativen Staaten Europas. Viele Bürger glaubten aber nun an die Richtigkeit von Salandras autoritärem Kurs; die Regierung und die nationalistische Presse konnten diesen auch mit der Behauptung begründen, daß Giolitti keine Versöhnung von *paese legale* und *paese reale* erzielt hätte und daß der Staat darum wieder ernsthafter an seine Verteidigung denken müsse. Zwischen diesen Extremen setzte die Einsicht, daß nur konsequente Fortsetzung der Giolitti-Politik eine solche Versöhnung bewirken konnte, sich nicht durch. Auf den Aufstand selbst reagierte der administrativ erfahrene Salandra mit einer adäquat dosierten Mischung aus Härte und Mäßigung, welche die Exzesse von 1898 vermied und deren Erfolg die Position der neuen Regierung verfestigte.

Ob dies angehalten hätte, steht dahin, denn alle inneren Probleme traten seit der Ermordung des österreichischen Thronfolgers Franz Ferdinand und seiner Gattin durch bosnische Nationalisten (28. Juni 1914) in den Hintergrund. Der Mord in Sarajewo, bei dem eine indirekte Mitverantwortung Serbiens leicht erkennbar war, bedeutete den Höhepunkt in einer ganzen Reihe von Provokationen des serbischen Nationalismus, der von Rußland gedeckt war. Er traf nicht nur den Mann, der durch den trialistischen Umbau Österreichs den Panslawismus auffangen wollte, sondern die übernationale Monarchie als solche. Wenn Österreich Großmacht bleiben wollte, mußte es entsprechend reagieren und alles daransetzen, den Rückhalt des großserbischen Nationalismus im Königreich Serbien zu brechen. Zu schneller Reaktion wurde es auch aus Berlin ermutigt. Der Reichskanzler v. Bethmann Hollweg war nämlich nach Ausweis der Tagebücher seines Vertrauten Riezler davon überzeugt, daß der ungeschmälerte Fortbestand Österreichs für die Sicherheit Deutschlands und Mitteleuropas unerläßlich und daß nur sofortiges Handeln imstande sei, den Konflikt mit Serbien zu lokalisieren und Rußland und die Westmächte „auseinanderzudividieren"; den großen Krieg wollte er nicht provozieren, aber notfalls in Kauf nehmen.

Die in der neueren Forschung viel diskutierte und kontrovers beurteilte „Julikrise" von 1914 braucht hier nicht geschildert, die Verantwortlichkeit der Politiker in Berlin, Wien, Petersburg, Belgrad, Paris und London nicht aufgewiesen zu werden. Zu erwähnen ist nur, daß die österreichische Regierung entgegen Berliner Ratschlägen Italien nicht über ihre Pläne informierte, weil sie Weitergabe an die Gegner befürchtete, auch an Serbien selbst, für das die italienische Regierung weiterhin Sympathien empfand. Am Ende der Krise stand der Ausbruch des Weltkriegs, mit dem die widerstreitenden Nationalismen und Imperialismen das alte Europa zerstört haben. Am 28. Juli erklärte Österreich Serbien den Krieg. Wegen der sofort erfolgenden russischen Gesamtmobilmachung erklärte die deutsche Regierung am 1. August den Krieg an Rußland, am 3. August auch an Frankreich, weil sie im unvermeidlichen Zweifrontenkrieg nach dem Schlieffenplan zuerst in einer gewaltigen Umfassungsschlacht die französische Armee zu besiegen hoffte. Der dazu erforderliche Einmarsch ins neutrale Belgien, der die für Deutschland verhängnisvoll gewordene Suprematie des militärischen über das politische Denken bezeugte, hatte schon am 4. August die englische Kriegserklärung an Deutschland zur Folge.

Seit dem Sommer 1914 hat Salandra sich vorwiegend der Außenpolitik gewidmet, der in seiner Konzeption ohnehin größere Bedeutung zukam als in der Giolittis. In enger Zusammenarbeit mit dem allerdings schwer erkrankten San Giuliano wußte er zunächst jede Festlegung zu vermeiden: Am 1. August erklärte die italienische Regierung ihre Neutralität mit der Begründung, daß Österreich der Angreifer sei und darum der Bündnisfall nicht vorliege; sie protestierte dagegen, daß Wien seine Konsultationspflicht verletzt hatte, und forderte sofortige Verhandlungen um territoriale Kompensation für Österreichs Eindringen nach Serbien[1]. Es wurde kein Zweifel daran gelassen, daß jedenfalls

---

[1] Die Beurteilung des italienischen Verhaltens im Jahre 1914/15 muß von folgenden Bestimmungen des Dreibunds ausgehen: Art. 1 enthielt ein allgemeines Freundschaftsversprechen. Art. 3 verpflichtete zum Beistand, wenn die Partner „ohne direkte Herausforderung ihrerseits" angegriffen und in einen Krieg mit zwei oder mehr Staaten verwickelt wurden. Art. 4 verpflichtete zu wohlwollender Neutralität, wenn ein Partner, durch Dritte bedroht, selbst Krieg begann.

Trient und Triest gemeint waren; der Weltkrieg schien die Vollendung der nationalen Einheit auf Kosten Österreichs endlich zu ermöglichen! Aus dem Dreibund war der Kompensationsanspruch allerdings einstweilen schwer herzuleiten, er hätte wohl erst im Falle einer österreichischen Festsetzung in Serbien, d. h. bei einem für Serbien ungünstigen Kriegsausgang, erhoben werden können. Davon abgesehen war die Neutralitätserklärung, entgegen den in Österreich und Deutschland alsbald einsetzenden antiitalienischen Kampagnen, korrekt; mit ihrer Begründung wie auch mit der Kompensationsforderung erkannte die Regierung Salandra den Fortbestand des Dreibunds ausdrücklich an. Ihr damals schon beginnendes Doppelspiel lag darin, daß sie nicht daran dachte, die im Bündnis zugesagte wohlwollende Neutralität zu üben, vielmehr entschlossen war, sich nur von den eigenen Interessen leiten zu lassen; schon im August 1914 hat San Giuliano den Kriegseintritt gegen Österreich ernsthaft erwogen. Nach seinem Tod im Oktober erfolgte eine Kabinettsumbildung, Sonnino wurde Außenminister. Er ist seitdem der zweite führende Kopf der Regierung und auf deren Ebene neben Salandra der Hauptverantwortliche dafür gewesen, daß Italien tatsächlich im Mai 1915 in den Krieg gegen die Staaten eintrat, mit denen es seit über dreißig Jahren verbündet war!

Dieser dramatischen Wende sind komplizierte diplomatische Verhandlungen und im Inneren heftige Auseinandersetzungen vorausgegangen; Italien war das einzige Land, in dem Kräfte außerhalb von Regierung und Parlament den Weltkriegseintritt erheblich mitbeeinflußt haben[2].

Art. 7 verpflichtete Österreich und Italien zu gegenseitiger Konsultation und Kompensation im Falle territorialer Vergrößerungen auf dem Balkan.

[2] Die österreichisch-italienischen Verhandlungen sind von Leo Valiani und von Hartmut Lehmann, die parallelen deutschen Bemühungen um Italiens Verbleib in der Allianz von Alberto Monticone analysiert worden. Wolfgang Mommsen hat die Italien-Politik Bethmann Hollwegs in dessen Gesamtkonzept gestellt. — Brunello Vigezzi hat den Versuch unternommen, Salandras und Sonninos Kriegspolitik aus fast ausschließlich innenpolitischen Motivationen zu erklären, Piero Melograni hat eine überzeugendere Synthese innen- und außenpolitischer Betrachtung vorgelegt. — Die letzte, gut zusammenfassende Darstellung enthält das Buch von Josef Muhr über die deutsch-italienischen Beziehungen in der Weltkriegsära.

Seit dem August 1914 zerfiel Italien in Neutralisten und Interventionisten, mit mancherlei Verschiebungen zwischen beiden Lagern. Im Offizierskorps gab es immer noch viele Dreibundfreunde, auch der neue Generalstabschef Graf Luigi Cadorna (1850—1928) wollte zunächst gegen Frankreich mobilisieren. Die Diplomatie war gespalten: Die Botschafter in Wien und Berlin, Herzog Avarna und Bollati, wollten unbedingt am Dreibund festhalten; ihr Kollege in London, Marchese Imperiali, plädierte ebenso energisch zugunsten der Entente.

Für die Neutralität trat vor allem Giolitti ein, der sich selbst treu blieb. Nach seiner Überzeugung, die sich als richtig erwiesen hat, enthielt der Krieg unkalkulierbare Risiken, welche über die Kräfte des Landes gehen konnten, seine evolutionäre Modernisierung jedenfalls erschweren oder verzögern mußten. Von Verhandlungen mit Österreich, die er durchaus hart geführt sehen wollte, erwartete er „ziemlich viel" (parecchio), nämlich die wesentliche Erfüllung der italienischen Ansprüche. Die Mehrzahl der Abgeordneten billigte seinen Standpunkt. Auch der aus der Schule Leos XIII. stammende Papst Benedikt XV., im Gegensatz zu seinem Vorgänger ein kluger Diplomat und überhaupt ein Mann der Mäßigung, war seit seiner Thronbesteigung im September 1914 unermüdlich für die Begrenzung des Konflikts und für die Erhaltung der italienischen Neutralität tätig, er hat dabei öfters mit Giolitti und der deutschen Diplomatie zusammengearbeitet[3].

Im Gegensatz zu ihren Bruderparteien waren und blieben die italienischen Sozialisten, eben weil sie weitaus weniger als jene in den natio-

---

[3] Benedikt XV. hat sein konkretes Ziel nicht erreicht, aber durch die damaligen Verhandlungen die Voraussetzungen für seine Friedensaktionen in der zweiten Kriegshälfte und überhaupt für die Rückkehr des Vatikans in die internationale Politik geschaffen. Die diplomatischen Aktionen des Papstes litten darunter, daß er in Italien nicht auf eine katholische Partei zählen konnte; die italienische Regierung suchte sie wegen der immer noch ungelösten „Römischen Frage" zu behindern: Auf ihr Verlangen schloß der Londoner Vertrag über Italiens Kriegseintritt den Hl. Stuhl von Friedensverhandlungen aus.
Enger Mitarbeiter der Friedenspolitik Benedikts XV. war Prälat Eugenio Pacelli (geb. 1876), der spätere Pius XII. Seine strikte Neutralität gegenüber den Mächtegruppierungen des Zweiten Weltkriegs beruhte offenbar auf den Maximen, die ihm Benedikt XV. vermittelt hatte, und auf den Erfahrungen aus dem Ersten Weltkrieg.

nalen Staat integriert waren, pazifistisch; sie haben darüber Mussolini verloren. — Die Katholiken waren uneinig: Unter den «Clerico-moderati», die vor allem die Integration in den Nationalstaat wollten, nahmen die Sympathisanten mit dem Nationalismus weiter zu; die zahlreicheren, meist aus dem intransigenten Lager kommenden Neutralisten waren leicht der Sympathie für den „Erbfeind", das katholische Österreich, zu verdächtigen und wurden darüber in die Defensive gedrängt. Letzteres galt in zunehmendem Maße auch für Giolittis liberale Anhänger und für die Neutralisten überhaupt. Zusammen bildeten sie lange die Mehrheit, von der sie aber keinen entschlossenen Gebrauch gemacht haben. Die Vernunft ihrer Argumente kam nicht an gegen die Kriegsbegeisterung, die (wie in allen europäischen Ländern!) um sich griff. Sie bedienten sich traditioneller, vielen antiquiert erscheinender Mittel, während die Interventionisten in entscheidenden Momenten mit dem seit einem Jahrzehnt vorgeprobten Dynamismus die Straße, gelegentlich schon die Massen zu mobilisieren wußten. Die italienische Entwicklung vom August 1914 bis zum Mai 1915 ist ein Lehrstück für die Zurückdrängung einer konservativeren, über die besseren Argumente verfügenden, aber zunehmend verzagenden Mehrheit durch eine sich für progressiv ausgebende, teils idealistische, meist skrupellose und stets aktive Minderheit. Ihr sind die Opportunisten aus dem anderen Lager zugelaufen, um den Anschluß an die angebliche historische Legitimität, mit der oft nur der eigene Erfolg oder die eigenen Geschäfte gemeint waren, nicht zu verpassen. Ähnliches hat sich bekanntlich in unserem aufgeklärten Jahrhundert nicht selten wiederholt — Vernunft in der Geschichte?

Für den Kriegseintritt an der Seite der Entente plädierte zunächst nur die numerisch schwache demokratische Linke (Radikale, Republikaner, Reformsozialisten). Alter Irredentismus aus der Tradition Garibaldis und Mazzinis verband sich bei ihr mit der durch die Besetzung Belgiens bestärkten Überzeugung, daß Österreich und Deutschland die Angreifer seien und daß ihr Sieg die demokratische Entwicklung Europas behindern, ihre Niederlage sie beschleunigen werde.

Unbeschwert von solchem Moralismus, in dem bereits die säkularisierte Kreuzzugsidee der Entente anklang, waren die Nationalisten; in der Front der Kriegsbefürworter haben sie bald den Ton angegeben. Dabei hatten manche von ihnen zunächst an Unterstützung der Dreibundpartner gedacht. Als Hauptgefahren betrachteten sie nicht Österreich, sondern Internationalismus und Parlamentarisierung. Sie empfanden Sympathien für Deutschland und sahen in Frankreichs mittelmeerischer Stellung eine größere Gefahr für Italien als in Österreich-Ungarn, welches sie zwar auf dem Balkan geschwächt, aber im übrigen als Bollwerk gegen die Slawen erhalten wissen wollten. Da die Regierung sich ihren anfänglichen Vorstellungen versagte und gerade bei ihnen bald die irredentistischen Parolen alles andere übertönten, haben die Nationalisten einen schnellen Kurswechsel vorgenommen. Sie wollten ja den Krieg als solchen; zudem wurde seit dem Herbst deutlich, daß dieser an der Seite der Entente mehr für die ihnen vorschwebende „Größe" Italiens einbringen konnte.

Sehr unterschiedliche Männer propagierten also den «Intervento», neben den wenigen für Demokratie und Selbstbestimmung eintretenden Linken um Bissolati und Salvemini die Exponenten der verschiedenen rechten Gruppierungen, die u. a. Tolomeis Maximalprogramm übernahmen. Prezzolini und Papini, noch radikaler Corradini und D'Annunzio predigten nun erst recht den „Mythos vom großen Krieg", der Italien endgültig zur Großmacht erheben und an der Umgestaltung Europas aktiv beteiligen sollte; die Siege, auf die man leichtfertig hoffte, sollten die Erinnerungen an Custoza und Adua auslöschen. Traditioneller, aber in dieselbe Richtung argumentierte Rocco, wenn er behauptete, daß Österreichs Drang ins östliche Mittelmeer Italien zum Anschluß an die Entente zwinge, daß dieser jedoch nicht auch gegen Deutschland intendiert sei. Die Interventionisten sprachen vor allem die Jugend an, zogen aber darüber hinaus eine wachsende Zahl von Liberalen, Katholiken und Konservativen zu sich herüber, vor allem im Norden mit seinen vielfachen Risorgimento-Erinnerungen. Der ›Corriere della Sera‹, Mailands größte und im ganzen Land gelesene Tageszeitung, befürwortete den Kriegseintritt. Den Massen im Süden mit ihren vielen ungelösten Problemen war das Schicksal Trients und Triests eher gleichgültig.

Spektakulär war der Übertritt Mussolinis zu den Interventionisten. Im Oktober verwarf er den Neutralitätskurs seiner Partei, die ihn daraufhin ausschloß. Aus dem Chefredakteur des ›Avanti‹ wurde der Herausgeber des ›Popolo d'Italia‹, in dem er mit überlegener Rhetorik den Krieg als die eigentliche Revolution propagierte und insofern sich treu blieb; das Geld für das neue Blatt kam größtenteils aus der Schwerindustrie, einiges auch aus Frankreich. Mussolini und D'Annunzio wurden seitdem die eigentlichen Führer der Kampagne, in der sie die bürgerlichen Nationalisten überspielten.

Die Regierung Salandra hat, wie gezeigt, schon im August 1914 den Frontwechsel erwogen. Einerseits hielt sie es für unmöglich, in einen Krieg gegen England einzutreten, welches Italiens lange Küsten kontrollieren und seine Energieversorgung blockieren konnte[4]. Andererseits war Salandra entschlossen, die durch den Weltkrieg eröffneten Möglichkeiten außen- wie innenpolitisch auszuschöpfen, d. h. die alten Ansprüche an Österreich zu verwirklichen und die seit dem libyschen Krieg erstarkten Nationalisten vollends für sich zu gewinnen. Schneller Machtzuwachs und Italiens definitiver Aufstieg in den Kreis der Großmächte sollten seine «politica nazionale» und damit das politische Monopol des Bürgertums konsolidieren, demokratische Interventionisten wie Sozialisten überspielen und Giolitti den Weg zu einem erneuten Bündnis mit der Linken abschneiden. Daß der König seine Politik voll billigte, war mitentscheidend für Salandra.

Als er und San Giuliano die Kompensationsverhandlungen mit Österreich und wenig später auch Verhandlungen mit der Italien umwerbenden Entente aufnahmen, schlossen sie den Verbleib in der Neutralität für den Fall wesentlicher österreichischer Konzessionen nicht aus. Diese erfolgten aber nicht, obwohl die deutsche Regierung, welche die dritte Front unbedingt verhindern wollte, seit August zwischen ihren beiden Verbündeten zu vermitteln suchte und dabei die italienische Interpretation des Artikels 7 übernahm. In Wien sah Conrad seinen alten Argwohn gegen Italien bestärkt, Ministerpräsident Graf Stürgkh bezeichnete die Italiener als Briganten, die man hintergehen solle; Außenminister Graf Berchtold und noch mehr sein Nachfolger (seit Januar 1915) Graf Burián wollten sie jedenfalls hinhalten. Andererseits erhoben Salandra und San Giuliano schon im September in einem Memorandum für die Entente Forderungen, wie sie Österreich niemals hätte bewilligen können: Außer dem Trentino gemäß Tolomeis Pro-

---

[4] 1913 kamen 87 Prozent der italienischen Kohleimporte aus England, zum weitaus größten Teil auf dem Seeweg.

gramm die Wasserscheidengrenze bis zum Quarnero, die dalmatinische Küste und wichtige Punkte der albanischen Küste, Vergrößerung des ostafrikanischen Kolonialbesitzes im Falle englischer und französischer Neuerwerbungen. Das war einstweilen auch der Entente zuviel, aber noch glaubte Salandra warten zu können.

Bald änderte sich indes die innere Lage. Die zunehmenden Erfolge der Interventionisten, zu denen Salandra selbst beigetragen hatte, entwickelten Eigenwirkungen, die er nicht steuern konnte; ein erstes Symptom dafür, daß sein Kalkül nicht aufging. Druck von unten wurde bestimmend. Seit der Jahreswende glaubten Salandra und Sonnino anscheinend, daß sie für die Systemerhaltung den Krieg brauchten. So stellten sie in den Verhandlungen, die Avarna in Wien und Österreichs Botschafter Baron Macchio in Rom führte, hohe, aber nicht genügend präzisierte Forderungen. Zugleich gingen über Imperiali aus London neue Angebote der Entente-Mächte ein, die über die Stimmung in Italien besser informiert waren als die Mittelmächte und mehr Landgewinn in Aussicht stellten als diese. Salandra und Sonnino genossen die Bedeutung, die das an sich zweitrangige Italien nach dem Festlaufen der Fronten in West und Ost für beide Kriegsparteien erhalten hatte, und spielten die Angebote beider gegeneinander aus. Sie gaben vor, aus nüchterner Zweckmäßigkeit zu handeln, die sich als «sacro egoismo» wirkungsvoll verbrämen ließ. Dabei begingen sie aber zwei weitere Fehler, von denen der erste, die Spekulation auf einen kurzen Krieg, für Italiens Stabilität fatal geworden ist; der zweite bestand darin, daß sie die Italienfreundlichkeit der Entente überschätzten.

Der ebenso skrupellosen wie kurzsichtigen Politik Salandras und Sonninos war mit moralischer Entrüstung nicht beizukommen. Sie war nur noch zu unterlaufen, indem Österreich-Ungarn die alten Kernforderungen Italiens schnell erfüllte. Nur dadurch konnte der von der Rechten immer heftiger angegriffene Giolitti in die Lage versetzt werden, das Land von der Richtigkeit seiner Thesen zu überzeugen und vielleicht darüber die Macht zurückzugewinnen. In diese Richtung drängte vor allem Bethmann Hollweg, in dessen Auftrag im Dezember 1914 der frühere Reichskanzler Bülow nach Rom ging, wo er einen Kompromiß auf der Grundlage der Abtretung des Trentino aushandeln sollte; einflußreiche Wirtschaftsführer wie Albert Ballin und Fritz Röchling und prominente Katholiken, vor allem Matthias Erzberger, übernahmen von Berlin gut koordinierte, flankierende Aktionen in Italien und beim Vatikan.

Gegenüber den italienischen Forderungen und den deutschen Ratschlägen, die sich bis zu massivem Druck steigerten, befanden die österreichischen Politiker sich in einem Dilemma. Sie hatten den Krieg riskiert, um die übernationale Monarchie zu verteidigen, und sollten nun sogleich an deren Hauptgegner, das nationale Prinzip, eine substanzielle Konzession machen, die als Zeichen der Schwäche erscheinen und andere Nationalitäten nur ermutigen konnte. Gerade der alte Kaiser widersetzte sich daher lange der Abtretung eines Kronlandes, auch fürchteten seine Diplomaten, durch Nachgeben weitere italienische Forderungen zu provozieren. Erst angesichts zunehmender Kriegsgefahr rang der Kronrat vom 8. März sich zur Abtretung des Trentino durch, die Italien sofort bindend zugesagt, aber erst bei Kriegsende ausgeführt werden sollte. Es ist anzunehmen, daß dieses Angebot, welches nach römischen Präzisierungswünschen am 1. April in konkretisierter Form vorgelegt worden ist, drei Monate früher seinen Zweck erfüllt hätte; es enthielt jedenfalls das «parecchio», von dem Giolitti gesprochen hatte.

Inzwischen hatte aber die Kriegsagitation weiter zugenommen. Auch war Imperiali im Februar zu formellen Geheimverhandlungen ermächtigt worden, in denen sich schon herausgestellt hatte, daß die Entente für den Beitritt Italiens nun fast alles zusicherte [5], was San Giuliano acht Monate zuvor gefordert hatte. Salandra und Sonnino haben darum mit Österreich nur noch weiterverhandelt, um sich vor definitivem Abschluß in London alle Türen offenzuhalten. Am 8. April sandten sie neue Forderungen nach Wien [6], deren voraussehbare Ablehnung als

---

[5] Der von Italien geforderten Überlassung von ganz Dalmatien widersetzte sich Rußland, welches das von ihm protegierte Serbien vergrößern und mit einem Zugang zur Adria ausstatten wollte. — Der russisch-italienische Interessengegensatz im adriatischen Raum ist im Frühjahr 1915 nur überdeckt worden, er hat sich in die jugoslawisch-italienischen Auseinandersetzungen der Nachkriegszeit verlängert.

[6] Italien forderte nunmehr im Norden auch die ladinischen Täler Südtirols, deren romanische Sprache von nationalistischen Philologen und von der Società Dante Alighieri fälschlich zu einem italienischen Dialekt degradiert worden war, sowie die Grenze des kurzlebigen napoleonischen Königreichs Italien, die Südtirol auf der Höhe von Meran und Brixen durchschnitten hatte. Noch weiter gin-

Vorwand für den Frontwechsel dienen sollte. Dieser ist aber schon vor dem Eintreffen der österreichischen Antwort vollzogen worden. Am 26. April unterzeichnete Imperiali in London zusammen mit den Vertretern Englands, Rußlands und Frankreichs den Geheimvertrag, in dem Italien seinen Kriegseintritt an ihrer Seite binnen eines Monats zusagte und dafür von ihnen umfangreiche Erwerbungen bei Friedensschluß zugesichert bekam: das Trentino und Tirol bis zum Brenner, Triest, Görz und Gradisca, Istrien bis zum Quarnero samt den vorgelagerten Inseln, den größten Teil Dalmatiens (ohne Fiume) und Valona, dazu das Protektorat über Albanien, die volle Souveränität über den Dodekanes. Für den Fall französischer oder englischer Landgewinne in Afrika auf Kosten Deutschlands wurden Italien aber nur „einige billige Kompensationen", so günstigere Grenzen zwischen seinen und den benachbarten französischen und englischen Kolonien versprochen, ebenso, jedoch in noch vagerer Form, im Falle einer Aufteilung der Türkei „ein billiger Anteil" im Mittelmeergebiet, nämlich in der Bucht von Antalya an der Südküste Anatoliens. — Eine gute Woche nach Vertragsschluß, am 4. Mai, kündigte die italienische Regierung in Wien den Dreibund auf.

Die legitimen Aspirationen des Risorgimento, auf die sie sich beriefen, hatten Salandra und Sonnino im Londoner Vertrag zu einem imperialistischen Programm ausgeweitet, welches sich alle Postulate der Nationalisten zu eigen machte. Nationale, historische und strategische Argumente wurden mit dem kurzsichtigen Expansionismus verbunden, der damals die Politik mehrerer europäischer Kabinette bestimmt hat[7]. Die Forderung nach Gebieten mit nichtitalienischer Bevölkerung und deren Bewilligung durch die neuen Partner verletzten das demokratische Selbstbestimmungsrecht, für das zu kämpfen die Entente erklärte.

---

gen die Forderungen im Osten: Grenze am Isonzo in strategisch günstiger Lage auf dem Triestiner Karst, Abtretung von Adria-Inseln. Ferner sollte Österreich-Ungarn die italienische Besetzung von Valona anerkennen und überhaupt sein Desinteresse an Albanien erklären; Triest sollte Freistaat werden, der bei der geforderten Grenzziehung ganz von Italien abhängig werden mußte.

[7] Konkrete wirtschaftliche Überlegungen fehlen in den umfangreichen Memoiren Salandras.

Es war insofern kein Zufall, daß der unter solchen Auspizien zugesagte Krieg auch innerhalb Italiens der demokratischen Entwicklung entgegengewirkt hat.

Gezielte Nachrichten vom Londoner Vertragsabschluß setzten die italienische Öffentlichkeit in große Erregung. Die von Barrère und anderen Diplomaten der Entente nun erst recht unterstützten Interventionisten organisierten im ganzen Land Straßenkundgebungen, in denen das explosive Klima der später von nationalistischer Legende und faschistischer Staatsrhetorik verherrlichten «radiose giornate di maggio» heranreifte. Auch die Neutralisten rafften sich nun aber endlich zu geschlossenerem Widerstand auf. Sie setzten ihre Hoffnungen auf die für den 20. Mai vorgesehene Eröffnung der Kammer, in der Giolittianer, Katholiken und Sozialisten zusammen Salandra stürzen und Giolitti für die Nachfolge präsentieren konnten. Giolitti selbst traf schon am 9. Mai in Rom ein, wo er den König erneut vor dem Kriegseintritt warnte; in seiner römischen Wohnung bezeugten ihm ca. 300 Abgeordnete durch Besuche, Briefe und Visitenkarten ihre Zustimmung: die Mehrzahl der erst eineinhalb Jahre zuvor gewählten Abgeordneten war immer noch gegen den Krieg! Auch zu ihrer Unterstützung unternahmen die deutsche und die österreichische Diplomatie seit Anfang Mai weitere und dramatische Versuche, Italien aus dem von König und Regierung gewollten Krieg herauszuhalten; auf die letzten Forderungen ging Wien dabei so weit ein, wie mit Interessen und Selbstverständnis der Monarchie eben vereinbar war. Den Höhepunkt bildete ein am 9. Mai von Bülow und Macchio gemeinsam vorgebrachtes, zuvor mit dem Vatikan und mit Giolitti abgestimmtes Angebot, in dem nicht nur «tout le Tyrol qui est de nationalité italienne», sondern auch das linke Ufer des Isonzo mit Gradisca, Valona und Autonomie für Triest, zudem Österreichs Desinteresse an Albanien zugesagt wurde. Das Deutsche Reich übernahm die Garantie für diese Zusagen!

Die Position der Neutralisten schien wesentlich gestärkt, so daß zu erwarten war, daß die parlamentarische Kraftprobe in ihrem Sinne verlaufen würde. Salandra und Sonnino wußten dem zuvorzukommen. Dabei verbanden sie konservative und plebiszitäre Attitüde, indem sie zugleich an den König, der hinter ihnen stand, und an das Volk appellierten, d. h. an die Straße, wo D'Annunzio und Mussolini den Ton bestimmten. Am 13. Mai trat die Regierung überraschend zurück. Zugunsten ihrer «politica nazionale» mobilisierten die Interventionisten nun erst recht die Massen. In Rom war der von Zehntausenden akklamierte Hauptredner D'Annunzio, der u. a. dazu aufrief, Giolitti zu erschlagen; in Mailand drohte Mussolini mit der Revolution. Im meisterhaft inszenierten Sturm patriotischer Begeisterung verbreitete sich eine Bürgerkriegsatmosphäre, die die Vertreter traditioneller Legalität einschüchterte. Das Ganze war ein erneuter Beweis für die Schwäche des bestehenden Systems, aber auch eine Vorwegnahme der dadurch erleichterten faschistischen Machtergreifung: die Agitatoren der Straße, darunter viele Intellektuelle, setzten sich über die gewählten Volksvertreter hinweg, begünstigt durch die abwartende Haltung der Staatsspitze. Nachdem Giolitti wegen der unüberschaubaren Gesamtlage die Regierungsübernahme abgelehnt und bloße Platzhalter vorgeschlagen hatte, forderte der König Salandra zum Verbleib im Amte auf. Damit war das Geschick des Landes entschieden. Der Widerstand der Neutralisten brach zusammen; Giolitti reiste in seine piemontesische Heimat zurück, die von ihm geprägte Ära war definitiv zu Ende. Am 20. und 21. Mai gewährten Kammer und Senat mit großer Mehrheit die von Salandra beantragten außerordentlichen Vollmachten für den Kriegsfall, eine mutige Rede dagegen hielt nur noch Turati.

Am 23. Mai mußte Avarna[8] in Wien die Kriegserklärung überbringen; am 24., dem Tag ihres Inkrafttretens, schloß Österreich-Ungarns glanzvolle Botschafterresidenz im römischen Palazzo Venezia für immer ihre Pforten. Obwohl Italien entgegen dem Drängen der Entente eine Kriegserklärung an Deutschland vermied[9], wurden die diplomatischen Beziehungen sogleich abgebrochen. Auch Bülow sowie die Gesandten Preußens und Bayerns beim Hl. Stuhl haben noch am 24. Mai Rom verlassen. Das Kriegsmanifest Franz Josephs vom selben Tag erinnerte an die Siege von Custoza und Lissa; es sprach in ebenso verständlicher wie wirkungsvoller Vereinfachung von dem in der Ge-

---

[8] Avarna und Bollati, die wegen ihrer Dreibundfreundlichkeit in den Monaten vor dem Kriegseintritt aus Rom nur unzureichend informiert und instruiert worden waren, haben keine diplomatischen Posten mehr übernommen. Avarna ist 1916 gestorben; Bollati (gest. 1939) war einer der wenigen Senatoren, die sich dem Faschismus mutig widersetzt haben.

[9] Sie erfolgte erst am 26. August 1916.

schichte beispiellosen Verrat Italiens und gab damit den Ton an, auf den die meisten deutschen und österreichischen Urteile über Italien lange eingestimmt geblieben sind. Bethmann Hollweg hat sich von der antiitalienischen Agitation allerdings ferngehalten, weil er für einen eventuellen Separatfrieden alle Möglichkeiten offenhalten wollte.

Rechtsliberale Politiker, die ihren demonstrativen Konservatismus durch immer weiter gehende Konzessionen an den Nationalismus degeneriert hatten, waren in den Weltkrieg eingetreten, um ein größeres Italien zu schaffen und größtmögliche Gewinne zu erzielen, außer an der Nordgrenze in den traditionellen Interessenzonen des italienischen Imperialismus: auf dem Balkan, im östlichen Mittelmeer und in Afrika. Die eigentlichen Aspirationen des Risorgimento hätten sich dank der günstigen Konstellationen des Frühjahrs 1915 leichter ohne Krieg verwirklichen lassen: Am 3. November 1918, als die österreichische Armee infolge der inneren Auflösung des Reiches kapitulieren mußte, hatten die Italiener (von denen inzwischen ungefähr 680000 gefallen waren!), noch nirgends die Grenzlinien erreicht, die Österreich im April/Mai 1915 zugesagt hatte.

Salandra, Sonnino und ihre Freunde wollten durch ihre Macht- und Prestigepolitik auch von den inneren Problemen ablenken und ihr System stabilisieren, aber das Gegenteil ist eingetreten. Der lange Krieg, dem Italien weder wirtschaftlich noch militärisch gewachsen war, hat vielmehr alle inneren Probleme verschärft und den Umschlag von der latenten in die akute Systemkrise heraufgeführt, der die liberale *classe dirigente* dann gar nicht mehr gewachsen gewesen ist. Das wird im einzelnen noch zu zeigen sein, an dieser Stelle mag ein Blick auf Italiens Wirtschaftslage bei Kriegsbeginn genügen.

Daß die Krise von 1907 den Konzentrationsprozeß noch intensivierte, wurde schon gesagt. Die Prosperität begünstigte die Überschätzung der eigenen Kräfte, die sich in der italienischen Bourgeoisie seit dem Aufschwung um die Jahrhundertwende verbreitet hatte. Auch der Grundwiderspruch der italienischen Industrie blieb bestehen. Ihre Führer beriefen sich auf den Liberalismus, bewegten sich aber infolge der historischen Verspätung der italienischen Wirtschaft, ihrer Kapitalarmut und der engen Grenzen ihres Marktes weiterhin in der durch Monopolbildung und staatliche Stützungsaktionen bestimmten Richtung, so daß die italienische Industrie ihren forcierten Charakter behielt. Der Rückgang nach dem libyschen Krieg löste Unsicherheit, Streiks und Radikalisierung aus und ließ die Emigration anschwellen. Am stärksten betroffen waren die vom Staat gestützten Industrien, die zuviel produzierten, aber auf dem Weltmarkt nicht mithalten konnten und darum von politischen Entscheidungen abhängig blieben. Die den Nationalisten verbundene Schwerindustrie hat deshalb nach Kräften für den Kriegseintritt gewirkt, während die meisten anderen Wirtschaftszweige im Sinne Giolittis die Neutralität vorgezogen hätten.

Verlauf und Ergebnisse des Krieges: Die Schlußkrise des liberalen Staates

Der Weltkrieg hat Italien keineswegs geradlinig nach Vittorio Veneto geführt. Im Stil des Risorgimento wurde er als „vierter Unabhängigkeitskrieg" bezeichnet; ähnlich wie die Hauptkontrahenten, von denen Deutschland angeblich nur zu seiner Verteidigung, die Westmächte zur Niederwerfung des Militarismus und zur Ausbreitung der Demokratie in den Krieg zogen, versteckte auch Italien seinen Imperialismus hinter einer Phraseologie, die den Wertvorstellungen der Zeit Rechnung trug. Nach einem halben Jahrhundert staatlicher Einheit, allgemeiner Wehrpflicht und patriotischer Erziehung wie auch aufgrund des industriellen Aufschwungs waren die Italiener auf diesen Krieg besser vorbereitet als auf die des Risorgimento, aber wirtschaftliche Rückständigkeit und Rohstoffmangel mußten bei längerer Kriegsdauer ebenso schwere Probleme schaffen wie der weithin agrarische Charakter des Landes und das politische Desinteresse der Bauern und Landarbeiter aus dem Süden und von den Inseln, welche die blutige Last des Krieges tragen mußten. Salandra und Sonnino hielten an ihrer kurzsichtigen Kriegskonzeption fest, obwohl im Mai 1915 schon deutlich war, daß dieser Krieg den Rahmen eines begrenzten Krieges sprengte. Sie hofften trotzdem auf schnelle Siege über das nunmehr stark im Osten engagierte Österreich, welches erheblich geschwächt, aber nicht zerstört werden sollte; gegenüber den neuen Verbündeten pochten sie auf ihre Unabhängigkeit. Solche Politik setzte militärische Erfolge voraus, die aber ausblieben; Italiens Kriegseintritt hat zwar den Mittelmächten die gefürchtete dritte Front aufgezwungen, ist aber durchaus nicht kriegsentscheidend geworden. Der rücksichtslose Einsatz von Menschen und Material, mit dem der Generalstabschef Cadorna den Durchbruch zu erzwingen suchte, hat nicht nur die Verbitterung hervorgerufen, die sich im Sommer und Herbst 1917 entladen hat. Er ging auch über die Kräfte des Landes, welches deshalb schon wegen der unerläßlichen Kohlezufuhr auf die Hilfe der Entente-Mächte angewiesen war und darum mehr und mehr in deren Abhängigkeit geriet; schon die Kriegserklärung an die Türkei (21. August 1915) und erst recht die an Deutschland erfolgte auch auf ihren Druck.

Der Krieg in Oberitalien war wohl der sinnloseste des ganzen Weltkrieges. Während es noch einigermaßen nachvollziehbar ist, daß Mächte wie Deutschland und Frankreich ein weiteres Mal um die Hegemonie auf dem Kontinent stritten, erscheint es unbegreiflich, daß Italien und Österreich, die einander so viel verdankten, wegen einiger Provinzen Hunderttausende in Kampf und Tod schickten. Die Hauptschauplätze dieses Kampfes wurden die Isonzolinie von der Küste bis Karfreit und die Gebiete um die Grenzen nach Kärnten und zum Trentino. Obwohl die Hauptmasse der österreichisch-ungarischen Armee, darunter die für den Gebirgskampf geschulten Tiroler Kaiserjäger, gegen Rußland kämpften (Durchbruch bei Gorlice Mai 1915), mißlang den Italienern der von Cadorna geplante Vorstoß nach Villach und Laibach. Das lag sowohl an der Langsamkeit des italienischen Aufmarschs wie auch daran, daß der italienische Angriff bei Angehörigen aller Völker Österreichs den entschlossensten Widerstand hervorrief; der Krieg scheint in der Monarchie erst vollends populär geworden zu sein, als er auch gegen den als Verräter betrachteten „Erbfeind" im Süden ging. Cadornas Truppen, die erst Ende Juni 1915 angriffen, richteten daher wenig aus. In den ersten fünf Isonzoschlachten (bis März 1916) konnten sie weder Görz erobern noch die österreichisch-ungarische Front durchbrechen. Gleichzeitig mußten die Italiener in den Dolomiten einen zermürbenden Stellungskrieg aufnehmen. Kaiser Franz Joseph hatte als „gefürsteter Graf von Tirol" aufgrund der altertümlichen, der Schweiz vergleichbaren Wehrverfassung des Landes (Landlibell Kaiser Maximilians von 1511) im Mai 1915 Bürger und Bauern ein letztes Mal zur Verteidigung ihrer Heimat aufgerufen; wie im Kampf gegen Napoleon haben die Tiroler Schützen diese Aufgabe erfüllt, bei der sie bald von regulären Truppen unterstützt wurden. Bis heute zeugen zahlreiche

Bunker, Schützengräben und Sprengstollen in den Dolomiten von den Kämpfen, die drei Jahre lang mit größter Härte geführt worden sind. In Albanien kamen die Italiener ebenfalls kaum voran. Auch ihre zahlenmäßig überlegene Kriegsflotte erzielte nur geringe Erfolge, Österreichs Schiffe kontrollierten den größten Teil der Adria.

Schon die ersten Isonzoschlachten haben freilich erhebliche österreichische Kräfte gebunden; sie waren die ersten „Abnutzungsschlachten", die meist die Angreifer ebensosehr schwächten wie die Angegriffenen und mit der Vernichtung von Menschenmassen zum unvergessenen Symbol des Weltkrieges geworden sind. Bei der Stärke der italienischen Angriffe mußte das österreichische Kommando unter dem kroatischen Feldmarschall Frhr. Boroević v. Bojna einen Durchbruch nach Triest fürchten, der für die Monarchie höchst gefährlich gewesen wäre. Der Generalstabschef Conrad v. Hötzendorf, Italiens alter Gegner, bereitete daher im Frühjahr 1916 eine Entlastungsoffensive vor, die vom Trentino in die Ebene Venetiens vorstoßen und die italienische Armee von ihrem Hinterland abschneiden sollte. Vergebens bemühte Conrad sich um deutsche Hilfe. Der Reichskanzler lehnte sie ab, weil Italien sich noch nicht im Krieg mit Deutschland befand, der Generalstab, weil er den Krieg in Oberitalien für zweitrangig hielt und sich nicht davon überzeugen ließ, daß die dortige Front eine Verlängerung der Westfront darstellte. Die Offensive, die schließlich im Mai 1916 begann und den in Italien lange nicht vergessenen Namen „Strafexpedition" trug, mußte daher von den österreichischen Kräften allein getragen werden und lief sich auf der letzten Gebirgslinie fest. Zwar wurden dort die strategisch wichtigen Orte Asiago und Arsiero (Prov. Vicenza) erobert; sie mußten aber bald wieder aufgegeben werden, da die im Juni in Galizien beginnende Brussilow-Offensive zur Verlegung von Truppen in den Osten zwang. Cadorna begann daraufhin die sechste Isonzo-Schlacht (August 1916), in der er mit der Eroberung von Görz erstmals einen größeren Erfolg erzielte. Dieser ließ sich aber in drei weiteren Schlachten (Mitte September bis Anfang November) nicht wiederholen, der Raumgewinn von insgesamt neun blutigen Isonzoschlachten blieb äußerst gering.

Die Italiener hatten 1915 nicht zu jener Einigkeit gefunden, welche in den anderen europäischen Nationen beim Kriegsausbruch erreicht worden war. Die ressentimentgeladene Spaltung zwischen «Interventisti» und «Neutralisti» wurde nicht überwunden. Zunächst beherrschten zwar die Befürworter des Krieges die öffentliche Meinung, aber auch ihre Spaltung in autoritäre Imperialisten und Nationalisten einerseits, risorgimentale Demokraten andererseits bestand fort, wenngleich Salandra einen der letzteren, den Triestiner Republikaner Salvatore Barzilai, im Sommer 1915 demonstrativ in sein Kabinett berief. Giolitti war zeitweise isoliert und stand schweigend abseits, die meisten seiner Anhänger fügten sich einstweilen mehr oder minder in die vollendeten Tatsachen. Von den Katholiken mahnte nur noch eine kleine Gruppe zu einer Politik der Verständigung. Die sozialistische Partei handelte nach der Devise «nè aderire, nè sabotare» und blieb damit, im Gegensatz zu ihren Bruderparteien, in konsequenter Distanz zum Krieg. Zwei linkssozialistische Gruppierungen verwarfen ihn radikal.

Der extreme Interventionismus wurde zunächst so stark, daß er Salandra überspielen konnte und schon dadurch die Systemkrise auslöste, die dieser hatte vermeiden wollen. Der Unruhe, welche die Anfangserfolge der österreichischen „Strafexpedition" hervorriefen, war er nicht gewachsen; nun mußte er dem Druck weichen, der sich auch dagegen richtete, daß er an seinem bloß antiösterreichischen Konzept festhielt und die Kriegserklärung an Deutschland immer noch verweigerte. Sein Nachfolger wurde der 78jährige Paolo Boselli (1838—1932), von Hause aus Jurist und Finanzwissenschaftler, der bereits unter Crispi Minister gewesen war und seit 1906 Giolitti unterstützt hatte. Schon seines Alters wegen ein Mann des Übergangs, wurde er mehr als integrierende Symbolfigur der Risorgimento-Tradition auf den Schild gehoben; tatsächlich vermochte er eine Regierung der nationalen Konzentration zu bilden, der die beiden bedeutendsten Reformsozialisten, Bissolati und Ivanoe Bonomi (1873—1951), beitraten, außerdem Radikale, ein Republikaner und ein Katholik. Bissolati war der überzeugteste Vertreter des demokratischen Interventionismus, der die Rechte anderer Nationen respektiert sehen wollte; er geriet darüber in einen unlösbaren Gegensatz zu dem von der Rechten gestützten Sonnino, der das Außenministerium behielt und damals wie später nur ein Ziel hatte: die volle Erfüllung des Londoner Vertrages. Dieser Gegensatz erschwerte einheitliche Politik, voll ausgebrochen ist er in der Schlußphase des Krieges. Der bisherige Justizminister Vittorio Emanuele Orlando

(1860—1952), der schon unter Giolitti Minister gewesen war, übernahm das Innenressort.

Boselli versprach eine Intensivierung des Krieges, die dann aber weithin auf eine Abdankung vor den Militärs hinauslief; ein Jahr lang hat Cadorna zumindest mitregiert. Diese zeitweilige Durchsetzung eines sonst in Italien unbekannten Militarismus war symptomatisch für die Entwicklung, die das Land unter den sich von Monat zu Monat verhärtenden Bedingungen des Krieges durchlaufen hat. Das liberale Regierungssystem wurde de facto abgebaut und durch autoritäre Mechanismen ersetzt. Das galt gerade auch für die Wirtschaft, deren Rückständigkeit den Übergang zu einer gelenkten Kriegswirtschaft erforderlich machte. Schon der Abbruch der Kreditbeziehungen zum Ausland und die Rückkehr vieler Emigranten komplizierten die Lage. Die alte Allianz von Staat und organisiertem Kapitalismus wurde darüber vollends zu gegenseitiger Abhängigkeit gesteigert. Entgegen marxistischer Interpretation ist aber wohl festzuhalten, daß der Staat, und das hieß 1916/17 besonders die Armee, der Stärkere blieb. Er organisierte und kontrollierte die Kriegswirtschaft, für die schon 1915 ein Staatssekretariat, 1917 ein eigenes Ministerium „für Waffen und Munition" geschaffen wurde, beides unter dem General Alfredo Dallolio. Die Eisen- und Stahlindustrie wurde zu größtmöglicher Steigerung ihrer Kapazitäten angehalten, ihre Kooperation mit Werft- und Schiffahrtsindustrie und damit die Konzentration forciert. Staatliche Stellen entschieden über die Zuweisung von Krediten, Rohstoffen und Arbeitskräften, viele Werke wurden zu Kriegshilfsindustrien erklärt und damit direkt dem Staat und seiner militärischen Disziplin unterstellt. Die Steigerung der Geldzirkulation, mit der allein der Staat die Kriegs- und Rüstungskosten bestreiten konnte, hat die Inflation hervorgebracht, die das zentrale Problem der Kriegswirtschaft geworden ist.

Der neunten Isonzo-Schlacht folgte eine längere Kampfpause. Sie beruhte hauptsächlich auf Mißtrauen gegenüber den Verbündeten, welche ohne Rücksicht auf Italien weitergehende Absprachen über die Kriegsbeute in der Türkei getroffen hatten und wegen der unentschiedenen Gesamtlage inzwischen einen Separatfrieden mit Österreich erwogen, der in Rom ebenso gefürchtet wurde wie in Berlin; vor allem Sonnino hat alles getan, ihn zu verhindern. Nach der Kriegserklärung an

Deutschland konnte der Außenminister volle Aufklärung und Einbeziehung Italiens in alle Verträge der Entente fordern, die Rußland, aber auch Frankreich immer noch verweigern wollten. Erst nachdem dank englischer Vermittlung Italien in den Verabredungen von St.-Jean de Maurienne (April und August 1917) eine Annexionszone im Südwesten Kleinasiens und Mitsprache bei der Neuordnung des arabischen Raumes zugesagt worden war, wurde Cadorna zu erneuten Angriffen ermächtigt. Auch die zehnte und die elfte Isonzo-Schlacht (Mai und September 1917) erbrachten aber trotz gewaltiger Anstrengungen und großer Verluste nur kleinere Gewinne, so die Hochebene der Bainsizza[10], aber wieder nicht den Durchbruch nach Triest. Die österreichischen Generäle mußten zwar seitdem noch mehr als im Vorjahr fürchten, daß ihre Front weiteren Angriffen nicht standhalten würde. In Italien beeindruckte aber mehr noch der erneute Mißerfolg. Entmutigung und Kriegsmüdigkeit breiteten sich aus. In zweijährigem Kampf war allzu deutlich geworden, daß die Warnungen der Neutralisten realistischer gewesen waren als die Kampagne der Interventionisten; Giolitti übte im Sommer 1917 wieder heftige Kritik an Krieg und Kriegführung. Die Friedensnote, mit der Benedikt XV. nach längerer Vorbereitung am 1. August 1917, dem dritten Jahrestag des Kriegsausbruchs, seine Verständigungsversuche wiederaufnahm und die kriegführenden Regierungen zu einem Verhandlungsfrieden aufforderte, hat gerade unter den Italienern große Zustimmung gefunden. Die den meisten Politikern so unangenehme Feststellung des Papstes, daß der Weltkrieg eine «inutile strage» (nutzloses Gemetzel) geworden sei, stimmte mit den

---

[10] Schlachtfelder wie Asiago, Bainsizza, Col di Lana, Monte Grappa, Monte Pasubio, Monte S. Michele u. a. haben in Italien legendären Ruf erhalten; bis in die Gegenwart wurden sie alljährlich am 4. November kommemoriert. Diesen Ruf und die Erinnerung an die Gefallenen hat gerade der Faschismus gepflegt und in den Dienst seiner Kriegsmystik gestellt, so durch die Anlage monumentaler, neoklassizistischer Denkmäler, Beinhäuser und Friedhöfe wie Redipuglia und S. Osvaldo.

Eine eigenartige Mischung von Heldenkult und nationalistischen Ansprüchen bekunden die entsprechenden Ossuarien in Südtirol (am Reschen, am Brenner und bei Innichen), wo kein italienischer Soldat gekämpft hatte. Die darin beigesetzten Überreste Gefallener ließ Mussolini hinaufbringen und erweckte damit den Eindruck, als ob auch die Brennergrenze erkämpft worden wäre.

Empfindungen vieler überein und schien auf die blutigen, aber vergeblichen Schlachten am Isonzo genau zuzutreffen.

Nun wirkte sich auch wieder aus, daß die Arbeiter in den bürgerlichen Staat zuwenig integriert waren; die Nachrichten von den Umwälzungen in Rußland wirkten stimulierend. Unter den sozialistischen Arbeitermassen, die ja auch unter den Versorgungsschwierigkeiten am meisten zu leiden hatten, breitete sich Unruhe aus, die noch im August in Turin in einen Aufstand überging. Er wurde ebenso hart unterdrückt wie die um sich greifende Desertionsbewegung; auch in der italienischen Armee sind grausame Dezimierungen vorgekommen, von denen in patriotisch gestimmten Kriegserinnerungen meist nicht gesprochen wird. Trotzdem hat ausgerechnet Cadorna, dessen Kriegführung für die allgemeine Verbitterung verantwortlich war, von der Regierung noch größere Härte gefordert und Boselli wie besonders Orlando der Schwäche gegenüber „subversiven" Kräften beschuldigt.

Der Zeitpunkt war also gut geeignet für eine österreichische Offensive, welche dem vom Armeeoberkommando befürchteten zwölften Angriff am Isonzo zuvorkommen sollte. Kaiser Karl und Conrad konnten aus dem Osten abgezogene Truppen einsetzen. Dieses Mal erhielten sie erhebliche deutsche Hilfe, die auch in der Absicht gewährt wurde, den Verbündeten enger an sich zu binden und den Weg zum Sonderfrieden abzuschneiden, der in Wien nach dem Thronwechsel erwogen worden war. Am 24. Oktober begann bei Tolmein am Isonzo der Angriff nach einem neuen, von den Deutschen entworfenen Konzept: Von gepanzerten Fahrzeugen vorbereitet, wurde an einer Stelle der Durchbruch äußerst umfangreicher Infanterieverbände versucht. Er gelang noch am ersten Angriffstag oberhalb von Görz bei Karfreit (italienisch: Caporetto, seit 1947 jugoslawisch: Kobarid) [10a], seine schnelle Ausnutzung hat die gesamte italienische Front erschüttert. In wenigen Tagen besetzten österreichische und deutsche Truppen Julisch-Venetien. Die Italiener strömten ungeordnet zurück, ganze Truppenteile lösten sich auf; die Verluste an Menschen und Material waren enorm, mehr als hunderttausend Soldaten gerieten in Gefangenschaft. Die Entente erlitt

---

[10a] Zu den deutschen Offizieren, die sich dabei besonders auszeichneten, gehörte Erwin Rommel.

eine ihrer schwersten Niederlagen. Die gleichzeitig aus Südtirol und dem Trentino angreifenden österreichischen Kräfte waren aber nicht stark genug, um auch dort den großen Durchbruch zu erzwingen und dem gegnerischen Heer über Vicenza und Bassano in den Rücken zu fallen; auch waren die Aktionen der verschiedenen österreichischen und deutschen Truppenteile zuwenig koordiniert. Nur deshalb blieb den Italienern ein Cannae erspart. Cadorna, der die Schuld für die Niederlage zynisch der eigenen Armee und dem „inneren Feind" zuzuschieben suchte, wurde sogleich abgelöst [11]; seinem Nachfolger Armando Diaz gelang es, um die Novembermitte die Abwehrfront wenigstens am Piave zu stabilisieren, keine vierzig Kilometer vor Venedig, mit dessen Fall man rechnen mußte; die Dolomitenfront wurde bis zum Monte Grappa zurückgenommen. Die Zustände des Jahres 1866 schienen wiederzukehren! Auch der Ministerpräsident hatte inzwischen als Konsequenz aus der Niederlage seinen Rücktritt erklärt [12]. Ausgerechnet der zuvor von den Scharfmachern kritisierte Orlando konnte dank seiner breiten parlamentarischen Beziehungen die Nachfolge antreten, das Innenministerium behielt er bei.

England und Frankreich, die zu schneller Waffenhilfe nicht imstande waren, legten Italien den Kriegsaustritt nahe. Um sich ganz auf die Niederwerfung Deutschlands zu konzentrieren, wünschten sowohl Lloyd George wie Wilson einen Separatfrieden mit Österreich, letzterer um so mehr, als er nicht durch den Londoner Vertrag gebunden war, ihn vielmehr zu den „Geheimverträgen" zählte, die es in der von ihm propagierten „neuen Diplomatie" nicht mehr geben sollte.

Trotz eigener Bedenken und gegen Sonninos Widerstand hat Orlando tatsächlich zu Beginn des Jahres 1918 Sondierungen in Wien eingeleitet. Daß sie auf Anregung des Schatzministers Nitti vom Vatikan vermittelt wurden, zeigt, wie sehr dessen Prestige infolge der unparteilichen Vermittlungsversuche und der karitativen Tätigkeit Benedikts XV.

---

[11] Mussolini hat Cadorna voll rehabilitiert und 1924 gleichzeitig mit Diaz zum Feldmarschall ernennen lassen.

[12] Boselli ist der einzige aus der liberalen Führungsschicht gewesen, der sich aus Enttäuschung über die bisherige Politik und aus dem Wunsch nach einem starken Staat im hohen Alter ganz mit dem Faschismus identifiziert hat; schon 1919 unterstützte er die Agitation Mussolinis und D'Annunzios.

wieder zugenommen hatte. Diese Sondierungen kamen aber kaum voran, weil Kaiser Karl und sein Außenminister Graf Czernin, wiewohl beide friedenswillig, Italien für besiegt hielten und daher über die 1915 angebotenen Konzessionen nicht hinausgehen wollten.

Sehr unterschiedliche Faktoren haben bewirkt, daß Italien innerhalb eines knappen Jahres die Rolle des Besiegten mit der des Siegers vertauschen konnte. Den Anfang setzten erhebliche eigene Leistungen, die aber allein nicht ausgereicht hätten. Die Katastrophe von Caporetto hatte bei der Mehrzahl der Italiener einen unerwartet starken Widerstands- und Durchhaltewillen hervorgerufen. Die italienische Industrie hat durch außergewöhnliche Anstrengungen das verlorengegangene Kriegsmaterial durch neues und besseres ersetzt, wobei sich die Ansaldo-Werke in Genua hervortaten[13]. Im Dezember 1917 schlossen sich die Interventionisten von rechts und links — Nationalisten, Salandras Rechtsliberale, Reformsozialisten und Republikaner — zum «Fascio parlamentare di difesa nazionale» zusammen, der fast ein Drittel der Abgeordneten umfaßte. Er hat den Kriegswillen aktiviert und dabei Initiativen zur Versorgung von Angehörigen und Hinterbliebenen der Frontkämpfer durchgesetzt, deren bisheriges Fehlen sehr zur Unzufriedenheit beigetragen hatte. Im Umkreis des Fascio entstanden zahlreiche patriotische Vereine, die das Durchhalten propagierten. Auch die Mehrzahl der sozialistischen Abgeordneten übte nun nationale Solidarität, während die Parteispitze bei der Verurteilung des Krieges blieb und dadurch erhebliche Kontraste zur pragmatischeren Gewerkschaftsführung hervorrief. Giolittianer und etliche Katholiken waren weiterhin für einen Verhandlungsfrieden, fühlten sich aber zum Handeln nicht stark genug; auch wollten sie dem König nicht in den Rücken fallen.

Gestützt auf den neuen Kriegswillen im Lande, versuchte Orlando die militärische Niederlage durch politische Initiativen aufzufangen. Im

---

[13] Die Folgen der kriegsbedingten Expansion und Produktionsverschiebung haben sich gerade auch bei Ansaldo voll ausgewirkt. In der Krise von 1921 ist der Konzern samt der ihm verbundenen Banca Italiana di Sconto zusammengebrochen. Der Staat hat die Aktienmehrheit erworben und den Konzern später dem von Mussolini in der Weltwirtschaftskrise geschaffenen IRI (Istituto per la ricostruzione industriale) eingegliedert.

Inneren betonten er und Nitti, der überhaupt zu einem führenden Kopf der Regierung und mäßigenden Gegenpol zu Sonnino aufstieg, den Primat der Politik gegenüber den Militärs, welche auch die Lenkung der Kriegswirtschaft abgeben mußten. Orlandos wichtigste Initiative bestand darin, daß er sich als erster Regierungschef Italiens zur Solidarität mit den angeblich unterdrückten Völkern der Habsburgermonarchie und ihrer Forderung nach Selbstbestimmung bekannte. Das sah nach Abkehr vom bisherigen Imperialismus aus, der das Selbstbestimmungsrecht zwar gern als propagandistische Waffe gegen Österreich benutzt, seine Verwirklichung aber nur dort gewünscht hatte, wo sie mit italienischen Aspirationen übereinstimmte. An seine Stelle trat eine Außenpolitik im Sinne Mazzinis, wie sie Bissolati, Salvemini und Luigi Albertini seit langem gefordert hatten. Sie bedeutete auch eine geschickte Anpassung an das in den Vierzehn Punkten (8. Januar 1918) proklamierte demokratische Friedensprogramm Wilsons und hat es Orlando ermöglicht, aus der durch Caporetto wie auch durch Sonninos Starrheit hervorgerufenen Isolation herauszutreten. So konnte politischer Kredit bei den Westmächten zurückgewonnen werden, die seit Caporetto ihre wirtschaftliche und militärische Hilfe intensivierten: Im Frühjahr 1918 standen elf alliierte Divisionen in Italien, seit dem April 1918 wurde auch die vereinbarte monatliche Lieferung von 600000 Tonnen Kohle voll erreicht.

Ein großes Glück für Italien war die zunehmende Uneinigkeit zwischen Berlin und Wien und die Starrheit, mit der Hindenburg und Ludendorff alle ihre Kräfte auf den Westen konzentrierten und dort im März 1918 die große Offensive einleiteten, deren Scheitern seit dem Sommer in die Katastrophe der Mittelmächte geführt hat. Deutsche Verstärkung für die österreichischen Truppen war seitdem nicht mehr zu befürchten, und so ließ Orlando noch im März die Sondierungen in Wien einstellen. Statt dessen wurde im April auf dem römischen Kapitol mit geschicktem propagandistischen Aufwand der Kongreß der unterdrückten Völker gehalten, an dem Vertreter der Tschechen, Polen, Rumänen und Südslawen teilnahmen, die Differenzen mit den letzteren wurden beiseite geschoben [14]. Der abschließende, halboffizielle «Patto

---

[14] Neben der Brennergrenze war gerade das südslawische Problem ein Prüfstein für Italiens Aufrichtigkeit in der Selbstbestimmungsfrage. Der südslawi-

di Roma» bekräftigte die neue Außenpolitik, doch wurde der Gegensatz zum Londoner Vertrag, der inzwischen von Rußlands neuer Regierung veröffentlicht worden war, nicht ausgeräumt. Seitdem hat Italien Deserteure aus der österreichischen Armee in einer tschechischen und einer polnischen Legion zusammengefaßt und dem eigenen Heer eingegliedert; auch wurde eine rege nationale Propaganda in die nichtdeutschen Verbände der gegnerischen Armee hineingetragen.

Daß Sonnino, der sich von dem römischen Kongreß ferngehalten hatte, weiterhin auf seinem Posten blieb und die Aufstellung einer südslawischen Legion verhindern konnte, zeigt allerdings, daß die italienische Außenpolitik ambivalent blieb. Der neue, demokratische Kurs ist nur so lange durchgehalten worden, wie der Sieg der Entente nicht entschieden war. Bei Orlando ist nicht mit Sicherheit zu sagen, ob seine Wende nur taktisch gemeint gewesen war oder ob er sich erst nach dem Sieg von der nun wieder tonangebenden Rechten erneut hat umstimmen lassen. Jedenfalls ist er schnell zur Linie Sonninos zurückgekehrt, die er dann mit ihm zusammen bei den Friedensverhandlungen in Paris hartnäckig vertreten hat. Bissolati, der mit seinen Freunden weiterhin auf Südtirol, Dalmatien und den Dodekanes verzichten wollte, ist nach heftigem Streit mit dem annexionistischen Außenminister im Dezember 1918 zurückgetreten. Als er mit einer Rede in der Mailänder Scala im Januar 1919 erneut für sein Friedensprogramm warb, ist er von den ersten Arditi Mussolinis niedergeschrien worden, aber von den bürgerlichen Rechten ist ihm niemand zu Hilfe gekommen. Im selben Sinne wie Bissolati hat auch Filippo Turati sich öfters ausgesprochen.

Die bis in den Sommer 1918 von der deutschen Offensive in Frankreich hart bedrängten Alliierten haben seit deren Beginn die Italiener zu einem entlastenden Großangriff zu bewegen versucht. Die italienischen Generäle, unter denen neben Diaz Pietro Badoglio, Gaetano E. Giardina, Enrico Caviglia und der Herzog von Aosta hervorzuheben sind, zo-

---

sche Nationalismus, der die Vereinigung von Serbien, Slowenien und Kroatien erstrebte, ist lediglich von den demokratischen Interventionisten akzeptiert worden. Die gesamte Rechte sah darin nur Gefahren für Italiens Adria-Aspirationen und die ihr vorschwebende Balkanpolitik des „Divide et impera". Sonnino hat auch 1918 die Entstehung des jugoslawischen Staates noch nicht wahrhaben wollen.

gen es aber vor, den österreichischen Angriff abzuwarten, der erst am 15. Juni begann. Er wurde infolge von Rivalitäten zwischen Conrad und Boroević nicht auf einen Punkt konzentriert, sondern auf einer Breite von 120 km vorgetragen und erreichte daher nirgends die Stoßkraft von Caporetto. Die Italiener, deren Artillerie überlegen war, konnten samt ihrer englischen und französischen Verbündeten widerstehen und damit die Wiener Hoffnungen auf einen militärischen Sieg zunichte machen. Diaz hielt seine Truppen jedoch noch nicht stark genug für einen Gegenangriff, auf den seit dem Sommer nicht mehr nur die Alliierten, sondern auch der König, Orlando und Sonnino drängten. Die Gesamtlage veränderte sich nämlich seit den alliierten Siegen in Frankreich und der Kapitulation Bulgariens (August—September) rapide zuungunsten der Mittelmächte, die aber militärisch stark genug blieben, um in ihrer inzwischen nur mehr defensiven Stellung den Krieg noch etliche Monate durchzustehen. Daher das verstärkte alliierte Interesse an einem Angriff in Italien. Daher aber auch die Furcht der italienischen Regierung, daß ein Waffenstillstand, wie Österreich ihn den Westmächten seit dem September anbot, über ihren Kopf hinweg zustande kommen könnte, während ihre Truppen, in denen sich erneut Kriegsmüdigkeit und Defaitismus regten, noch am Piave lagen.

In der Habsburgermonarchie wurde die Sprengkraft der nationalen Bewegungen von Woche zu Woche stärker, besonders seitdem die Regierungen der Entente im August—September den tschechischen Nationalrat in Paris als verbündete Regierung anerkannt hatten. Kaiser Karls Proklamation der nationalen Unabhängigkeit aller Völker in der Monarchie (17. Oktober) kam zu spät, um deren Zerfall aufzuhalten, hat ihn vielmehr zusätzlich beschleunigt. Trotz des seit Monaten zunehmenden Mangels an Verpflegung und Ausrüstung blieb die Armee, die schon oft, so 1848/49, Habsburgs zuverlässigste Stütze und die wirksamste Klammer der Monarchie gewesen war, am längsten intakt. In der zweiten Oktoberhälfte begannen aber Tschechen und Polen zu meutern; die ungarische Regierung rief aus Furcht vor einem serbischen Angriff Truppen von der italienischen Front ab. Erst gegen die sich auflösende Armee begann Diaz am 24. Oktober, dem Jahrestag von Caporetto, die große Offensive, die zunächst noch auf tapferen Widerstand stieß, aber seit dem 29. nur mehr vorrückte und von der am Monatsende erreichten Stadt Vittorio Veneto den Namen erhalten hat. Da die nichtdeutschen Verbände mehr und mehr den Gehorsam verweigerten, ersuchte das österreichische Oberkommando um Waffenstillstand, den die Italiener aber noch um einige Tage hinausschoben, weil die Eroberungen immer leichter fielen. Am 3. November hat der General Weber v. Webenau in der Villa Giusti nahe dem italienischen Hauptquartier in Abano (Padua) die Kapitulation unterzeichnet, die zugleich das Ende Österreich-Ungarns bedeutete und am folgenden Tag in Kraft getreten ist[15].

Erst am Tag der Kapitulation erreichten Vorhuten der italienischen Armee und Marine Trient und Triest. Als sie dort auf den Türmen des Buon Consiglio (wo zwei Jahre zuvor Battisti hingerichtet worden war!) und von S. Giusto die grün-weiß-rote Trikolore hißten, erfüllten sich die patriotischen Wünsche von mindestens zwei Generationen des italienischen Bürgertums. In der Folgezeit ist der Sieg bei Vittorio Veneto, der einzige, den das geeinte Italien gegen Österreich erreicht hatte, von Nationalisten und Faschisten aufgebauscht, ja mythisiert worden. Wieder klafften Anspruch und Wirklichkeit auseinander, Bewußtseinsspaltung und Selbstüberschätzung waren die Folgen. Der Text des Tagesbefehls, in dem Diaz den Sieg verkündete, ziert bis heute in vielen italienischen Städten die Fassaden der Rathäuser, bis zur drastischen Reduzierung der Feiertage im Jahre 1977 wurde der 4. November als «anniversario della vittoria» begangen — immerhin auch ein Symptom staatlicher Kontinuität, die Faschismus und Zweiten Weltkrieg überdauert hat! Es ist jedoch festzuhalten, daß die eigentliche Leistung der italienischen Soldaten im Ersten Weltkrieg nicht der schließliche Sieg über „die Reste eines der mächtigsten Heere", sondern das dreieinhalbjährige Durchhalten in einem überaus harten und verlustreichen Abnutzungs- und Stellungskrieg gewesen ist.

Die Teilhabe am alliierten Sieg war mit ca. 680 000 Gefallenen, wirtschaftlichem wie finanziellem Bankrott und mit maßlosem Nationalis-

---

[15] Zwischen den Unterhändlern in der Villa Giusti ereignete sich ein merkwürdiges Mißverständnis: Die österreichische Armee streckte am 3. November die Waffen, aber das italienische Kommando setzte den Beginn des Waffenstillstands um einen Tag später an, so daß noch große österreichische Truppenteile unbesiegt „gefangengenommen" und weitere Gebiete „erobert" wurden.

mus allzu teuer bezahlt. Die wirtschaftlichen, sozialen und politischen Widersprüche wurden ausweglos verschärft und haben direkt in die Auseinandersetzungen geführt, in denen das liberale System untergegangen und Mussolini zur Macht gelangt ist. Soweit dafür individuelle Verantwortlichkeit besteht, ist sie also mehr als allen anderen den drei Männern anzulasten, die das Land in den Krieg geführt hatten, Salandra, Sonnino und Viktor Emanuel III.!

Immens war das Defizit der Handels- und Zahlungsbilanz; der Import der dringend gebrauchten Rohstoffe litt zudem darunter, daß 62% der Handelsflotte im Krieg verlorengegangen war. Giolitti hatte endlich den Staatshaushalt ausgeglichen; 1918 war das Defizit wieder so groß, daß nur 30% der Ausgaben aus Einnahmen bestritten werden konnten. Die Regierung behalf sich einstweilen mit enormen Steuererhöhungen, neuen Monopolen (so auf Kaffee, Zucker, Kohle) und mit weiterer Vermehrung der Notenemission, die Lira sank bis 1921 auf ein Fünftel des Wertes von 1913. Die Preiserhöhungen wurden nur durch „politische" Preise für einige Grundnahrungsmittel einigermaßen erträglich gehalten. Die Eisen- und Stahlindustrie wußte mit den im Krieg geschaffenen Überkapazitäten nichts mehr anzufangen; die alte, nun noch verschlimmerte Kapitalarmut verleitete zu Spekulationsgeschäften, denen nicht wenige Unternehmen zum Opfer gefallen sind. Die Hoffnungen auf gerechtere Landverteilung, die man den vielen Soldaten gemacht hatte, blieben unerfüllt. Die bolschewistische Propaganda fiel unter diesen Umständen bei den sozialistischen Massen auf fruchtbaren Boden; von manchen ihrer Führer, aber auch von Giolitti und anderen Neutralisten wurde gefordert, die Politiker, die das Land in den Krieg geführt hatten, zur Verantwortung zu ziehen. Die wirtschaftliche und soziale Krisensituation hat zu Unruhen und Ausständen geführt, die sich im Herbst 1920 zu Fabrikbesetzungen und Dauerstreiks steigerten[16].

Die Einführung des Verhältniswahlrechtes und die Wahlen vom November 1919 haben auch die akute politische Krise eingeleitet. Die libe-

---

[16] Die wirtschaftliche Not ließ auch die Emigration, die 1915 gestoppt worden war, wieder anschnellen. 1919 sind ca. 200000, 1920 ca. 410000 Italiener ausgewandert, meist in die USA.

ralen Honoratiorengruppen verloren ihre traditionelle Mehrheit an die seit langem erstarkten, ideologisch fundierten und sozialpolitisch engagierten Massenparteien der Sozialisten und der Katholiken, denen zusammen mehr als die Hälfte der 508 Mandate zufiel. Die Vereinigten Sozialisten stellten 156, die Unabhängigen Sozialisten 26, die mit Ermutigung Benedikts XV. von Don Sturzo soeben erst gegründete Volkspartei 100 Abgeordnete. Die beiden Massenparteien waren sowohl einer Koalition untereinander wie mit den Liberalen ebenso abgeneigt wie diese einer Koalition mit ihnen; das Land, in dem zwischen dem Kriegsende und Mussolinis Machtantritt im Oktober 1922 sechs Kabinettswechsel stattfanden, wurde immer schwerer regierbar. Auch zeigten die Wahlen von 1919, wie wenig die Masse der Bevölkerung sich durch die Politiker repräsentiert fühlte: fast 50 % gingen nicht zu den Urnen. Die damals beginnende Agonie des liberalen Staates und der Aufstieg des Faschismus haben sich gegenseitig bedingt.

Zuvor hatte sich im Jahre 1919 schon herausgestellt, daß der „große Sieg" auch nach außen viel weniger einbrachte, als gehofft und versprochen worden war. Italien war der schwächste unter den Siegerstaaten, trotz seiner Zulassung zum „Rat der Vier" auf der Friedenskonferenz entschieden im Grunde Wilson, Clemenceau und Lloyd George. Orlando und Sonnino mußten immer wieder feststellen, daß die mächtigeren Alliierten, die Italiens Beitrag zum gemeinsamen Sieg weitaus geringer einschätzten als die Italiener selbst, sich über ihre Wünsche hinwegsetzten. Die Konstellation vom Frühjahr 1915, in der man Italien umworben hatte, war unwiederholbar. Die ärgsten Gegensätze ergaben sich aus der Unvereinbarkeit mancher italienischer Ansprüche aus dem Londoner Vertrag mit dem von Wilson prinzipiell noch verfochtenen Selbstbestimmungsrecht[17] und aus dem daraus resultierenden, heftigen Gegensatz zwischen Italien und Jugoslawien, dessen Forderungen von Wilson wie von Clemenceau unterstützt wurden. Nun rächte sich, daß

---

[17] Insofern erweisen Italiens Ansprüche die Problematik, welche die gesamte Friedenskonferenz und deren Ergebnisse unheilvoll belastet hat: Die von Wilson proklamierten Prinzipien, welche die Geschäftsgrundlage bilden sollten, waren mit den tatsächlichen Interessen der Sieger und mit den unter ihnen geschlossenen Verabredungen nicht vereinbar.

Sonnino nie einen Kompromiß mit den Südslawen gesucht hatte. Besonders erbittert wurde um die größtenteils von Italienern bewohnte Hafenstadt Fiume (heute: Rijeka) gestritten, deren Erwerb, wiewohl nicht im Londoner Vertrag vorgesehen, von der gesamten Rechten Italiens zu einer Frage des nationalen Prestiges hochgespielt worden ist. Auch die theatralische Geste eines vorübergehenden Rückzugs der Italiener von der Friedenskonferenz brachte wenig ein. Die glücklose Verhandlungsführung in Paris hat die innere Krise verschärft und mit dazu beigetragen, daß die Regierung Orlando im Juni 1919 zurückgetreten ist. Ministerpräsident wurde der demokratischere Nitti, Außenminister erneut Tittoni. Beide sind zum Ärger der Rechten in der Adria-Frage maßvoller aufgetreten als ihre Vorgänger.

Wilson ist schließlich den Italienern hauptsächlich dort entgegengekommen, wo das auf Kosten der Besiegten ging; daß er sich auch von Tolomei beeindrucken ließ, wurde schon gesagt. Im Friedensvertrag von St. Germain (10. September 1919) erhielt Italien das Trentino und Südtirol, Triest, Julisch-Venetien, Istrien und Teile Dalmatiens. Entgegen der lautstark beschworenen Risorgimento-Tradition annektierte man also auch Gebiete mit umfangreicher und geschlossener deutscher und slowenischer, dazu ladinischer Bevölkerung, welche der Eingliederung in den fremden Nationalstaat einmütig widersprochen hat. Plebiszite, wie sie die Zusammenschlüsse des Risorgimento sanktioniert und dessen Anspruch demokratischer Legitimation ausgewiesen hatten, sind 1919 in den neuen Provinzen wohlweislich nicht abgehalten worden!

Italien bekam aber weder Fiume und ganz Dalmatien noch das Protektorat über Albanien und die Interessenzone in Kleinasien, auch bei der Verteilung der deutschen Kolonien ging es leer aus. Über den nun von Griechenland geforderten Dodekanes wurde noch nicht entschieden [18]; der geringe Gewinn, den dann der Friede von Sèvres (10. August 1920) in Kleinasien gewährte, wurde durch die nationaltürkische Revo-

---

[18] Der Dodekanes ist im Frieden von Lausanne (23. Juli 1923) definitiv von der Türkei an Italien abgetreten worden.
Nach dem Zweiten Weltkrieg hat Italien im Pariser Friedensvertrag (10. Februar 1947) den Dodekanes an Griechenland und Istrien an Jugoslawien abtreten müssen. Die Grenze zu Jugoslawien bildet seitdem meist der Isonzo.

lution zunichte gemacht. So wurden die hochgespannten Expansionsziele weder im östlichen Mittelmeer noch in Afrika erreicht, die Gesamtbilanz des freiwillig begonnenen Krieges war negativ. Aus der Enttäuschung darüber erstanden auf der Rechten und überhaupt im Bürgertum das Ressentiment der «vittoria mutilata» (verstümmelter Sieg), die heftige Aversion gegen die dafür verantwortlich gemachten und deshalb des Verrats beschuldigten Alliierten und darüber jener Revisionismus, der schon wenige Jahre später die Außenpolitik Mussolinis bestimmt hat.

Von Anfang an richtete die Polemik der Rechten sich auch gegen die eigenen Regierungen. Weil sie sich mit den Pariser Angeboten abfanden, wurden sie mit ähnlichen Tiraden wie im gleichzeitigen Deutschland die angeblichen „Erfüllungspolitiker" der Schwäche bezichtigt. Das Ressentiment verband sich mit der Abneigung gegen die bürgerliche *classe dirigente*, welche die Nationalisten schon vor dem Weltkrieg verbreitet hatten.

Protagonist des Revisionismus war 1919 D'Annunzio, der dabei sein Ideal der Einheit von Idee und Aktion noch einmal spektakulär verwirklichte. Zwei Tage nach der Vertragsunterzeichnung in St. Germain, am 12. September, besetzte der Dichter mit einem Freikorps Fiume und errichtete dort für fünfzehn Monate einen korporativen, gelegentlich auch sozialrevolutionäre Züge annehmenden Freistaat; erst die Regierung Giolitti hat ihn im Dezember 1920 mit Waffengewalt zum Abzug gezwungen [19]. D'Annunzios „Eroberung", welche weltweites Aufsehen erregte, konnte man sowohl in die Tradition garibaldinischer Aktionen stellen wie als neuartigen Schritt zu einer nicht näher definierten

---

[19] Giolitti hatte im Vertrag von Rapallo (11. November 1920) mit Jugoslawien eine vorläufige Grenzregelung in Fiume vereinbart, wonach die eigentliche Stadt mit ihrer italienischen Bevölkerung Freistaat wurde, die kroatische Vorstadt Susak und das übrige Hinterland Jugoslawien zufiel. D'Annunzio widersetzte sich vergeblich.
Erst unter Mussolini hat ein weiterer italienisch-jugoslawischer Vertrag (27. Januar 1924) Fiume zu Italien gebracht, während das gesamte Hinterland jugoslawisch blieb.
Nach dem Zweiten Weltkrieg ist auch Fiume (seitdem Rijeka) Jugoslawien zugefallen.

nationalen Revolution feiern; die Agitatoren verbreiteten eine ähnliche Stimmung wie 1915 in den «radiose giornate di maggio». Die Autorität der Regierung Nitti, die den Handstreich nicht hatte verhindern können, wurde dadurch ebenso geschwächt wie durch die gleichzeitigen Kampfaktionen der Sozialisten. Folgenschwer war auch die vielfache Förderung, die D'Annunzio von Beamten und Militärs erfahren hatte. Auf der Rechten wußte man seitdem, daß die alte Führungsschicht ungesetzliche Aktionen hinnahm, sofern sie nur genügend patriotisch eingefärbt waren. Der König wagte nicht, gegen solche Aktionen die Armee aufzubieten und dadurch ihre Einheit aufs Spiel zu setzen. Mussolini hat drei Jahre später bewiesen, wie gut er die Lektionen vom Herbst 1919 gelernt hatte!

Unter D'Annunzios Freischärlern waren Rechte und Linke, Nationalisten, entlassene Offiziere und demokratische Interventionisten. Was sie für kurze Zeit einte, war eine diffuse Mischung aus Patriotismus, Frontkämpfergesinnung und Protest gegen die bürgerliche Ordnung, die sie durch eine neue und gerechtere zu ersetzen gedachten. Über deren konkrete Gestaltung gab es sehr verschiedene Aussagen; Protestbewegungen wissen meist besser, was sie zerstören, als was sie danach aufbauen wollen. Das Fiume-Abenteuer bezeugt somit jene Bewußtseinskrise, die nach der Zerstörung Alt-Europas im Ersten Weltkrieg die Jugend erfaßt und die gleichzeitigen politischen und wirtschaftlichen Krisen fatal aufgeladen hat; unter Italiens inneren Widersprüchen hat sie sich besonders schnell ausgewirkt. D'Annunzio war aber zu sprunghaft, pathetisch und elitär, um eine Krise von solchen Dimensionen aufzufangen und die Führung der vielen zu übernehmen, die den *vecchio mondo* durch einen *ordine nuovo* aufhebend ersetzen wollten. Daß diese Führung Mussolini zufallen würde, war 1919 noch nicht vorauszusehen. Zwar beteiligte er sich schon damals kräftig an der revisionistischen Propaganda, aber das trug ihm und seinen «Fasci italiani di combattimento» einstweilen wenig ein. Er hatte sie im März 1919 in Mailand gegründet; nur dort stellten sie sich im November zur Parlamentswahl, fielen aber mit 4650 von 270 000 Stimmen kläglich durch. Ihre unklare Verbindung „rechter" und „linker" Forderungen überzeugte nicht, so daß die Rechten sich lieber an D'Annunzio orientierten und die Arbeitermassen bei der Sozialistischen Partei blieben.

Es ist hier nicht der Ort, die Umbrüche der drei folgenden Jahre im Detail nachzuzeichnen. Die faschistische Machtergreifung, welche die in diesem Buch behandelten Erneuerungskräfte aufgeklärten, liberalen und demokratischen Charakters abgeschnitten und eine autoritär-hierarchische Ordnung durchgesetzt hat, vollzog sich in einem vielschichtigen Prozeß, der spätestens 1920 begann und am 28. Oktober 1922, als der König Mussolini zum Ministerpräsidenten ernannte, längst nicht abgeschlossen war. Die Forschungen von Renzo De Felice, von denen zwei knappe Zusammenfassungen auch in deutscher Sprache vorliegen, unterrichten darüber ebenso gründlich wie unparteilich; die zuvor beste deutsche Darstellung stammt von Theodor Schieder.

Hier sollen abschließend nur einige Elemente und Stufen dieses Prozesses beschrieben werden. Schon dabei werden erhebliche Unterschiede zwischen italienischem Faschismus und deutschem Nationalsozialismus deutlich, welche die generalisierende Faschismus-Betrachtung des letzten Jahrzehnts viel zuwenig beachtet hat[20]. Verschieden waren die nationalgeschichtlichen und sozialen Voraussetzungen beider Bewegungen. Sehr unterschiedlich waren Persönlichkeit und persönliche Erfahrungen der beiden Männer, die ihre Führer, Organisatoren und Ideologen geworden sind.

Die Voraussetzungen für Mussolinis Aufstieg sind bereits genannt worden: Verspätete Nationalstaatsbildung und deren Überschätzung, Nationalismus und Imperialismus, andererseits die strukturelle Schwäche des liberalen Staates, seine Unfähigkeit zur Integration der Massen und aufsteigender Mittelschichten, die durch den Weltkrieg ausgelöste Krise. Anders als Hitler, der die wilhelminische Führungsschicht verachtete und ihren Imperialismus durch seine ganz neue, rassisch begründete Weltherrschaftsidee ersetzte, hat Mussolini sich bewußt in die Kontinuität des italienischen Nationalismus gestellt, jedenfalls seit dem Weltkrieg, der zugleich sein tiefes, auch in der späteren Allianz nie ganz überwundenes Mißtrauen gegen Deutschland begründet hat. Ebenso wichtig war, daß Mussolini im Gegensatz zu Hitler von links kam, die Lage des Proletariats und der unteren Mittelschichten gründlich kannte

---

[20] Es ist in Italien gerade De Felice, der mit ähnlichen Argumenten wie bei uns Karl Dietrich Bracher die wissenschaftliche Verbindlichkeit und Aussagekraft eines allgemeinen Faschismusbegriffs bestreitet.

und an ihren Kämpfen langen, leidenschaftlichen Anteil genommen hatte. Der politische Frontwechsel von 1914/15 war kein innerer Bruch gewesen. Der künftige Duce blieb der Mann der revolutionären Aktion, der er, beeinflußt durch eher oberflächlich rezipierte Ideen von Marx und Nietzsche, mehr wohl von Pareto und Sorel, längst gewesen war. Der im Weltkrieg erhoffte Sieg der Nation sollte auch ein Sieg des Proletariats werden.

Nach einer Verwundung im Februar 1917 aus der Armee entlassen, hatte Mussolini die nationalistische und annexionistische Propaganda wiederaufgenommen und nach Caporetto noch intensiviert, kurzfristig wurde er dabei 1918 vom Ansaldo-Konzern unterstützt. Nach gründlicher Auseinandersetzung mit der ersten russischen Revolution wandte er sich gleichzeitig endgültig vom Marxismus ab und verkündete seitdem seine eigene Revolution, die sozialistische und nationale Ziele verbinden und die sozialen Probleme auf nationaler Ebene lösen sollte. An die Stelle des Klassenkampfes trat der Appell an die Produzenten aller Klassen und die Soldaten aller Ränge, seit dem August 1918 trug sein Blatt den programmatischen Untertitel: «Quotidiano dei combattenti e dei produttori». Bei Kriegsende glaubte er, daß der Weltkrieg in Italiens Jugend ein neues National- und Selbstbewußtsein hervorgebracht habe, welches es nun nach innen wie nach außen zu entfalten und zu konkretisieren gelte. Grundlinien, aus denen später so zentrale Programmpunkte wie der Korporativismus, der Mythus faschistischer Kultur und die Idee des Imperiums entwickelt worden sind, waren damit skizziert, jedoch in allzu vager Form. Im Protest gegen die «vittoria mutilata» tat Mussolini sich mit der Frontkämpferorganisation der «Arditi» zusammen. Mit einigen von ihnen, dazu mit Linksinterventionisten und Futuristen, gründete er die ersten «Fasci», mit denen er dann die soeben erwähnte Niederlage erlitt.

Mussolinis Konsequenz daraus war seine definitive Wendung nach rechts, die ihm durch die Verschärfung der inneren Krise erleichtert wurde. Im September 1920 waren ca. 500000 Industriearbeiter im Ausstand, in Mailand und Turin wurden die großen Werke besetzt, vor allem in der Po-Ebene hatten auch die Landarbeiterstreiks zugenommen. Der Staat war demgegenüber machtlos. Giolitti, der im Juni 1920 noch einmal die Regierung übernommen hatte, erzwang zwar durch Druck auf die Arbeitgeber eine vorübergehende Entspannung, wandte aber sonst nur die Methoden der Vorkriegszeit an, die der durch Massenparteien und Radikalisierung völlig veränderten Lage nicht mehr entsprachen. Den Faschismus glaubte er „konstitutionalisieren" zu können, indem er ihn in seine « blocchi nazionali » aufnahm und ihm darüber bei den Wahlen im Mai 1921 den Weg ins Parlament ebnete (zunächst nur 35 Abgeordnete, darunter Mussolini selbst). Es hätte einer soliden Regierungsmehrheit bedurft, aber die brachte auch Giolitti nicht zustande, letztlich hielt er sie wohl auch nicht für unbedingt erforderlich. Zu Salandras Rechtsliberalen waren seit 1914/15 alle Brücken abgebrochen; Turati versagte sich, um weitere sozialistische Spaltungen zu vermeiden; mit dem Führer der in dieser Lage eigentlich unentbehrlichen Popolari, Don Sturzo, wollte Giolitti nicht verhandeln. Im Juli 1921 mußte er zurücktreten, die Führungskraft der Liberalen war erschöpft.

Wiewohl der konsequent revolutionäre Flügel der Sozialisten, aus dem 1921 die Kommunistische Partei hervorgegangen ist, schwach war, breitete sich seit dem Herbst 1920 in allen bürgerlichen Schichten die Furcht vor der Revolution aus, auch und gerade infolge des verbalen Radikalismus der meisten Sozialistenführer. Zu den Folgen gehörte eine konservative Reaktion, die in Bürokratie und Armee viele Helfer fand und die Gewalt von links mit Gewalt beantworten wollte. Mussolini verstand es, mit seinen schnell an Zahl zunehmenden Kampfgruppen («squadre») den Gegenterror zu organisieren. Seit dem November 1920 gingen sie mit „Strafaktionen" gegen die inzwischen zurückweichenden Sozialisten in Betrieben und Gemeinden vor und präsentierten sich damit als einzig wirkungsvolle Ordnungsmacht. Giolitti hatte sie gewähren lassen.

Die vom Staat nicht gemeisterte Bürgerkriegssituation ermöglichte Mussolini erstmals den Einbruch ins Bürgertum, die Zusammenarbeit mit Industriellen und die Ausweitung in agrarische Bereiche. Die «Fasci» wurden zu einer Massenbewegung mit Mitgliedern aus allen bürgerlichen Schichten (Ende 1920: 21 000, Ende 1921: 218 000, Mai 1922: 322 000), deren Umwandlung in eine Partei Mussolini im November 1921 gegen den Widerstand radikaler Unterführer durchgesetzt hat (Partito Nazionale Fascista, PNF). Die ebenfalls seit 1920 geknüpften Kontakte zu den Nationalisten, die im Januar 1923 zu deren Eingliederung in die faschistische Partei führten, waren ein erster und erfolgreicher, dann oft wiederholter Versuch Mussolinis, sich einer traditionellen Gruppierung anzunähern und sie zu unterlaufen, wobei Kompromisse unvermeidlich waren und von ihm auch akzeptiert wurden, sofern die Führung bei ihm blieb.

Mussolini hatte damit eine doppelte Strategie angewandt, bei der er geblieben ist. Die eine mag man als bonapartistisch bezeichnen, weil sie den alten Eliten die Erhaltung ihres sozialen Besitzstandes zusagte. Die andere war innovatorisch, indem sie den aufsteigenden Mittelschichten, nach De Felice damals der hauptsächlichen sozialen Basis des Faschismus, und der Jugend politische Partizipation versprach; auch den Arbeitern wurde die Erfüllung wesentlicher Forderungen zugesagt. Dabei kämpfte der künftige Duce mehr um die Macht als um Prinzipien. Seine Mittel, die er äußerst opportunistisch gebrauchte, blieben Drohung und Gewalt, aber eben auch Verhandlungsbereitschaft, Kompromisse und Verzicht auf ursprüngliche Radikalismen. So bekannte er sich seit dem Herbst 1921 unzweideutig zur Monarchie, die Absage an seinen früheren Republikanismus beseitigte den letzten ernsten Gegensatz zu den Konservativen in Armee und Bürokratie.

Den alten Eliten fehlten Mut und Kraft zur Verteidigung des liberalen Staates, dessen rechtzeitige Modernisierung durch sozialen Ausgleich und demokratische Partizipation sie versäumt hatten. Sie gingen daher mehr und mehr auf Mussolinis Angebote ein. Gründlich haben sich die in ihren Reihen getäuscht, welche meinten, ihn bloß momentan benutzen zu können. Sie unterschätzten seinen Machtwillen und die Anziehungskraft seiner Massenorganisation, die auch durch Differenzen Mussolinis mit den seinen Kompromissen widersprechenden, radikaleren Unterführern wie Italo Balbo, Dino Grandi und Roberto Farinacci nur vorübergehend geschwächt worden ist. So hat die Doppelstrategie zur teils revolutionären, teils legalen Machtübernahme im Oktober 1922 geführt. Sie war, was heute nicht selten übersehen wird, von breiter, nach Jahren des Chaos auf einen stärkeren Staat hoffenden Mehrheit getragen und erfolgte im Bündnis mit maßgeblichen Kräften des alten Staates: Krone, Armee, Bürokratie, inzwischen auch die Industrie (welche mit am längsten gezögert hatte, weil sie Mussolinis Kompromissen nicht traute). Die Exponenten der alten Eliten glaubten, sich mit dem Faschismus ähnlich arrangieren zu können wie ihre Großväter mit dem Risorgimento. Symptomatisch war das Verhalten des Königs, der sich nie mit Mussolini identifiziert, aber seine Politik zwei Jahrzehnte lang legitimiert hat. Ähnlich wie 1914/15 ging es ihm 1922 — dann auch wieder 1943! — vor allem um die Erhaltung seiner Dynastie, die ihm viel höher stand als der Staat und dessen von ihm beschworene Verfassung[21].

Der Duce hat auch im Besitz der Macht die Politik der Kompromisse fortgesetzt. Durch soziale Stabilität erreichte er die Übereinstimmung von Regime und Massen, die er auch dazu benutzte, die Partei hinter dem Staat zurücktreten zu lassen. Anders als im nationalsozialistischen Deutschland sind die alten Eliten, zu denen seit der *conciliazione* von 1929 noch die Kirche gekommen ist, einflußreich geblieben. Als Mussolini über das Bündnis mit Hitler im Zweiten Weltkrieg das Land ruinierte und darüber den Konsens der Massen verlor, haben sie ihn stürzen können und die Kontinuität des aus dem Risorgimento erwachsenen Staates wenigstens äußerlich wiederhergestellt[22]. Ein weiteres Mal wurde die Kunst des Überlebens und der Kompromisse angewendet.

---

[21] 1922 fühlte Viktor Emanuel III. sich wohl auch unter Druck gesetzt durch den Filofaschismus seiner Mutter, der immer noch hochangesehenen Königin-Witwe Margherita. Ihr nahestehende Kreise spielten zeitweise mit dem Gedanken, den ebenfalls profaschistischen Herzog von Aosta, der im Weltkrieg ein populärer Heerführer gewesen war, auf den Thron zu heben. Nach 1922 ist die Königin-Witwe zu einer Symbolfigur der Kontinuität vom Risorgimento zum Faschismus hochstilisiert worden.

[22] Die mehrheitlich von den Linksparteien getragene, aber erst nach Mussolinis Sturz zur Massenbewegung angewachsene Resistenza hat sich ebenfalls in der Kontinuität des Risorgimento gesehen und unter Berufung auf dessen linke Gruppierungen (Mazzini, Garibaldi) eine radikale Umgestaltung der politischen Verhältnisse Italiens einzuleiten versucht. Katholische Resistenza-Gruppen beriefen sich u. a. auf die Neoguelfen.

Anhang

STAATEN UND DYNASTIEN

Mailand, Herzogtum

Das Herzogtum war 1535, nachdem Francesco II. Sforza ohne direkte Erben gestorben war, von Karl V. als Reichslehen eingezogen worden. Bei der Teilung der habsburgischen Länder kam es 1556 zu Spanien. Das Herzogtum wurde seitdem im Auftrag der Könige von Spanien von Gouverneuren mit weitgehenden Vollmachten verwaltet und behielt eine bloß formelle Autonomie, es wurde (auch in der österreichischen Zeit) meist als «stato di Milano» bezeichnet.

1713/14 wurde das Herzogtum mit Österreich vereinigt, was durch die Friedensschlüsse in Wien (1735) und Aachen (1748) bestätigt wurde[1]. Es behielt seine eigenständige Verwaltung und unterstand in Wien der an sich für die auswärtigen Angelegenheiten zuständigen Geh. Haus-, Hof- und Staatskanzlei.

Nach Bonapartes Eroberungen wurde das Herzogtum Kernland der Cisalpinischen Republik und des napoleonischen Königreichs Italien. 1814 wieder österreichisch, wurde es dem lombardo-venetianischen Königreich eingegliedert.

Mantua, Herzogtum [2]

Haus Gonzaga
Guglielmo (geb. 1538) 1550—1587
Vincenzo I (geb. 1562) 1587—1612
Ferdinando (geb. 1587) 1612—1626
Vincenzo II (geb. 1594) 1626—1627

Haus Gonzaga-Nevers
Carlo I (geb. 1580) 1628—1637
Carlo II (geb. 1629) 1637 (1647)—1665
Ferdinando Carlo (geb. 1652) 1665—1708

---

[1] Diese Friedensschlüsse, ebenfalls der von Worms 1743, bestimmten aber erhebliche Gebietsabtretungen an Savoyen-Piemont.

[2] Seit 1536, effektiv seit 1559, war mit Mantua die Markgrafschaft Monferrato verbunden, die 1575 vom Kaiser zum Herzogtum erhoben wurde und 1708 an Savoyen-Piemont fiel.

Im Spanischen Erbfolgekrieg wurde Mantua 1708 als Reichslehen eingezogen und in Personalunion mit Österreich vereinigt. Abgesehen von kurzer Unterstellung unter die Regierung der österreichischen Lombardei (1737—1748) behielt es bis zur napoleonischen Besetzung administrative Eigenständigkeit; 1814 wieder österreichisch, wurde es dem lombardo-venetianischen Königreich eingegliedert.

Modena, Herzogtum

Herzöge

Haus Este
Ercole II (geb. 1508) 1534—1559
Alfonso II (geb. 1533) 1559—1597 [3]
Cesare (geb. 1562) 1597—1628
Alfonso III (I) (geb. 1591) 1628—1629
Francesco I (geb. 1610) 1629—1658
Alfonso IV (II) (geb. 1634) 1658—1662
Francesco II (geb. 1660) 1662—1694
Rinaldo (geb. 1655) 1694—1737
Francesco III (geb. 1698) 1737—1780
Ercole III (geb. 1727) 1780—1803
  durch die Heirat seiner erbberechtigten Tochter mit Erzherzog Ferdinand (s. u.) im habsburgischen Familienverband, infolge der napoleonischen Gebietsveränderungen seit 1801 außer Landes, Herzog des Breisgaus.

Haus Österreich-Este
Ferdinand (dritter Sohn Kaiser Franz' I. und Maria Theresias, Schwiegersohn Ercoles III., geb. 1745) 1803—1805 Herzog des Breisgaus.
Franz IV. (geb. 1779) 1806—1846, regierte seit 1814 wieder in Modena.
Franz V. (geb. 1819, gest. 1875) 1846—1860

Neapel und Sizilien, Königreiche

Die beiden Reiche waren von 1504 bis 1701/1707 in Personalunion mit Spanien verbunden.

---

[3] Bis 1597 war mit Modena in Personalunion vereinigt das Herzogtum Ferrara, welches jedoch päpstliches Lehen war, als solches von Clemens VIII. eingezogen wurde und seitdem wieder zum Kirchenstaat gehörte.

1707/1713 fiel Neapel an Österreich, Sizilien zunächst an Savoyen, 1720 ebenfalls an Österreich, welches beide Reiche 1735 den spanischen Bourbonen als Sekundogenitur abtreten mußte.

Haus Bourbon
Carlo (geb. 1716, gest. 1788) 1735—1759, seitdem als Karl III. König von Spanien.
Ferdinando (geb. 1751) 1759—1825
in Neapel als F. IV, in Sizilien als F. III, infolge der französischen Okkupation 1798—1799 und 1805—1814[4] auf Sizilien beschränkt, seit der Wiedergewinnung Neapels und der staatsrechtlichen Zusammenfassung beider Reiche zum „Königreich beider Sizilien" als F. I
Francesco I (geb. 1777) 1825—1830
Ferdinando II (geb. 1810) 1830—1859
Francesco II (geb. 1836, gest. 1894) 1859—1860

Parma und Piacenza, Herzogtum

Herzöge

Haus Farnese
Ottavio (geb. 1524) 1547—1586
Alessandro (geb. 1545) 1586—1592
Rainuto (geb. 1569) 1592—1622
Odoardo (geb. 1612) 1622—1646
Rainuto II (geb. 1630) 1646—1694
Francesco (geb. 1678) 1694—1727
Antonio Francesco (geb. 1679) 1727—1731

Personalunion mit Österreich 1735—1748[5]

---

[4] Von Napoleon eingesetzt, regierten in diesen Jahren als Könige von Neapel Joseph Bonaparte (geb. 1768, gest. 1844, Bruder Napoleons) 1806—1808, danach bis 1813 König von Spanien,
Joachim Murat (geb. 1771, Schwager Napoleons) 1808—1814.
[5] Das kleine Herzogtum Guastalla wurde 1746, nach dem Aussterben der bis dahin dort regierenden Nebenlinie der Gonzaga, von Maria Theresia als Reichslehen eingezogen und mit Parma und Piacenza vereint. 1843 bzw. 1847 wurde Guastalla an Modena abgetreten.

Haus Bourbon(-Parma)
Filippo (geb. 1720) 1748—1765
Ferdinando (geb. 1751, gest. 1802) 1765—1801, seitdem infolge der napoleonischen Gebietsveränderungen Großherzog der Toskana[6]

Von 1802 bis 1815 war Parma französisch besetzt.

Marie Luise (geb. 1791, Tochter des Kaisers Franz II., zweite Gemahlin des Kaisers Napoleon I.) 1815—1847

Haus Bourbon(-Parma)
Carlo II (geb. 1799, gest. 1883, Enkel Ferdinandos) 1847—1849
Carlo III (geb. 1823) 1849—1854
Roberto (geb. 1848, gest. 1907) 1854—1859, unter der Regentschaft seiner Mutter Maria Luisa.

Savoyen (Piemont), Herzogtum

Haus Savoyen
Emanuele Filiberto (geb. 1528) 1553—1580
Carlo Emanuele I (geb. 1562) 1580—1630
Vittorio Amedeo I (geb. 1587) 1630—1637
Carlo Emanuele II (geb. 1634) 1638 (1663)—1675
Vittorio Amedeo II (geb. 1666, gest. 1732) 1675 (1684)—1730, 1713—1718 König von Sizilien, seit 1720 König von Sardinien.
Carlo Emanuele III (geb. 1701) 1730—1773, König von Sardinien
Vittorio Amedeo III (geb. 1726) 1773—1796, König von Sardinien
Carlo Emanuele IV (geb. 1751, gest. 1819) 1796—1802, König von Sardinien, infolge der französischen Okkupation seit 1796 auf die Insel Sardinien beschränkt, trat nach Thronverzicht zugunsten seines Bruders in den Jesuitenorden ein.
Vittorio Emanuele I (geb. 1759, gest. 1824) 1802—1821, König von Sardinien, bis 1814 auf die Insel beschränkt, regierte seit 1814 wieder in Turin.
Carlo Felice (geb. 1765) 1821—1831, König von Sardinien

---

[6] Nach Ferdinandos Tod übernahm sein Sohn Lodovico als König von Etrurien die Regierung der Toskana, die er aber 1807 an Napoleon abtreten mußte. Auf dem Wiener Kongreß wurden die Parmenser Bourbonen für die Regierungszeit der Exkaiserin Marie Luise mit Lucca abgefunden, welches nach deren Tod mit der Toskana vereinigt worden ist.

Staaten und Dynastien 303

Linie Savoyen-Carignan
Carlo Alberto (geb. 1798, gest. 1855) 1831—1849, König von Sardinien
Vittorio Emanuele II (geb. 1820) 1849—1861, König von Sardinien, seitdem
König von Italien, s. dort.

Toskana, Großherzogtum [7]

Großherzöge

Haus Medici
Cosimo I (geb. 1519) 1537—1574
Francesco I (geb. 1541) 1574—1587
Ferdinando I (geb. 1549) 1587—1609
Cosimo II (geb. 1590) 1609—1621
Ferdinando II (geb. 1610) 1621—1670
Cosimo III (geb. 1642) 1670—1723
Gian Gastone (geb. 1671) 1723—1737

Haus Habsburg-Lothringen
Franz Stephan (geb. 1708) 1737—1765, seit 1745 zugleich römisch-deutscher Kaiser.
(Peter) Leopold[8] I. (geb. 1747) 1765—1790, 1790—1792 als Leopold II. römisch-deutscher Kaiser.
Ferdinand III. (geb. 1769) 1790—1824, infolge der napoleonischen Gebietsveränderungen 1803—1814 außer Landes, 1803 Kurfürst von Salzburg, 1806 Großherzog von Würzburg.
Leopold II. (geb. 1797, gest. 1870) 1824—1859.
Ferdinand IV. (geb. 1835, gest. 1908) 1859/60.

Venedig, Republik

Dogen
Francesco Donato 1545—1553
Marc Antonio Trevisan 1553—1554
Francesco Venier 1554—1556
Lorenzo Priuli 1556—1559

---

[7] Bis 1569 Herzogtum.
[8] In Italien als «Pietro Leopoldo» bekannt. Auch seine Nachfolger haben ihre Vornamen italianisiert.

Girolamo Priuli 1559—1567
Pietro Loredano 1567—1570
Aloise Mocenigo I. 1570—1577
Sebastiano Venier 1577—1578
Niccolò da Ponte 1578—1585
Pasquale Cicogna 1585—1595
Marino Grimani 1595—1605
Leonardo Donato 1606—1612
Marc Antonio Memmo 1612—1615
Giovanni Bembo 1615—1618
Niccolò Donato 1618
Antonio Priuli 1618—1623
Francesco Contarini 1623—1624
Giovanni Corner 1625—1629
Niccolò Contarini 1630—1631
Francesco Erizzo 1631—1646
Francesco Molino 1646—1655
Carlo Contarini 1655—1656
Francesco Corner 1656
Bertuccio Valier 1656—1658
Giovanni Pesaro 1658—1659
Domenico Contarini II. 1659—1675
Niccolò Sagredo 1675—1676
Aloise Contarini II. 1676—1684
Marc'Antonio Giustinian 1684—1688
Francesco Morosini 1688—1694
Silvestro Valier 1694—1700
Aloise Mocenigo II. 1700—1709
Giovanni Corner 1709—1722
Aloise (gen. Sebastiano) Mocenigo III. 1722—1732
Carlo Ruzzini 1732—1735
Aloise Pisani 1735—1741
Pietro Grimani 1741—1752
Francesco Loredan 1752—1762
Marco Foscarini 1762—1763
Aloise Mocenigo IV. 1763—1778
Paolo Renier 1779—1789
Luigi Manin 1789—1797

Im Frieden von Campo Formio wurde das Gebiet der Republik Venedig mit Österreich vereinigt, welches es 1805 (Friede von Preßburg) an das napoleonische Königreich Italien abtreten mußte. 1814 wieder österreichisch, wurde es dem lombardo-venetianischen Königreich eingegliedert.

Italien, Königreich

Haus Savoyen
Vittorio Emanuele II (geb. 1820) 1861—1878
  zuvor seit 1849 König von Sardinien, s. Savoyen.
Umberto I (geb. 1844) 1878—1900
Vittorio Emanuele III (geb. 1869) 1900—1946
  seit 1944 vertreten durch seinen Sohn, zu dessen Gunsten er im Mai 1946 abdankte.
Umberto II (geb. 1904) 1946
  zuvor seit 1944 Luogotenente (Statthalter) des Königreichs, dankte nach dem Plebiszit über die Einführung der Republik im Juni 1946 ab.

Päpste (Kirchenstaat)

Julius III. 1550—1555
  (Giovanni Maria del Monte, geb. 1487 in Rom)
Marcellus II. 1555
  (Marcello Cervini, geb. 1501 in Montefano b. Macerata)
Paul IV. 1555—1559
  (Giampietro Caraffa, geb. 1476 in Capriglio, Abruzzen)
Pius IV. 1559—1565
  (Giovanni Angelo Medici, geb. 1499 in Mailand)
Pius V. 1566—1572
  (Michele Ghislieri, geb. 1504 in Bosco b. Alessandria, OP)
Gregor XIII. 1572—1585
  (Ugo Boncompagni, geb. 1502 in Bologna)
Sixtus V. 1585—1590
  (Felice Peretti, gen. Montalto, geb. 1521 in Grottamare b. Montalto, OFM)
Urban VII. 1590
  (Giambattista Castagna, geb. 1521 in Rom)
Gregor XIV. 1590—1591
  (Niccolò Sfondrati, geb. 1535 in Somma [Varese])
Innozenz IX. 1591
  (Giovanni Antonio Facchinetti, geb. 1519 in Bologna)

Clemens VIII. 1592—1605
   (Ippolito Aldobrandini, geb. 1536 in Fano)
Leo XI. 1605
   (Alessandro Ottaviano de' Medici, geb. 1535 in Florenz)
Paul V. 1605—1621
   (Camillo Borghese, geb. 1552 in Rom)
Gregor XV. 1621—1623
   (Alessandro Ludovisi, geb. 1554 in Bologna)
Urban VIII. 1623—1644
   (Maffeo Barberini, geb. 1568 in Florenz)
Innozenz X. 1644—1655
   (Giambattista Pamfili, geb. 1574 in Rom)
Alexander VII. 1655—1667
   (Fabio Chigi, geb. 1599 in Siena)
Clemens IX. 1667—1669
   (Giulio Rospigliosi, geb. 1600 in Pistoia)
Clemens X. 1670—1676
   (Emilio Altieri, geb. 1590 in Rom)
Innozenz XI. 1676—1689
   (Benedetto Odescalchi, geb. 1611 in Como)
Alexander VIII. 1689—1691
   (Pietro Ottoboni, geb. 1610 in Venedig)
Innozenz XII. 1691—1700
   (Antonio Pignatelli, geb. 1615 b. Spinazzola [Basilicata])
Clemens XI. 1700—1721
   (Giovanni Francesco Albani, geb. 1649 in Urbino)
Innozenz XIII. 1721—1724
   (Michelangelo dei Conti, geb. 1655 in Poli b. Palestrina)
Benedikt XIII. 1724—1730
   (Pietro Francesco Orsini, geb. 1649 in Gravina)
Clemens XII. 1730—1740
   (Lorenzo Corsini, geb. 1652 in Florenz)
Benedikt XIV. 1740—1758
   (Prospero Lambertini, geb. 1675 in Bologna)
Clemens XIII. 1758—1769
   (Carlo della Torre Rezzonico, geb. 1693 in Venedig)
Clemens XIV. 1769—1774
   (Giovanni Vincenzo Antonio Ganganelli, geb. 1705 in Sant'Arcangelo b. Rimini, OFM)
Pius VI. 1775—1799
   (Graf Giovanni Angelo Braschi, geb. 1717 in Cesena)

Pius VII. 1800—1823
  (Graf Luigi Barnaba Chiaramonti, geb. 1742 in Cesena, OSB)
Leo XII. 1823—1829
  (Graf Annibale della Genga, geb. 1760 in Schloß Genga b. Spoleto)
Pius VIII. 1829—1830
  (Francesco Saverio Castiglioni, geb. 1761 in Cingoli [Ancona])
Gregor XVI. 1831—1846
  (Bartolomeo Alberto Cappellari, geb. 1765 in Belluno, OSB Cam)
Pius IX. 1846—1878
  (Graf Giovanni Maria Mastai-Ferretti, geb. 1792 in Sinigaglia)
Leo XIII. 1878—1903
  (Graf Vincenzo Gioacchino Pecci, geb. 1810 in Carpineto)
Pius X. 1903—1914
  (Giuseppe Sarto, geb. 1835 in Riese [Treviso])
Benedikt XV. 1914—1922
  (Marchese Giacomo Della Chiesa, geb. 1854 in Genua)
Pius XI. 1922—1939, seit 1929 Souverän des Staates der Vatikanstadt
  (Achille Ratti, geb. 1857 in Desio b. Monza)

AUSWAHLBIBLIOGRAPHIE

Wegen der Sprachbarriere, welche die meisten deutschen Leser vom Italienischen trennt, werden nur solche Werke in italienischer Sprache verzeichnet, die als grundlegend und unverzichtbar erscheinen. Zum Ausgleich dafür wird versucht, möglichst viele Arbeiten in deutscher, englischer und französischer Sprache anzugeben.
Quellenpublikationen wurden nicht aufgenommen.

Vorab sei auf einige Zeitschriften verwiesen:

Archivio Storico Italiano
Nuova Rivista Storica
Rassegna Storica del Risorgimento
Rivista Storica Italiana
Storia Contemporanea
Studi storici

Quellen und Forschungen aus italienischen Archiven und Bibliotheken (QFIAB)
Römische Historische Mitteilungen

Seit kurzem liegt eine äußerst umfangreiche bibliographische Erschließung der Geschichte Italiens vom aufgeklärten Absolutismus bis zum Ersten Weltkrieg vor:
Bibliografia dell'età del Risorgimento. In onore di Alberto M. Ghisalberti, 3 Bde. und Registerbd., Florenz 1971—1977.

Zum deutschen Italien-Interesse

Gregorovius, Ferdinand: Wanderjahre in Italien, 5 Bde., Leipzig 1856—1877, Neuausgabe in einem Band, mit einer Einführung von Hanno-Walter Kruft, München ³1978.
Hartlieb v. Wallthor, Alfred: Der Freiherr vom Stein in Italien, Köln–Berlin 1971.
Jedin, Hubert: Die deutsche Romfahrt von Bonifatius bis Winckelmann, Krefeld o. J. (1951).

Noack, Friedrich: Das Deutschtum in Rom seit dem Ausgang des Mittelalters, 2 Bde., Stuttgart–Berlin–Leipzig 1927.

Schieder, Theodor: Das Italienbild der deutschen Einheitsbewegung, in: Th. Sch., Begegnungen mit der Geschichte, Göttingen 1962, 210—235, 295 ff.

Waetzoldt, Wilhelm: Das klassische Land. Wandlungen der Italiensehnsucht, Leipzig 1927.

Gesamtdarstellungen in deutscher Sprache

Furlani, Silvio, und Adam Wandruszka: Österreich und Italien. Ein bilaterales Geschichtsbuch, Wien–München 1973.

Kramer, Hans: Geschichte Italiens II. Von 1494 bis zur Gegenwart, Stuttgart 1968 (Urban Bücher).

Omodeo, Adolfo: Die Erneuerung Italiens und die Geschichte Europas 1700—1920. Mit einem Vorwort von Werner Kaegi, Zürich 1951.

Reumont, Alfred v.: Beiträge zur italienischen Geschichte, 5 Bände, Berlin 1853—1857.

Salvatorelli, Luigi: Geschichte Italiens, dt. Ausgabe Berlin 1942.

Seidlmayer, Michael: Geschichte Italiens ..., mit einem Beitrag: Italien vom Ersten zum Zweiten Weltkrieg von Theodor Schieder, Stuttgart 1962.

Voßler, Karl: Italienische Literaturgeschichte, Berlin-Leipzig ⁴1927, Nachdruck Berlin 1948 (Sammlung Göschen).

Hösle, Johannes: Grundzüge der italienischen Literatur des 19. und 20. Jahrhunderts, Darmstadt 1979.

Beloch, Karl Julius: Bevölkerungsgeschichte Italiens, 3 Bände, Berlin 1937—1965.

Grundprobleme

Chabod, Federico: Italien–Europa. Studien zur Geschichte Italiens im 19. und 20. Jh., Göttingen 1962.

Galasso, Giuseppe: L'Italia come problema storiografico, Turin 1979 (Eingangsband einer vom Verlag U.T.E.T. konzipierten ›Storia d'Italia‹ in ca. 20 Bänden.)

Romeo, Rosario: L'Italia nel medioevo e nell'età moderna e contemporanea: Enciclopedia Europea (Garzanti) VI (1978), 368—392.

Sestan, Ernesto: Per la storia di un'idea storiografica: l'idea di una unità della storia italiana, in: Rivista storica italiana 1950, S. 180—198.

Storia d'Italia (Einaudi), koordiniert von Ruggiero Romano und Corrado Vivanti, 6 Bände, Turin 1972—1976.
Valiani, Leo: L'Historiographie de l'Italie contemporaine. Version Française par Maurice Chevalier, Genf 1968.
Valsecchi, Franco: L'Italia del Risorgimento e l'Europa della nazionalità, Mailand 1978.

Dizionario storico politico italiano diretto da Ernesto Sestan, Florenz 1971.

Catalano, Franco: Storia dei partiti politici italiani. Dalla fine del'700 al fascismo, Turin 1965, ²1978.

Jemolo, Arturo Carlo: Chiesa e Stato in Italia negli ultimi cento anni, Turin 1948 u. ö. (engl. Ausgabe: Church and State in Italy ..., Oxford 1960).
Penco, Gregorio: Storia della chiesa in Italia II: Dal concilio di Trento ai nostri giorni, Mailand 1977.

Vöchting, Friedrich: Die italienische Südfrage. Entstehung und Problematik eines wirtschaftlichen Notstandsgebiets, Berlin 1951.

Italiens „Dekadenz"

Storia d'Italia (Utet), hrsg. v. Nino Valeri, Bd. II: Dalla crisi della libertá agli albori dell'illuminismo 1450—1748; mit Beiträgen von F. Catalano, G. Sasso, V. De Caprariis, G. Quazza, Turin ²1965.
Storia d'Italia (Einaudi), Bd. II: Dalla caduta dell'Impero romano al secolo XVIII; mit Beiträgen von G. Tabacco, C. Vivanti, G. Miccoli, P. Renucci, P. Jones, R. Romano, J. Le Goff, F. Braudel, Turin 1972.

Braudel, Fernand: La Méditerranée et le monde méditerranéen à l'époque de Philippe II, 2 Bde., Paris 1949 (ital. Übers. Turin 1953).
Croce, Benedetto: Storia dell'età barocca in Italia, Bari 1929.
—: Storia del Regno di Napoli, Bari 1924.
Cipolla, Carlo M.: Il declino economico dell'Italia, in: Storia dell'economia italiana, hrsg. v. Cipolla, Bd. I, Turin 1959.
Galasso, Giuseppe: Mezzogiorno medievale e moderno, Turin 1965.
Pepe, Gabriele: Il Mezzogiorno d'Italia sotto gli Spagnoli ..., Florenz 1952.
Quazza, Guido: La decadenza italiana nella storia europea ..., Turin 1971.
Villari, Rosario: Il Sud nella storia d'Italia, Bari 1971.
—: Mezzogiorno e contadini nell'età moderna, Bari 1961.

Bäumer, Remigius (Hrsg.): Concilium Tridentinum, Darmstadt 1979.

Friedensburg, Walther: Kaiser Karl V. und Papst Paul III., Leipzig 1932.

Jedin, Hubert: Geschichte des Konzils von Trient, 4 Bde., Freiburg 1949—1975.

—: Kardinal Caesar Baronius ..., Münster 1978.

Lutz, Heinrich: Ragione di stato und christliche Staatsethik im 16. Jahrhundert, Münster 1961.

—: Italien vom Frieden von Lodi bis zum Spanischen Erbfolgekrieg ..., in: Handbuch der europäischen Geschichte, hrsg. v. Theodor Schieder, III, Stuttgart 1971, S. 852—901.

Lutz, Georg: Rom und Europa während des Pontifikats Urbans VIII., in: Rom in der Neuzeit ..., Wien–Rom 1976, S. 72—167.

—: Verfassung, Verwaltung und Sozialordnung Venedigs in der frühen Neuzeit, in: Almanach 1973, S. 127—144.

Roberg, Burkhard: Rom und Europa im Zeitalter der katholischen Reform, in: Rom in der Neuzeit ..., S. 53—71.

Sombart, Werner: Die römische Campagna. Eine sozialökonomische Studie, Leipzig 1888.

Bock, Gisela: Thomas Campanella, Tübingen 1974.

Cantimori, Delio: Eretici italiani del Cinquecento, Florenz 1939.

Gentile, Giovanni: Giordano Bruno e il pensiero del rinascimento, Florenz ²1925.

Blunt, Antony, u. a.: Kunst und Kultur des Barock und Rokoko, Architektur und Dekoration, Freiburg–Basel–Wien 1979 (zuvor engl., London 1978), s. bes. S. 9—105.

Hubala, Erich, u. a.: Die Kunst des 17. Jahrhunderts (Propyläen-Kunstgeschichte Bd. 9), Berlin 1970, s. bes. S. 11—43.

Sedlmayr, Hans: Die Architektur Borrominis, München 1939.

—: Johann Bernhard Fischer von Erlach, Wien-München 1956, Neuausgabe 1976.

Weingartner, Josef: Römische Barockkirchen, München o. J. (1930).

Wittkower, Rudolf: Gian Lorenzo Bernini. The Sculptor of the Roman Baroque, London 1955, ²1966.

—: Art and architecture in Italy 1600—1750, Harmondsworth 1958, ³1969.

Wölfflin, Heinrich: Renaissance und Barock. Eine Untersuchung über Wesen und Entstehung des Barock in Italien, München ⁴1926.

18. Jahrhundert

Bulferetti, Luigi, L'assolutismo illuminato in Italia 1700—1789, Mailand 1944.
Candeloro, Giorgio: Storia dell'Italia moderna. I: Le origini del Risorgimento 1700—1815, Mailand 1956, ⁷1975.
Francovich, Carlo: Storia della Massoneria in Italia. Dalle origini alla Rivoluzione francese, Florenz 1974.
Passerin d'Entrèves, Ettore: L'Italia nell'età delle riforme 1748—1796, Turin ²1965.*
Quazza, Guido: Il problema italiano e l'equilibrio europeo 1720—1738, Turin 1965.
Rota, Ettore: Il problema italiano dal 1700 al 1815, Mailand ²1941.*
—: Le origini del Risorgimento 1700—1800, Mailand 1948.*
Salvatorelli, Luigi: Il pensiero politico italiano dal 1700 al 1870, Turin ⁶1959.
Valsecchi, Franco: L'Italia nel Settecento dal 1714 al 1788, Mailand 1959.*
Villani, Pasquale: Feudalitá, riforme, capitalismo agrario. Panorama di storia sociale italiana tra Sette e Ottocento, Bari 1968.
—: Mezzogiorno tra riforme e rivoluzione, Bari ²1973.

La cultura illuministica in Italia, hrsg. v. Mario Fubini, Turin ²1964 (vgl. darin bes. E. Passerin d'Entrèves, Giansenisti e illuministi).
Jemolo, Arturo Carlo: Il giansenismo in Italia prima della rivoluzione, Bari 1928.
Margiotta-Broglio, Francesco: Appunti storiografici sul giansenismo italiano, in: Raccolta di studi in onore di Arturo Carlo Jemolo, Mailand 1962.

Der aufgeklärte Absolutismus, hrsg. von Karl Otmar Frhr. v. Aretin (NWB 67 Geschichte), Köln 1974, darin die Aufsätze zur italienischen Entwicklung von Valsecchi, Passerin d'Entrèves und Wandruszka, S. 205—284.
Acton, Harold: The Bourbons of Naples (1734—1825), London ³1959.
Aretin, Karl Otmar Frhr. v.: Italien im 18. Jahrhundert, in: Handbuch der europäischen Geschichte, hrsg. v. Theodor Schieder, IV, 1968, S. 585—633.
Benedikt, Heinrich: Kaiseradler über dem Apennin. Die Österreicher in Italien 1700—1866, Wien–München 1964.
Büchi, Hermann: Finanzen und Finanzpolitik Toskanas im Zeitalter der Aufklärung (1737—1790) ..., Berlin 1915, Nachdruck Vaduz 1965.
Holldack, Heinz: Die Reformpolitik Leopolds von Toskana: HZ 165 (1942), S. 23—46.
Kramer, Hans: Habsburg und Rom in den Jahren 1708—1709, Innsbruck 1936.
Reumont, Alfred v.: Geschichte Toskanas unter dem Hause Habsburg-Lothringen, Gotha 1877.

Wandruszka, Adam: Österreich und Italien im 18. Jahrhundert, München 1963.*

—: Leopold II. Erzherzog von Österreich, Großherzog von Toskana, König von Ungarn und Böhmen, Römischer Kaiser, 2 Bde. Wien–München 1963, 1965.*

Justi, Carl: Winckelmann. Sein Leben, seine Werke und seine Zeitgenossen, 3 Bde., Leipzig ³1923.

Keller, Harald, u. a.: Die Kunst des 18. Jahrhunderts (Propyläen-Kunstgeschichte Bd. 10), Berlin 1971, s. bes. S. 11—65.

The age of Neo-Classicism, London 1972 (Ausstellungskatalog).

Französische Zeit

Candeloro, Giorgio: op. cit., Bd. I.

Cantimori, Delio: Utopisti e riformatori italiani (1794—1847), Florenz 1943.

Capra, Carlo: L'età rivoluzionaria e napoleonica in Italia, Turin 1978.

Catalano, Franco / Ruggero Moscati / Franco Valsecchi: L'Italia nel Risorgimento dal 1789 al 1870 (Storia d'Italia illustrata, 7), Mailand 1964.

Godechot, Jacques: Histoire de l'Italie moderne, Paris 1971.

Hazard, Paul: La révolution française et les lettres italiennes 1789—1815, Paris 1910.

Montanelli, Indro: L'Italia giacobina e carbonara 1789—1831, Mailand 1972.

Reden-Dohna, Armgard v. (Hrsg.): Deutschland und Italien im Zeitalter Napoleons, Wiesbaden 1979, darin besonders die Aufsätze von Carlo Ghisalberti, Giuseppe Galasso und Pasquale Villani.

Rosen, Edgar R.: Italien im napoleonischen Zeitalter (1796—1815), in: Handbuch der europäischen Geschichte, hrsg. v. Theodor Schieder, V, 1980.

Bonnefons, André: Marie-Caroline, reine des deux Siciles, Paris 1905.

Connelly, Owen: Napoleon's Satellite Kingdoms, New York–London 1965.

Croce, Benedetto: La rivoluzione napoletana del 1799. Biografie, racconti, ricerche, Bari ³1912 u. ö.

De Felice, Renzo: Italia giacobina, Neapel 1965.

---

* Die Werke von Valsecchi, Passerin d'Entrèves und Wandruszka haben die Eigenständigkeit des italienischen Settecento aufgewiesen, während Rota Exponent der Auffassung war, die darin mehr eine Vorgeschichte des Risorgimento erblickte.

Du Teil, Joseph: Rome, Naples et le Directoire, Paris 1902.
Ferrero, Guglielmo: Avventura. Bonaparte in Italia (1796—1797), Mailand 1947.
Fugier, André: Napoléon et l'Italie, Paris 1947.
Johnston, Robert Matteson: The Napoleonic Empire in Southern Italy and the rise of the secret societies, 2 Bde., London 1904 (Nachdruck 1973).
Lemmi, Francesco: L'età napoleonica, Mailand 1938.
Menzel, Benno: Napoleons Politik in Oberitalien, Magdeburg 1912.
Natali, Giovanni: L'Italia durante il regime napoleonico ..., Bologna 1955.
Rath, R. John: The Fall of the Napoleonic Kingdom of Italy (1814), New York 1941.
Saitta, Armando: Buonarroti, Mailand 1967.
Saul, Norman E.: Russia and the Mediterranean 1797—1807, Chicago 1970.
Tarlé, Eugene: Le Blocus continental et le royaume d'Italie ..., Paris ²1931.
Valente, Angela: Gioacchino Murat e l'Italia meridionale, Turin 1965.
Villani, Pasquale: Italia napoleonica, 1979.
Wichterich, Richard: Sein Schicksal war Napoleon. Leben und Zeit des Kardinalstaatssekretärs Ercole Consalvi ..., Heidelberg 1951.

Risorgimento (allgemein)

Atti del ... Congresso di storia del Risorgimento italiano, Rom (Istituto per la storia del Risorgimento italiano) 1961, 1963, 1966, 1970, 1972, 1974, 1976, 1978.
Acton, Harald: The last Bourbons of Naples (1825—1861), London 1961.
Beales, Derek: The Risorgimento and the Unification of Italy, London 1971.
Berkeley, George F., und J. Berkeley: Italy in the making, 3 Bde. Cambridge 1932—1940, Nachdruck 1968.
Die deutsch-italienischen Beziehungen im Zeitalter des Risorgimento. Referate und Diskussionen der 8. deutsch-italienischen Historikertagung ..., Braunschweig 1970.
Candeloro, op. cit., Bde. II—V.
Cantimori: Utopisti e riformatori italiani, op. cit.
Cortese, Nino: Il Mezzogiorno ed il Risorgimento italiano, Neapel 1965.
Croce, Benedetto: Geschichte Europas im 19. Jahrhundert, Frankfurt 1968 (zuerst ital. 1932).
Della Peruta, Franco: Democrazia e socialismo nel Risorgimento, Rom 1965.
De Rosa, Gabriele: Il movimento cattolico in Italia. Dalla restaurazione all'età giolittiana, Bari 1970.
Deutsch, Wilhelm: Das Werden des italienischen Staates. Der Sieg der italienischen Einigungsbewegung im XIX. Jahrhundert, Wien-Leipzig 1936.

Ghisalberti, Alberto Maria: Cospirazioni del risorgimento, Palermo 1938.
—: Uomini e cose del Risorgimento e dopo, Catania 1978.
Gramsci, Antonio: Il Risorgimento, Turin 1949 u. ö.
Greenfield, Kent Roberts: Economics and Liberalism in the Risorgimento. A Study of Nationalism in Lombardy, Baltimore 1934, ²1965.
Guichonnet, Paul: L'unité italienne, Paris ²1965.
Hassell, Ulrich v.: Cavour und Bismarck, Leipzig 1936.
Holldack, Heinz: Probleme des Risorgimento, HZ 173 (1952) S. 505—527.
Holt, Edgar: Risorgimento. The Making of Italy 1815—1870, London 1970.
Huch, Ricarda: Menschen und Schicksale aus dem Risorgimento, Leipzig 1950.
Kramer, Hans: Die Einigung Italiens im 19. Jahrhundert, in: Teilung und Wiedervereinigung ..., hrsg. v. Günther Franz, Göttingen 1963, S. 72—145.
—: Österreich und das Risorgimento, Wien 1963.
Kraus, Franz Xaver: Cavour (Weltgeschichte in Karakterbildern), Mainz 1902.
Lepre, Aurelio: Il Risorgimento, Turin 1978.
Lill, Rudolf: Italien im Zeitalter des Risorgimento (1815—1870), in: Handbuch der europäischen Geschichte, hrsg. von Theodor Schieder, V, 1980.
Mack Smith, Denis: The Making of Italy 1796—1870, London 1978.
Maturi, Walter: Interpretazioni del Risorgimento. Lezioni di storia della storiografia, Turin ³1968.
Montanari, Mario: Die geistigen Grundlagen des Risorgimento, Köln–Opladen 1963.
Omodeo, Adolfo: Difesa del Risorgimento, Turin ²1955.
Pieri, Piero: Storia militare del Risorgimento ..., Turin 1962.
Quazza, Guido: La lotta sociale nel Risorgimento ..., Turin 1951.
Nuove questioni di storia del Risorgimento e dell'unità d'Italia, 2 Bände, Mailand 1961.
Romani, Mario: Storia economica d'Italia nel secolo XIX ..., 2 Bände, Mailand 1970, 1976.
Romeo, Rosario: Il giudizio storico sul Risorgimento, Catania ²1967.
—: Risorgimento e capitalismo, Bari ²1963.
—: Momenti e problemi di storia contemporanea, Assisi 1971.
—: Cavour e il suo tempo, bisher 2 Bände: I, Bari 1969; II 1, 2, ebd. 1977.
Salvatorelli, Luigi: Pensiero e azione del Risorgimento, Turin 1943, ³1963.
—: Spiriti e figure del Risorgimento, Florenz 1962.
Schieder, Theodor (Hrsg.): Zur italienischen Geistesgeschichte des 19. Jahrhunderts, Köln-Graz 1961.
—: Italien und die Probleme des europäischen Nationalstaats im 19. Jahrhundert, in: Geschichte und Gegenwartsbewußtsein, Festschrift für Hans Rothfels, Göttingen 1963, S. 339—356.

Siebert, Ferdinand: Der deutsche Anteil an der Vorbereitung des Risorgimento, AKG 35 (1953), S. 272—296.

Steger, Klara: Der politische Charakter der italienischen Romantik und die Literatur des Risorgimento, Bonn 1952.

Sternfeld, Richard: Die nationale Einigung Italiens im 19. Jh., Bonn 1920.

Treitschke, Heinrich v.: Cavour, Heidelberg 1869 u. ö., so in: H. v. T., Ausgewählte Schriften, II, Leipzig 1916, S. 1—188.

Ullrich, Hartmut: Bürgertum und nationale Bewegung im Italien des Risorgimento, in: Nationalismus und sozialer Wandel, hrsg. v. Otto Dann, Hamburg 1978, S. 129—156.

Volpe, Gioacchino: Italia moderna, 3 Bände, Florenz ²1948/51.

Woolf, Stuart J.: The Italian Risorgimento, London 1969.

Ghisalberti, Carlo: Storia costituzionale d'Italia 1849—1948, Bari 1974.

Risorgimento (einzelne Perioden)

1815—1831/32

Bartoccini, Fiorella: Il Muratismo ..., Mailand 1959.

Carpi, Umberto: Letteratura e società nella Toscana del Risorgimento. Gli Intellettuali dell'›Antologia‹, Bari 1974.

Cortese, Nino: La prima rivoluzione separatista siciliana 1820—1821, Neapel 1951.

Filipuzzi, Angelo: Die Restauration in Italien im Licht der neueren Historiographie: MIÖG 66 (1958), S. 81—92.

Furlani, Silvio: Metternichs Plan einer italienischen Zentraluntersuchungskommission auf dem Kongreß von Verona: Mitt. d. österr. Staatsarchivs 31 (1978), S. 181—195.

Großmann, Karl: Metternichs Plan eines italienischen Bundes: Historische Blätter, H. 4, 1931, S. 37—76.

Huch, Ricarda: Das Leben des Grafen Federigo Confalonieri, Leipzig 1934.

Lennhoff, Eugen: Politische Geheimbünde im Völkergeschehen, Berlin–Wien–Leipzig ²1932 (darin S. 111—192: Die Carbonari).

Lepre, Aurelio: La rivoluzione napoletana del 1820—1821, Rom 1967.

Leti, Giuseppe: Carboneria e massoneria nel Risorgimento italiano, Bologna 1966.

Lohner, Heidi: Deutschlands Anteil an der italienischen Romantik, Bonn–Leipzig 1936.

Moscati, Ruggero: L'Austria, Napoli e gli Stati conservatori italiani, Neapel 1942.
Romani, George T.: The Neapolitan Revolution of 1820—1821, Evanston (Ill.) 1950.
Rath, R. John: The Carbonari: AHR 69 (1964), S. 353—370.
—: The provisional Austrian Regime in Lombardy-Venetia 1814—1815, Austin-London 1969.
Ruffini, G.: Le cospirazioni del 1831, Bologna 1931.
Saitta: Buonarroti, op. cit.
Strauss, Hannah A.: The Attitude of the Congress of Vienna toward Nationalism in Germany, Italy and Poland, New York 1949.
Vidal, César: Louis-Philippe, Mazzini, Metternich et la crise italienne de 1831—1832, Paris 1931.

1832—1848/49

Bonomi, Ivanoe: Mazzini triumviro della Repubblica Romana, Mailand 1946.
Carci, Luigi: La spedizione e il processo dei fratelli Bandiera, Modena 1938.
Della Peruta, Franco: I democratici e la rivoluzione italiana ..., Mailand 1958.
Ferraris, Angiola: Letteratura e impegno civile nell'›Antologia‹, Padua 1978.
—: Mazzini e i rivoluzionarii italiani. Il partito d'azione 1830—1845, Mailand 1974.
Ginsborg, Paul: Daniele Manin and the Venetian Revolution of 1848—49, Cambridge 1979.
Hales, E. E. Y.: Mazzini and the secret societies, London 1956.
Herde, Peter: Guelfen und Neoguelfen, Frankfurt 1980.
Kaehler, Siegfried A.: Cavour, Louis Napoleon und Bismarck im Spiegel des Jahres 1848, in: Ders., Studien zur deutschen Geschichte des 19. und 20. Jh. ..., Göttingen 1961, S. 105—127.
Keller, Hans Gustav: Das junge Europa 1834—36. Eine Studie zur Geschichte der Völkerbundsidee und des nationalen Gedankens, Zürich–Leipzig 1938.
Lucas, Karl-Hermann: Ein Brief Gino Capponis aus dem Jahre 1848 ...: QFIAB 51 (1971), S. 606—617.
—: Mazzini e il mondo tedesco, in: Il Veltro, 17. Jg., Nr. 4—6, 1973, S. 561—575.
Martina, Giacomo: Pio IX, I: 1846—1850, Rom 1974.
Moscati, Ruggero: La diplomazia europea e il problema italiano nel 1848, Florenz 1947.
Nada, Narciso: Metternich e le riforme nello stato pontificio ..., Turin 1957.
Soldeni, Simonetta: Contadini, operai e ‹popolo› nella rivoluzione del 1848/49 in Italia: Studi storici XIV (1973), S. 557—613.

Taylor, A. J. P.: The Italian Problem in European Diplomacy 1847—1849, Manchester 1934, Neudruck 1970.

Trevelyan, George Macauley: Manin and the Venetian Revolution of 1848, London 1923.

Vidal, César: Mazzini et la tentative révolutionnaire de la Jeune Italie dans les États sardes (1833—1834), Paris 1928.

Vossler, Otto: Das politische Denken Mazzinis in den geistigen Strömungen seiner Zeit, München 1927.

1849—1870

Aubert, Roger: Le pontificat de Pie IX (1846—1878), Paris 1952.

Bastgen, Hubert: Die römische Frage, 3 Bde., Freiburg 1917—1919.

Beales, Derek: England and Italy 1859 to 1860, London 1961.

Beiche, Friedrich: Bismarck und Italien. Ein Beitrag zur Vorgeschichte des Krieges von 1866, Berlin 1931.

Berselli, Aldo: La Destra storica dopo l'Unità, 2 Bde., Bologna 1963—1965.

Blaas, Richard: Die italienische Frage und das österreichische Parlament 1859—1866: Mitt. d. österr. Staatsarchivs 22 (1969), S. 151—245.

—: Il problema veneto nella politica estera austriaca del periodo 1859—1866, Venedig 1967.

Blakiston, Noel: The Roman question, London 1962.

Della Peruta, Franco: Democratici italiani e democratici tedeschi di fronte all'unità d'Italia 1859—1861: Annali 3 (1961), S. 11—121.

Delzell, Charles F.: The Unification of Italy 1859—1861. Cavour, Mazzini or Garibaldi?, New York 1965.

Demarco, Domenico: Il crollo del Regno delle Due Sicilie, Neapel 1960.

Elrod, Richard B.: Austria and the Venetian Question 1860—1866: CEH, Bd. 6 (1971), S. 149—170.

Elwert, W. Theodor: Ferdinand Gregorovius und das Italien seiner Zeit, in: Ders., Italienische Dichtung und europäische Literatur, Wiesbaden 1969, S. 1—20.

Engel-Janosi, Friedrich: Österreich und der Vatikan, 2 Bde., Graz 1958—1961.

—: Österreich und der Untergang des Königreichs Neapel: HZ 194 (1962), S. 62—84.

Friedensverträge aus der Zeit der nationalen Einigung Italiens und Deutschlands, bearb. v. Heinrich Wolfensberger, Bern 1947 (Quellen zur neueren Geschichte, H. 9).

Friedjung, Heinrich: Custoza und Lissa, Leipzig 1915.

Galante Garrone, Alessandro: I radicali in Italia (1849—1925), Mailand 1973.

Grew, Raymond: A sterner plan for Italian unity. The Italian National Society in the Risorgimento, Princeton N. Y. 1963.

Hoffmann, Peter: Die Politik Württembergs und Bayerns während des italienischen Einheitskrieges 1859: Z. Württ. LG 29 (1970/71), S. 213—293.

Kaehler, Siegfried A.: Realpolitik zur Zeit des Krimkrieges. Eine Säkularbetrachtung, in: Ders., Studien zur Deutschen Geschichte des 19. und 20. Jh. ..., S. 128—170.

Klemensberger, Peter: Die Westmächte und Sardinien während des Krimkrieges ..., Zürich 1972.

Lill, Rudolf: Die Vorgeschichte der preußisch-italienischen Allianz (1866): QFIAB 42/43 (1963), S. 505—570.

—: Beobachtungen zur preußisch-italienischen Allianz (1866): QFIAB 44 (1964), S. 467—527.

Mack Smith, Denis: Cavour and Garibaldi, Cambridge 1954.

—: Victor Emanuel, Cavour and the Risorgimento, London 1971.

Malinverni, Bruno: La Germania e il problema nel 1859, Mailand 1959.

Mazohl-Wallnig, Brigitte: Die Übergabe der Lombardei an Sardinien/Piemont 1859: Römische Historische Mitteilungen 15, 1973, S. 93—127.

—: Die österreichische Unterrichtsreform in Lombardo-Venetien 1848—1854: Römische Historische Mitteilungen 17, 1975, S. 104—138.

—: „Hochverräter" und österreichische Regierung in Lombardo-Venetien. Das Beispiel des Mailänder Aufstandes im Jahre 1853: Mitteilungen des österreichischen Staatsarchivs 31, 1978, Festschrift Blaas, S. 219—231.

Miko, Norbert: Das Ende des Kirchenstaates, 4 Bde., Wien–München, 1962—1970.

Montanelli, Indro: Garibaldi, Stuttgart 1964.

Morelli, Emilia: 1849—1859: I dieci anni che fecero l'Italia, Florenz 1977.

Mori, Renato: Il tramonto del potere temporale (1866—1870), Rom 1967.

Napoleon III. und die italienische Einigung, bearb. v. Beatrix Mesmer, Bern 1969 (Quellen zur neueren Geschichte, H. 30).

Perrone, Adolfo: Il brigantaggio e l'unità d'Italia, Mailand 1963.

Portner, Ernst: Die Einigung Italiens im Urteil liberaler deutscher Zeitgenossen ..., Bonn 1959.

Ridley, Jasper: Garibaldi, London 1974.

Rosen, Edgar R.: Die Anerkennung des Königreichs Italien durch das Großherzogtum Baden (1861—1862) ...: HZ 218 (1974), S. 1—64.

Schidor, Dieter: Entwicklung und Bedeutung des Statuto Albertino in der italienischen Verfassungsgeschichte, Mainz 1977.

Schlözer, Kurd v.: Römische Briefe 1864—1869, Stuttgart–Berlin 1913.

Scirocco, Alfonso: Il Mezzogiorno nell'Italia unita (1861—1865), Neapel 1979.

Tersen, Émile: Garibaldi, dt. Ausgabe Berlin (Ost) 1969.

Valsecchi, Franco: Cavour, ein europäischer Staatsmann, Wiesbaden 1957.
—: Italia ed Europa nel 1859, Florenz 1965.
—: 1866. Ein Wendepunkt der italienischen Geschichte, Wiesbaden 1967.
—: L'Europa e il risorgimento. L'alleanza di Crimea, Florenz 1968.
Wagner, Fritz: Cavour und der Aufstieg Italiens im Krimkrieg, Stuttgart 1940.
Wandruszka, Adam: Schicksalsjahr 1866, Graz–Wien–Köln 1966.
Weber, Christoph: Kardinäle und Prälaten in den letzten Jahrzehnten des Kirchenstaates ..., Stuttgart 1978, 2 Halbbände.

Außerdem zur politischen Emigration:
Battistini, Mario: Esuli italiani in Belgio (1815—1861), Florenz 1968.
Ferretti, Giovanni: Esuli del Risorgimento in Svizzera, Bologna 1948.
Walker Wicks, Margaret Campbell: The Italian Exiles in London 1816—1848, Manchester 1937.

Vom Abschluß der Nationalstaatsbildung bis zum Ende des Ersten Weltkrieges
(allgemein)

Storia d'Italia (Utet), hrsg. v. Nino Valeri, Bd. IV, mit Beiträgen von Giuseppe Talamo, Leone Bortone, Enzo Tagliacozzo, Leo Valiani, Piero Pieri, Turin ²1965.
Storia d'Italia (Einaudi) Bd. IV 1, mit Beiträgen von Valerio Castronovo und Robert Paris, IV 2 von Alberto Asor Rosa, Turin 1975; IV 3, mit Beiträgen von Ernesto Ragionieri und Carlo Pinzani, ebd. 1976.

Candeloro, op. cit., Bde. VI und VII.

Carocci, Giampiero: Storia d'Italia dall'Unità ad oggi, Mailand 1975.
Croce, Benedetto: Storia d'Italia dal 1871 al 1915, Bari 1928, ¹⁵1967, deutsche Ausgabe Berlin 1928.
Di Lalla, Manlio: Storia del Liberalismo italiano. Dal risorgimento al fascismo, Florenz 1976.
Fonzi, Fausto: I cattolici e la società italiana dopo l'unità, Rom 1953, ³1977.
Gobetti, Piero: Rivoluzione liberale, Turin 1924.
—: Risorgimento senza eroi, Turin 1926.
Hunecke, Volker: Die neuere Literatur zur Geschichte der italienischen Arbeiterbewegung: Archiv f. Sozialgesch. 14 (1974) S. 543—592; 15 (1975) S. 409—451.
Lönne, Karl-Egon: Benedetto Croce als Kritiker seiner Zeit, Tübingen 1967.

Lowe, Cederik James / Frank Marzari: Italian foreign Policy 1870—1940, London 1975.
Mack Smith, Denis: Italy. A modern history, London 1959. Ital. Ausgabe Bari 1959, ^{8}1975.
Manacorda, Gastone (Hrsg.): Il socialismo nella storia d'Italia. Storia documentata dal Risorgimento alla Repubblica, 2 Bde., Bari 1970.
Michels, Robert: Italien von heute. Politische und wirtschaftliche Kulturgeschichte von 1860 bis 1930, Zürich–Leipzig 1930.
Miège, Jean-Louis: L'Imperialisme colonial italien ..., Paris 1968.
Nolte, Ernst: Grundprobleme der italienischen Geschichte nach der Einigung: HZ 200 (1965), S. 332—346.
—: Italien von der Begründung des Nationalstaats bis zum Ende des 1. Weltkriegs, in: Handbuch der europäischen Geschichte, hrsg. v. Th. Schieder, VI (1968), S. 401—432.
Passerin d'Entrèves, Ettore / Konrad Repgen (Hrsg.): Il cattolicesimo politico e sociale in Italia e Germania dal 1870 al 1914, Bologna 1977.
Perticone, Giacomo: L'Italia contemporanea dal 1871 al 1948, Mailand 1962, ^{2}1968.
Procacci, Giuliano: A History of the Italian People, Harmondsworth 1973.
Romeo, Rosario: Deutschland und das geistige Leben in Italien von der Einigung bis zum Ersten Weltkrieg: Saeculum-Jahrbuch 24 (1973), S. 346—366.
Salomone, A. William (Hrsg.): Italy from Risorgimento to Fascism. An inquiry into the origins of the totalitarian state, New Abbot 1971.
Salvemini, Gaetano: La politica estera d'Italia 1871—1914, Florenz 1944, ^{2}1950.
Seton-Watson, Christopher: Italy from Liberalism to Fascism 1870—1925, London 1967. Ital. Ausgabe Bari 1967, ^{2}1973.
Spadolini, Giovanni: I repubblicani dopo l'unità, Florenz ^{2}1963.
Tannenbaum, Eduard R. / Emiliana Pasca-Noether: Modern Italy. A topical history since 1861, New York 1974.
Thayer, John Alden: Italy and the great war. Politics and culture 1870—1915, Madison 1974.
Ullrich, Hartmut: Parlament, Parteien, Wahlen im liberalen Italien: QFIAB 53 (1973), S. 276—317.
Valiani, Leo / Adam Wandruszka (Hrsg.): Il movimento operaio e socialista in Italia e Germania 1870—1920, Bologna 1978.
Vaussard, Maurice: Histoire de l'Italie moderne 1870—1970, Paris 1972.
Webster, Richard: Christian Democracy in Italy 1860—1960, London 1961.
Whittam, John: The Politics of the Italian army 1861—1918, London 1977.

Caracciolo, Alberto (Hrsg.): La formazione dell'Italia industriale ..., Bari 1963, ^{3}1971.

Clough, S. B. / Luigi De Rosa: Storia dell'economia italiana dal 1861 ad oggi, Bologna 1971.
Corbino, Epicarmo: L'economia italiana dal 1860 al 1960, Bologna 1963.
De Rosa, Luigi: La rivoluzione industriale in Italia e il mezzogiorno, Bari 1973.
Luzzatto, Gino: L'economia italiana dal 1861 al 1914, I: 1861—1894, Mailand 1963.
Romeo, Rosario: Breve storia della grande industria in Italia, Bologna 1961.
Sellin, Volker: Kapitalismus und Organisation. Beobachtungen an der Industrialisierung Italiens, in: Heinr. Aug. Winkler (Hrsg.), Organisierter Kapitalismus ..., Göttingen 1974, S. 84—100.
Toniolo, Gianni (Hrsg.): L'economia italiana 1861—1940, Rom-Bari 1973, ²1978.

Einzelne Perioden

1870—1898

Pescosolido, Guido: Stato e Società 1870—1898, Bd. I der Storia dell'Italia contemporanea, diretta da Renzo De Felice, Neapel 1976.

Belardinelli, Mario: Un esperimento liberal-conservatore: i governi di Rudini 1896—1898, Rom 1976.
Carocci, Giampiero: Agostino Depretis e la politica estera italiana dal 1876 al 1887, Turin 1956.
Chabod, Federico: Storia della politica estera italiana dal 1870 al 1896, I: Le premesse, Bari 1951, ²1961.
Fellner, Fritz: Der Dreibund. Europäische Diplomatie vor dem 1. Weltkrieg, München 1960.
Ganci, Massimo: Il caso Crispi, Palermo 1976.
Hunecke, Volker: Arbeiterschaft und industrielle Revolution in Mailand 1853—1892. Zur Entstehungsgeschichte der italienischen Industrie und Arbeiterbewegung, Göttingen 1978.
Italicus: Italiens Dreibundpolitik 1870—1896, München 1928.
Lill, Rudolf: Aus den italienisch-deutschen Beziehungen 1869—1876: QFIAB 46 (1966), S. 399—454.
Mori, Renato: La politica estera di Francesco Crispi 1887—1891, Rom ²1974.
Romano, Salvatore F.: Storia dei Fasci siciliani, Bari 1959.
Romano, Sergio: Crispi. Progetto per una dittatura, Mailand 1973.
Schanderl, Hanns-Dieter: Die Albanienpolitik Österreich-Ungarns und Italiens 1877—1908, Wiesbaden 1971.
Spadolini, Giovanni: L'opposizione cattolica da Porta Pia al '98, Florenz 1966.

1896/98—1914

Gentile, Emilio: L'età giolittiana 1898—1914, Bd. II der Storia dell'Italia contemporanea, diretta da Renzo De Felice, Neapel 1977.

Are, Giuseppe: Economia e politica nell'Italia liberale 1890—1915, Bologna 1974.

Arfè, Gaetano: Storia del socialismo italiano 1892—1926, Turin ²1965.

Bütler, Hugo: Gaetano Salvemini und die italienische Politik vor dem Ersten Weltkrieg, Tübingen 1978.

Carocci, Giampiero: Giolitti e l'età giolittiana, Turin 1961.

Colapietra, Raffaele: Il Novantotto. La crisi politica di fine secolo 1896—1900, Mailand–Rom 1959.

Coppa, Frank J.: Planning, protectionism, and politics in liberal Italy. Economics and politics in the Giolittian age, Washington 1971.

Decleva, Enrico: Da Adua a Sarajewo. La politica estera italiana e la Francia 1896—1914, Bari 1971.

De Felice, Renzo: Mussolini il rivoluzionario 1883—1920, Turin 1965.

De Rosa, Gabriele: Luigi Sturzo, Turin 1977

Gentile, Emilio (Hrsg.): L'Italia giolittiana nell'età dell'imperialismo, Bari 1977.

Hertner, Peter: Banken und Kapitalbildung in der Giolitti-Ära: QFIAB 58 (1978), S. 466—565.

Levra, Umberto: Il colpo di stato della borghesia. La crisi politica di fine secolo in Italia 1896—1900, Mailand 1975.

Malgeri, Francesco: La guerra libica 1911—1912, Rom 1970.

Mammarella, Giuseppe: Riformisti e rivoluzionari nel partito socialista 1900—1912, Padua 1968.

Pepe, Adolfo: Lotta di classe e crisi industriale in Italia. La svolta del 1913, Mailand 1978.

Priester, Karin: Der italienische Faschismus. Ökonomische und ideologische Grundlagen, Köln 1972.

Romano, Salvatore F.: L'Italia del Novecento, Bd. I: L'età giolittiana, Rom 1965.

Rosen, Edgar R.: Giovanni Giolitti. Der Staatsmann und seine Epoche: QFIAB 48 (1968), S. 260—281.

Sagrestani, Marco: Italia di fine secolo. La lotta politico-parlamentare dal 1892 al 1900, Bologna 1976.

Salomone, A. William: Italy in the Giolittian Era. Italian Democracy in the Making 1900—1914, Pennsylvania 1960.

Schieder, Wolfgang: Aspekte des italienischen Imperialismus vor 1914, in: Der moderne Imperialismus, hrsg. von Wolfgang J. Mommsen, Stuttgart 1971, S. 140—171.

Spadolini, Giovanni: Giolitti e i cattolici 1901—1914, Florenz 1960.

—: Il mondo di Giolitti, Florenz 1969.

Tesoro, Marina: I repubblicani nell'età giolittiana ..., Florenz 1978.

Ullrich, Hartmut: Le elezioni del 1913 a Roma. I liberali fra massoneria e Vaticano, Mailand 1972.

Valeri, Nino: Giolitti, Turin 1971.

Webster, Richard A.: Industrial Imperialism in Italy 1908—1915, Univ. California Pr. 1975.

Zu Nationalismus und Irredentismus s. außerdem:

Atti del Convegno di Studi su Cesare Battisti, Trient 1979.

Alexander, Alfred: The Hanging of Wilhelm Oberdan, London 1977, ital. Ausgabe Mailand 1978.

Ara, Angelo: Ricerche sugli Austro-Italiani e l'ultima Austria, Rom 1974.

Benvenuti, Sergio: L'autonomia trentina al Landtag di Innsbruck e al Reichsrat di Vienna ..., Trient 1978.

Corsini, Umberto: Le minoranze italiane nell'Impero Austro-Ungarico, in: Da Caporetto a Vittorio Veneto, Trient 1970.

—: Il Trentino nel secolo XIX, I, Rovereto 1963.

De Grand, Alexander J.: The Italian Nationalist Association and the Rise of Fascism in Italy, Lincoln-London 1978.

Garbari, Maria: La storiografia sull'irredentismo: Studi Trentini di Scienze Storiche LVIII (1979).

Gatterer, Claus: Erbfeindschaft Italien-Österreich, Wien ... 1972.

—: Im Kampf gegen Rom. Bürger, Minderheiten und Autonomien in Italien, Wien ... 1968, Kap. I.

Kramer, Hans: Die Italiener unter der österreichisch-ungarischen Monarchie, Wien-München 1954.

Leoni, Francesco: Origini del nazionalismo italiano, Neapel 1970.

Mayr, Michael: Der italienische Irredentismus. Sein Entstehen und seine Entwicklung vornehmlich in Tirol, Innsbruck 1916.

Perfetti, Franceso: Il nazionalismo italiano dalle origini alla fusione col fascismo, Bologna 1977.

Veiter, Theodor: Die Italiener in der österreichisch-ungarischen Monarchie ..., Wien 1965.

1914/15—1918

Candeloro, op. cit., Bd. VIII.

Mazzetti, Massimo, und Francesco Perfetti: Guerra e fascismo 1915—1929, Bd. III der Storia dell'Italia contemporanea, diretta da Renzo De Felice, Neapel 1978.

Lehmann, Hartmut: Österreich-Ungarn und der italienische Kriegseintritt 1914/15: QFIAB 49 (1970), S. 340—365.

Melograni, Piero: Storia politica della grande guerra 1915—1918, Bari 1969.

Mommsen, Wolfgang J.: Die italienische Frage in der Politik des Reichskanzlers v. Bethmann Hollweg 1914/15: QFIAB 48 (1968), S. 282—308.

Monticone, Alberto: Die deutsch-italienischen Beziehungen während des Ersten Weltkrieges, in: Faschismus-Nationalsozialismus ..., Braunschweig 1964, S. 28—41.

—: Die öffentliche Meinung Italiens gegenüber Deutschland am Vorabend des ersten Weltkrieges, in: Gedenkschrift Martin Göhring, hrsg. von Ernst Schulin, Wiesbaden 1968, S. 266—285.

—, zusammen mit Enzo Forcella: Plotone di esecuzione. I processi della prima guerra mondiale, Bari 1968.

—: La Germania e la neutralità italiana 1914—1915, Bologna 1971.

Muhr, Josef: Die deutsch-italienischen Beziehungen in der Ära des Ersten Weltkrieges 1914—1922, Göttingen 1977.

Pieri, Piero: L'Italia nella prima guerra mondiale 1915—1918, Turin 1960.

Rosen, Edgar R.: Italiens Kriegseintritt im Jahre 1915 als innenpolitisches Problem der Giolitti-Ära: HZ 187 (1959) S. 289—363.

—: Giovanni Giolitti und die italienische Politik im Ersten Weltkrieg: HZ 194 (1962), S. 327—346.

Schieder, Wolfgang: Italien und Deutschland 1914/15: QFIAB 48 (1968), S. 244—259.

Tosi, Luciano: La propaganda italiana all'estero nella prima guerra mondiale ..., Udine 1977.

Valiani, Leo: La dissoluzione dell'Austria-Ungheria, Mailand 1966.

—: Il partito socialista italiano nel periodo della neutralità 1914—1915, Mailand ²1977.

Valeri, Nino: Da Giolitti a Mussolini. Momenti della crisi del liberalismo, Florenz 1956.

Vigezzi, Brunello: L'Italia di fronte alla prima guerra mondiale. I: L'Italia neutrale, Mailand–Neapel 1966.

—: Da Giolitti a Salandra, Florenz 1969.

Zechlin, Egmond: Das 'schlesische Angebot' und die italienische Kriegsgefahr: GWU 14 (1963), S. 533—556.

Schlußkrise des liberalen Staates und Aufstieg des Faschismus

Chabod, Federico: L'Italia contemporanea 1918—1948, Turin 1961 u. ö.; deutsche Ausgabe: Die Entstehung des neuen Italien, Reinbek 1965.
Guichonnet, Paul: Mussolini et le fascisme (‹Que sais-je› N. 1225), Paris 1974.
Mazzetti-Perfetti, op. cit.

De Felice, Renzo: Mussolini il fascista. I: La conquista del potere 1921—1925, Turin 1965.
—: Le interpretazioni del fascismo, Bari 1969; deutsche Ausgabe von Josef Schröder unter Mitarbeit von Josef Muhr, Göttingen 1980.
—: Beobachtungen zu Mussolinis Außenpolitik: Saeculum-Jahrbuch 24 (1973), S. 314—327.
—: Intervista sul fascismo, Rom–Bari 1975; deutsche Ausgabe von Jens Petersen, Sttugart 1977.
—: D'Annunzio politico 1918—1938, Rom–Bari 1978.
Lönne, Karl-Egon: Faschismus als Herausforderung. Die Auseinandersetzung von ›Roter Fahne‹ und ›Vorwärts‹ mit dem italienischen Faschismus 1920—1933, Köln–Wien 1980.
Lyttelton, Adrian: The Seizure of Power. Fascism in Italy 1919—1929, London 1973; ital. Ausgabe Rom-Bari 1974.
Sabbatucci, Giovanni: La crisi italiana del primo dopoguerra, Bari 1976.
Schieder, Theodor: Italien vom Ersten zum Zweiten Weltkrieg, in: Seidlmayer, Geschichte Italiens, S. 447—498.
Tranfaglia, Nicola: Dallo stato liberale al regime fascista, Mailand 1973.
Veneruso, Daniele: La vigilia del fascismo, Bologna 1968.
Vivarelli, Roberto: Il dopoguerra in Italia e l'avvento del fascismo 1918—1922, I, Neapel 1967.

S. a. die auf S. 322 und 325 angeführten Werke von Lowe/Marzari, Manacorda, Michels, Perticone, Procacci, Salomone, Seton-Watson, Valeri und Vaussard.

Zur Musikgeschichte

Den besten Überblick über die Geschichte der italienischen Musik vom Ausgang des Mittelalters bis zum 19. Jahrhundert vermitteln die Beiträge von Nino

Pirrotta, Federico Ghisi, Claudio Sartori, Federico Mompellio, Guglielmo Barblan und Massimo Mila in: Die Musik in Geschichte und Gegenwart, Allgemeine Enzyklopädie der Musik, hrsg. von Friedrich Blume, Bd. 6 (1957), Sp. 1476—1546, mit Bibliographie Sp. 1557—1572.

Gesamtdarstellungen

De'Paoli, Domenico: L'Opera italiana dalle origini all'opera verista, Rom 1955.
Della Corte, Andrea-Guido Pannain: Storia della musica, 3 Bde., Turin ³1952.
Pannain, Guido: Da Monteverdi a Wagner, Mailand 1956.
Mila, Massimo: Breve storia della musica, Turin 1946, ²1963.
Testi, Flavio: Storia della musica italiana da Sant'Ambrogio a noi, Mailand, seit 1969, bisher fünf Bände.

Über die laufende Forschung unterrichten die
Analecta musicologica (Veröffentlichungen der musikgeschichtlichen Abteilung des Deutschen Historischen Instituts in Rom), Köln, seit 1963, bisher 19 Bde.; Bd. 1 hrsg. von Paul Kast, Bd. 2 hrsg. von Helmut Hucke, Bde. 3—19 hrsg. von Friedrich Lippmann;
Die Bände 1—5, 7, 9, 12—15, 17 und 19 enthalten „Studien zur italienisch-deutschen Musikgeschichte" in Form zahlreicher Einzeluntersuchungen. Monographisch angelegt oder einem Gesamtthema zugeordnet sind:

Bd. 6: Friedrich Lippmann, Vincenzo Bellini und die italienische Opera seria seiner Zeit, 1969.
Bd. 8: Wolfgang Witzenmann, Domenico Mazzocchi 1592—1665, 1970.
Bd. 10: Dietrich Kämper, Studien zur instrumentalen Ensemblemusik des 16. Jahrhunderts in Italien, 1970.
Bd. 11: Friedrich Lippmann (Hrsg.), Colloquium ›Verdi-Wagner‹, 1972.
Bd. 16: Reinhard Strohm, Italienische Opernarien des frühen Settecento (1720—1730), 1976.
Bd. 18: Friedrich Lippmann (Hrsg.), Colloquium ›Mozart und Italien‹, 1978.
Bd. 20, eine Studie von Helga Lühning über die Vertonungen von Metastasios Drama ›La clemenza di Tito‹, ist in Vorbereitung.

Vgl. aus der neueren Forschung außerdem:
Abert, Anna Amalie: Claudio Monteverdis Bedeutung für die Entstehung des musikalischen Dramas, Darmstadt 1979.
Pirrotta, Nino: Li due Orfei. Da Poliziano a Monteverdi, Turin 1969, ²1975.
Witzenmann, Wolfgang: Italienische Kirchenmusik des Barock (Forschungsbericht), in: Acta musicologica 48 (1976); die Fortsetzung ist in Vorbereitung.

PERSONENREGISTER

Acton, John 64. 66
Adenauer, Konrad 2
Aehrenthal, Alois Graf v. 251
Agnelli, Giovanni 241
Alba, Fernando Herzog von 10
Albani 54. 58
Albani, Alessandro 58
Alberoni, Giulio 33. 53
Albertini, Luigi 245. 284
Albrecht, Erzherzog von Österreich 189
Aldini, Antonio 82
Aldobrandini 24
Alexander I., Zar 78. 92
Alexander II., Zar 171
Alexander, Alfred 206
Alfieri, Vittorio 41. 87
Alighieri, Dante 38
Altieri 24
Andrássy, Julius Graf v. 200. 213
Angeloni, Luigi 104. 115
Antonelli, Giacomo 76. 131 f. 137. 158. 172. 183. 189. 228
Antonelli, Pietro 228 f.
(Savoyen-)Aosta, Emanuel Filibert, Herzog von 285. 297
Ara, Angelo 227
Aretin, Karl Otmar v. 42. 43
Armellini, Carlo 137
Augereau, Pierre François Charles 68
Avarna, Giuseppe Herzog von 256. 273

Bach, Johann Sebastian 29. 60

Badoglio, Pietro 285
Bakunin, Michail 191
Balbo, Cesare Graf 99. 107. 118. 123 f. 128. 135
Balbo, Italo 296
Baldissera, Antonio 228
Ballin, Albert 269
Bandiera, Attilio 115 f.
Bandiera, Emilio 115 f.
Bandini, Salustio 39
Baraldi, Giuseppe 105
Baratieri, Oreste 229 f.
Barberini 24
Barelli, Agostino 28
Baronio, Cesare 15
Barral, Giulio Cesare Graf 188
Barrère, Camille 242. 272
Barrès, Maurice 254
Barzilai, Salvatore 278
Battisti, Cesare 258. 287
Bava-Beccaris, Fiorenzo 236 f.
Beauharnais, Eugène, Vizekönig von Italien 80 f. 87
Beccaria, Cesare, Marchese 40. 46. 49
Bellarmino, Roberto 15
Bellegarde, Heinrich Joseph Graf 96 f.
Bellini, Vincenzo 107
Bellotto-Canaletto, Bernardo 59
Benedek, Ludwig v. 170
Benedikt XIV., Papst 53. 57 f.
Benedikt XV., Papst 265. 280. 282. 289
Bentinck, William, Lord 86

Personenregister

Berchet, Giovanni 41
Berchtold, Leopold Graf 268
Berlinguer, Enrico Marchese 211
Bernetti, Tommaso 110. 125
Bernini, Gian Lorenzo 25 f. 28. 58
Bertani, Agostino 177
Berthier, Alexandre 68. 71 f.
Berti, Domenico 206
Bethmann Hollweg, Theobald v. 262. 269. 274
Beust, Friedrich Ferdinand Graf v. 191 f.
Bianco di St. Jorioz, Carlo Angelo 113
Bismarck, Otto Fürst v. 141. 163. 167. 187—190. 192. 200 f. 207. 213. 215 f. 223 f. 229. 235. 237
Bissolati, Leonida 231. 237. 246. 267. 278. 284 f.
Bixio, Nino 128. 175
Bogino, Giovanni Battista Graf 53
Bollati, Riccardo 265
Bonald, Louis Gabriel de 104
Bonaparte s. Napoleon I.
Bonaparte, Jérôme, Prinz 168
Bonaparte, Joseph, König von Neapel 78. 80. 85
Bonaparte, Louis, König von Holland 80
Bonaparte-Borghese, Paolina Fürstin 88
Bonomi, Ivanoe 278
Borelli, Giacinto 130
Borghese 24
Boroević v. Bojna, Svetozar v. 277. 286
Borromeo, Carlo 15. 26
Borromini, Francesco 26. 28
Boselli, Paolo 278 f. 281 f.
Botta, Carlo 41
Boulanger, Georges 224

Bovara, Stanislao 82
Bovio, Giovanni 209
Bracci, Pietro 58
Bracher, Karl Dietrich 293
Bragadin, Marcantonio 8
Breda, Stefano 219
Breme, Ludovico di 99
Bruno, Giordano 17. 37. 208
Bülow, Bernhard Fürst v. 235. 269. 272 f.
Bulferetti, Luigi 42
Bunsen, Christian Karl Ferdinand Graf v. 1. 89
Buol-Schauenstein, Karl Ferdinand Graf v. 164
Buonarroti, Filippo 66. 104. 111. 114 f.
Buonarroti, Michelangelo 24 f.
Burckhardt, Jakob 1. 2. 5
Buriàn, Stafan Graf v. 268
Burke, Edmund 104

Cadorna, Carlo Graf 162
Cadorna, Luigi Graf 265. 276 f. 280 ff.
Cadorna, Raffaele Graf 182. 193
Cairoli, Benedetto 205. 211 f. 217
Caldara, Antonio 61
Cambray-Digny, Luigi Guglielmo Graf 191
Campanella, Federico 115
Campanella, Tommaso 17
Canal (Canaletto), Antonio 58 f.
Candeloro, Giorgio 202. 233
Canino (Bonaparte), Luciano Fürst von 117
Canosa, Antonio Fürst von 100. 102. 105
Canova, Antonio 88 f.
Capponi, Gino 105. 123. 136
Caprivi, Leo Graf v. 223

Personenregister

Caracciolo, Domenico Marchese 52
Caraffa, Giovanni Fürst 34
Caramanico, Francesco Maria Fürst 52
Carducci, Giosuè 160. 207. 255
Carini, Giacinto 129. 175
Carissimi, Giacomo 29
Carlone 61
Carlone, Carlo 27
Carlone, Giovanni Battista 28
Carnot, Sadi 236
Casati, Gabrio 133
Castlereagh, Robert Stuart Viscount 87. 92
Cattaneo, Carlo 117. 129. 133f.
Cavallotti, Felice 209. 229. 234. 236
Caviglia, Enrico 285
Cavour, Camillo Benso Graf 91. 116. 121ff. 128. 133. 138. 141. 143. 149. 159—170. 172—178. 180—184. 202f. 211. 244
Championnet, Jean-Etienne 73f.
Chigi 24
Chigi, Fabio 12
Ciaia, Ignazio 73
Cialdini, Enrico 183f.
Cimarosa, Domenico 60
Clemenceau, Georges 230. 289
Clemens XI., Papst 32. 53f. 58
Clemens XII., Papst 53f. 57
Clemens XIII., Papst 53. 57. 88
Clemens XIV., Papst 54. 57. 88
Cobenzl, Ludwig Graf v. 78
Colajanni, Napoleone 234
Colonna 24
Confalonieri, Federico Graf 87. 103
Conrad v. Hötzendorf, Franz Graf 250. 277. 281. 286
Consalvi, Ercole 76. 77. 88f. 92. 99f. 110
Coppino, Michele 209

Corboli-Bussi, Giovanni 125
Corelli, Arcangelo 29. 59
Corradini, Enrico 254f. 257. 267
Corsini 54
Corsini, Neri 98
Corsini, Umberto 227
Cortona, Pietro da 26
Cosimo I., Großherzog der Toskana 11
Costa, Andrea 199. 210
Credaro, Luigi 248
Crispi, Francesco 130. 166. 176. 181. 201. 205f. 208. 211. 213. 222 —230. 232. 234ff. 238. 242—245. 254. 278
Cristiani, Beltrame Graf 44
Croce, Benedetto 39. 62. 91. 163. 202. 253f.
Czernin, Ottokar Graf 283

D'Alembert, Jean le Rond 53
Dallolio, Alfredo 279
D'Annunzio, Gabriele 5. 190. 254. 267f. 272f. 282. 291f.
Daudet, Léon 254
D'Azeglio s. Taparelli
De Felice, Renzo 293. 296
De Gasperi, Alcide 2
De Gasperi, Giambattista 45. 205
Del Carretto, Francesco Saverio 113. 128
De Launay, Edoardo 201. 214
De Mauro, Tullio 107
Depretis, Agostino 201. 205f. 208—212. 216f. 219f. 222. 226
De Sanctis, Francesco 181. 186. 206. 253
Diaz, Armando 282. 285ff.
Dientzenhofer, Johann 28
Dörrenhaus, Fritz 151
Donizetti, Gaetano 107

Doria-Pamphili 24
Drouyn de Lhuys, Edouard 184
Dunant, Henri 170
Du Tillot, Guilleaume-Léon 50

Elisabeth, Kaiserin von Österreich 236
Emanuel Filibert, Herzog von Savoyen 10f. 18
Erhard, Ludwig 212
Erzberger, Matthias 269
Eugen von Savoyen, Prinz 12. 31—35

Fabrizi, Nicola 115f.
Fanti, Manfredo 178
Farinacci, Roberto 296
Farini, Luigi Carlo 126. 170. 174. 178f. 184
Farnese 13f. 24. 34
Farnese, Alessandro 24
Farnese, Elisabeth 33ff.
Farnese, Ottavio 14
Farnese, Pierluigi 13f.
Federzoni, Luigi 255
Fein, Georg 114
Ferdinand II., römischer Kaiser 18
Ferdinand IV., König von Neapel, als F. I. König beider Sizilien 37. 51. 58. 73. 76. 80. 86. 95. 100
Ferdinand II., König beider Sizilien 108. 113. 127. 130. 134. 137. 139. 159
Ferdinand III., Großherzog der Toskana 48. 65. 95. 98
Ferdinand, Herzog von Modena 37
Ferdinand, Herzog von Parma 37
Ferrari, Giuseppe 129. 134
Ferri, Enrico 246
Filangieri, Gaetano 39. 51f. 137
Filzi, Fabio 258

Fiquelmont, Karl Ludwig Graf v. 126
Firmian, Carl Graf 44
Fischer v. Erlach, Johann Bernhard 28. 43
Fonzi, Fausto 244
Fortis, Alessandro 244
Fortunato, Giustino 221
Foscolo, Ugo 86f.
Fossombroni, Vittorio Graf 98. 100
Francovich, Carlo 66
Franklin, Benjamin 39
Franz (I.) Stephan, Großherzog der Toskana, römischer Kaiser 11. 34f. 37. 44
Franz II., römischer Kaiser, als F. I. Kaiser von Österreich, König von Lombardo-Venetien 48. 65. 96
Franz Joseph, Kaiser von Österreich, König von Lombardo-Venetien 138. 158. 164. 170—173. 188ff. 201. 250. 273. 276
Franz II., König beider Sizilien 159. 177. 179
Franz IV., Herzog von Modena 108
Franz Ferdinand, Erzherzog von Österreich 250. 262
Frescobaldi, Girolamo 29
Friedrich II., römischer Kaiser 19
Friedrich II., d. Gr., König von Preußen 36. 42. 68
Friedrich Wilhelm IV., König von Preußen 89
Frisi, Paolo 46
Fuga, Ferdinando 57
Furlani, Silvio 94

Gabrieli, Andrea 29
Gabrieli, Giovanni 29
Galasso, Giuseppe 82. 203
Galiani, Celestino 39
Galiani, Ferdinando 39. 52

Personenregister

Galilei, Alessandro 57
Galilei, Galileo 17. 37
Garampi, Giuseppe 57
Garbari, Maria 227
Garibaldi, Anita 140
Garibaldi, Giuseppe 72. 76. 114 ff. 128. 135. 138 ff. 169. 172. 175 —179. 183—186. 189. 193. 203 f. 206. 208. 220. 266. 297
Genovesi, Antonio 38 f. 45. 52
Gentile, Giovanni 120. 163. 253
Gentiloni, Ottorino 247
Gentz, Friedrich v. 92. 101 f.
Gerschenkron, Alexander 241
Ghisalberti, Alberto M. 202
Gianni, Francesco 48. 50
Giannone, Pietro 6. 38. 51. 115
Giardina, Gaetano E. 285
Gibbon, Edward 38
Gioberti, Vincenzo 5. 16. 117. 119—123. 125. 128 f. 136 f. 160 f. 254
Giolitti, Giovanni 92. 205. 222. 226. 229. 234. 237—241. 243—256. 258—263. 265 f. 268 ff. 272 f. 278 ff. 283. 288. 291. 294 f.
Gizzi, Pasquale 125
Gluck, Christoph Willibald v. 60
Goethe, Johann Wolfgang v. 1. 2. 39. 58. 107
Goldoni, Carlo 40 f. 59
Gonzaga 28 f.
Govone, Giuseppe 188
Gramsci, Antonio 202
Grandi, Dino 296
Gregor XIII., Papst 15 f.
Gregor XVI., Papst 109 f. 120. 125. 152. 186
Gregorovius, Ferdinand 1. 159
Grimaldi, Vincenzo 32
Guardi, Francesco 58 f.

Guarini, Guarino 28
Guerrazzi, Francesco Domenico 136
Gustav Adolf, König von Schweden 18
Gyulai, Ferencz Graf 170

Haller, Karl Ludwig v. 105
Hamilton, William 73
Händel, Georg Friedrich 60
Hasler, Hans Leo 29
Hegel, Georg Wilhelm Friedrich 39. 120. 186. 253
Hehn, Victor 1
Heine, Heinrich 2
Heinrich II., König von Frankreich 10
Herbart, Johann Friedrich 253
Herder, Johann Gottfried 39
Hitler, Adolf 254. 293. 297
Hofer, Andreas 81
Hontheim, Johann Nikolaus v. 53
Huch, Ricarda 103
Humbert I., König von Italien 206. 207. 214. 236. 238
Humboldt, Wilhelm v. 89

Ignatius von Loyola 13. 26
Imbriani-Poerio, Matteo Renato 206. 227. 254
Imperiali, Guglielmo, Marchese 265. 269. 271
Innozenz X., Papst 12
Isabella, Herzogin von Parma 37

Jacini, Stefano 209. 218. 232
Jacopone da Todi 17
Johannes XXIII., Papst 233
Johannes IV., Kaiser von Äthiopien (Abessinien) 228
Joseph I., römischer Kaiser 32

Joseph II., römischer Kaiser 3. 37. 40. 42. 45. 47f. 54. 64f.
Joubert, Barthélemy-Catherine 74
Juvara, Filippo 31

Kanzler, Hermann 185
Karl I., Kaiser von Österreich 281. 283
Karl V., römischer Kaiser, König von Spanien 10. 32
Karl VI., römischer Kaiser 32 ff. 43 f.
Karl, Erzherzog von Österreich 70. 74
Karl (IV.), König von Neapel (als K. III. König von Spanien) 33 f. 37. 51. 58 f.
Karl Albert, König von Sardinien 102. 109. 111. 114. 124. 127—131. 133 ff. 138. 148 f. 161
Karl Emanuel III., König von Sardinien 34. 52
Karl Emanuel IV., König von Sardinien 74
Karl Felix, König von Sardinien 102. 109
Karl Theodor, Kurfürst von Pfalz-Bayern 54
Katharina von Siena 17
Kaunitz-Rietberg, Wenzel Anton Fürst 35 f. 44
Kestner, August 89
Kraus, Franz Xaver 202
Kuliscioff, Anna 231. 237

Labriola, Antonio 231. 253. 259
La Farina, Giuseppe 166. 176
La Marmora, Alfonso Graf 165. 167. 172 f. 185. 187 ff.
Lamberti, Giuseppe 115
Lambruschini, Luigi 125
Lambruschini, Raffaele 106. 123

Lamennais, Hugues-Félicité-Robert de 104 f.
Lamoricière, Christophe-Louis-Léon de 178
Lampertico, Fedele 217
Lanza, Giovanni 162. 192. 199
Lauberg, Carlo 73
Lehmann, Hartmut 264
Leo XII., Papst 100. 152
Leo XIII., Papst 194. 207. 213. 232 f. 247. 265
Leopardi. Giacomo 106
Leopold I., römischer Kaiser 31 f.
Leopold II., römischer Kaiser, zuvor als (Peter) Leopold I. Großherzog der Toskana 37. 42. 43. 45. 47—50. 57. 61. 64 ff. 85 f. 105. 150
Leopold II., Großherzog der Toskana 117. 128. 130. 138. 151. 159
Liechtenstein, Joseph Wenzel Fürst 35
Lloyd George, David 282. 289
Locke, John 39
Longhena, Baldassare 26
Lönne, Karl Egon 2
Louis Philippe, König von Frankreich 109
Ludovisi 24
Ludwig I., König von Bayern 89
Ludwig XIII., König von Frankreich 17
Ludwig XIV., König von Frankreich 18. 66
Luzzatti, Luigi 217. 244

Macchio, Karl Frhr. v. 269. 272
MacDonald, Alexandre 74
Machiavelli, Niccolò 4. 6. 28. 221
MacMahon, Marie Edme Patrice Maurice 170. 200
Mack Smith, Denis 163. 203

Personenregister

Maistre, Joseph-Marie Graf 99. 104. 120
Mameli, Goffredo 128. 160
Mamiani, Terenzio 120
Mancini, Pasquale Stanislao 206. 214 ff.
Manfredini, Federico Marchese 67
Manin, Daniele 128. 133. 136. 140. 166
Mann, Golo 202
Manzoni, Alessandro 41. 106 f. 118. 181
Marcellus II., Papst 14. 29
Marchionni, Carlo 58
Marenzio, Luca 29
Margarete, Herzogin von Parma 14
Margherita, Königin von Italien 207. 297
Maria Amalia, Herzogin von Parma 37. 50 f.
Maria Beatrice, Herzogin von Modena 37
Maria Karolina, Königin von Neapel 37. 51. 58. 64. 67. 73. 76. 80
Maria Luisa, Großherzogin der Toskana 37
Maria Theresia, römische Kaiserin 3. 34 f. 37. 42. 44. 46. 47. 65. 96
Marie Antoinette, Königin von Frankreich 67
Marie-Louise, französische Kaiserin, Herzogin von Parma 95
Marinetti, Filippo Tommaso 254. 256
Martini, Carl Anton v. 45
Marx, Karl 113. 246. 294
Masséna, André 68. 77
Mauras, Charles 254
Maximilian, Erzherzog von Österreich, Kaiser von Mexiko 158
Mazzini, Giuseppe 5. 72. 111—116. 118 f. 121 f. 129. 134—138. 140. 158. 161. 169. 172. 176 f. 183. 185. 187. 191. 193. 199 f. 204. 223. 227. 254. 258. 266. 284. 297
Mazzolà, Caterino 61
Meda, Filippo 232
Medici 28. 34. 100
Medici, Luigi dei 100. 102
Melegari, Luigi Amedeo 113
Melograni, Piero 264
Melzi d'Eril, Francesco Herzog 79. 82 f. 87
Menabrea, Luigi Federico Graf 185. 191
Menelik II., Kaiser von Äthiopien (Abessinien) 228 ff.
Mengs, Anton Raphael 57 f. 89
Mensdorff-Pouilly, Alexander Graf v. 188
Mercantini, Luigi 160
Mercy, Florimond Graf 34
Metastasio, Pietro 61
Metternich, Klemens Lothar Fürst 88. 92 f. 96 ff. 100 ff. 109 f. 118. 124. 126. 132. 153
Miccoli, Giovanni 233
Michelet, Jules 39
Miloro, Pasquale 129
Minghetti, Marco 126. 184 f. 198 —202. 211. 235
Mittermaier, Karl 106
Molière, Jean Baptiste 40
Moltke, Helmuth Graf v. 188
Mommsen, Theodor 1
Mommsen, Wolfgang 264
Montani, Giuseppe 106
Montecuccoli, Raimondo Graf 12
Monteverdi, Claudio 29
Monticone, Alberto 264
Montini, Giovanni Battista, s. Paul VI.
Moravia, Alberto 153
Moreau, Jean Victor 74. 78
Morelli, Emilia 163

Morone, Giovanni 14
Mozart, Wolfgang Amadeus 60 f.
Muhr, Josef 264
Murat, Joachim, König von Neapel 68. 80 f. 85. 87. 95 f. 100 f. 113
Muratori, Ludovico Antonio 32. 41. 45
Murri, Romolo 247 f.
Mussolini, Benito 4 f. 7. 19. 120. 158. 190. 200. 205. 211. 213. 230. 235. 240. 247. 252. 254 f. 257 f. 261 f. 266 ff. 272 f. 280. 282. 285. 288 f. 291—297

Napoleon I., Kaiser der Franzosen, König von Italien 36. 62 f. 67—74. 77—84. 87 f. 92. 95 f. 141. 171. 276
Napoleon III., Kaiser der Franzosen 108. 135. 139. 162 f. 165—178. 182—185. 187. 189 f. 192. 201
Nazzari, Giovanni Battista 128
Nelson, Horatio 73. 76. 80
Nenni, Pietro 252
Neri, Filippo 15
Neri, Pompeo 39. 45. 48
Neumann, Balthasar 28
Nicotera, Giovanni 205
Niebuhr, Berthold Georg 89
Nietzsche, Friedrich 254. 294
Nitti, Francesco Saverio 240. 282. 284. 290. 292
Nugent, Laval Graf 134

Oberdan, Guglielmo 206
Ochino, Bernardino 14
Odescalchi 24
Omodeo, Adolfo 91. 163. 202
Orlando, Vittorio Emanuele 257. 278. 281 ff. 284 ff. 289 f.
Orsini 24
Orsini, Felice 167

Oudinot, Nicolas-Charles-Victor 139
Overbeck, Johann Friedrich 89

Pacelli, Eugenio, s. Pius XII.
Paganuzzi, Giovanni Battista 232
Paisiello, Giovanni 60
Palazzi, Giovanni 28
Paleotti, Gabriele 15
Palestrina, Giovanni Pierluigi da 29
Palladio, Andrea 9. 27. 58
Pallavicino, Giorgio Marchese 103. 166
Palmerston, Henry John Temple 166. 171. 173
Paoli, Pasquale 36
Papini, Giovanni 254 f. 267
Pareto, Vilfredo 294
Parini, Giuseppe 40. 46
Passerin d'Entrèves, Ettore 42
Paul III., Papst 13. 14. 24. 50
Paul IV., Papst 10. 14
Paul V., Papst 18. 25
Paul VI., Papst 233
Paul I., Zar 77 f.
Pellico, Silvio 99. 103
Pelloux, Luigi Girolamo 237 f. 242
Pepe, Guglielmo 101
Pergolesi, Giovanni Battista 60
Pescosolido, Guido 233. 241
Petrarca, Francesco 4 f.
Philipp, Herzog von Parma 33. 35
Philipp II., König von Spanien 10. 14
Philipp V., König von Spanien 32 f.
Pianell, Giuseppe Salvatore 177
Piazzetta, Giovanni Battista 58 f.
Pilo, Rosolino 129
Piovene, Guido 152
Piranesi, Giambattista 57
Pisacane, Carlo 167
Pitt, William, Earl of Chatham 67. 78

Personenregister

Pius V., Papst 8. 15
Pius VI., Papst 54. 57. 63. 70. 72. 77
Pius VII., Papst 76. 77. 80 f. 83. 88 f. 99
Pius VIII., Papst 108
Pius IX., Papst 110. 125 f. 128—132. 136 ff. 158. 161. 172 f. 179. 183. 186. 192 ff. 206. 208. 228
Pius X., Papst 247
Pius XII., Papst 265
Platner, Ernst 1
Poerio, Alessandro 160
Poerio, Carlo 159
Pole, Reginald 14
Porta, Giacomo della 24 f.
Portner, Ernst 2
Pozzo, Andrea 27
Prezzolino, Giuseppe 254 f. 267
Prina, Giuseppe 82
Prinetti, Giulio 242

Radetzky, Johann Josef Graf 133 ff. 138. 157. 236
Radini-Tedeschi, Giacomo Maria 233
Ragionieri, Ernesto 202
Rattazzi, Urbano 162 f. 167. 172. 183 ff. 201
Raumer, Friedrich v. 1
Rauschenplatt, Johann Ernst A. v. 114
Rechberg, Johann Bernhard Graf 173. 188
Reumont, Alfred v. 106
Ricasoli, Bettino Baron 106. 123. 126. 159. 170. 174. 183 f. 189
Ricci, Scipione de' 50
Richelieu, Armand-Jean, Herzog v. 17 f. 66
Ridolfi, Cosimo 106
Robespierre, Maximilien de 66

Robilant, Carlo Felice Nicolis Graf 214. 216
Rocco, Alfredo 255 f. 267
Röchling, Fritz 269
Roederer, Pierre-Louis 82
Romeo, Rosario 163. 203. 241
Rommel, Erwin 281
Ronchey, Alberto 195
Rosen, Edgar R. 245
Rosenberg-Orsini, Franz-Xaver Graf 47
Rosmini-Serbati, Antonio 118 f. 137
Rossi, Pellegrino Graf 136. 137
Rossini, Gioacchino 107
Rousseau, Jean-Jacques 39. 104
Rucellai, Giulio 48
Rudinì, Antonio Starabba di, Marchese 222 f. 229. 235 ff.
Ruffini, Gianbattista 113. 115
Ruffo di Baranello, Fabrizio 54. 75
Russell, John Graf 173

Sabelberg, Elmar 151
Saffi, Aurelio 137. 199
Saint-Simon, Claude Henry de 113
Salandra, Antonio 245. 259. 261. 263 f. 268—275. 283. 288. 295
Salieri, Antonio 61
Salvemini, Gaetano 240. 245. 267. 284
Salvotti, Antonio Frhr. v. 103
San Giuliano, Antonio Marchese 251 f. 261. 263 f. 268. 270
Santarosa, Santorre Annibale Graf 99
Saracco, Giuseppe 238. 242
Sarpi, Paolo 18
Savonarola, Girolamo 17. 106. 221
Scamozzi, Vincenzo 27
Scarlatti, Alessandro 60
Scarlatti, Domenico 60

Schieder, Theodor 202. 293
Schiller, Friedrich v. 5
Schütz, Heinrich 29
Schwarzenberg, Felix Fürst 138
Sciascia, Leonardo 7
Sella, Quintino 191 f. 199
Sellin, Volker 212
Sercognani, Giuseppe 109
Sestan, Ernesto 5
Settembrini, Luigi 127. 159
Settimo, Ruggiero 130
Siccardi, Giuseppe Graf 161
Sighele, Scipio 258
Sixtus V., Papst 15. 25
Solari, Santino 27
Solaro della Margarita, Clemente 124
Sombart, Werner 23
Sonnino, Sydney Baron 226. 230. 236 f. 239 f. 244 f. 248. 257. 259. 261. 264. 269—272. 274 f. 278 f. 282. 284 ff. 288 f.
Sorel, Georges 294
Spannochi, Bonaventura 82
Spaventa, Bertrando 186. 231
Spaventa, Silvio 201. 253
Sperges, Josef v. 44
Srbik, Heinrich v. 93
Stabile, Mariano 130
Staël, Anne Louise Germaine de 97
Stanislaus Leszczynski, König von Polen 34
Strassoldo, Giulio Giuseppe Graf 97
Stürgkh, Karl Graf 268
Sturzo, Luigi 245. 248. 289. 295
Sustris, Friedrich 27
Suworow, Alexander Wassiljewitsch Graf 74. 77

Talleyrand, Charles Maurice, Herzog v. 79
Tamburini, Pietro 46

Tanucci, Bernardo Marchese 51 f. 58
Taparelli d'Azeglio, Cesare 105
Taparelli d'Azeglio, Massimo 123 f. 126. 129. 138. 152. 160 ff.
Tavanti, Angelo 48
Tegetthoff, Wilhelm v. 189
Thaon di Revel, Carlo Francesco Marchese 75
Thorwaldsen, Bertel 89
Thugut, Franz de Paula, Frhr. v. 67. 70 f. 73. 77 f.
Thurn und Valsassina, Georg v. 134
Tiepolo, Domenico 59
Tiepolo, Giovanni Battista 9. 58 f.
Tiepolo, Lorenzo 59
Tiraboschi, Girolamo 41
Tittoni, Tommaso 248. 250 f. 290
Tolomei, Ettore 257 f. 267. 268 f. 290
Tommaseo, Niccolò 106. 128. 133
Tommasi, Salvatore 187
Toniolo, Giuseppe 232 f.
Torelli, Giuseppe 29
Torlonia 54
Toynbee, Arnold J. 221
Treitschke, Heinrich v. 202
Turati, Filippo 231. 237. 246. 285. 295

Ullrich, Hartmut 245
Urban VIII., Papst 25

Valadier, Giuseppe 88
Valiani, Leo 264
Valsecchi, Franco 4 f. 42. 202
Vanvitelli, Luigi 58
Visconti-Venosta, Emilio 192. 199 f. 235. 242
Ventura, Gioacchino 105
Venturi, Franco 42
Verdi, Giuseppe 160
Vermigli, Pietro 14

Verri, Alessandro Graf 39
Verri, Pietro Graf 39f. 45ff.
Vicini, Giovanni 108f.
Vico, Giambattista 38f. 253
Vieusseux, Gian Pietro 105
Vigezzi, Brunello 264
Vignola Giacomo da 24f.
Viktor Amadeus II., Herzog von Savoyen 31. 33
Viktor Amadeus III., König von Sardinien 52. 64. 67. 68
Viktor Emanuel I., König von Sardinien 98. 102
Viktor Emanuel II., König von Sardinien, seit 1861 von Italien 138. 160. 164. 167f. 171f. 174f. 178f. 192. 195. 200f. 206
Viktor Emanuel III., König von Italien 238. 268. 272. 288. 292. 297
Villani, Pasquale 83
Villari, Pasquale 186. 221
Virchow, Rudolf 186

Vivaldi, Antonio 29. 59
Volta, Alessandro 46
Voltaire, François Marie Arouet 38

Walewski, Alexandre Graf 167
Wandruszka, Adam 42. 61. 94
Weber v. Webenau, Viktor 287
Wilhelm I., König von Preußen, Deutscher Kaiser 167. 171. 201
Wilhelm II., König von Preußen, Deutscher Kaiser 235. 250f.
Wilson, Thomas Woodrow 257. 282. 284. 289f.
Winckelmann, Johann Joachim 1. 57f. 89
Windischgrätz, Alfred Fürst 135
Witte, Karl 106

Zanardelli, Giuseppe 206. 209. 211. 222. 225. 234. 238ff.
Zangheri, R. 241
Zola, Giuseppe 46
Zuccali, Enrico 28

ORTS- UND SACHREGISTER

Abkürzungen: (Fr) = Friedensvertrag; (S) = Schlacht; Kgr. = Königreich

Aachen (Fr) 35. 36. 44
Abessinien s. Ost-Afrika
Abruzzen 19. 152. 154. 177
Absolutismus 8 ff. 11. 20. 24. 25. 26. 27. 43. 47. 86. 93. 98 f. 131. 137. 159. 162
— aufgeklärter A. 3. 17. 36—52. 56. 62. 77. 82. 91. 93. 98. 141
Action française 254
Adel 9.10 f. 19. 23. 24. 46. 54. 55. 56. 62 f. 83. 85. 98. 100. 108. 116. 129 f. 131. 147. 150. 152 f. 154 f. 167. 207
Adelsprivilegien 20. 45. 49. 51. 52. 64. 98. 148. 149. 156. 166
Adua (S) 207. 222. 229. 230. 267
Ägypten 250
Afrikanische Aspirationen 213. 214. 219. 222. 223. 234 f. 242. 256. 271
— Nord-A. 214. 216. 222 ff. 228. 235. 242. 250 ff.
— Ost-A. 215 f. 223. 228 ff. 234
Agrarier s. Großgrundbesitzer, Landwirtschaft
Agrarkapitalismus 9. 46. 64. 85. 142. 145 f. 147. 149. 152
Agrarkrise 92. 100. 197. 210. 217 f. 221
Aktionspartei 116
Albanien 71. 235. 242. 253. 269. 271. 272. 277
Anarchismus 20. 150. 199. 229. 231. 236. 262
Ancona 80. 85. 109. 153. 261

Ansaldo-Konzern 283
Antalya 271
Antike 1. 27. 57 f. 69. 71. 88 f. 112. 195. 258
Antiklerikalismus 6 f. 17. 38. 186 f. 204 f. 208 f. 225
Antologia 105 f. 117
Apulien 19. 154. 196. 249
Arbeiterbewegung 115. 147. 191. 199. 226. 231 f. 238. 239. 240. 244. 245. 281
Archivio per l'Alto Adige 257
Archivio storico italiano 117
Arcole (S) 68
Arsiero (S) 277
Asiago (S) 277. 280
Asmara 229
Aspromonte (S) 184
Assab 215
Aufklärung 6. 9. 37—53. 55. 82. 104. 110. 111
Aufschwung der Wirtschaft 45—49. 103. 108. 142 f. 196 ff. 236. 241. 244. 248 f. 274
Aufstände s. Revolution
Außenpolitik s. Italien, Kgr.
Austerlitz (S) 80
Avanti 231. 252
Avignon 12. 70. 95

Bainsizza (S) 280
Balkan 213. 214. 216. 223. 224. 235. 252. 264. 267. 274. 285

Banken, Bankwesen 8. 20. 55. 145.
  147. 149. 151. 156. 161. 197. 219.
  221. 226 f. 229. 241. 249. 252. 283
Barbaresken 8
Bari 19. 156
Barock 13. 16. 23. 24—30. 37. 57.
  60. 195
Basilikata 19. 154. 196
Bassano (S) 68. 282
Bauern 20. 43. 48 f. 64. 73. 85. 145.
  147. 154. 157. 182. 275
Bauindustrie 195. 198. 220
Baumwollproduktion 46. 146. 149.
  155. 197
Bayern 80. 273
Belgien 104. 108. 115. 119. 121. 266
Belluno 146
Benevent 12
Bergamo 144 f.
Berlin 59. 200
  B.er Kongreß 213 f.
Besitz und Bildung 82. 116. 162. 210;
  s. a. Moderati, Zensuswahlrecht
Bevölkerungsentwicklungen 22. 51.
  56. 143. 144. 148. 152. 153. 154.
  198. 220. 244
Biblioteca Italiana 97
Bildungspolitik 16 f. 42. 46. 52. 57.
  83. 96. 97, s. weiter Italien, Kgr.
Bitonto (S) 34
Böhmen 28
Bologna 4. 66. 68. 70. 74. 83. 108 f.
  126. 152. 170
Bonifizierungen 49. 54. 148. 151
Bosnien 214
Bozen 81
Breisgau 70
Brenner, Brennergrenze 140 f. 257 f.
  269. 271. 280. 284
Brescia 144 f.
Briganten 21. 179. 182 f.

Brixen 270
Brüssel 119
Bürgerlich-liberale Vorherrschaft 71.
  178 ff. 183. 209. 212. 230. 232. 236.
  237. 260. 261. 268. 274
Bürgertum 3. 8 f. 20. 45 f. 53. 56.
  62 ff. 65. 70. 71 f. 73. 82. 83. 84. 85.
  91. 93. 98. 99. 100. 101. 108. 116.
  121 ff. 129 f. 131. 132. 141. 142.
  143. 144. 147. 149. 150. 153. 154 f.
  167. 170. 178. 180. 188. 202 f. 204.
  210. 212. 225. 226. 227. 228. 231.
  233. 236. 254. 255. 258 f. 262. 287
Bürokratie 6. 42. 45. 47. 83. 86. 96.
  180 f. 184. 195. 239. 248

Cagliari 18. 53
Calatafimi (S) 175
Camorra 21
Campo Formio (Fr) 70 f. 72. 78 f.
Caporetto s. Karfreit
Caprarola 24
Capua 177
Carboneria 100. 101 f. 108. 111
Caserta 58. 155. 156
Casse rurali 233
Castiglione (S) 68
Castro 12
Cateau-Cambrèsis (Fr) 10. 14
Cave (Fr) 10
Chemische Industrie 241
Christliche Demokratie 22. 219. 233.
  234. 245. 246. 247 f. 260
Cisalpinische Republik 70. 71 f. 79.
  82. 299
Cispadanische Republik 70
Città Castellana 109
Civitavecchia 85. 153
Club Alpino Italiano 256
Comacchio 32. 53
Como 46. 144

Conciliatore 97. 99. 105
Corriere della Sera 245. 267
Cremona 145
Custoza (S) 135. 189. 267. 273
Cypern 8. 214
Cyrenaika s. Libyen

Dalmatien 71. 76. 81. 270. 271. 285
„Dekadenz" Italiens 7—24. 52—56. 118. 142
Demokraten, Demokratisierung 66. 70. 71. 72. 76. 83. 104. 106. 111 f. 114 f. 126. 128. 129 f. 136. 141. 160. 162. 175—179. 182. 183. 202 f. 204. 223. 225. 239. 248. 256. 258. 266. 268. 271 f. 278. 285. 290. 292. 293
Deutscher Bund 94. 96. 188 f.
Deutscher Zollverein 117. 188
Deutsches Reich 200 f. 207. 213. 215. 216. 217. 219. 227. 235. 242 f. 250 f. 262 f. 266. 268—271. 272. 273. 276 f. 281. 284
Deutsch-Römer 89 f.
Dodekanes 252. 271. 285. 290
Dogali 216. 222
Dolomiten 276 f. 282
Dreibund 200 f. 206. 207. 211. 212—216. 223. 224. 227. 229. 235. 242 f. 250 f. 252. 263 f. 265. 268—271. 273
Dresden 59

Eisenbahn, Eisenbahnbau 4. 117. 124. 146. 147. 148. 151. 156. 161. 170. 181. 196. 201 f. 219
Eisenindustrie 146. 149. 151. 155. 198. 220. 249. 279. 288
Elba 151. 241. 249
Emigration (polit.) 103 f. 108. 110. 111. 113 ff. 119. 140. 159 f.
(wirtschaftl.) 218. 256. 275. 279. 288
Emilia-Romagna 21. 68. 70. 100. 102. 152. 170. 174. 210. 217. 262
Empirismus 39
England 8. 27. 31. 35. 56. 67. 73. 78. 86. 92. 97. 104. 108. 115. 121. 135. 137. 145. 155. 156. 163. 164. 169. 171. 173. 180. 214. 215. 216. 217. 224. 229. 235. 243. 250. 268. 271. 280. 282. 286
Enzyklopädisten 39. 53
Episkopalismus 54
Erb(Nach-)folgekriege 31—36
Eritrea 215. 229. 235
Etrurien, Kgr. 79. 80. 302
Etsch 70. 79. 133. 171
Eurokommunismus 3
Evangelismus 14
Exporte 56. 84. 143. 145 f. 148 f. 152 f. 155. 156. 197. 218. 249

Faschismus 2. 21. 92. 94. 120. 121. 148. 152. 206. 211. 219. 223. 230. 233. 239. 247. 248. 253. 254. 255. 257. 258. 260. 261. 272. 273. 280. 282. 287. 289. 293—297
Fasci siciliani 226. 232. 236
Ferrara 12. 68. 70. 126 f. 152
Festungsviereck (Quadrilatero) 133. 135. 170 f.
Feudalismus 39. 83. 85. 117. 148. 149 f. 156
Fiat-Werk 241
Finanz- und Steuerpolitik s. Italien, Kgr.
Fiume 271. 290. 291 f.
Florenz 4. 14. 57. 74. 98. 105. 170. 185. 195. 246
Föderalismus 82. 112. 122. 129. 133. 134

Forlì 152
Frankfurt 59
F.er Nationalversammlung 140
Frankreich 10. 14. 23. 27. 31. 54. 56.
 62—88. 95. 104f. 107f. 109. 110.
 119. 121. 135. 136. 137. 139. 145.
 155. 156. 163—166. 168—174.
 177f. 180. 182f. 184f. 187—190.
 192. 200. 205. 209. 212. 214. 215.
 218. 220f. 224. 227. 229f. 235.
 242f. 250. 251. 252. 263. 265. 271.
 280. 282. 285. 286. 289
Französ. Hegemonie in Italien
 62—74. 78—88. 141—168f. 171
Französ. Rechts- und Sozialordnung 62. 69—72. 81—86. 94.
 96. 99. 141. 154
Französ. Revolution 62f. 65ff. 77.
 92f.
Freihandel 47. 98. 117. 143. 161. 181.
 196f. 217
Freimaurer 53. 66. 83. 186. 204
Friaul 12
Futurismus 254f.

Gaeta 136f. 177. 179
Gallikanismus 38
Garantiegesetz 194
Gegenreformation 6. 7f. 12—17. 23.
 24f. 27. 28
Geheime Gesellschaften 99. 101; s. a.
 Carboneria, Giovine Italia
Genf 113
Genua 4. 8. 11. 20. 55f. 66. 70. 74. 93.
 95. 98. 113. 124. 128. 149. 175. 198.
 219
Geschichtsphilosophie 38f. 253f.
Geschichtswissenschaft 15f. 41. 62.
 89. 91. 107. 162f. 202f. 253
Gewerkschaften s. Arbeiterbewegung
Ghibellinen 6. 17. 32. 141

Giovine Europa 114
Giovine Italia 111. 113ff. 119
Gleichgewicht 35ff. 82. 88. 92f. 94.
 95. 96. 120. 124
Görz 3. 134. 271. 277
Gotthardtunnel 197
Gradisca 3. 271. 272
Griechenland 103f. 252. 290
Großgrundbesitz 9f. 19f. 23. 46. 52f.
 55. 64. 145. 146f. 149. 151. 154.
 156. 176. 177. 204. 218
Guastalla 301
Guelfen, guelfische Tradition 6. 16;
 s. a. Neoguelfen

Habsburg 3. 10. 12. 27. 28. 31—37.
 43—50. 64f. 171, 286; s. a. Österreich
Halbpacht 48f. 144f. 150f. 152
Heerwesen 3. 11. 84. 87. 109. 130.
 133ff. 165. 170. 179. 182. 185. 189.
 219. 258. 275. 276f. 279. 285ff.
Hl. Stuhl 265. 270. 272. 280. 282; s. a.
 Papsttum
Holland 8. 27. 31. 35
Humanismus 7. 16. 37

Idealismus 253f.
Imperialismus 213f. 215f. 222ff.
 228ff. 250. 252. 255. 256. 259. 271.
 274. 275. 278. 284. 290f.
Importe 148. 153. 197. 217. 249. 268.
 276. 284
Individualismus 6. 101
Industrialisierung 3. 4. 92. 142. 146.
 149. 151. 155. 196ff. 203. 217.
 219f. 221. 227. 241. 244. 249. 260.
 274. 283
Inflation 279
Inquisition 11. 14. 17. 46
Integrationsprobleme 180ff. 202f.

208—212. 222. 236 ff. 243—249. 252. 256. 260. 261. 266
Interventionisten (Erster Weltkrieg) 265—268. 269. 272 f. 275. 278. 280
Irland 121
Irredentismus 200. 205 f. 214. 215. 226. 227. 250 f. 256 ff. 266 f.
Isonzo 271. 272. 276. 281. 290
I.-Schlachten 276 f. 279. 280 f.
Istrien 71. 81. 271. 290
Italien, napoleon. Kgr. 79—86. 270. 299. 305
Italien, Kgr. (seit 1861) 179—297. 305
  Außenpolitik 182 f. 184 f. 187—190. 191 f. 200 f. 212—216. 219. 223. 234 f. 242 f. 250—253. 263 f. 268—271. 279 f. 282 f. 289 ff.
  Bildungs- und Kirchenpolitik 181. 183. 186. 191. 193 f. 207 ff. 225. 232. 248
  Finanz- und Steuerpolitik 181. 190 f. 197. 198 f. 199 f. 201 f. 204. 208. 218. 226 f. 240. 279. 288
  Kolonialpolitik 213. 215 f. 219. 222 f. 228 ff. 234 f., s. a. Afrikanische Aspirationen
  Rechtspolitik, Rechtsreformen 185. 186. 225. 248
  Sozialpolitik 3. 181. 199. 202. 204 f. 207. 212. 220. 226. 232 ff. 236. 239 f. 243. 248. 288. 294
  Wirtschaftspolitik 198 f. 208. 217. 219 ff. 226. 241. 248. 261. 274 f. 279. 288. 294
Italien-Interesse, Reisen nach I. 1 f. 23 f. 29 f. 41. 55. 58. 89 f. 91. 121 f.
Italien, nationale Kontinuität 4 f. 33. 41. 91. 106 f. 117. 118. 120 f. 202 f. 287. 297

Italienisch-deutsche Beziehungen oder Vergleichbarkeiten 2. 92. 93. 94. 97. 106. 123. 140 f. 145. 148. 167. 171. 184. 187—190. 194. 199. 207. 212. 213 ff. 226. 227. 231. 232. 236. 239. 246. 251. 254. 256. 260. 264. 267. 273. 291
Italienische Literatur 28. 39 f. 61. 86 f. 91. 106 f. 160. 207. 254 f.
Italienische Musik 28 f. 59 ff. 91. 160
Italienische Republik (napoleon.) 79

Jakobiner 65. 67. 69 f. 74. 75. 76. 86. 91. 104. 111; s. a. Republikaner
Jansenismus 32. 38. 45. 53. 105
Jesuiten 13. 15. 16. 18. 24. 38. 46. 50. 52. 54. 128. 129
Josephinismus 43. 47. 53. 64 f. 96
Juden 8. 75. 84. 131. 148
Jugoslawien 270. 285. 289 ff.

Kalabrien 19. 116. 154. 167. 184. 196
Kampanien 154. 155
Kapitalien, Kapitalismus 142. 191. 196 ff. 219. 227. 232. 252. 274 f. 279. 288; s. a. Agrarkapitalismus
Kapuziner 14. 15. 18
Kardinäle 24. 25. 54. 76. 132. 137
Karfreit (S) 276. 281. 283. 284
Kataster 44 f. 52
Katholische Bewegung 158. 169. 182. 185. 194. 200. 202. 207 f. 209 f. 211. 226. 227. 231. 232 ff. 236 ff. 244. 245. 247 f. 252. 259. 260. 261. 266. 267. 278; s. a. Partito popolare
Katholizismus 6 f. 12—18. 23. 24. 25. 26. 38. 53 f. 64 f. 75. 83. 105. 107. 110. 118—122. 131. 137. 158. 161. 186. 194 f. 205. 207 f. 225. 232 ff. 240. 247 f.

Liberaler Katholizismus 107f. 118f. 141
Keren 229
Kirchenpolitik (vor 1861) 14. 15. 16. 17f. 42. 46. 47. 50. 51. 72. 83f. 98. 100. 161. 164
Kirchenregierung (Kurie) 24. 99. 110. 125. 132. 137. 186. 194.
Kirchenstaat 10. 12. 19. 20. 21. 23. 32. 53ff. 68. 72. 75f. 77. 79. 80f. 86. 92. 95. 96. 98f. 102. 108ff. 122f. 124—127. 129. 131f. 137ff. 152f. 158. 165. 171ff. 177f. 181. 183. 184f. 186. 192f. 195. 305ff.
Klassizismus 54. 57f. 86f. 88f. 104. 106. 160
Klerus 47. 51. 52. 75. 98. 99. 100. 132. 155
Klientelismus 22. 96. 153. 154. 180f. 195. 246
Königgrätz (S) 189f.
Kompromisse 3. 5f. 53. 157. 176. 180. 294f. 296. 297
Kommunismus 21. 125. 152. 186. 202. 211. 295
Kongregationen 25
Kongresse (wissenschaftl.) 117f.
Konkordate 53. 83. 100. 164f.
Konservative Gruppen und Kräfte 11. 43. 63. 75. 86. 98ff. 135. 148. 160f. 165. 169. 176f. 182. 183. 185. 189f. 207. 211. 236f. 244. 266. 267. 272. 274
Konservative Solidarität 101f. 126. 139f. 177
Konstitutionalismus 43. 104. 112. 123. 128. 130f. 136. 161. 206; s.a. Verfassungen
Kontinentalsperre 80. 85. 86. 141
Korfu 115
Korruption 22. 96

Kriegsmythus 255. 266. 267. 270. 272f. 280. 287. 292
Kriegswirtschaft 279. 283. 284
Krimkrieg 158. 164f.
Kulturkampf 187. 194. 213. 214. 234. 259

Laibach, Kongreß 101f.
Landarbeiter 19. 20. 64. 129. 145. 149. 152. 154. 176. 182. 226. 236. 275. 294
Landwirtschaft 3. 46. 48f. 54. 55. 56. 84. 141. 142. 144—147. 148f. 150f. 152f. 153ff. 156. 161. 196f. 217f. 221. 233. 244f. 249. 275. 294; s.a. Agrarkapitalismus
Latium 12. 22f. 100. 174. 178
Lausanne (Fr) 252. 290
Lega Italica 96. 168. 171. 173
Lega Navale 256
Legationen 12. 152. 168. 172
Legnano 133
Leoben (Fr) 70
Liberalismus 6f. 62. 91. 97. 99. 101. 103. 104. 105—108. 111. 118. 123. 124—141. 156. 158. 161ff. 172f. 174—180. 186. 188. 192. 201ff. 204. 209. 227. 237ff. 244ff. 252ff. 259. 262. 266. 267. 288. 289. 293. 296
 Linksliberale Gruppen 129. 141. 162. 166. 201ff. 204ff. 207—221. 237. 238. 239ff. 243—249
 Rechtsliberale Gruppen 162. 167. 176. 183. 186. 192. 196. 199—203. 204. 209. 210. 211. 217. 223. 225. 238. 259. 274. 283
Libyen 214. 224. 242. 246. 250. 251ff. 256. 259. 268. 275
Ligurien 3. 74. 85. 95. 198

Ligurische Republik 70. 71f.
Lissa (S) 189. 273
Lissabon 60
Livorno 8. 44. 56. 85. 128. 151. 220
Lodi (S) 68. 145
Lombardei 3. 18. 21. 32. 34. 35. 44—46. 53. 64. 66. 68f. 70. 74. 76. 94. 96f. 113. 114. 117. 126. 134f. 144ff. 171f. 197. 198. 210. 217. 226
Lombardo-venetianisches Kgr. 94f. 96ff. 103. 118. 128. 132—136. 144—147. 157f. 168. 299. 305
London 59. 60. 269
Londoner Vertrag 271. 278. 282. 285
Lucca 11. 14. 93. 95
Lunéville (Fr) 78f.

Madrid 59
Mafia 21. 201
Magenta (S) 170
Mailand 4. 8. 18. 22. 39f. 43f. 46. 57. 66. 79. 83. 87. 88. 105. 107. 117. 118. 124. 126. 128. 133. 145. 198. 201. 299
Malaria 23
Malta 115
Mantua 11. 18. 28. 32. 34. 35. 68. 70. 133. 145. 170. 299f.
Maremmen 23
Marengo (S) 78
Marken 12. 95. 100. 108. 174. 177f.
Marokko 242. 250. 251
Marsala 175
Marxismus 231f. 240. 246f. 252. 253
Massaua 215
Massengesellschaft, Massenparteien 92. 231. 254. 289
Materialismus 40. 186. 253
Mentana (S) 185
Meran 81. 270
Meridionalisten 221. 249

Merkantilismus 39
Messina 21. 127. 129. 156. 249
Mezzogiorno s. Nord-Süd-Gegensatz, Süditalien
Militarismus 279. 284
Mincio 76. 133
Mitteleuropa 3. 42. 44. 80. 91. 93. 144. 197. 262
Mittelmeerentente 216. 235
Modena 14. 32. 35. 37. 57. 68. 70. 95. 98. 102f. 108f. 133. 150. 158. 168f. 171. 300
Moderati 70. 82f. 105. 116. 117 —141. 143. 151. 159. 161. 162
Modernismusstreit 247f.
Molise 154
Monferrato 33. 299
Monopole (Steuern) 20. 45. 52. 56. 83. 85. 86
Monte Grappa 280. 282
München 27f. 59. 87
Museen 57f. 88f.
Mystik 17
Mystizismus 113

Nationalbewegung s. Risorgimento
Nationalismus 81. 111—115. 121. 160. 187. 190. 200. 206. 223f. 227—230. 250. 252. 254—258. 259. 260. 261. 262. 263. 266. 267. 268. 271. 274. 278. 283. 287. 291ff. 295f.
Nationalstaat 162. 174, ab 179; s. Italien, Kgr.
Neapel
  Stadt 4. 14. 18. 19. 21. 22. 32. 51. 57f. 66. 76. 100. 101. 102. 107. 108. 114. 117. 130. 153f. 155. 156. 177. 182. 220. 240.
  Kgr. 10. 11. 19. 22. 32. 34. 35. 37. 51—54. 64. 68. 73. 79. 80. 85.

95. 300f.; s. a. Kgr. beider Sizilien
Neoguelfen 107. 119—123. 127. 129. 132. 168
Neutralisten 265—268. 272f. 275. 278. 280. 288
Nizza 67. 168. 173. 174f.
Non expedit 194. 247f.
Nord-Süd-Gegensatz 3f. 9f. 21. 143. 150. 181. 196f. 221. 245f. 260
Novara (S) 138. 170

Österreich 3. 12. 23. 28. 31—37. 43—47. 53. 67. 68—71. 74f. 77. 79ff. 86. 93ff. 96ff. 100. 101ff. 106. 109f. 115. 122f. 124. 126f. 132—136. 138ff. 144ff. 148. 158. 163ff. 168—174. 177f. 181. 182. 187— 193. 200f. 206. 212—215. 216. 224. 227. 242. 250f. 252. 258. 262—271. 274. 276f. 279—283. 284. 286f. 299. 300. 301. 305
Oligarchisch-parasitäre Gesellschaft 19f. 22f. 46. 51—56. 85. 99. 100. 141. 152f. 153ff. 156f. 195
Oper 29. 60f. 107. 160
Oratorium 15. 24f. 29
Orden 15. 23. 53. 194

Padua 12. 66. 98. 118. 146
Palermo 18. 19. 21. 22. 129f. 153f. 156. 175. 182
Pantelleria 214
Papsttum 6f. 12. 18. 23. 25f. 50. 51. 53f. 63. 72. 77. 81. 84. 99f. 110. 118. 120f. 125. 137. 153. 158. 186. 192—195. 207f. 214. 215. 232. 240. 247. 265; s.a. Hl. Stuhl
Paris 41. 60. 88. 132. 207
  Friedenskongreß (1856) 165f.
  Friedenskonferenz (1919) 289ff.

Parlament, Parlamentarismus 141. 159. 161. 164. 179f. 183. 185. 202. 209ff. 214. 224. 236. 238. 244. 245. 247. 259. 264. 272. 273. 289
Parma-Piacenza 13. 33. 34. 35. 37. 50. 53. 57. 68. 79. 85. 98. 108f. 133. 150. 158. 168f. 301f.
Parthenopäische Republik 73. 75
Partito popolare 289
Passarowitz (Fr) 33. 36
Passau 28. 61
Patto di Roma 284f.
Patto Gentiloni 259
Pavia 46. 98. 128. 145
Peschiera 68. 133
Petersburg 60
Piave 282. 286
Piemont 3. 26. 35. 52. 67. 70. 74. 75. 79. 85. 92. 95. 96. 98f. 101f. 108f. 113f. 115. 117. 122f. 124. 127. 128. 133—138. 140. 141. 148f. 158. 159f. 160—174. 181. 198. 217. 238
Pinerolo 18
Piombino 151. 241. 249
Pisa 39. 48. 57. 117
Plebiszite 135. 174. 178. 190. 193. 290
Po-Ebene 3. 9. 46. 56. 144ff. 149. 171
Polarisierungen 3. 6f. 38. 186f. 194
Polen 103. 108. 121. 284. 286
Politecnico 117
Politicanti 77
Politische Prozesse 103. 114. 157f. 159
Pontecorvo 12
Popolo d'Italia 267f. 294
Positivismus 186f. 253
Pragmatische Sanktion 34
Preßburg (Fr) 78
Preußen 171. 180. 187—190. 191f. 193. 213. 273

Protektionismus 97. 146. 149. 153.
155. 198. 217f. 220f. 224. 241
Protestantismus 13. 14. 16. 25. 105
Provisorische Regierungen 108f. 133.
170

Racconigi, Vertrag 250f.
Radikale Gruppen, Radikale Partei
66. 70. 83. 104. 111—115. 116. 126.
128. 136f. 138. 152. 162. 163. 167.
175—179. 181. 184f. 192ff. 199.
203. 204. 206. 208. 209. 210. 212.
229. 237. 244. 246. 259. 266.
278
Rassismus 256
Rastatt (Fr) 32
Rationalismus 110. 125. 186; s. a.
Aufklärung
Realpolitik 121. 141
Rechtspolitik, Rechtsreformen 39.
40. 42. 45f. 49f. 52. 62. 71f. 82. 96;
s. weiter Italien, Kgr.
Reformation s. Protestantismus
Reformismus 3f. 37—41. 44—52.
62. 71. 81—86. 96ff. 99. 105f. 110.
117. 118. 122ff. 125ff. 159. 161.
201f. 204f. 208ff. 212. 222. 224ff.
233f. 239f. 244—249
Reformsozialismus 244.· 246. 252.
259. 266. 278. 283
Reggio Calabria 127. 249
Reggio Emilia 109. 231
Regionalismus 3. 5. 41. 157. 183f.
Reichslehen 18. 32. 80
Renaissance 1. 7. 17. 89 .
Republikaner (im Risorgimento)
111—115. 132f. 136. 137f. 140.
175ff.; (nach 1861) 191. 199. 210f.
227. 237. 259. 262. 266. 278. 283
Reschen 257
Resistenza 258. 297

Restauration 88. 92f. 95. 96—100.
104f. 148
Revolutionäre Aktivitäten, Unruhen
111—116. 117. 127. 129. 132f. 152.
167f. 170f. 172. 175—179; (nach
1861) 181. 182f. 191. 199. 205.
236f. 261f. 273. 281. 288. 294
Revolutionen
1820/21 101f.
1831 108ff. 111
1848/49 114. 124. 129—141
Revolutionsfurcht 141. 157. 162. 176.
209. 226. 227. 237. 295
Rhodos 252
Risorgimento 2. 4. 15. 16. 41. 56. 62.
66. 69. 86. 87. 90. 91. 92. 101f. 104.
111—141. 160—203. 215. 239.
253. 256. 271. 274. 275. 278. 297
R. im historischen Urteil 162f.
202f. 254
Risorgimento (Zeitschr.) 128. 133
Rokoko 58f.
Rom 1. 4. 13. 15. 19. 22—26. 28. 29.
54. 56ff. 72. 80. 88f. 100. 108.
125f. 139. 152f. 173. 178. 182. 183.
184. 185. 192f. 195. 201. 206. 207.
220. 269
Rom-Idee 5. 15. 25. 81. 112. 137f.
195. 207
Römische Frage 99. 137. 158. 172f.
184f. 186. 192ff. 200. 207. 209.
215. 247. 265
Römische Republik (1798/99) 72. 77
Römische Republik (1848/49) 137
—140. 166
Romantik 41. 97. 106f. 119
Romantizismus 255
Rotes Kreuz 170
Rovigo 146
Rückständigkeit 3f. 8f. 20. 42. 52f.
55f. 62. 64. 85. 97. 98ff. 141ff. 146.

148f. 152—157. 180ff. 196ff. 202f.
208f. 218. 219. 244f. 246. 248. 260
Rumänien 224
Rußland 73. 75. 77. 78. 80. 104. 145.
164. 227. 229. 250. 251. 262. 263.
270. 271. 280f. 285

Säkularisation, Säkularisierung 37.
50f. 53f. 62. 72. 81. 83f. 141. 164.
181. 191. 194. 205. 210. 225
Saint-Jean de Maurienne, Vertrag 280
Salerno 19. 155. 156
Salzburg 27. 79
Sardinien 10. 11. 18. 19. 32. 33. 35f.
52f. 74. 80. 149f. 241
Sassari 53
Savona 249
Savoyen 4. 11. 18. 31. 33—36. 52.
67. 114. 123. 158. 168. 173. 174f.
207. 257. 299. 302f.
Schiffahrt-, Sch.industrie 148. 149.
151. 219f. 224. 249. 279
Schönbrunn (Fr) 78
Scholastik 16
Schulpflicht 208f.
Schweiz 72. 104. 113ff. 128. 257
Schwerindustrie 198. 217. 219ff. 224.
228. 241. 267f. 275. 279. 283. 288.
296
   Schw. und Staat 198. 219f. 224.
241. 249. 274f. 279
Sedan (S) 192
Seidenproduktion, S.-export 46. 56.
84. 144ff. 149. 151. 155. 196f.
Septemberkonvention (1864) 184f.
Serbien 252. 253. 262. 263. 270. 285
Sizilien 9f. 10. 11. 18. 19. 21. 33. 34.
35f. 37. 51f. 80. 92. 95. 127. 134.
137. 154. 156. 175ff. 182. 214.
300f.
   Kgr. beider Sizilien 95f. 98. 100.
102. 108. 113. 127. 130. 134. 139.
153—157. 159. 165. 175—179
Slowenien 285
Società Dante Alighieri 256. 270
Società geografica 256
Società nazionale 166. 170. 174
Solferino (S) 170
Somalia 215f.
Sondrio 144
Sozialismus, sozialistische Partei 21.
22. 113. 152. 186. 199. 202. 210.
226. 227. 229. 231f. 233f. 236ff.
239f. 244. 246f. 252. 256. 259. 260.
261. 262. 265f. 268. 278. 281. 283.
288. 289. 295
Spanien, span. Herrschaft 7f. 10ff.
14. 16. 17. 18. 23. 31—35. 45. 101.
115. 139
Staatsgesinnung 4. 5f. 20. 21f. 42. 62.
105. 181f. 184. 203. 204. 210. 222.
244. 275. 289
Staatskirchentum 14. 17. 42. 50. 52.
54. 64. 80f. 158
Stato dei Presidi 10. 32. 79. 95
Statuto Albertino 130f. 138. 159. 160
„Strafexpedition" 277. 278
Streiks 226. 231. 236. 240. 246. 252.
261f. 275. 288
Süditalien 18. 19. 21. 22. 26. 32. 34.
51f. 56. 75. 76. 85. 95f. 100f. 113.
115f. 129f. 134f. 153—157.
175—179. 180ff. 196f. 199. 201.
202f. 204. 209. 210. 217. 218. 221.
233. 236. 240. 245. 248. 249. 267.
275
Südslawen 248f.; s.a. Jugoslawien
Südtirol 69. 81. 94. 257f. 270. 271.
276f. 280. 282. 285. 290
Syllabus 110. 137. 186. 193

Tarvis 147

Terni 219. 249
Theatiner 15. 18. 24. 27. 28
Tirol 80. 81. 147. 257; s. a. Südtirol
Tolentino (Fr) 70. 72
Tolmein (S) 281
Toskana 11. 19. 21. 26. 34. 35. 47—50. 64f. 67. 71. 74. 79. 85. 95. 98. 106. 114. 117. 126f. 130. 136. 138f. 150f. 158. 159. 170. 173. 174. 185. 302. 303
Trafalgar (S) 80
Traditionalismus 77. 97. 99. 104f. 120. 182. 234. 259
Trasformismo 205. 210ff. 222. 223. 224. 240. 248. 259
Trentino, Trient 3. 44f. 69. 80. 81. 95. 140. 147. 188. 189f. 200. 213. 227. 257. 258. 264. 268—271. 272. 276f. 282. 290
Trient, Konzil 6. 13f. 17
Triest 3. 35. 44. 55. 81. 85. 94. 140. 146. 147. 148. 200. 213. 227. 264. 271. 272. 280. 287. 290
Trikolore 71. 108
Tripolis 242; s. a. Libyen
Türkei 213. 252. 271. 276. 279. 290f.
Türken, T.kriege 8. 12. 16. 33. 53. 55
Tunis 205. 214. 219. 223. 235. 237
Turin 4. 31. 52. 66. 101f. 105. 149. 179. 182. 185. 198. 206f.

Uccialli, Vertrag 229. 235
Udine 146f.
Ultramontanismus s. Papsttum
Umbrien 12. 108. 170. 174. 177f.
Unabhängigkeitskriege
  1. (1848/49) 133—138
  2. (1859) 168—172
  3. (1866) 189f.
  4. s. Weltkrieg, Erster
Unfehlbarkeitsdogma 193

Ungarn 103; s. Österreich
Universalismus 5. 23. 41. 112. 118f. 121f. 195
Universitäten 19. 39. 46. 48. 50. 53. 57. 97f. 182. 208
Unterschichten 16. 19. 21. 47. 52. 63. 65. 72. 73. 75. 76. 86. 101. 108. 129. 142. 145. 147f. 149f. 153. 176. 180ff. 190f. 199. 202. 231. 232. 233. 249. 262. 267
Urbino 12
Ursulinen 15
Utrecht (Fr) 32

Valona 271. 272
Veltlin 94
Venedig 8. 11. 14. 18. 22. 23. 26. 28. 29. 41. 44. 55. 56f. 58ff. 69. 70f. 77. 93. 94. 107. 118. 133. 135f. 139. 140. 146. 178. 201. 282. 303f.
Venetien 9. 55. 74. 79. 80. 94f. 97. 126. 135. 146f. 171. 174. 187—190. 217. 277. 281. 290
Verfassungen 50. 65. 66. 71f. 82. 86. 101. 102. 129—132. 159. 160
Verona 12. 68. 133. 146
  Kongreß 102
Vicenza 12. 68. 135. 146. 277. 282
Vigevano 35
Villafranca (Fr) 171. 172
Villen 9. 49. 55. 59
Vittorio Veneto (S) 286f.
Voghera 35
Volturno (S) 179

Wahlrecht 71. 82. 131. 180. 208ff. 210. 225. 237. 244f. 248f. 258f. 288f.
Waldenser 14f.
Warschau 59

Weltkrieg, Erster 91. 190. 230. 259. 260. 262—288
, Zweiter 59. 265
Westfälischer Friede 12
Wien 27f. 37. 39. 43. 54. 60f. 200. 269. 273
Wiener Kongreß 91. 92—96
Wiener Präliminarfriede 34
Wirtschaftskrisen 8f. 49. 85. 124. 136. 141f. 190. 196. 198. 217f. 221. 226. 231f. 241. 260. 275. 279. 287f. 294f.
Wirtschaftspolitik 8f. 19. 20. 42. 44ff. 46ff. 52. 54. 84f. 97. 98. 100. 141. 143. 144. 148. 151. 155. 161; s. weiter Italien, Kgr.
Würzburg 59

Zelanti 77. 99. 125
Zensuswahlrecht s. Wahlrecht
Zentralisierung, Zentralismus 42. 45. 47. 52. 71. 82. 93. 96. 183f. 203. 236. 244
Zürich (Fr) 172. 179
Zug der Tausend 175—179
Zweibund 213

Italien nach dem Frieden von Aachen (1748)

Zeichnung: Christina Leuenberger

KARTEN

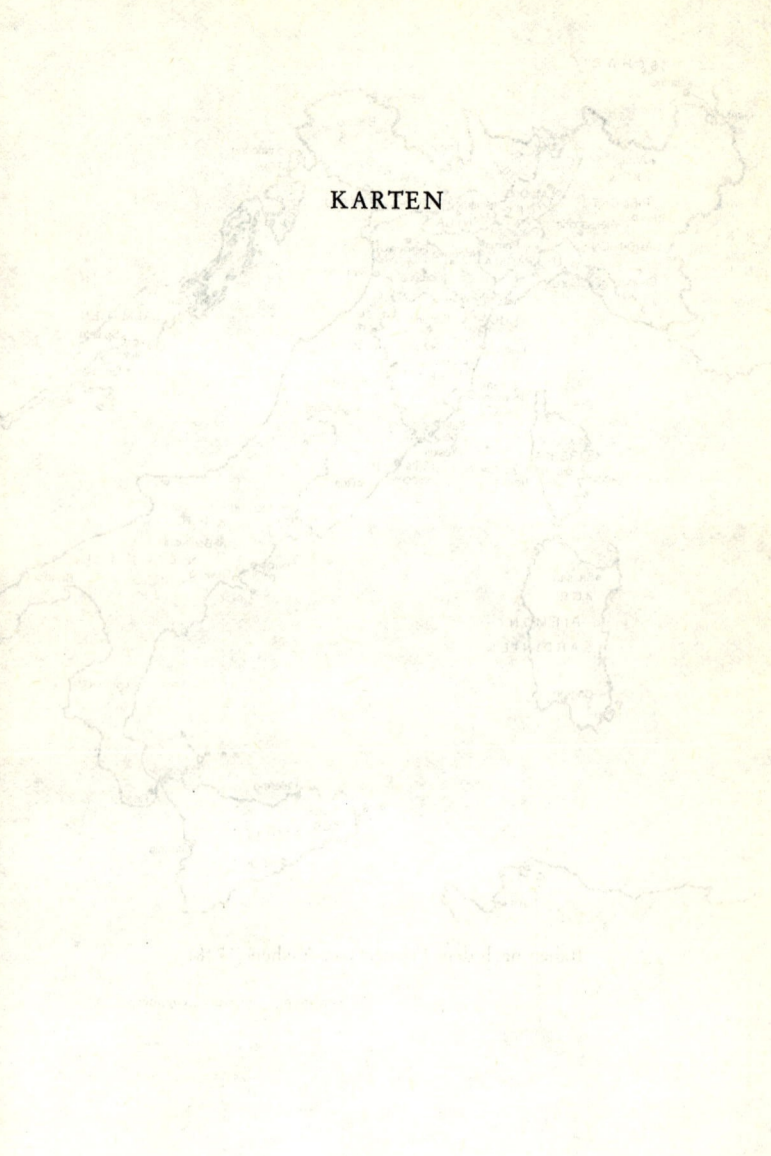

Italien im 19. Jahrhundert
(Vom Wiener Kongreß bis zur Nationalstaatsbildung)

Zeichnung: Christina Leuenberger

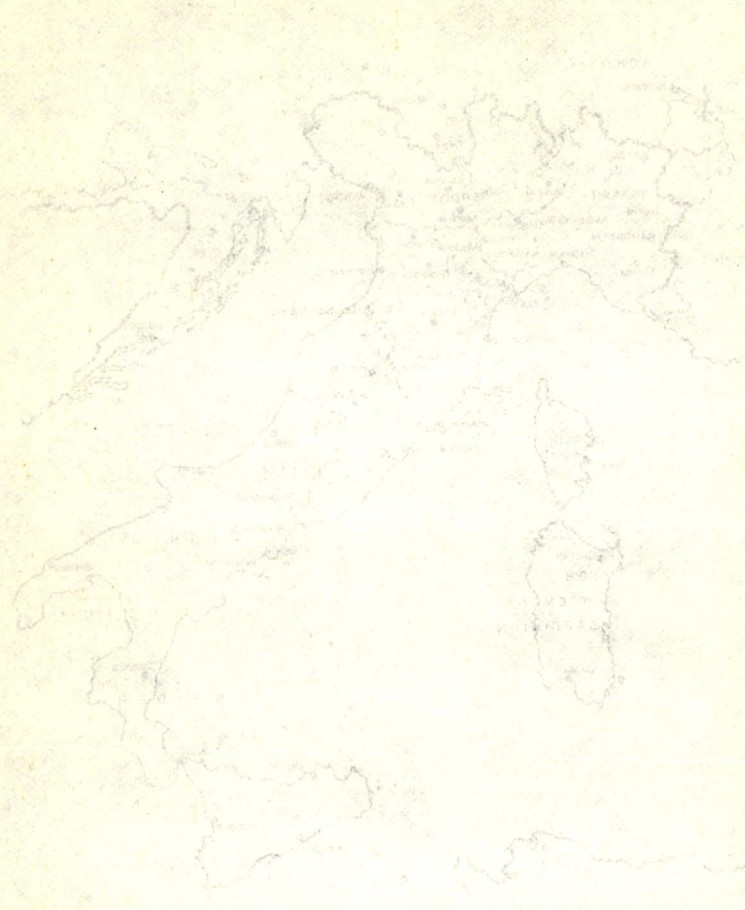